ARBEITEN AUS DEM IURISTISCHEN SEMINAR
DER UNIVERSITÄT FREIBURG

Begründet von Max Gutzwiller – Fortgesetzt von Felix Wubbe
Herausgegeben von Peter Gauch

284

FREIBURGER HABILITATION
RECHTSFAKULTÄT DER UNIVERSITÄT FREIBURG SCHWEIZ

ARBEITEN AUS DEM IURISTISCHEN SEMINAR
DER UNIVERSITÄT FREIBURG SCHWEIZ

Herausgegeben von Peter Gauch

284
———

ANDREAS ABEGG

Der Verwaltungsvertrag zwischen Staatsverwaltung und Privaten

Grundzüge einer historisch und theoretisch angeleiteten Dogmatik öffentlichrechtlicher und privatrechtlicher Verwaltungsverträge

Schulthess § 2009

Diese Arbeit wurde im Oktober 2008 von der Rechtswissenschaftlichen Fakultät der Universität Freiburg als Habilitationsschrift angenommen.

Bibliografische Information der Deutschen Bibliothek

Die Deutsche Bibliothek – CIP-Einheitsaufnahme

Alle Rechte, auch die des Nachdrucks von Auszügen, vorbehalten. Jede Verwertung ist ohne Zustimmung des Verlages unzulässig. Dies gilt insbesondere für Vervielfältigungen, Übersetzungen, Mikroverfilmungen und die Einspeicherung und Verarbeitung in elektronische Systeme.

© Schulthess Juristische Medien AG, Zürich · Basel · Genf 2009
   ISBN 978-3-7255-5842-1

www.schulthess.com

Dank

Angeregt und mit stetem Wohlwollen begleitet wurden die vorliegenden Forschungen von meinem verehrten Doktor- und Habilitationsvater, Professor Dr. Dr. h.c. Peter Gauch. Seine umsichtige Unterstützung vor allem in der Abschlussphase war von unschätzbarem Wert. Vielen Dank.

Dank gebührt des Weiteren den Herren Professoren Peter Hänni und Thomas Vesting. Sie haben die vorliegenden Untersuchungen, die Teil einer umfangreichen Habilitationsschrift bildeten, termingerecht begutachtet und wertvolle Hinweise zur Schlussredaktion abgegeben.

Danken möchte ich auch der Holcim-Stifung Wissenschaft sowie dem Schweizerischen Nationalfonds für die substanziellen finanziellen Beiträge. Ohne ihre Unterstützung wäre eine unabhängige Forschung nicht möglich gewesen.

Moralische und fachliche Unterstützung erhielt ich von zahlreichen Freundinnen und Freunden rund um den Globus, die mir in unzähligen Gesprächen wichtige Anregungen mit auf den Weg gaben. Ich danke Euch von Herzen.

Besonderer Dank geht an meine Familie, an meine liebe Frau Rahel Strebel und meine Söhne Linus und Flurin. Ihnen ist dieses Buch gewidmet.

Zürich, Januar 2009, A.A.

Vorwort

Die vorliegende Untersuchung stellt einen Teil der Habilitationsschrift dar, die der Rechtswissenschaftlichen Fakultät der Universität Freiburg (Schweiz) im Februar 2008 eingereicht und von dieser im Oktober 2008 angenommen wurde.

Vor dem Hintergrund einer beschleunigten und zunehmend fragmentierten Gesellschaft befassen sich die vorliegenden Untersuchungen in hoffnungsvoller und zugleich kritischer Weise mit dem vermehrt kooperierenden Staat. Im Zentrum steht dabei der in der Schweiz besonders offensichtliche, zuweilen virulent und zuweilen nur verschämt-versteckt ausgetragene Konflikt zwischen Demokratie und Rechtsstaat. Als paradoxe Prämissen stehen im Raum, dass ein souveräner demokratischer Staat per definitionem nicht kooperiert, zugleich aber auf Kooperation in zunehmenden Mass angewiesen ist, und dass in einem Rechtsstaat die Verwaltung nicht Vertragspartnerin und zugleich Richterin in eigener Sache sein darf, ihr aber zur Erfüllung ihres Grossauftrags, für Einheit und Wohlstand der Gesellschaft zu sorgen, alle notwendigen Mittel zukommen sollen.

Die Bedeutung und vor allem das Verhältnis der beiden tragenden Prämissen unserer Gesellschaft wurden über die Zeit immer wieder anders beurteilt – müssen in jeweils wechselnden Kontexten immer wieder anders beurteilt werden. Eine harmonische Integration von Demokratie und Rechtsstaat wäre dabei nur unter dem Dach des Staates zu haben – mit dem hohen Preis des totalen Staates. Davon handeln weitere Untersuchungen, die Vorarbeiten zur vorliegenden Studie darstellen und ebenfalls der Universität Freiburg als Habilitationsschrift vorlagen. Sie werden andernorts unter dem Obertitel «Die Evolution des kontrahierenden Staates» publiziert.

Wenn es nun weder mit einer rechtsstaatlich-demokratischen Harmonie noch ohne eine solche geht, dann steht allein ein zukunftsgerichtetes Nebeneinander von Demokratie und Rechtsstaat unter Beachtung evolutorischer Koexistenz in Aussicht. Der Ausgangspunkt einer derartigen Koexistenz mag dabei die Erkenntnis bilden, dass Demokratie und Rechtsstaat einerseits bis zu einem gewissen Grad funktionale Äquivalente darstellen, andererseits aber auch – aus den Umständen ihrer Entstehungsgeschichte heraus – ganz unterschiedliche Strukturen als Lösung für die gesellschaftspolitische und normative Frage anbieten, wann und auf welche Weise die Politik respektive der Staat mit der privaten Gesellschaft kooperieren soll.

Im Hintergrund der vorliegenden Untersuchungen steht auch die Frage, welche rechtswissenschaftliche Methode einer derart beschleunigten Gesellschaft, die sich stets auch in ihrer Vergangenheit verfängt, angemessen ist. Seit Windscheids Rektoratsrede im Jahr 1884 ringen die sogenannten Hilfswissenschaften und vor allem die soziologische Jurisprudenz darum, ob und auf welche Weise sie einen Beitrag zu einem gesellschaftsadäquaten aktuellen Recht leisten können und dürfen.

Nachdem sich heute die bisherigen Gewissheiten des Endes der (bürgerlichen) Geschichte sowie der Entkopplung von Individuum und sozialer Kompatibilität in bemerkenswerter Weise als Trugschluss erweisen, sich also zeigt, dass das zugrundeliegende Modell bürgerlichen Rechts evolutionären Kräften unterliegt, offenbart sich auch die Verbannung der sogenannten Hilfswissenschaften aus dem Recht lediglich als Modus dieses Modells und folglich als temporäre Erscheinung. Konkret heisst dies, dass sich die sogenannten Hilfswissenschaften wie insbesondere Rechtsgeschichte und Rechtssoziologie nicht mehr der Verantwortung für ein zukunftsgerichtetes gesellschaftsadäquates Recht entledigen können, sondern massgeblich dazu beitragen müssen, Limitationen und Chancen des heutigen Rechts kenntlich zu machen.

Zugleich geht es aber auch darum, die Rechtswissenschaft im Allgemeinen und die rechtliche Methode im Besonderen in ihrem eigenen gesellschaftlichen Umfeld (wieder) stärker und breiter zu verankern – durch empirisches Material aus ebendiesen sogenannten Hilfswissenschaften. Dass sich dabei auch die Sprache im Allgemeinen sowie die Begrifflichkeiten und Argumentationsweisen im Speziellen ändern, ist unvermeidlich. Allerdings gilt es dabei zu beachten, dass die bisherigen Begriffe und Argumentationsweisen zwar oft nicht mehr genügen, um neuartige Probleme adäquat zu erfassen, es ohne einen Anschluss an die bisherigen Begriffe und Argumentationsweisen aber auch (noch) nicht geht. Eine zukunftsgerichtete Rechtswissenschaft bewegt sich in diesem Sinne stets notwendigerweise in einem Vorraum der Übergangssemantiken.

Zürich, Februar 2009, A.A.

Inhaltsübersicht

Abkürzungsverzeichnis	XV
Gesetzesverzeichnis	XVII
Literaturverzeichnis	XXI
Einleitung und Annäherung an die Begriffe	1

I. Vertrag und Verfügung – Die Qualifikation der Rechtsform ... 7
    A. Abgrenzung von anderen Rechtsfragen ... 7
    B. Kriterien zur Abgrenzung von Verfügung und Vertrag ... 17

II. Öffentliches Recht und Privatrecht – Die Zuweisung der Rechtsnatur ... 45
    A. Abgrenzungen zu anderen Rechtsfragen ... 45
    B. Zuweisungskriterien ... 54

III. Willensäusserung und Verfügung als prozessuale Anknüpfungspunkte im materiellen Recht ... 89
    A. Fragestellung ... 89
    B. Bestehende Variationen ... 92
    C. Legitimationstheorie als alternative Sicht auf die leitenden Prinzipien ... 102
    D. Interpretation bestehender gesetzlicher Regelungen im Lichte der Legitimationstheorie ... 110
    E. Gesetzlich nicht geregelte Fälle ... 126

IV. Der Abschluss des Verwaltungsvertrags ... 133
    A. Zuständigkeit und Vertretungsmacht ... 133
    B. Willensfreiheit, Vertragsfreiheit und deren Absicherung gegenüber der Verwaltung ... 181

V. Themenübersicht ... 207
    A. Perspektive eines Gesellschaftsvertragsrechts ... 207
    B. Abgrenzung nach Rechtsform (Vertrag und Verfügung) und nach Rechtsnatur (privatrechtlicher und öffentlichrechtlicher Verwaltungsvertrag) ... 208
    C. Willensäusserung und Verfügung als prozessuale Anknüpfungspunkte im materiellen Recht ... 208

D.	Ausgewählte Themen zum Abschluss des Verwaltungsvertrags	209

Sachregister 211

Gesetzesregister 217

Inhaltsverzeichnis

Abkürzungsverzeichnis	XV
Gesetzesverzeichnis	XVII
Literaturverzeichnis	XXI
Einleitung und Annäherung an die Begriffe	1

I. Vertrag und Verfügung – Die Qualifikation der Rechtsform ... 7

    A: Abgrenzung von anderen Rechtsfragen ... 7

        1. Abrenzung der Frage der Rechtsform von der Frage der Rechtsnatur ... 7

            a) Historische Pfadabhängigkeiten der Unterscheidung ... 7

            b) Reihenfolge der Behandlung von Rechtsform und Rechtsnatur ... 9

        2. Abrenzung der Frage der Rechtsform von den Fragen der Zulässigkeit und Gültigkeit ... 11

        3. Abrenzung der Frage der Rechtsform von der Frage der Vertragstypenqualifikation ... 13

        4. Abrenzung der Frage der Rechtsform von der Frage des Parteiwillens ... 14

        5. Abrenzung der Frage der Rechtsform von der Frage des Normanwendungsbereichs gemäss Gesetz und Verordnung ... 15

    B. Kriterien zur Abgrenzung von Verfügung und Vertrag ... 17

        1. Kein Vorrang der Willenserklärung der Verwaltung ... 17

        2. Rechtsfolgewirkungen ... 18

        3. Abgrenzung zur Verfügung ... 23

            a) Abgrenzungstheorien ... 23

            b) Konstitutive Willensübereinkunft ... 24

            c) Bedarf nach weiteren Abgrenzungskriterien ... 30

                i) Zweiseitigkeit ... 31

                ii) Kooperationsbedürftigkeit ... 34

        4. Abgrenzung zu informalen Behördenakten ... 40

II. Öffentliches Recht und Privatrecht – Die Zuweisung der Rechtsnatur ... 45

    A. Abgrenzungen zu anderen Rechtsfragen ... 45

        1. Abrenzung der Frage der Rechtsnatur von der Frage der Rechtsform ... 45

        2. Abrenzung der Frage der Rechtsnatur von den Fragen der Zulässigkeit und Gültigkeit ... 46

		3.	Abrenzung der Frage der Rechtsnatur von der Frage des Parteiwillens	46
		4.	Abrenzung der Frage der Rechtsnatur von der Frage des Normanwendungsbereichs	47
	B.	Zuweisungskriterien		54
		1.	Vorbemerkungen	54
			a) Zuweisung der Rechtsnatur nach dem Inhalt des Vertrags	54
			b) Kein Vorrang der Willenserklärung der Verwaltung	57
		2.	Rechtsfolgewirkungen	58
		3.	Zuweisungstheorien unter Anleitung eines historischen Modells	64
			a) Ausgangspunkt: Kontingenz der Zuweisungskriterien	64
			b) Fragestellung eines historischen Modells: Verwaltungsrecht als Sonderrecht des Staates	66
			c) Polizeistaat und Abgrenzung nach Subordination	67
			d) Interventionistischer Wohlfahrtsstaat und funktionale Abgrenzung	70
			e) Kontingenz des Staates und Pluralismus der Abgrenzungselemente	73
			i) Wiederaufnahme der Subordinationstheorie	73
			ii) Neuausrichtung der funktionalen Methode als projektbezogene funktionale Methode	75
			iii) Neuausrichtung der Subordinationstheorie	79

III. Willensäusserung und Verfügung als prozessuale Anknüpfungspunkte im materiellen Recht   89

    A. Fragestellung   89

    B. Bestehende Variationen   92
        1. Französische und deutsche Lösungsvariationen   92
        2. Schweizerische Lehre, Rechtsprechung und Gesetzgebung im Überblick   97

    C. Legitimationstheorie als alternative Sicht auf die leitenden Prinzipien   102

    D. Interpretation bestehender gesetzlicher Regelungen im Lichte der Legitimationstheorie   110
        1. Anstellung des Staatspersonals   110
        2. Beschaffungswesen   120
        3. Subvention   123
        4. Konzession   125

    E. Gesetzlich nicht geregelte Fälle   126
        1. Problemstellung   126

	2.	System der Abgrenzung von vertraglicher Willenserklärung und Verfügung	128
	3.	Legitimationsdefizite und die Forderung nach legitimierenden Verfahren	131

IV. Der Abschluss des Verwaltungsvertrags ... 133
   A. Zuständigkeit und Vertretungsmacht ... 133
      1. Rechtsfrage, Abgrenzungen und weiteres Vorgehen ... 133
      2. Zuständigkeit der Verwaltung zum Vertragsabschluss ... 137
         a) Begriffe der Zuständigkeit und Zulässigkeit ... 137
         b) Evolution des Zuständigkeits- und Zulässigkeitsbegriffs ... 139
            i) Überwindung des Polizeistaats ... 139
            ii) Interventionistischer Wohlfahrtsstaat ... 142
            iii) Aktuelle Verschiebungen im Zuständigkeits- und Zulässigkeitsbegriff ... 145
         c) Zwischenfazit: Organisatorische und legitimatorische Funktion des Zuständigkeitsbegriffs ... 149
         d) Reaktionen auf die neueren Entwicklungen ... 151
         e) Synthese: Abbau der Zuständigkeits- und Zulässigkeitsschranke ... 154
            i) Ausgangspunkt ... 154
            ii) Keine freie Wahl der Rechtsform ... 154
            iii) Pflichtgemässes Ermessen in der Wahl der Kommunikationsform ... 155
            iv) Von der Zulässigkeits- zur Inhaltskontrolle ... 157
            v) Dogmatische Konsequenzen ... 160
      3. Rechtsfolgen fehlender Zuständigkeit ... 165
         a) Privatrechtliche Verwaltungsverträge ... 165
            i) Wechselseitige Bezüge der beiden Konzepte Zulässigkeit und Vertretungsmacht ... 165
            ii) Grenzen der privatrechtlichen Verweise auf das öffentliche Recht ... 167
            iii) Zuständigkeit und Zustandekommen des Vertrags ... 168
            iv) Öffentlichrechtliche Rechtskontrolle der Zuständigkeit und ihre Auswirkungen auf das Privatrecht ... 171
         b) Rechtsfolgen unzulässiger öffentlichrechtlicher Verwaltungsverträge ... 172
            i) Anfechtungstheorie und Vertragstheorie ... 172
            ii) Zuständigkeit und Zustandekommen des Vertrags ... 176
            iii) Rechtsfolgen im Einzelnen ... 177

B. Willensfreiheit, Vertragsfreiheit und deren Absicherung gegenüber der Verwaltung 181
1. Nuancen von Freiheit im Rahmen von Verwaltungsverträgen 181
    a) Vertragsfreiheit des Privaten im Rahmen der Verwaltungsverträge 181
    b) Vertragsfreiheit der Verwaltung? 185
2. Rechtliche Absicherungen gegenüber der Verwaltung 187
    a) Absicherung der Willens- und Vertragsinhaltsfreiheit im Rahmen privatrechtlicher Verwaltungsverträge 187
        i) Vereinigung zweier Bedrohungslagen und die Reaktionen des Privatrechts 187
        ii) Anwendung der Grundrechte gegenüber der Verwaltung als privatrechtlichem Vertragspartner? 190
    b) Rolle der Willens- und Vertragsfreiheit im Rahmen öffentlichrechtlicher Verwaltungsverträge 193
3. Reflexive Legitimationskompensation 199

V. Themenübersicht 207

A. Perspektive eines Gesellschaftsvertragsrechts 207

B. Abgrenzung nach Rechtsform (Vertrag und Verfügung) und nach Rechtsnatur (privatrechtlicher und öffentlichrechtlicher Verwaltungsvertrag) 208

C. Willensäusserung und Verfügung als prozessuale Anknüpfungspunkte im materiellen Recht 208

D. Ausgewählte Themen zum Abschluss des Verwaltungsvertrags 209

Sachregister 211

Gesetzesregister 217

Abkürzungsverzeichnis

§	Paragraph
A.	Auflage
Abs.	Absatz
AJP	Aktuelle Juristische Praxis (Dike Verlag, Zürich)
Art.	Artikel
Bd.	Band
BG	Bundesgesetz
BGE	Bundesgerichtsentscheid
BVGE	Bundesverwaltungsgericht
c.	contre
D–BVerwG	Deutsches Bundesverwaltungsgericht
Diss.	Dissertation
f./ff.	folgende Seite/Seiten
Fn.	Fussnote
Hg.	Herausgeber
IIZ	Interinstitutionelle Zusammenarbeit; ein politisches Programm verschiedener schweizerischer Behörden (vor allem aus den Bereichen Arbeitslosenversicherung, Invalidenversicherung, Sozialhilfe und öffentliche Berufsberatung) zur verbesserten, zielgerichteten Zusammenarbeit
Kap.	Kapitel
lit.	litera
m. w. H.	mit weiteren Hinweisen
N	Note/Randziffer
Nr.	Nummer
Rec.	Recueil des arrêts du Conseil d'Etat statuant au contentieux des décisions du Tribunal des Conflits et de la Cours des Comptes (Collection Macarel & Lebon, Paris)

recht	Zeitschrift recht (Stämpfli Verlag, Bern)
SJZ	Schweizerische Juristen-Zeitung (Schulthess Verlag, Zürich)
vgl.	vergleiche
vol	volume
vs.	versus
z. B.	zum Beispiel
ZBJV	Zeitschrift des Bernischen Juristenvereins (Stämpfli Verlag, Bern)
ZBl	Schweizerisches Zentralblatt für Staats- und Verwaltungsrecht (Schulthess Verlag, Zürich)
ZSR	Zeitschrift für Schweizerisches Recht (Helbing Lichte Verlag, Basel)
NZZ	Neue Zürcher Zeitung

Gesetzesverzeichnis

Vereinzelt angeführte Gesetze werden im Text umfassend mit Fundstelle zitiert. Folgende Gesetze werden abgekürzt zitiert:

Schweizerische Eidgenossenschaft

aOG	Bundesgesetz vom 16. Dezember 1943 über die Organisation der Bundesrechtspflege (Bundesrechtspflegegesetz); aufgehoben mit Art. 131 des Bundesgesetzes über das Bundesgericht vom 17. Juni 2005, AS 2006, 1205: 1242.
ArGV 1	Verordnung 1 vom 10. Mai 2000 zum Arbeitsgesetz, in Kraft seit 1. August 2000, SR 822.111.
AuG	Bundesgesetz vom 16. Dezember 2005 über die Ausländerinnen und Ausländer, in Kraft seit 1. Januar 2008, SR 142.20.
BBG	Bundesgesetz vom 17. Juni 2005 über das Bundesgericht (Bundesgerichtsgesetz), in Kraft seit 1. Januar 2007, SR 173.110.
BGBM	Bundesgesetz vom 6. Oktober 1995 über den Binnenmarkt (Binnenmarktgesetz), in Kraft seit 1. Juli 1996, SR 943.02.
BGG	Bundesgesetz vom 17. Juni 2005 über das Bundesgericht (Bundesgerichtsgesetz), in Kraft seit 1. Januar 2007, 173.110.
BoeB	Bundesgesetz vom 16. Dezember 1994 über das öffentliche Beschaffungswesen, in Kraft seit 1. Januar 1996, SR 172.056.1.
BPG	Bundespersonalgesetz vom 24. März 2000, in Kraft seit 1. Januar 2001, SR 172.220.1.
E–ZPO	Entwurf der Schweizerischen Zivilprozessordnung (ZPO), in: BBl 2006 7413.
EMRK	Konvention vom 4. November 1950 zum Schutze der Menschenrechte und Grundfreiheiten, in Kraft seit 28. November 1974, SR 0.101.

GlG	Bundesgesetz vom 24. März 1995 über die Gleichstellung von Frau und Mann (Gleichstellungsgesetz), in Kraft seit 1. Juli 1996, SR 151.1.
Heilmittelgesetz	Bundesgesetz vom 15. Dezember 2000 über Arzneimittel und Medizinprodukte, in Kraft seit 1. Januar 2002, SR 812.21.
KG	Bundesgesetz vom 6. Oktober 1995 über Kartelle und andere Wettbewerbsbeschränkungen (Kartellgesetz), in Kraft seit 1. Februar 1996, SR 251.
Landesversorgungsgesetz	Bundesgesetz vom 8. Oktober 1982 über die wirtschaftliche Landesversorgung, in Kraft seit 1. September 1983, SR 531.
OR	Bundesgesetz vom 30. März 1911 betreffend die Ergänzung des Schweizerischen Zivilgesetzbuches (Fünfter Teil: Obligationenrecht), in Kraft seit 1. Januar 1912, SR 220.
SchKG	Bundesgesetz vom 11. April 1889 über Schuldbetreibung und Konkurs, in Kraft seit 1. Januar 1892, SR 281.1.
SuG	Bundesgesetz vom 5. Oktober 1990 über Finanzhilfen und Abgeltungen (Subventionsgesetz), in Kraft seit 1. April 1991, SR 616.1.
Transportgesetz	Bundesgesetz vom 4. Oktober 1985 über den Transport im öffentlichen Verkehr, in Kraft seit 4. Oktober 1985, SR 742.40.
VGG	Bundesgesetz vom 17. Juni 2005 über das Bundesverwaltungsgericht (Verwaltungsgerichtsgesetz), in Kraft seit 1. Januar 2007, SR 173.32.
VoeB	Verordnung vom 11. Dezember 1995 über das öffentliche Beschaffungswesen, in Kraft seit 1. Januar 1996, SR 172.056.11.
VwVG	Bundesgesetz vom 20. Dezember 1968 über das Verwaltungsverfahren, in Kraft seit 1. Oktober 1969, SR 172.021, SR 172.021.
WEG	Wohnbau- und Eigentumsförderungsgesetz vom 4. Oktober 1974, in Kraft seit 1. Januar 1975, SR 843.

ZGB Schweizerisches Zivilgesetzbuch vom 10. Dezember 1907, in Kraft seit 1. Januar 1912, SR 210.

Kantone

AG–Verwaltungsrechtspflegegesetz Kanton Aargau: Gesetz über die Verwaltungsrechtspflege vom 9. Juli 1968, in Kraft seit 1. April 1969, SAR 271.100.

BE–Verwaltungsrechtspflegegesetz Kanton Bern: Gesetz über die Verwaltungsrechtspflege vom 23. Mai 1989, in Kraft seit 1. Januar 1990, BSG 155.21.

BL–Sozialgesetz Kanton Baselland: Gesetz über die Sozial-, die Jugend- und die Behindertenhilfe vom 21. Juni 2001, in Kraft seit 1. Januar 2002, SGS 850.

FR–Verwaltungsrechtspflege Kanton Freiburg: Gesetz über die Verwaltungsrechtspflege vom 23. Mai 1991 über die Verwaltungsrechtspflege, OS 150.1.

VS–Sozialhilfegesetz Gesetz über die Eingliederung und die Sozialhilfe vom 29. März 1996, in Kraft seit 1. Januar 1997, 850.1.

ZH–Personalgesetz Kanton Zürich: Gesetz über das Arbeitsverhältnis des Staatspersonals vom 27. September 1998, LS 177.10.

ZH–Personalverordnung Kanton Zürich: Personalverordnung vom 16. Dezember 1998, LS 177.11.

ZH–Verwaltungsrechtspflegegesetz Kanton Zürich: Gesetz über den Rechtsschutz in Verwaltungssachen vom 24. Mai 1959, LS 175.2, 1.

Deutschland

D–VwVfG Verwaltungsverfahrensgesetz in der Fassung der Bekanntmachung vom 23. Januar 2003 (BGBl. I S. 102), geändert durch Artikel 4 Abs. 8 des Gesetzes vom 5. Mai 2004, BGBl. I 718.

D–Sozialgesetzbuch Erstes Buch Sozialgesetzbuch – Allgemeiner Teil – (Artikel 1 des Gesetzes vom 11. Dezember 1975, BGBl I S. 3015), zuletzt geändert durch Artikel 2 Abs. 15 des Gesetzes vom 5. Dezember 2006, BGBl. I 2748.

Literaturverzeichnis

Zitierweise: Die im Verzeichnis aufgeführten Schriften werden mit dem Namen der Autorin oder des Autors, mit dem Hauptteil des Titels und dem Erscheinungsjahr zitiert. Weitere Angaben insbesondere zu Materialien finden sich in den Anmerkungen.

ABEGG, ANDREAS, Die Ausdifferenzierung der Vertragsfreiheit im Wirtschaftsrecht, in: Kritische Vierteljahresschrift für Gesetzgebung und Rechtswissenschaft (KritV) 2004, 197–208.

ABEGG, ANDREAS, Die Qualifikation als Bürgschaftsvertrag, Urteilsanmerkungen zu BGE 129 III 702, in: AJP 2004, 1254–1259.

ABEGG, ANDREAS, Die zwingenden Inhaltsnormen des Schuldvertragsrechts – ein Beitrag zu Geschichte und Funktion der Vertragsfreiheit (Diss.), Zürich 2004.

ABEGG, ANDREAS, Familienbürgschaften als privatrechtliches Problem – BGE 129 III 702: von Willensfreiheit zu Waffengleichheit und Absicherung gesellschaftlicher Ausdifferenzierung, in: fampra.ch 2005, 209–232.

ABEGG, ANDREAS, Public-Private Contractual Networks and Third Parties' Rights – The Contracting State as a Challenge for Private Law, in: Calliess (Hg.), Festschrift for Gunther Teubner 2009.

ABEGG, ANDREAS, Regulierung hybrider Netzwerke im Schnittpunkt von Wirtschaft und Politik, in: Kritische Vierteljahresschrift für Gesetzgebung und Rechtswissenschaft (KritV) 2006, 266–290.

ABEGG, ANDREAS, Vom Contrat Social zum Gesellschaftsvertragsrecht – alt-neue Probleme und Chancen des Verwaltungsvertrags, in: Ancilla Iuris (anci.ch) 2008, 1–30.

ACAR, MUHITTIN/ROBERTSON, PETER J., Accountability Challenges in Networks and Partnerships: Evidence from Educational Partnerships in the United States in: International Review of Administrative Sciences 2004, 331–344.

ÅKERSTRØM ANDERSEN, NIELS, The Contractualisation of the Citizen – on the transformation of obligation into freedom, in: Soziale Systeme 2004, 273–291.

AMSTUTZ, MARC/ABEGG, ANDREAS/KARAVAS, VAIOS, Soziales Vertragsrecht, Helbing, Basel 2006.

APELT, WILLIBALT, Der verwaltungsrechtliche Vertrag: Ein Beitrag zur Lehre von der rechtswirksamen Handlung im öffentlichen Rechte, Leipzig 1920.

ARNET, RUTH, Bemerkungen zu BGE 129 III 35, in: AJP 2003, 593–597.

AVIRAM, AMITAI, Regulation by Networks, in: BYU Law Review 2003, 1179–1235.

BAECHI, WALTER, Verwaltungsakt auf Unterwerfung, zweiseitiger Verwaltungsakt oder Vertrag (gekürzter Abdruck der Diss.), in: Zeitschrift für öffentliches Recht 1934, 63–115.

BÄHR, OTTO, Der Rechtsstaat. Eine publizistische Studie, 2. A., Kassel und Göttingen 1864.

BAMBERGER, KENNETH A., Regulation as Delegation: Private Firms, Decisionmaking, and Accountability in the Administrative State, in: Duke Law Journal 2006, 477–468.

BANDEMER, STEPHAN VON/BLANKE, BERNHARD/HILBERT, JOSEF/SCHMID, JOSEF, Staatsaufgaben – Von der «schleichenden Privatisierung» zum «aktivierenden Staat», in: Fritz Behrens et al. (Hg.), Den Staat neu denken. Reformperspektiven für die Landesverwaltungen, Berlin 1995, 41–60.

BENZ, ARTHUR, Kooperative Verwaltung: Funktionen, Voraussetzungen und Folgen, Baden-Baden 1994.

BERTSCHI, MARTIN, Auf der Suche nach dem einschlägigen Recht im öffentlichen Personalrecht – Das Heranziehen ergänzend anwendbarer Normen, besonders des Obligationenrechts, in: ZBl 2004, 617–643.

BEYELER, MARTIN, Öffentliche Beschaffung, Vergaberecht und Schadenersatz: Ein Beitrag zur Dogmatik der Marktteilnahme des Gemeinwesens, Zürich (Diss.) 2004.

BIAGGINI, GIOVANNI, Theorie und Praxis des Verwaltungsrechts im Bundesstaat: Rechtsfragen der «vollzugsföderalistischen§zesverwirklichung am Beispiel des schweizerischen Bundesstaates unter vergleichender Berücksichtigung der Rechtsverwirklichungsstrukturen in der Europäischen Gemeinschaft, Basel 1996.

BLECKMANN, ALBERT, Subventionsrecht, Stuttgart 1978.

BLOCH, MARC, La société féodale, Paris 1924.

BLUMER, JOHANN JACOB/MOREL, JOSEF, Handbuch des schweizerischen Bundesstaatsrechtes, 2. A, Basel 1877–87.

BLUNTSCHLI, JOHANN CASPAR, Allgemeines Staatsrecht, München 1852.

BOCK, CHRISTIAN, Das europäische Vergaberecht für Bauaufträge unter besonderer Berücksichtigung der Auswirkungen auf das schweizerische Submissionsrecht, Basel 1993.

BONK, HEINZ JOACHIM, § 54–62 VwVG, in: Stelkens/Bonk (Hg.), Verwaltungsverfahrensgesetz Kommentar, 6. A., München 2001, 1873–2064.

BORGHI, MAURIZIO, Rewarding Creativity in Law, Economics and Literature, in: Ancilla Iuris (anci.ch) 2006, 54–63.

BRAUN, WILFRIED, Der öffentlich-rechtliche Vertrag im Spannungsfeld zwischen Verwaltungsakt und verwaltungsprivatrechtlichem Rechtsgeschäft, in: Juristen Zeitung (JZ) 1983, 841–848.

BRAYTON, STEVEN, Outsourcing War: Mercenaries and the Privatization of Peacekeeping, in: Journal of International Affairs 2002, 303–329.

BRÜGGEMEIER, GERT, Entwicklung des Rechts im organisierten Kapitalismus (zwei Bände), Frankfurt a. M. 1977–1979.

BRÜHWILER-FRÉSEY, LUKAS, Verfügung, Vertrag, Realakt und andere verwaltungsrechtliche Handlungssysteme, Bern 1984.

BUCHER, EUGEN, Nicht «Kontrahierungspflicht» – Schon eher Schutz vor Boykott: Kommentar zu BGE 129 III 35 ff. (7. Mai 2002; 4C.297/2001), in: recht 2003, 101–115.

BUCHER, EUGEN, Schweizerisches Obligationenrecht; Allgemeiner Teil, 2. A., Zürich 1988.

BUDDEBERG, THEODOR, Rechtssoziologie des öffentlich-rechtlichen Vertrages, in: Archiv des öffentlichen Rechts 1925, 85–161.

BULLINGER, MARTIN, Öffentliches Recht und Privatrecht, Stuttgart 1968.

BULLINGER, MARTIN, Vertrag und Verwaltungsakt: Zu den Handlungsformen und Handlungsprinzipien der öffentlichen Verwaltung nach deutschem und englischem Recht, Stuttgart 1962.

BURCKHARDT, WALTHER, Der Vertrag im Privatrecht und im öffentlichen Recht, in: Festgabe zur Feier des fünfzigjährigen Bestehens, dem Schweizerischen Bundesgerichte dargebracht von der Juristischen Fakultät der Universität Bern, Bern 1924, 1–92.

BURCKHARDT, WALTHER, Die wohlerworbenen Rechte des Beamten, in: ZBJV 1928, 57–74.

CAMPRUBI, MADELEINE, Kontrahierungszwang gemäss BGE 129 III 35: Ein Verstoss gegen die Wirtschaftsfreiheit – zugleich ein Beitrag zur Diskussion über die Grundrechtsbindung von öffentlichen Unternehmen, in: AJP 2004, 384–404.

CHAPPUIS, FERNAND, Le refus de servir (art. 81 du Code pénal militaire), in: SJZ 1994, 381–384.

CHAUVEAU, ADOLPHE, Principes de compétence et de juridictions administratives, Paris 1841–44.

COGLIANESE, CARY, Does Consensus Work? A Pragmatic Approach to Public Participation in the Regulatory Process, in: Morales (Hg.), Renascent pragmatism studies in law and social science, Aldershot 2003, 180–197.

CONSTANT, BENJAMIN, Principes de politiques, applicables à tous les gouvernements représentatifs, et particulièrement à la constitution actuelle de la France, Paris 1815.

CORMENIN, LOUIS-MARIE DE LAHAYE VICOMTE DE, Droit administratif, 5. A., Paris 1840.

COVER, ROBERT M., Nomos and Narrative, in: Harvard Law Review 1983, 4–67.

DARESTE, RODOLPHE, La justice administrative en France; ou traité du contentieux de l'administration, Paris 1862.

DARMSTAEDTER, FRIEDRICH, Die Grenzen der Wirksamkeit des Rechtsstaates: eine Untersuchung zur gegenwärtigen Krise des liberalen Staatsgedankens, Heidelberg 1930.

DI FABIO, UDO, Verwaltung und Verwaltungsrecht zwischen gesellschaftlicher Selbstregulierung und staatlicher Steuerung, in: Kontrolle der auswärtigen Gewalt: Veröffentlichungen der Vereinigung der deutschen Staatsrechtslehrer, 1997, 235–277.

DUGUIT, LEON, Les particuliers et les services publics, in: Revue du Droit public 1907, 411–439.

EBERHARD, HARALD, Der verwaltungsrechtliche Vertrag: ein Beitrag zur Handlungsformenlehre, Wien 2005.

EGLI, PATRICIA, Drittwirkung von Grundrechten: zugleich ein Beitrag zur Dogmatik der grundrechtlichen Schutzpflichten im Schweizer Recht (Diss.), Zürich 2002.

EHRLICH, EUGEN, Das zwingende und nichtzwingende Recht im Bürgerlichen Gesetzbuch für das Deutsche Reich, Aalen 1899.

EMMENEGGER, SUSAN, Bankorganisationsrecht als Koordinationsaufgabe: Grundlinien einer Dogmatik der Verhältnisbestimmung zwischen Aufsichtsrecht und Aktienrecht, Bern 2004.

EPINEY, ASTRID, Stellung und Bedeutung des Völkerrechts – Demokratie, Rechtsstaat und Gewaltentrennung im Gleichgewicht, in: NZZ vom 4. September 2007.

ERICHSEN, HANS-UWE, Verfassungs- und verwaltungsrechtsgeschichtliche Grundlagen der Lehre vom fehlerhaften belastenden Verwaltungsakt und seiner Aufhebung im Prozess – ein dogmengeschichtlicher Beitrag zu Rechtsbindung, Rechtswidrigkeit und Rechtsschutz im Bereich staatlicher Eingriffsverwaltung, Frankfurt a. M. 1971.

FEUERBACH, PAUL JOHANN ANSELM VON, Betrachtungen über die Öffentlichkeit und Mündlichkeit der Gerechtigkeitspflege, Giessen 1821.

FLANAGAN, OWEN, The Problem of the Soul: Two Visions of Mind and How to Reconcile Them, New York 2002.

FLEINER, FRITZ, Einzelrecht und öffentliches Interesse, in: Rechts- und staatswissenschaftliche Fakultät der Kaiser Wilhelms-Universität Strassburg (Hg.), Staatsrechtliche Abhandlungen: Festgabe für Paul Laband zum fünfzigsten Jahrestage der Doktor-Promotion, Tübingen 1908, Bd. 2.

FLEINER, FRITZ, Entstehung und Wandlung moderner Staatstheorien in der Schweiz; akademische Antrittsrede, Zürich 1916.

FLEINER, FRITZ, Institutionen des deutschen Verwaltungsrechts, 3. A., Tübingen 1913.

FLEINER, FRITZ, Institutionen des deutschen Verwaltungsrechts, 8. A., Tübingen 1928.

FLEINER-GERSTER, THOMAS, Grundzüge des allgemeinen und schweizerischen Verwaltungsrechts, 2. A., Zürich 1980.

FLEINER-GERSTER, THOMAS, Probleme des öffentlichrechtlichen Vertrags in der Leistungsverwaltung, in: ZBL 1989, 185–197.

FORSTHOFF, ERNST, Der Staat der Industriegesellschaft, München 1971.

FORSTHOFF, ERNST, Lehrbuch des Verwaltungsrechts: erster Band, 10. A., München 1973.

FORSTHOFF, ERNST, Lehrbuch des Verwaltungsrechts: erster Band, 7. A., München 1958.

FORSTMOSER, PETER, Wer «A» sagt muss auch «B» sagen: Gedanken zur Privatisierungsdebatte, in: SJZ 2002, 193–202 und 217–224.

FRANK, RICHARD/STRÄULI, HANS/MESSMER, GEORG, Kommentar zur zürcherischen Zivilprozessordnung, 3. A., Zürich 1997.

FREEMAN, JODY, Collaborative Governance in the Administrative State, in: UCLA Law Review 1997, 1–98.

FREEMAN, JODY, Private Parties, Public Functions and the New Administrativ Law, in: Dyzenhaus (Hg.), Recrafting the Rule of Law: The Limits of Legal Order, Toronto 1999, 331–369.

FREEMAN, JODY, The Contracting State, in: Florida State University Law Review 2000, 155–214.

GALLI, PETER/MOSER, ANDRÉ/LANG, ELISABETH, Praxis des öffentlichen Beschaffungsrechts: eine systematische Darstellung der Rechtsprechung des Bundes und der Kantone, Zürich 2003.

GANZ, GEORGE M., Öffentliches Beschaffungswesen: Ausschreibung von Verkehrsdienstleistungen, in: AJP 2001, 975–983.

GAUCH, PETER, Das neue Beschaffungsgesetz des Bundes – Bundesgesetz über das öffentliche Beschaffungswesen vom 16. Dezember 1994, in: ZSR 1995, 313–336.

GAUCH, PETER, Der verfrüht abgeschlossene Beschaffungsvertrag (eine Reprise), in: Baurecht 2003, 3–9.

GAUCH, PETER, Die Submission im Bauwesen – privatrechtliche Aspekte, in: Rechts-Wirtschafts- und Sozialwissenschaftliche Fakultät der Universität Freiburg (Hg.), Mensch und Umwelt – L'homme dans son environnement; zum schweizerischen Juristentag, 12.–14. September 1980, Freiburg i. Ue. 1980, 191–242.

GAUCH, PETER, Ein Vorwort zum «Sozialen Vertragsrecht», in: Amstutz/Abegg/Karavas, Soziales Vertragsrecht, Basel 2006, 1–9.

GAUCH, PETER, Zur Nichtigkeit eines verfrüht abgeschlossenen Beschaffungsvertrages, in: Baurecht 1998, 119–123.

GAUCH, PETER, Zuschlag und Verfügung – Ein Beitrag zum öffentlichen Vergaberecht, in: Mensch und Staat, Festgabe für Thomas Fleiner, Freiburg i. Ue. 2003, 595–617.

GAUCH, PETER/SCHLUEP, WALTER R./SCHMID, JÖRG, Schweizerisches Obligationenrecht; Allgemeiner Teil; Band I, 8. A., Zürich 2003.

GAUTSCHI, EDUARD, Hausverbot ist unverhältnismässig, in: Zürcher Unterländer vom 2. Juli 2003.

GEISER, THOMAS, Möglichkeiten der Durchsetzbarkeit von Prävention im Sport – eine Aufgabe nur des öffentlichen oder auch des privaten Rechts?, in: Riemer-Kafka (Hg.), Sport und Versicherung – Tagungsband, Zürich 2007, 69–79.

GERBER, CARL FRIEDRICH VON, Grundzüge des deutschen Staatsrechts, 3. A., Leipzig 1880.

GERN, ALFONS, Neue Aspekte der Abgrenzung des öffentlich-rechtlichen vom privatrechtlichen Vertrag, in: Verwaltungsarchiv 1979, 219–235.

GIACOMETTI, ZACCARIA, Allgemeine Lehren des rechtsstaatlichen Verwaltungsrechts (allgemeines Verwaltungsrecht des Rechtsstaates), Zürich 1960.

GIACOMETTI, ZACCARIA, Über die Grenzziehung zwischen Zivilrechts- und Verwaltungsrechtsinstituten in der Judikatur des schweizerischen Bundesgerichts, Tübingen 1924.

GIACOMINI, SERGIO, Verwaltungsrechtlicher Vertrag und Verfügung im Subventionsverhältnis «Staat–Privater», Freiburg i. Ue. 1992.

GIACOMINI, SERGIO, Vom «Jagdmachen auf Verfügungen», in: ZBl 1993, 237–250.

GNEIST, RUDOLF VON, Das heutige englische Verfassungs- und Verwaltungsrecht, Berlin 1857/1863.

GNEIST, RUDOLF VON, Der Rechtsstaat, Berlin 1872.

GÖKSU, TARKAN, Gedanken zur Kontrahierungspflicht anlässlich von BGE 129 III 35, in: ZBJV 2004, 35–37.

GÖNNER, NICOLAUS THADDÄUS, Der Staatsdienst aus dem Gesichtspunkt des Rechts und der Nationalökonomie betrachtet nebst der Hauptlandespragmatik über die Dienstverhältnisse der Staatsdiener im Königreich Baiern, Landshut 1808.

GORDLEY, JAMES, Contract, Property, and the Will – The Civil Law and Common Law Tradition, in: Scheiber (Hg.), The State and Freedom of Contract, Stanford 1998, 66–86.

GRÄTZER, PAUL, Die clausula rebus sic stantibus beim öffentlich-rechtlichen Vertrag, Zürich 1953.

GRIMM, DIETER, Der Wandel der Staatsaufgaben und die Krise des Rechtsstaats, in: Grimm (Hg.), Wachsende Staatsaufgaben – sinkende Steuerungsfähigkeit des Rechts, Baden-Baden 1990, 291–306.

GRIMM, DIETER, Die Zukunft der Verfassung, Frankfurt a. M. 1991.

GRISEL, ANDRE, Traité de droit administratif, Neuchâtel 1984.

GUETTIER, CHRISTOPHE, Droit des contrats administratifs, Thémis Droit public, Paris 2004.

GURLIT, ELKE, Verwaltungsvertrag und Gesetz: eine vergleichende Untersuchung zum Verhältnis von vertraglicher Bindung und staatlicher Normsetzungsautorität, Tübingen 2000.

HABERMAS, JÜRGEN, Faktizität und Geltung: Beiträge zur Diskurstheorie des Rechts und des demokratischen Rechtsstaats, 2. A., Frankfurt a. M. 1992.

HÄFELIN, ULRICH/MÜLLER, GEORG/UHLMANN, FELIX, Allgemeines Verwaltungsrecht, 5. A., Zürich 2006.

HAFNER, FELIX, Rechtsnatur der öffentlichen Dienstverhältnisse, in: Peter/Poledna (Hg.), Personalrecht des öffentlichen Dienstes, Bern 1999, 181–208.

HÄNER, ISABELLE, Der verwaltungsrechtliche Vertrag – Verfahrensfragen, in: Häner/Waldmann (Hg.), Der verwaltungsrechtliche Vertrag in der Praxis, Zürich 2007, 39–55.

HÄNER, ISABELLE, Die Beteiligten im Verwaltungsverfahren und Verwaltungsprozess: unter besonderer Berücksichtigung des Verwaltungsverfahrens und des Verwaltungsprozesses im Bund, Zürich 2000.

HÄNER, ISABELLE, Die Einwilligung der betroffenen Person als Surrogat der gesetzlichen Grundlage bei individuell-konkreten Staatshandlungen, in: ZBl 2002, 57–76.

HÄNER, ISABELLE, Grundrechtsgeltung bei der Wahrnehmung staatlicher Aufgaben durch Private, in: AJP 2002, 1144–1153.

HANGARTNER, YVO, Bemerkungen zu BGE 128 I 113, in: AJP 2002, 1498–1501.

HÄNNI, PETER, Rechtsschutz gegen kantonale Entscheide in personalrechtlichen Streitigkeiten, in: Helbling/Poledna (Hg.), Personalrecht des öffentlichen Dienstes, Bern 1999, 561–585.

HARRIS, NEVILLE, Empowerment and State Education: Rights of Choice and Participation, in: Modern Law Review (MLR) 2005, 925–957.

HART, DIETER, Zur konzeptionellen Entwicklung des Vertragsrechts, in: Die Aktiengesellschaft (AG) 1984, 66–80.

HÄUSLER, MARCO, Neues Angebot am Birkenweg 2 für verhaltensauffällige Jugendliche – Neue Schule noch ohne Schüler, in: Zürcher Unterländer vom 31. August 2006.

HEER, MARKUS, Die ausserordentliche Nutzung des Verwaltungsvermögens durch Private unter Einschluss des Verwaltungsvermögens im Einzelgebrauch (Diss.), Zürich 2006.

HEGEL, GEORG WILHELM FRIEDRICH, Die «Rechtsphilosophie» von 1820, Vorlesungen über Rechtsphilosophie, Ilting, Stuttgart 1820/1973.

HEIDER, MATTHIAS, Die Konzessionsverträge der Stadt Lüdenscheid über leitungsgebundene Versorgungsgüter und die Entwicklung der städtischen Versorgungsbetriebe zwischen 1856 und 1945: zugleich ein Beitrag über den Ausbau der kommunalen Leistungsverwaltung in Preußen (Diss.), Berlin 2005.

HELBLING, PETER, Der öffentliche Dienst auf dem Weg in das OR, in: AJP 2004, 242–252.

HELBLING, PETER/POLEDNA, TOMAS (Hg.), Personalrecht des öffentlichen Dienstes, Bern 1999.

HENNEBERGER, FRED/SUDJANA, SARAH, Öffentlicher Dienst im Wandel: Zur Entwicklung der kollektiven und individuellen Rechte und Pflichten des Bundespersonals, in: ZBL 2007, 57–82.

HOWLETT, MICHAEL, Beyond Legalism? Policy Ideas, Implementation Styles and Emulation – Based Convergence in Canadian and U.S. Environmental Policy, in: Journal of Public Policy 2000, 305–329.

HUFELD, ULRICHT, Die Vertretung der Behörde, Tübingen 2003.

HUGUENIN, CLAIRE, Die bundesgerichtliche Praxis zum öffentlichrechtlichen Vertrag, in: ZBJV 1982, 489–521.

IMBODEN, MAX, Der verwaltungsrechtliche Vertrag, in: ZSR 1958, 1a–218a.

IMBODEN, MAX/RHINOW, RENÉ A., Schweizerische Verwaltungsrechtsprechung: die Rechtsgrundsätze der Verwaltungspraxis, erläutert an Entscheiden der Verwaltungsbehörden und Gerichte, 6. A., Stuttgart Basel 1986.

IPSEN, HANS PETER, Öffentliche Subventionierung Privater, Berlin 1956.

IPSEN, JÖRN, Allgemeines Verwaltungsrecht, 3. A., Köln 2003.

JAAG, TOBIAS, Das öffentlichrechtliche Dienstverhältnis im Bund und im Kanton Zürich – ausgewählte Fragen, in: ZBl 1994, 433–473.

JÄGGI, PETER/GAUCH, PETER, Zürcher Kommentar zum schweizerischen Zivilgesetzbuch. Bd. 5, Obligationenrecht. Teilbd. 1, Allgemeine Bestimmungen; b; Kommentar zu Art. 18 OR, 3. A., Zürich 1980.

JEDLICKA, GEORG, Der öffentlich-rechtliche Vertrag im Verwaltungsrecht (Diss.), Zürich 1928.

JELLINGHAUS, LORENZ, Zwischen Daseinsvorsorge und Infrastruktur – zum Funktionswandel von Verwaltungswissenschaften und Verwaltungsrecht in der zweiten Hälfte des 19. Jahrhunderts (Diss.), Frankfurt a. M. 2006.

JEZE, GASTON, Les contrats administratifs de l'État, des départements, des communes et des établissement publics, Paris 1927–1934.

JUSTI, JOHANN HEINRICH GOTTLOB VON, Politische und Finanzschriften über wichtige Gegenstände der Staatskunst, der Kriegswissenschaften und des Cameral- und Finanzwesens, Koppenhagen/Leipzig 1761.

KÄLIN, WALTER/LIENHARD, ANDREAS/WYTTENBACH, JUDITH/BALDEGGER, MIRJAM, Auslagerung von sicherheitspolizeilichen Aufgaben, Basel 2007.

KANT, IMMANUEL, Kritik der praktischen Vernunft, in: Die drei Kritiken, Schmidt/Vorländer, Hamburg 1788/1993.

KANT, IMMANUEL, Kritik der reinen Vernunft, in: Die drei Kritiken, Schmidt/Vorländer, Hamburg 1787/1993.

KANT, IMMANUEL, Metaphysische Anfangsgründe der Rechtslehre, in: Rechtslehre: Schriften zur Rechtsphilosophie, Berlin 1797/1988, 7–192.

KANT, IMMANUEL, Über den Gemeinspruch: Das mag in der Theorie richtig sein, taugt aber nicht für die Praxis; ein philosophischer Entwurf, Hamburg 1793/1992.

KELSEN, HANS, Zur Lehre vom öffentlichen Rechtsgeschäft, in: Archiv des öffentlichen Rechts 1913, 53–98 und 190–249.

KIENER, REGINA, Die Entwicklung der Verwaltungsgerichtsbarkeit in der Schweiz, in: Institut für öffentliches Recht der Universität Bern (Hg.), Der Staat vor den Herausforderungen des 21. Jahrhunderts, Bern 2004, 113–122.

KLEIN, FRANK, Die Rechtsfolgen des fehlerhaften verwaltungsrechtlichen Vertrags (Diss.), Zürich 2003.

KNAPP, BLAISE, Grundlagen des Verwaltungsrechts, deutschsprachige Ausgabe der 4. A., Basel 1992.

KNAPP, BLAISE, Précis de droit administratif, 4. A., Basel und Frankfurt a. M. 1991.

KÖLZ, ALFRED, Neuere schweizerische Verfassungsgeschichte: Ihre Grundlinien in Bund und Kantonen seit 1848, Bern 2004.

KÖLZ, ALFRED/HÄNER, ISABELLE, Verwaltungsverfahren und Verwaltungsrechtspflege des Bundes, 2. A., Zürich 1998.

KOPP, FERDINAND OTTO, Verwaltungsverfahrensgesetz, 24. A., München 1997.

KRAMER, ERNST, Berner Kommentar, Das Obligationenrecht; Band VI, 1. Abteilung; Allgemeine Bestimmungen; 1. Teilband; Art. 1–18 OR, Bern 1986.

KREITTMAYR, WIGULÄUS XAVER ALOYS VON, Grundriss des allgemeinen, deutschen u. bayrischen Staatsrechtes, München, Leipzig 1769.

LABAND, PAUL, Das Staatsrecht des Deutschen Reiches, 4. A., Tübingen 1901.

LADEUR, KARL-HEINZ, The changing role of the private in public governance: the erosion of hierarchy and the rise of a new administrative law of cooperation: a comparative approach, in: EUI Working Paper Law, http://hdl.handle.net/1814/187, letztes Update: 3. Juli 2002, letzter Zugriff: 15. Februar 2009.

LANGROD, GEORGES, Administrative Contracts: A Comparative Study, in: The American Journal of Comparative Law 1955, 325–364.

LAUBADERE, ANDRE DE, Traité théorique et pratique des contrats administratifs, Paris 1956.

LAYER, MAX, Zur Lehre vom öffentlich-rechtlichen Vertrag: eine Studie aus dem österreichischen Verwaltungsrecht, Graz 1916.

LEGENDRE, PIERRE, Histoire de l'administration de 1750 à nos jours, Paris 1968.

LUHMANN, NIKLAS, Das Recht der Gesellschaft, Frankfurt a. M. 1993.

LUHMANN, NIKLAS, Die Gesellschaft der Gesellschaft, Frankfurt a. M. 1997.

MACEDO WEISS, PAULA, Pacta sunt servanda im Verwaltungsvertrag, Frankfurt a. M. 1999.

MÄCHLER, AUGUST, Vertrag und Verwaltungsrechtspflege: ausgewählte Fragen zum vertraglichen Handeln der Verwaltung und zum Einsatz des Vertrages in der Verwaltungsrechtspflege, Zürich 2005.

MARX, KARL, Das Kapital, Karl Marx – Friedrich Engels – Werke, Berlin/DDR 1890/1968.

MAURER, HARTMUT, Allgemeines Verwaltungsrecht, 15. A., München 2004.

MAURER, HARTMUT, Der Verwaltungsvertrag – Probleme und Möglichkeiten, in: Deutsches Verwaltungsblatt 1989, 798–807.

MAURER, HARTMUT/BARTSCHER, BRUNO, Der Verwaltungsvertrag im Spiegel der Rechtsprechung, 2. A., Konstanz 1997.

MAYER, OTTO, Deutsches Verwaltungsrecht, Systematisches Handbuch der Deutschen Rechtswissenschaft, Leipzig 1895/96.

MAYER, OTTO, Rezension: Willibalt Apelt, Ein Beitrag zur Lehre von der rechtswirksamen Handlung im öffentlichen Rechte, in: Archiv des öffentlichen Rechts 1921, 244–247.

MAYER, OTTO, Theorie des französischen Verwaltungsrechts, Strassburg 1886.

MAYER, OTTO, Zur Lehre vom öffentlichrechtlichen Vertrage, in: Archiv für öffentliches Recht 1888, 3–86.

MICHAELS, JON D., Beyond Accountability: The Constitutional, Democratic, and Strategic Problems with Privatizing War, in: Washington University Law Quarterly 2004, 1001–1127.

MITCHELL, JOHN DAVID BAWDEN, Contractual Promise. Freedom of Executive Action, in: Modern Law Review (MLR) 1949, 234–235.

MITCHELL, JOHN DAVID BAWDEN, The contracts of public authorities; a comparative study, London 1954.

MITGLIEDER DER NATIONALEN IIZ-KOORDINATIONSGRUPPE, Handbuch zur Interinstitutionellen Zusammenarbeit (IIZ), in: http://www.iiz.ch/dokumente/DE/Handbuch/handbuch_deutsch.pdf, letztes Update: 14. Oktober 2003, letzter Zugriff: 15. Februar 2009.

MITTERMAIER, CARL JOSEPH ANTON, Beiträge zu den Gegenständen des bürgerlichen Processes, in: Archiv für die civilistische Praxis 1820, 289–313.

MNOOKIN, ROBERT N./KORNHAUSER, LEWIS, Bargaining in the Shadow of the Law: The Case of Divorce, in: Yale Law Journal 1979, 950–997.

MÖLLER, FABIAN, Rechtsschutz bei Subventionen: die Rechtsschutzmöglichkeiten Privater im Subventionsverfahren des Bundes unter Berücksichtigung der neueren Entwicklungen des nationalen und internationalen Subventions- und Beihilferechts, Basel 2006.

MOOR, PIERRE, Droit administratif; Volume II: Les actes administratifs et leur contrôle, 2. A., Bern 2002.

MORSEY, RUDOLF, Die Aufgaben des Norddeutschen Bundes und des Reiches, in: Jeserich/Pohl/Unruh (Hg.), Deutsche Verwaltungsgeschichte. Bd. 3. Das Deutsche Reich bis zum Ende der Monarchie, 1984, 138–206.

MOUSNIER, ROLAND, La fonction publique en France du début du seizième siècle à la fin du dix-huitième siècle, in: Revue Historique 1979, 321–335.

MÜLLER, GEORG, Wege zu einem schlanken Staat: Überprüfung der Aufgaben stete Pflicht der Staatsleitung, in: NZZ vom 16. März 2005, 15.

MÜLLER, GEORG, Zulässigkeit des Vertrages und zulässige Vertragsinhalte, in: Häner/Waldmann (Hg.), Der verwaltungsrechtliche Vertrag in der Praxis, Zürich 2007, 25–37.

MÜLLER, GEORG, Zur Rechtsnatur der Vereinbarung über die Sorgfaltspflichten der Banken bei der Entgegennahme von Geldern und über die Handhabung des Bankgeheimnisses, in: SJZ 1984, 349–351.

MÜLLER, HANS-PETER, Kann es einen freien Willen geben? – Was sonst, in: Zeitschrift für Rechtsphilosophie (ZRph) 2005, 26–35.

MÜLLER, MARKUS, Das besondere Rechtsverhältnis: ein altes Rechtsinstitut neu gedacht, Bern 2003.

MÜLLER, MARKUS, Verwaltungsrecht: Eigenheit und Herkunft, Bern 2006.

MÜLLER, ROGER, Verwaltungsrecht als Wissenschaft. Fritz Fleiner, 1867–1937, Frankfurt a. M. 2006.

MÜLLER, THOMAS P., Verwaltungsverträge im Spannungsfeld von Recht, Politik und Wirtschaft: eine systemtheoretische Analyse von Verträgen zwischen dem Gemeinwesen und Privaten mit Hinweisen auf die rechtsdogmatischen Konsequenzen, Basel 1997.

NGUYEN, MINH SON, La fin des rapports de service, in: Helbling/Poledna (Hg.), Personalrecht des öffentlichen Dienstes, Bern 1999, 419–459.

NGUYEN, MINH SON, Le contrat de collaboration en droit administratif, Bern 1998.

NIPPERDEY, HANS CARL, Kontrahierungszwang und diktierter Vertrag, Jena 1920.

NONET, PHILIPPE, Administrative Justice : Advocacy And Change In A Government Agency, New York 1969.

OGOREK, REGINA, Das Machtspruchmysterium, in: Rechtshistorisches Journal 1984, 82–107.

OGOREK, REGINA, Individueller Rechtsschutz gegenüber der Staatsgewalt. Zur Entwicklung der Verwaltungsgerichtsbarkeit im 19. Jahrhundert, in: Kocka (Hg.), Bürgertum im 19. Jahrhundert Deutschland im europäischen Vergleich, München 1988, Band 1, 372–405.

PÄRLI, KURT, IIZ: Illusionäre Wirkungen – Gefahren einer fürsorglichen Belagerung, in: Gächter (Hg.), Rechtsfragen zur interinstitutionellen Zusammenarbeit (IIZ), Bern 2007.

PÄRLI, KURT, Sozialhilfeunterstützung als Anreiz für Gegenleistungen, in: Sozial Aktuell 2001, 17–23.

PERRIQUET, EUGENE, Les Contrats de l'Etat : Traité comprenant notamment les règles en matière de ventes ... concessions ... pensions ... récompenses nationale, Paris 1884.

PETERS, HANS, Lehrbuch der Verwaltung, Berlin 1949.

PFÄFFLI, ROLAND, Grundbuchrecht und Enteignungsrecht, in: ZBl 2007, 2–19.

PFENNINGER, HANSPETER, Rechtliche Aspekte des informellen Verwaltungshandelns – Verwaltungshandeln durch informell-konsensuale Kooperation unter besonderer Berücksichtigung des Umweltschutzrechts (Diss.), Freiburg i. Ue. 1996.

PÖCKER, MARKUS, «Dual System»: Regulated Self-Regulation or Autonomous Organisation? – Das «Duale System»: Regulierte Selbstregulierung oder autonome Selbstorganisation? (Synoptische Darstellung in Deutsch und Englisch), in: Ancilla Iuris (anci.ch) 2007, 23–41.

POLANYI, KARL, The Great Transformation, 3. A., Beacon Hill 1944/1995.

POLEDNA, TOMAS, Staatliche Bewilligungen und Konzessionen, Bern 1994.

POLTIER, ETIENNE, Les gentlemen's agreements à participation publique, in: ZSR 1987, 367–402.

PONTIER, JEAN-MARIE, Les contrats de prestations en France, in: Bellanger (Hg.), Les contrats de prestations, Genève 2002, 55–88.

PRÊTRE, ALAIN, Eisenbahnverkehr als Ordnungs- und Gestaltungsaufgabe des jungen Bundesstaates; zugleich eine historisch-kritische Analyse der Rechtsentstehung im Bereich technischer Innovation (Diss.), Freiburg i. Ue. 2002.

REIMER, FRANZ, Mehrseitige Verwaltungsverträge, in: Verwaltungsarchiv 2003, 543–573.

REY, ALEXANDER/WITTWER, BENJAMIN, Die Ausschreibungspflicht bei der Übertragung von Monopolen nach revidiertem Binnenmarktgesetz unter besonderer Berücksichtigung des Elektrizitätsbereichs, in: AJP 2007, 585–592.

REYNOLDS, SUSAN, Fiefs and vassals the medieval evidence reinterpreted, Oxford 1996.

RHINOW, RENÉ, Verfügung, Verwaltungsvertrag und privatrechtlicher Vertrag, in: Juristische Fakultät der Universität Basel (Hg.), Privatrecht – Öffentliches Recht –

Strafrecht: Grenzen und Grenzüberschreitungen; Festgabe zum Schweizerischen Juristentag, 1985, 295–322.

RHINOW, RENÉ, Verwaltungsrechtlicher oder privatrechtlicher Vertrag: Fiskalwirkung der Grundrechte, in: recht 1985, 57–64.

RHINOW, RENÉ, Wohlerworbene und vertragliche Rechte im öffentlichen Recht, in: ZBl 1979, 1–23.

RICHER, LAURENT, Droit des contrats administratifs, 5. A., Paris 2006.

RICHLI, PAUL, Zu den Gründen, Möglichkeiten und Grenzen für Verhandlungselemente im öffentlichen Recht, in: ZBl 1991, 381–406.

RICHLI, PAUL, Zum verfahrens- und prozessrechtlichen Regelungsdefizit beim verfügungsfreien Staatshandeln, in: AJP 1992, 196–202.

RICHLI, PAUL/MÜLLER, THOMAS, Öffentliches Dienstrecht im Zeichen des New Public Management: staatsrechtliche Fixpunkte für die Flexibilisierung und Dynamisierung des Beamtenverhältnisses, Bern 1996.

RIEMER, HANS MICHAEL, Berner Kommentar: Allgemeine Bestimmungen, Systematischer Teil und Kommentar zu Art. 52–59 ZGB, Bern 1993.

ROUSSEAU, JEAN-JACQUES, Du contrat social ou principes du droit politique, Paris 1795.

RUCK, ERWIN, Schweizerisches Verwaltungsrecht, 2. A., Zürich 1939.

RÜCKERT, JOACHIM, Das BGB und seine Prinzipien, in: Rückert/Schmoeckel/Zimmermann (Hg.), Historisch-kritischer Kommentar zum BGB; Band I: Allgemeiner Teil §§ 1–240, Tübingen 2003, zweites Kapitel.

RÜCKERT, JOACHIM, Verfassungen und Vertragsfreiheit, in: Kervégan/Mohnhaupt (Hg.), Gesellschaftliche Freiheit und vertragliche Bindung in Rechtsgeschichte und Philosophie, Frankfurt a. M. 1999, 165–196.

RÜTTIMANN, JACOB, Rechtsgutachten über die Frage: in wie weit durch die Eisenbahn-Konzessionen der schweiz. Kantone und die Beschlüsse der Schweiz. Bundesversammlung betreffend die Genehmigung derselben für die betheiligten Gesellschaften Privatrechte begründet worden seien, Zürich 1870.

SALZWEDEL, JÜRGEN, Die Grenzen der Zulässigkeit des öffentlich-rechtlichen Vertrages, Berlin 1958.

SAVIGNY, FRIEDRICH KARL, System des heutigen Römischen Rechts, Bd. 1–4, Berlin 1840–1848/1973.

SCHEFER, MARKUS, Grundrechtliche Schutzpflichten und die Auslagerung staatlicher Aufgaben, in: AJP 2002, 1131–1143.

SCHERZBERG, ARNO, Grundfragen des verwaltungsrechtlichen Vertrages, in: Juristische Schulung 1992, 205–215.

SCHLUEP, WALTER, Wettbewerbsfreiheit – staatliche Wirtschaftspolitik: Gegensatz oder Ergänzung?, in: ZSR 1991, 51–81.

SCHMID, CHRISTIAN, Die neue Vereinbarung über die Sorgfaltspflichten der Banken, in: SJZ 1983, 69–73.

SCHMIDHUBER, WILHELM, Das öffentliche Submissionswesen des Auslandes: eine Darstellung der geltenden Vorschriften, Berlin 1928.

SCHMIDT-ASSMANN, EBERHARD, Das Recht der Verwaltungsverträge zwischen gesetzlicher Bindung und administrativer Gestaltung, in: Drenseck (Hg.), Festschrift für Heinrich Wilhelm Kruse zum 70. Geburtstag, Köln 2001, 65–78.

SCHMIDT-ASSMANN, EBERHARD, Öffentliches Recht und Privatrecht: Ihre Funktionen als wechselseitige Auffangordnungen, in: Hoffmann-Riem/Schmidt-Assmann (Hg.), Öffentliches Recht und Privatrecht als wechselseitige Auffangordnungen, Baden-Baden 1996, 7–40.

SCHMIDT-ASSMANN, EBERHARD, Verwaltungsrecht in der Informationsgesellschaft: Perspektiven der Systembildung, in: Hoffmann-Riem/Schmidt-Assmann (Hg.), Verwaltungsrecht in der Informationsgesellschaft, Baden-Baden 2000, 405–432.

SCHMIDTCHEN, DIETER, Homo Oeconomicus und das Recht, in: Volkswirtschaftliche Reihe, Economic Series 2000, 1–31.

SCHMIDTCHEN, DIETER, Prävention und Menschenwürde – oder: Kants Instrumentalisierungsverbot und die ökonomische Theorie der Strafe, in: German Working Papers in Law and Economics, http://www.uni-saarland.de/fak1/fr12/csle/publications/2002-15_praevention%20.pdf, letztes Update: 5. Dezember 2002, letzter Zugriff: 15. Februar 2009.

SCHMITTHENNER, FRIEDRICH, Grundlinien des allgemeinen oder idealen Staatsrechtes, Giessen 1845.

SCHNEIDER, ALBERT/FICK, HEINRICH, Das Schweizerische Obligationenrecht sammt den Bestimmungen des Bundesgesetzes betreffend die persönliche Handlungsfähigkeit mit allgemeinfasslichen Erläuterungen, 3. A., Zürich 1893.

SCHULTE, MARTIN, Wandel der Handlungsformen der Verwaltung und der Handlungsformenlehre in der Informationsgesellschaft, in: Hoffmann-Riem/Schmidt-Assmann (Hg.), Verwaltungsrecht in der Informationsgesellschaft, Baden-Baden 2000, 333–348.

SCHUMACHER, RAINER, Vertragsgestaltung: Systemtechnik für die Praxis, Zürich 2004.

SCHÜRMANN, LEO/HÄNNI, PETER/SCRUZZI, MARCO, Planungs-, Bau- und besonderes Umweltschutzrecht, 4. A., Bern 2002.

SCHWAGER, RUDOLF, Die Vertretung des Gemeinwesens beim Abschluss privatrechtlicher Verträge, Freiburg i. Ue. 1974.

SCHWEIZERISCHER JURISTENVEREINS, Mittheilungen aus den Cantonen zur Verwaltungsrechtspflege in den Cantonen, in: ZSR 1889, 562–623.

SEILER, HANSJÖRG, Gewaltenteilung – Allgemeine Grundlagen und schweizerische Ausgestaltung, Bern 1994.

SEILER, OSCAR, Über die rechtliche Natur der Eisenbahn-Konzessionen nach schweizerischem Recht, Zürich 1888.

SEUFFERT, JOHANN MICHAEL, Von dem Verhältnisse des Staats und der Diener des Staats gegeneinander im rechtlichen und politischen Verstande, Würzburg 1793.

SHAPIRO, MARTIN M., Courts, a comparative and political analysis, Chicago 1981.

SINGLETON, SARA, Collaborative environmental planning in the American West: The good, the bad and the ugly, in: Environmental Politics 2002, 54–75.

SMILANSKY, SAUL, Free will and illusion, Oxford 2000.

SMITH, ADAM, Der Wohlstand der Nationen: eine Untersuchung seiner Natur und seiner Ursachen, 6. A, München 1776/1993.

SONTHEIMER, JÜRGEN, Der verwaltungsrechtliche Vertrag im Steuerrecht, Köln 1987.

SPANNOWSKY, WILLY, Grenzen des Verwaltungshandelns durch Verträge und Absprachen, Berlin 1994.

SPEISER, PAUL, Die Kompetenz der Gerichte in Verwaltungssachen im Kanton Baselstadt, in: ZSR 1889, 117–142.

STADLER, PATRIK, Der Vertrauensschutz bei Verträgen des Gemeinwesens mit Privaten – Wie öffentliches Recht und Privatrecht sich durchdringen (Diss.), St. Gallen 2005.

STAHL, FRIEDRICH JULIUS, Rechts- und Staatslehre auf der Grundlage christlicher Weltanschauung, Abt. 2, Heidelberg 1856.

STELKENS, PAUL/BONK, HEINZ JOACHIM, Verwaltungsverfahrensgesetz Kommentar, 6. A., München 2001.

STERN, KLAUS, Zur Grundlegung einer Lehre des öffentlich-rechtlichen Vertrags, in: Verwaltungsarchiv 1958, 106–157.

STOLLEIS, MICHAEL, Die Entstehung des Interventionsstaates und das öffentliche Recht, in: Zeischrift für neuere Rechtsgeschichte (ZNR) 1989, 129–146.

STOLLEIS, MICHAEL, Geschichte des öffentlichen Rechts in Deutschland. Erster Band. Reichpublizistik und Polceywissenschaft 1600–1800, München 1988.

STOLLEIS, MICHAEL, Geschichte des öffentlichen Rechts in Deutschland. Zweiter Band. Staatsrechtslehre und Verwaltungswissenschaft 1800–1914, München 1992.

STOLLEIS, MICHAEL, Verwaltungsrechtswissenschaft und Verwaltungslehre 1866–1914, in: Jeserich/Pohl/Unruh (Hg.), Deutsche Verwaltungsgeschichte; Band 3; Das Deutsche Reich bis zum Ende der Monarchie, Stuttgart 1984, 85–108.

SWEET, JUSTIN, «From the Tower» Redux: Lessons a Contruction Practitioner Must Learn from Federal Procurement Law, in: Construction Lawyer 2007, 26–31.

TANQUEREL, THIERRY, La nature juridique des contrats de prestations, in: Bellanger (Hg.), Les contrats de prestations, Genève 2002, 9–31.

TEUBNER, GUNTHER, Den Schleier des Vertrags zerreißen? Zur rechtlichen Verantwortung ökonomisch «effizienter» Vertragsnetzwerke, in: Kritische Vierteljahresschrift für Gesetzgebung und Rechtswissenschaft (KritV) 1993, 367–393.

TEUBNER, GUNTHER, Netzwerke als Problem des Privatrechts, in: Amstutz (Hg.), Die vernetzte Wirtschaft: Netzwerke als Rechtsproblem, Zürich 2004, 9–42.

TEUBNER, GUNTHER, Vertragswelten: Das Recht in der Fragmentierung von private governance regimes, in: Rechtshistorisches Journal 1998, 234–265.

TSCHANNEN, PIERRE/ZIMMERLI, ULRICH, Allgemeines Verwaltungsrecht, 2. A., Bern 2005.

VESTING, THOMAS, Der Staat als Serviceunternehmen: Politik im Zeitalter der Wissensgesellschaft, in: Staatswissenschaften und Staatspraxis (StWStP) 1998, 473–505.

VESTING, THOMAS, Rechtswissenschaftliche Beobachtung des Rechtssystems: Einheitsbildung und Differenzerzeugung, in: Trute/et al. (Hg.), Allgemeines Verwaltungsrecht – zur Tragfähigkeit eines Konzepts, Tuebingen 2008, 233-251.

VINCENT-JONES, PETER, Citizen Redress in Public Contracting for Human Services, in: Modern Law Review (MLR) 2005, 887–924.

VOGEL, STEFAN, Die "clausula rebus sic stantibus" als Mittel zur Anpassung und Aufhebung von verwaltungsrechtlichen Verträgen, in: ZBL 2008, 298–310.

VOGT, GUSTAV, Schweizerische Studien über Eisenbahnrecht, in: Deutsche Vierteljahrsschrift 1859, 1–63.

VOLKMANN, UWE, Sicherheit und Risiko als Probleme des Rechtsstaats, in: Juristen Zeitung (JZ) 2004, 696–703.

WALDMANN, BERNHARD, Der verwaltungsrechtliche Vertrag – eine Einführung, in: Häner/Waldmann (Hg.), Der verwaltungsrechtliche Vertrag in der Praxis, Zürich 2007, 1–23.

WARREN, MARK, Democracy and trust, Cambridge 1999.

WARTENWEILER, JOHANNES, Seltsame Abrechnungen im Asylwesen – Schnoddrig abgefertigt, in: WoZ-Online vom 25. Juli 2002 http://www.woz.ch/archiv/old/02/30/6696.html, letzter Zugriff: 15. Februar 2009.

WEBER, MAX, Parlament und Regierung im neugeordneten Deutschland. Zur politischen Kritik des Beamtentums und Parteiwesens, in: Die innere Politik, München und Leipzig 1918, 294–431.

WEBER, MAX, Wirtschaft und Gesellschaft, 2. A., Tübingen 1921–1925/1980.

WEBER-DÜRLER, BEATRICE, Neuere Entwicklung des Vertrauensschutzes, in: ZBl 2002, 281-310.

WHYTE, CLIVE WALKER AND DAVE, Contracting out war?: Private Military companies, Law and Regulation in the United Kingdom, in: International and Comparative Law Quarterly 2005, 651–690.

WIETHÖLTER, RUDOLF, Recht-Fertigungen eines Gesellschafts-Rechts, in: Joerges/Teubner (Hg.), Rechtsverfassungsrecht: Recht-Fertigung zwischen Privatrechtsdogmatik und Gesellschaftstheorie, Baden-Baden 2003, 13–21.

WIETHÖLTER, RUDOLF, Rechtswissenschaft, 2. A., Basel/Franfurt a. M. 1968/1986.

WIETHÖLTER, RUDOLF, Zur Argumentation im Recht: Entscheidungsfolgen als Rechtsgründe?, in: Teubner (Hg.), Entscheidungsfolgen als Rechtsgründe: Folgenorientiertes Argumentieren in rechtsvergleichender Sicht, Baden-Baden 1995, 89–120.

WIGET, GINETTE, Arbeiten bis zum Umfallen, in: der arbeitsmarkt 2004, 15–17.

WILLKE, HELMUT, Ironie des Staates: Grundlinien einer Staatstheorie polyzentrischer Gesellschaft, Frankfurt a. M. 1992.

WILLOWEIT, DIETMAR, Gesetzgebung und Recht im Übergang vom Spätmittelalter zum frühneuzeitlichen Obrigkeitsstaat, in: Behrends/Link (Hg.), Zum römischen und neuzeitlichen Gesetzesbegriff, Göttingen 1987, 123–146.

WULLSCHLEGER, STEPHAN/SCHRÖDER, ANDREAS, Praktische Fragen des Verwaltungsprozesses im Kanton Basel-Stadt, in: Basler juristische Mitteilungen (BjM) 2005, 277–311.

ZACHARIÄ, HEINRICH ALBERT, Deutsches Staats- und Bundesrecht, 2. A., Göttingen 1854.

ZEZSCHWITZ, FRIEDRICH VON, Rechtsstaatliche und prozessuale Probleme des Verwaltungsprivatrechts, in: Neue Juristische Wochenschrift (NJW) 1983, 1873–1880.

ZWAHLEN, HENRI, Le contrat de droit administratif, in: ZSR 1958, 461a–663a.

Einleitung und Annäherung an die Begriffe

1. Mit der Emergenz des einerseits auf soziale Sicherheit und Stabilität und andererseits auf politisch definierte und umgesetzte Gleichheit ausgerichteten *Wohlfahrtsstaats zum Ende des 19. und zum Beginn des 20. Jahrhunderts* vervielfältigten sich die Aufgaben der Verwaltung. Dieser idealtypische Wechsel vom bürgerlichen Minimalstaat zum Wohlfahrts- und Sozialstaat als Paradigmenwandel ist beobachtbar etwa anhand der Emergenz neuer Staatsaufgaben zunächst im Infrastrukturbereich[1] und sodann in der existenziellen Absicherung aller Personen der Gesellschaft.[2]

Die Ausdehnung des Staatlichen im modernen Wohlfahrtsstaat äusserte sich aber nicht nur in der Zunahme von Aufgaben. Sie äusserte sich auch in der Tendenz der Politik, direkt gestaltend, also *interventionistisch* in die Gesellschaft einzugreifen.[3] In diesem Kontext erschien zunächst der privatrechtliche und sodann der öffentlichrechtliche Verwaltungsvertrag zwischen Staatsverwaltung und Privaten[4] gerade dort, wo die Ansprüche der Verwaltung, die Gesellschaft zu gestalten, auch dann noch anwuchsen, als diese Aufgaben nicht mehr allein mit den traditionellen Mitteln der befehlsförmigen Verfügung und der Subventionierung erfüllt werden konnten. Dass der heutige Verwaltungsvertrag in diesem Sinn eine Rechtsform ist, die vor allem durch den interventionistischen Wohlfahrtsstaat hervorgebracht wurde, werde ich anhand der Evolution des Verwaltungsvertrags andernorts ausführ-

---

[1] Prägnant ist vor allem die rechtswissenschaftliche Debatte um die Verstaatlichung der Eisenbahn: siehe unter vielen Seiler, der mit rechtlichen Argumenten für eine Verstaatlichung der Eisenbahn und gegen vertragliche Lösungen plädierte: OSCAR SEILER, Über die rechtliche Natur der Eisenbahn-Konzessionen nach schweizerischem Recht (1888).

[2] Deutlich beschrieben bei ERNST FORSTHOFF, Lehrbuch des Verwaltungsrechts: erster Band (1973): 35 ff.

[3] Dies gilt auch für das Privatrecht: hierzu bereits EUGEN EHRLICH, Das zwingende und nichtzwingende Recht (1899).

[4] Begriffe lassen sich nicht aus sich selbst erschliessen, sondern nur aus einem konkreten Kontext unter Abgrenzung zu dem, was sie gerade nicht sind: NIKLAS LUHMANN, Die Gesellschaft der Gesellschaft (1997): 1133. Wenn sich also Begriffe nicht aus sich selbst erschliessen lassen, dann bedeutet dies, dass sie sich letztlich erst in ihrer Anwendung präzisieren lassen. Ganz offensichtlich gilt dies für den Begriff des Vertrags, der sich im Kontext des Verwaltungsvertrags massgeblich aus der rechtsdogmatischen Abgrenzung von der Verfügung erschliesst (unten Kap. I: 7). Ähnliches gilt für die Begriffe der Verwaltung und der Privaten, die ihre rechtliche Relevanz und damit ihre Begriffsbestimmung vor allem aus der umstrittenen Frage der Grundrechtsunterworfenheit und damit verknüpft auch aus der Subordinationstheorie zur Abgrenzung von Privatrecht und öffentlichem Recht beziehen (unten Kap. IV.B: 181 und Kap. II.B.3: 64).

lich darlegen. Bereits MAX WEBER erkannte, dass in diesem Kontext zur Rettung wohlfahrtsstaatlicher Versprechen die Grenzen des Rechtsstaats neu definiert werden. Kritisch meinte er:

> «[Die öffentliche Bürokratie mit den Mitteln der privaten Bedarfsdeckung] ist ... an der Arbeit, das Gehäuse jener Hörigkeit der Zukunft herzustellen, in welche vielleicht dereinst die Menschen sich ... ohnmächtig zu fügen gezwungen sein werden, wenn ihnen eine rein technisch gut und das heisst: eine rationale Beamten Verwaltung und -versorgung der letzte und einzige Wert ist, der über die Art der Leistung ihrer Angelegenheiten entscheiden soll.»[5]

2. MAX WEBER spricht damit indirekt die *Errungenschaften des Rechtsstaats* an, die in der Tat durch den Verwaltungsvertrag in besonderem Mass in Frage gestellt werden: So sollen etwa anerkanntermassen Erschliessungsverträge[6] oder Enteignungsverträge[7] die Verwaltung von übermässiger Ressourcenbelastung und der damit zusammenhängenden strikten Beschränkung auf das Gesetz befreien. Gleiches gilt auch für den Vertrag in Steuersachen, der zwar dem Gebot rechtsgleicher Behandlung und dem Gebot der Besteuerung nach wirtschaftlicher Leistungsfähigkeit zuwiderläuft,[8] ohne den aber zahllose Fälle, die einer Kooperation zwischen Steuerbehörde und Steuerpflichtigen bedürften, mit den vorhandenen verwaltungsinternen Ressourcen kaum zu lösen wären.[9]

Zwar wird – abgesehen von wenigen Ausnahmen[10] – die grundsätzliche Zulässigkeit von Verwaltungsverträgen nicht mehr bestritten, die Bedenken bezüglich einer mit der Rechtsform des Vertrags von den einschränkenden und zugleich legitimierenden Fesseln der Gesetzesbindung befreiten Verwaltung schlagen sich jedoch in *Unsicherheiten in der dogmatischen Erfassung dieser Kooperationen nieder:* Die Doktrin schwankt zwischen einer typisch schweizerischen pragmatischen

---

[5] MAX WEBER, Parlament und Regierung im neugeordneten Deutschland (1918): 320.

[6] Zum Beispiel BGE 105 Ia 207 1979 – *ZEHNDER GEGEN GEMEINDE BIRMENSTORF*.

[7] Vgl. zum Beispiel BGE 102 Ia 553 1976 – *KURY-KILCHHERR GEGEN EINWOHNERGEMEINDE REINACH*; BGE 116 Ib 241 1990 – *STADT ZÜRICH GEGEN SCHWEIZ. BUNDESBAHNEN (BAHNHOF MUSEUMSSTRASSE)*.

[8] Unter Berufung auf diese zentralen Prinzipien erklärte das schweizerische Bundesgericht jüngst einen degressiven Steuertarif als verfassungswidrig: BGE 133 I 206 2007 – *HALTER-DURRER GEGEN KANTON OBWALDEN*.

[9] Vgl. zum Beispiel BGE 119 Ib 431 1993 – *FIFTY-FIFTY-STEUERRECHTSPRAXIS*. Jüngst auch Bundesgericht 2C_522/2007 28. April 2008 – *WOHNBAUGENOSSENSCHAFT X – GRUNDSTÜCKGEWINNSTEUER*. Zur permissiveren Situation in Deutschland JÜRGEN SONTHEIMER, Der verwaltungsrechtliche Vertrag im Steuerrecht (1987).

[10] Hierzu jüngst GEORG MÜLLER, Zulässigkeit des Vertrages und zulässige Vertragsinhalte (2007).

Haltung gegenüber neuen Kooperationsformen der Verwaltung und der durch spezifische historische Pfadabhängigkeiten geprägten Zurückhaltung gegenüber dem Verwaltungsvertrag.[11] Diese spezifisch schweizerischen Pfadabhängigkeiten beruhen vor allem auf einem durch die französische Theorie geprägten Primat der demokratischen Legitimation staatlichen Handelns,[12] auf einer von Deutschland rezipierten und auf die Überwindung des Polizeistaates ausgerichteten Verwaltungsrechtslehre[13] und der während langer Zeit wenig ausgeprägten und auf Verwaltungsverträge nicht anwendbaren Verwaltungsgerichtsbarkeit.[14]

3. Es ist das Anliegen der angesprochenen pragmatischen Verwaltungsvertragslehre, der Verwaltung die zunehmend divergenten Interessenstrukturen der Gesellschaft «für die eigene Programmverwirklichung dienstbar zu machen».[15] Damit verfolgt die herrschende Lehre für die Form des Verwaltungsvertrags allerdings einen *politischen Bias,* der sich mit Blick auf die Geschichte und der daraus resultierenden Funktion des Verwaltungsvertrags als problematisch erweist. Dies er-

---

[11] Die kooperierende Verwaltung soll also in den sicheren Hafen der traditionellen demokratisch-rechtsstaatlichen Legitimationsmechanismen, Gesetzesbindung einerseits und erweiterte Grundrechtsbindung andererseits, zurückgeführt werden. Zur Gesetzesbindung siehe AUGUST MÄCHLER, Vertrag und Verwaltungsrechtspflege (2005): 385 f.; ULRICH HÄFELIN/GEORG MÜLLER/FELIX UHLMANN, Allgemeines Verwaltungsrecht (2006): N 1069 ff. Zur Grundrechtsbindung vgl. MARKUS SCHEFER, Auslagerung staatlicher Aufgaben (2002); ISABELLE HÄNER, Grundrechtsgeltung (2002).

[12] Prägend waren vor allem die Schriften von ROUSSEAU und CONSTANT: JEAN-JACQUES ROUSSEAU, Du contrat social ou principes du droit politique (1795); BENJAMIN CONSTANT, Principes de politiques (1815). Hierzu MARKUS MÜLLER, Verwaltungsrecht: Eigenheit und Herkunft (2006): 76 ff.

[13] Grundlegend OTTO MAYER, Deutsches Verwaltungsrecht (1895/96); rezipiert vor allem durch FRITZ FLEINER, Institutionen des deutschen Verwaltungsrechts (1913). Hierzu jüngst ROGER MÜLLER, Verwaltungsrecht als Wissenschaft. Fritz Fleiner, 1867-1937 (2006): 168.

[14] Erst auf massivem Druck der sogenannten Mirage-Affäre hin wurde schliesslich im Jahr 1968 die Verwaltungsgerichtsbarkeit im Bund neu geordnet und insbesondere die Generalklausel eingeführt, allerdings eingeschränkt durch einen langen Negativkatalog: Botschaft des Bundesrates vom 24. September 1965 über den Ausbau der Verwaltungsgerichtsbarkeit im Bunde, BBl. 1965 II 1265; zum Ganzen vgl. REGINA KIENER, Entwicklung der Verwaltungsgerichtsbarkeit (2004): N 6 ff.

[15] So explizit AUGUST MÄCHLER, Vertrag und Verwaltungsrechtspflege (2005): 618; siehe auch ULRICH HÄFELIN/GEORG MÜLLER/FELIX UHLMANN, Allgemeines Verwaltungsrecht (2006): N 1071. Nach diesen Autoren kommt es bei der Zulässigkeit der subordinationsrechtlichen Verträge darauf an, ob der Vertrag die «zur Erreichung des Gesetzeszweckes geeignetere Handlungsform ist als die Verfügung». Es geht also um die Verwirklichung politischer Programme nicht nur durch Gesetzesnormen, sondern auch durch die nach politischen Kriterien eingesetzte Vertragsform. Zur Frage der Zulässigkeit siehe unten Kap. IV.A: 133.

schliesst sich aus den Forschungsergebnissen zur Evolution des Verwaltungsvertrags, die als Ausgangspunkt für eine historisch und theoretisch informierte Dogmatik des Verwaltungsvertrags dienen:[16] In so unterschiedlichen Bereichen wie Sicherheit und Ordnung,[17] Infrastruktur,[18] Umweltschutz,[19] sowie Sozialhilfe und Integration[20] deutet sich an, dass heute die zunehmend diverse und fragmentierte Gesellschaft nicht mehr in der zentralisierten Macht des absolut souveränen Staates aufzugehen vermag.

Obwohl der Verwaltungsvertrag zwischen Staat und Privaten heute wie bereits im 19. Jahrhundert als Grenzgänger zwischen Politik und Gesellschaft, zwischen öffentlichem Recht und Privatrecht und damit als Problem für eine auf den modernen Staat ausgerichtete Rechtstheorie und Rechtsdogmatik erscheint, so zeigt er sich doch auf den zweiten Blick als ein mögliches *funktionales Äquivalent zum grossen ‹Contrat Social›*, der sich heute nicht mehr durchhalten lässt. Angesprochen ist damit der Vertrag als eine Rechtsform, die die Koevolution von Recht, Politik und anderen Gesellschaftsbereichen nachhaltig unterstützt.[21] Zu beantworten ist damit vor allem die Frage, auf welche Weise der Vertrag die Anforderungen der verschiedenen, an einem Projekt beteiligten Rationalitäten in sich aufnehmen und

---

[16] Diese werden andernorts ausführlich dargelegt werden.

[17] Jüngst hierzu Bericht des Bundesrats zu den privaten Sicherheits- und Militärfirmen vom 2. Dezember 2005, BBl. 2006 II 623, vor allem 632 f.; WALTER KÄLIN/ANDREAS LIENHARD/JUDITH WYTTENBACH/MIRJAM BALDEGGER, Auslagerung von sicherheitspolizeilichen Aufgaben (2007).

[18] Zentrales Beispiel ist freilich der Ausbau des Beschaffungswesens. Grundlegend hierzu MARTIN BEYELER, Öffentliche Beschaffung, Vergaberecht und Schadenersatz (2004); aus historischer Sicht LORENZ JELLINGHAUS, Daseinsvorsorge und Infrastruktur (2006).

[19] Vgl. unter anderem jüngst Bundesgericht 1A.266/2005 13. März 2006 – *COMMERCIALIS SA GEGEN STADT BIEL*. Des weiteren hierzu mit Referenzen auf emirische Studien MICHAEL HOWLETT, Beyond Legalism? (2000): 316; SARA SINGLETON, Collaborative environmental planning (2002).

[20] Grundlegend bereits JÜRGEN SALZWEDEL, Die Grenzen der Zulässigkeit des öffentlichrechtlichen Vertrages (1958): 3 und ERNST FORSTHOFF, Lehrbuch des Verwaltungsrechts: erster Band (1973): 35 ff. Jüngst KURT PÄRLI, Sozialhilfeunterstützung als Anreiz für Gegenleistungen (2001); NIELS ÅKERSTRØM ANDERSEN, The Contractualisation of the Citizen (2004); NEVILLE HARRIS, Empowerment and State Education: Rights of Choice and Participation (2005); KURT PÄRLI, IIZ (2007); ANDREAS ABEGG, Vom Contrat Social zum Gesellschaftsvertragsrecht (2008). Vgl. jünst zum Beispiel den Hinweis auf den zunehmenden Einzug des Vertrags bei renitenten Jugendlichen in Le Matin Dimanche vom 25 November 2007, S. 17 f.

[21] THOMAS P. MÜLLER, Verwaltungsverträge im Spannungsfeld von Recht, Politik und Wirtschaft (1997). Hierzu jüngst MARC AMSTUTZ/ANDREAS ABEGG/VAIOS KARAVAS, Soziales Vertragsrecht (2006).

als Vermittler einer hochgradig fragmentierten und zentrifugal angelegten Gesellschaft dienen kann. Auch wenn dabei weiterhin die Trennung in Privatrecht und öffentliches Recht als gegebener Ausgangspunkt einer Untersuchung zu Verwaltungsverträgen dienen muss, steht gerade nicht die entsprechende Trennung im Fokus, d. h. diejenige in Verträge, die den politischen Interessen dienen, auf der einen Seite und Verträge, die den Wirtschaftsinteressen dienen, auf der anderen Seite. Vielmehr geht es um die Perspektiven und die Möglichkeitsbedingungen eines *Gesellschaftsvertragsrechts, das die Funktion des grossen ‹Contrat Social›, gesellschaftliche Einheit und allgemeiner Wohlstand herzustellen, zu übernehmen hat.*[22]

4. Dieser gesamtgesellschaftlichen Perspektive kann begrifflich in dem Sinne Rechnung getragen werden, als der *Terminus Verwaltungsvertrag* für alle Verträge zwischen Staatsverwaltung und Privaten verwendet wird, also für öffentlichrechtliche ebenso wie für privatrechtliche. Zwar wird heute zuweilen der Terminus des Verwaltungsvertrags gleichgesetzt mit jenem des öffentlichrechtlichen Vertrags.[23] Damit fehlt aber ein griffiger Terminus für die privatrechtlichen Verträge zwischen Staatsverwaltung und Privaten. Auch aus diesem praktischen Grund bietet es sich an, den Terminus Verwaltungsvertrag als Oberbegriff für alle Verträge zwischen Staatsverwaltung und Privaten zu verwenden und zwischen dem privatrechtlichen Verwaltungsvertrag und dem öffentlichrechtlichen Verwaltungsvertrag (oder: verwaltungsrechtlichen Vertrag) zu unterscheiden.[24]

---

[22] Zu dieser Perspektive grundlegend GUNTHER TEUBNER, Vertragswelten (1998).
[23] Zum Beispiel HARTMUT MAURER, Der Verwaltungsvertrag (1989): 798: "Man versteht darunter [unter Verwaltungsverträgen] Verträge, die ein verwaltungsrechtliches Rechtsverhältnis zum Gegenstand haben, die verwaltungsrechtliche Rechte oder Pflichten begründen, ändern oder aufheben. Sie bilden einen Unterfall des weitergehenden öffentlichrechtlichen Vertrages und stehen dem privatrechtlichen Vertrag gegenüber."
[24] So insbesondere THOMAS P. MÜLLER, Verwaltungsverträge im Spannungsfeld von Recht, Politik und Wirtschaft (1997); EBERHARD SCHMIDT-ASSMANN, Das Recht der Verwaltungsverträge (2001).

I. Vertrag und Verfügung – Die Qualifikation der Rechtsform

A. Abgrenzung von anderen Rechtsfragen

1. Abrenzung der Frage der Rechtsform von der Frage der Rechtsnatur

a) Historische Pfadabhängigkeiten der Unterscheidung

1. Mit der rechtlichen Qualifikation eines Lebenssachverhalts wird bereits massgeblich über das anwendbare Recht entschieden. Dies gilt auch für die Frage, ob ein privatrechtlicher Vertrag, ein verwaltungsrechtlicher Vertrag, eine Verfügung oder gar eine informelle Handlung der Parteien respektive eine informelle Verwaltungshandlung vorliegt. Je nachdem variieren das formelle und das materielle Recht in massgeblicher Weise.[25]

Die Abgrenzung zwischen den genannten Rechtsformen wird zuweilen direkt angegangen, und es werden insbesondere die beiden Pole, die Verfügung auf der einen Seite und der privatrechtliche Vertrag auf der anderen Seite, einander gegenübergestellt.[26] Dabei besteht allerdings die Gefahr, die feinen Linien der Abgrenzungen zu verfehlen, insbesondere da sich genau genommen zwei Fragen stellen, nämlich jene nach der Rechtsform (vor allem Vertrag und Verfügung) und jene nach der Rechtsnatur (öffentliches Recht und Privatrecht).

2. Ein *kurzer Blick auf die Evolution des Verwaltungsvertrags* vermag zu zeigen, dass es im Grundsatz jeweils um unterschiedliche Fragestellungen geht, die zu trennen sind und darüber hinaus die Dogmatik je in unterschiedlicher Weise beeinflussen:

a. Mit der polizeistaatlich geprägten *Fiskustheorie* in der Mitte des 19. Jahrhunderts wurden Verwaltungsverträge im Wesentlichen nur als zivilrechtliche Rechtsverhältnisse unter Beteiligung des Staatsfiskus erfasst und von ‹echten› Verwaltungshandlungen unterschieden. Erstere unterstanden den Zivilgerichten, während

---

[25] Auf diese materiellen Unterschiede angesichts der Qualifikation wird zurückzukommen sein: unten Kap. I.B.2: 18.
[26] Ein typisches Beispiel bietet BGE 109 Ib 146 1983 – SCHWEIZERISCHER TREUHÄNDERVERBAND C. SCHWEIZERISCHE NATIONALBANK.

letztere grundsätzlich keiner Überprüfung durch unabhängige Gerichte zugänglich waren.[27]

Dabei ging es bei dieser Unterscheidung um die Frage, ob der souveräne Staat über den Bürger *hoheitlich* verfüge oder ob er diesem auf gleicher Augenhöhe gegenübertrete und dabei insbesondere von der Institution des freien Marktes für seine Zwecke profitieren könne. Gerade infolge der *Gleichgerichtetheit* auf dem Markt musste letztere Beziehung zwischen Staat und Privaten durch ein Drittes verfasst werden: unabhängige Gerichtsbarkeit und unabhängiges Privatrecht.[28] Hoheitliche Handlungen der Verwaltung wurden dagegen vom Recht nur marginal erfasst. Rechtsfrage war allein, ob dem Staat ein entsprechendes Hoheitsrecht zukommt,[29] und ob andererseits fiskalische Interessen zur Debatte stehen, mit welchen der Staat den Privaten gleichgeordnet gegenübersteht.[30]

b. Mit der Emergenz von Verwaltungsrechtswissenschaft und Verwaltungsgerichtsbarkeit im 20. Jahrhundert wurden weite Teile der polizeistaatlichen Macht mit Recht erfasst. Der Polizeistaat wurde vom *Rechtsstaat* abgelöst. Damit waren die Voraussetzungen gegeben, dass das zunehmende Kooperationsbedürfnis der Verwaltung (vor allem zur Erstellung grosser verkehrstechnischer und sanitärer Inf-

---

[27] Grundlegend für die Fiskustheorie und das damit verbundene Justizstaatsmodell sind CARL JOSEPH ANTON MITTERMAIER, Beiträge zu den Gegenständen des bürgerlichen Processes (1820); PAUL JOHANN ANSELM VON FEUERBACH, Gerechtigkeitspflege (1821), II: 3 ff.

[28] Zu dieser Theorie siehe unter anderen für Frankreich: RODOLPHE DARESTE, La justice administrative en France (1862): 220 ff.; ähnlich bereits ADOLPHE CHAUVEAU, Principes de compétence et de juridictions administratives (1841-44): N 408 ff. Für Deutschland siehe zum Beispiel JOHANN CASPAR BLUNTSCHLI, Allgemeines Staatsrecht (1852): 429 f.; HEINRICH ALBERT ZACHARIÄ, Deutsches Staats- und Bundesrecht (1854), II, 28 f.

[29] Typisch für diesen Schritt ist NICOLAUS THADDÄUS GÖNNER, Der Staatsdienst (1808): 56. Grundlegend für die Theorie der Hoheitsrechte ist Kreittmayer, bei dem notabene Recht der Politik folgt: «per regulam, jus ad finem dat jus ad media.», der Endzweck des Staates, die gemeine Wohlfahrt, rechtfertigt die entsprechenden Mittel: WIGULÄUS XAVER ALOYS VON KREITTMAYR, Grundriss des allgemeinen, deutschen u. bayrischen Staatsrechtes (1769), I: 15.

[30] Prominenter Vertreter erster Stunde war CARL JOSEPH ANTON MITTERMAIER, Beiträge zu den Gegenständen des bürgerlichen Processes (1820). Von jenen Autoren, die sich auch mit den Verträgen zwischen Staat und Privaten befassten, sind herauszuheben für Frankreich: RODOLPHE DARESTE, La justice administrative en France (1862): 205 f.; für Deutschland: FRIEDRICH KARL SAVIGNY, System des heutigen Römischen Rechts (1840-1848/1973), II, 272 ff.; JOHANN CASPAR BLUNTSCHLI, Allgemeines Staatsrecht (1852): 2 f.; zum Ganzen vgl. auch OTTO MAYER, Deutsches Verwaltungsrecht (1895/96), I: 45 ff.; zur Unabhängigkeit der Gerichte siehe auch FRIEDRICH SCHMITTHENNER, Grundlinien des allgemeinen oder idealen Staatsrechtes (1845): 551; für eine Übersicht über die deutsche Justizstaatstheorie REGINA OGOREK, Individueller Rechtsschutz gegenüber der Staatsgewalt (1988): 385 ff.

rastrukturen)³¹ mit Verwaltungsrecht erfasst werden konnte und nicht allein dem Zivilrecht und den Zivilgerichten überlassen werden musste, die (so der oft angeführte Vorwurf) insbesondere dem stetigen Wechsel der Staatsinteressen zu wenig entgegenkamen.³²

Mit der *Rekonstruktion des Vertrags innerhalb des Verwaltungsrechts* ging es nun darum, einerseits die neuartigen Kooperationen mit rechtlichen Elementen zu stabilisieren, andererseits aber zugleich den politischen Bedürfnissen insbesondere nach stetiger Anpassung an wechselnde politische Prioritäten zum Durchbruch zu verhelfen. Das zentrale Element dieser neuen Abgrenzung zwischen verwaltungsrechtlichem Vertrag und Verwaltungsakt bestand damit in der *Angewiesenheit auf Kooperation,* während sich die Differenz zum privatrechtlichen Verwaltungsvertrag im Wesentlichen weiterhin aus der Unterscheidung von Gleichgerichtetheit und Subordination (respektive eng damit verknüpft: Ausrichtung auf politische Bedürfnisse, umgesetzt durch die Interessenstheorie) ergab.

3. Während es also mit der Frage der *Rechtsnatur* und der entsprechenden Trennung in öffentliches Recht und Privatrecht primär um Subordination versus Gleichgerichtetheit und um den Grad, mit welchem politische Interessen auf das Recht durchschlagen, geht, richtet sich die Qualifikation der *Rechtsform* als primäre Abgrenzung zwischen Vertrag und Verfügung vor allem auf die Frage, ob die Verwaltung auf die Kooperation mit Privaten angewiesen ist, ob also die Zustimmung des Privaten zum und dessen Mitwirkung am gemeinsamen Projekt für dessen Gelingen konstitutiv ist.

b) Reihenfolge der Behandlung von Rechtsform und Rechtsnatur

1. Mit der Unterscheidung nach der Rechtsform einerseits und nach der Rechtsnatur andererseits stellt sich die *Frage der Reihenfolge*, das heisst ob die Qualifikation oder die Rechtsnatur zuerst zu ermitteln ist.

2. IMBODEN plädierte in seiner für die Schweiz wegweisenden Schrift von 1958 dafür, *zuerst die Abgrenzungsfrage von Vertrag und Verfügung* und erst in einem zweiten Schritt jene von öffentlichem Recht und Privatrecht anzugehen. Denn nur

---

31 Hierzu jüngst LORENZ JELLINGHAUS, Daseinsvorsorge und Infrastruktur (2006).
32 Für Frankreich wird allgemein als Wendepunkt angeführt: Tribunal des conflits 8 février 1873 (rec. 1er supplement 61) – *BLANCO*. Für Deutschland war massgebend OTTO MAYER, Theorie des französischen Verwaltungsrechts (1886); OTTO MAYER, Zur Lehre vom öffentlichrechtlichen Vertrage (1888); OTTO MAYER, Deutsches Verwaltungsrecht (1895/96). Für die Schweiz ist die Rezeption des deutschen Verwaltungsrechts durch Fleiner massgebend: vgl. z. B. FRITZ FLEINER, Entstehung und Wandlung moderner Staatstheorien in der Schweiz (1916).

wenn das bestehende Gesetzesrecht einer Vereinbarung Raum lasse, komme die Vertragsform überhaupt in Frage. Falls dies nicht der Fall sei, könne die Frage der Zuordnung zum Privatrecht eo ipso entfallen.[33] Die *Lehre* ist IMBODEN im Wesentlichen gefolgt.[34]

Im Resultat kann IMBODEN in der Tat zugestimmt werden, nicht jedoch in der *Begründung*. Denn seine positivistische Sichtweise vermischt die Frage der Qualifikation mit der Frage der Zulässigkeit. Auf diese Abgrenzung von Rechtsnatur und Zulässigkeit ist sogleich zurückzukommen.[35]

3. Vielmehr bietet es sich *aus zwei anderen Gründen* an, die Frage der Kooperationsbedürftigkeit und damit die Abgrenzung von Vertrag und Verfügung vor der Frage der Rechtsnatur zu behandeln.

– Würde zuerst mit den Fragestellungen der Rechtsnatur (d. h. nach dem Kriterium der Subordination oder nach dem Kriterium der öffentlichen Interessen) die hoheitlich agierende Verwaltung der durch Zivilrecht verfassten gleichgerichteten Kooperation gegenübergestellt, so drohte die Zwischenstufe des verwaltungsrechtlichen Vertrags vergessen zu gehen.[36] Dieser *praktische Grund,* die Rechtsform vor der Rechtsnatur zu ermitteln, lässt sich am bekannten Bundesgerichtsentscheid SCHWEIZERISCHER TREUHÄNDER-VERBAND C. SCHWEIZERISCHE NATIONALBANK exemplifizieren: Das Bundesgericht hatte die Verträge zwischen Nationalbank und einem Grossteil der Schweizer Banken, mit welchen eine Regulierung des Bankenplatzes Schweiz gegen Geldwäscherei realisiert werden sollte, ohne weitere Begründung als privatrechtli-

---

[33] MAX IMBODEN, Der verwaltungsrechtliche Vertrag (1958): 61a f. und 68a f.; wie Imboden: Zürcher Obergericht ZBl 1986 416-421 16. November 1984 – RECHTSNATUR EINES WASSERLIEFERUNGSVERTRAGS.

[34] RENÉ RHINOW, Verfügung, Verwaltungsvertrag und privatrechtlicher Vertrag (1985): 302 f.; ohne weitere Begründung SERGIO GIACOMINI, Verwaltungsrechtlicher Vertrag und Verfügung im Subventionsverhältnis "Staat-Privater" (1992): N 121 ff.; MINH SON NGUYEN, Le contrat de collaboration en droit administratif (Diss.) (1998): 10 ff.; BERNHARD WALDMANN, Der verwaltungsrechtliche Vertrag – eine Einführung (2007): 5. Zur Frage der Qualifikation aus französischer Sicht: JEAN-MARIE PONTIER, Les contrats de prestations en France (2002): 76 ff. Für Deutschland vgl. unter anderen HARTMUT MAURER, Allgemeines Verwaltungsrecht (2004): § 14 N 58.

[35] Unten Kap. I.A.2: 11.

[36] Dies wurde von Imboden ebenfalls gesehen: MAX IMBODEN, Der verwaltungsrechtliche Vertrag (1958): 121. So auch RENÉ RHINOW, Verfügung, Verwaltungsvertrag und privatrechtlicher Vertrag (1985): 302 f., der jedoch m. E. fälschlicherweise Subordination und Vertrag strikte trennen will. Anders PIERRE MOOR, Droit administrativ II (2002): 358.

che Verträge qualifiziert, wobei die Qualifikation als öffentlichrechtlicher Vertrag zumindest diskutabel gewesen wäre.[37]

- Aber auch von einem *Standpunkt der Rechtssystematik* aus gilt es, die Frage der Qualifikation jener der Rechtsnatur vorzuziehen. Denn nach traditioneller Sicht folgt die rechtlich-inhaltliche Ausgestaltung eines Lebenssachverhalts dessen rechtlicher Struktur. Ob also öffentlichrechtliche Regelungen, die sich primär auf die politische Rationalität und deren Fragestellungen ausrichten, oder ob privatrechtliche Normen, die in der Regel mehr auf die Bedürfnisse der gesellschaftlichen Selbstorganisation und insbesondere auf die Problemstellungen des Marktmechanismus Rücksicht nehmen, zur Anwendung gelangen, misst sich an der rechtlichen Struktur der zu beurteilenden Parteienbeziehung, die es jedoch zuerst mit der Qualifikation der Rechtsform zu bestimmen gilt.[38]

2. Abrenzung der Frage der Rechtsform von den Fragen der Zulässigkeit und Gültigkeit

1. Die Unterschiede in der Lehre zur Abgrenzung zwischen Vertrag und Verfügung sind ebenso zahlreich wie die an der Debatte teilnehmenden Autoren. Nach der hier vertretenen Vorgehensweise erweisen sich jedoch *die meisten Stellungnahmen nicht als solche zur Abgrenzung zwischen Verfügung und Vertrag,* sondern sie befassen sich bereits mit den Fragen der Zulässigkeit und der Gültigkeit.

2. Oft wird die Qualifikation der Rechtsform mit der Frage vermischt, ob die jeweilige *Handlungsform zulässig* sei.[39] Diese Fragen sich jedoch zu trennen, denn die Qualifikation der Rechtsform basiert primär auf der von den Parteien gebrauchten (und sodann rechtlich interpretierten) Kommunikationsform,[40] während es bei der Zulässigkeit des Vertragsabschlusses darum geht, ob es die Rechtsordnung der

---

[37] BGE 109 Ib 146 1983 – *SCHWEIZERISCHER TREUHÄNDER-VERBAND C. SCHWEIZERISCHE NATIONALBANK.* Unter vielen siehe GEORG MÜLLER, Zur Rechtsnatur der VSB (1984); RENÉ RHINOW, Verfügung, Verwaltungsvertrag und privatrechtlicher Vertrag (1985): 303. Zum Ganzen vgl. m. w. H. ANDREAS ABEGG, Regulierung hybrider Netzwerke (2006).

[38] Ähnlich HENRI ZWAHLEN, Le contrat de droit administratif (1958): 522a.

[39] So zum Beispiel MAX IMBODEN, Der verwaltungsrechtliche Vertrag (1958): 61a f. und 68a f.; CLAIRE HUGUENIN, Die bundesgerichtliche Praxis zum öffentlichrechtlichen Vertrag (1982): 502 ff. Für Deutschland ebenso WILFRIED BRAUN, Der öffentlich-rechtliche Vertrag (1983): 845; kritisch hierzu m. w. H. ELKE GURLIT, Verwaltungsvertrag und Gesetz (2000): 24. Für Frankreich vgl. LAURENT RICHER, Droit des contrats administratifs (2006): N 70 ff.

[40] Im Detail unten Kap. I.B.3: 23.

Verwaltung untersagt, sich in bestimmten Fällen der Rechtsform des Vertrags zu bedienen.[41]

3. Die Frage der Qualifikation ist sodann von der Frage der *Gültigkeit* zu trennen: Denn damit die entsprechenden Rechtsfolgen eines Verwaltungsvertrags eintreten, bedarf es zusätzlich zum Zustandekommen weiterer Voraussetzungen, welche die *Gültigkeit* des Vertrags beschlagen und von der Frage der Qualifikation zu trennen sind.[42] Wird etwa eine durch Gesetz vorgeschriebene Form nicht eingehalten, fehlt es an der Handlungsfähigkeit einer Partei oder ist der Vertragsinhalt rechtswidrig, so ist der Vertrag zwar zustande gekommen, aber nicht gültig.[43]

4. Eine weitere Abgrenzung ist gegenüber *zwingenden Inhaltsnormen* vorzunehmen. Oft werden zwingende gesetzliche Vorgaben an den Vertragsinhalt als Verfügungen gedeutet, was insbesondere bei Konzessionen zur Annahme von gemischtrechtlichen Rechtsverhältnissen mit Teilen einer Verfügung und Teilen eines Vertrags geführt hat.[44] In aller Regel wird es sich bei den zwingenden Vorgaben allerdings um zwingende Inhaltsnormen handeln, die auf den von den Parteien abgeschlossenen Vertrag Anwendung finden, auch wenn die Parteiabreden nichts diesbezügliches vorgehen haben oder von diesem zwingenden Recht abgewichen sind.[45]

---

[41] Unten Kap. IV: 133.

[42] Richtig in diesem Sinn für das deutsche Recht bereits in einer Monographie zur Zulässigkeit des verwaltungsrechtlichen Vertrags: JÜRGEN SALZWEDEL, Die Grenzen der Zulässigkeit des öffentlich-rechtlichen Vertrages (1958): 45.

[43] Zu dieser Unterscheidung siehe PETER GAUCH/WALTER R. SCHLUEP/JÖRG SCHMID, OR AT I (2003): N 233 und 286 ff.

[44] Historisch ist dies dadurch zu erklären, dass Konzessionen vom Bundesgericht von Beginn weg, also seit den Anfängen der Bundesrechtsprechung im letzten Viertel des 19. Jahrhunderts, als Verfügung bezeichnet wurden, um bestimmten politischen Bedürfnissen (insbesondere nach einer Verstaatlichung der Eisenbahnen) zum Durchbruch zu verhelfen. Doch mussten infolge des zunehmenden Kooperationsbedarfes des Staates immer mehr auch rechtlich bindende Zugeständnisse an die Konzessionsnehmer gemacht werden. Diese wurden jeweils als wohlerworbene Rechte stabilisiert: vgl. hierzu OSCAR SEILER, Über die rechtliche Natur der Eisenbahn-Konzessionen nach schweizerischem Recht (1888).

[45] Zur diesbezüglichen Methode siehe ANDREAS ABEGG, Die zwingenden Inhaltsnormen des Schuldvertragsrechts (2004): 99 ff. Typisch hierzu BGE 127 II 69 2001 – *'EWIGE' WASSERRECHTSKONZESSION*: 77.

3. Abrenzung der Frage der Rechtsform von der Frage der Vertragstypenqualifikation

1. Der Begriff der Qualifikation wird vor allem *im Zusammenhang mit dem Schuldvertragsrecht* und dessen Einteilung in Vertragstypen diskutiert. Diese Vertragstypenqualifikation innerhalb Schuldvertragsrechts unterscheidet sich jedoch von der hier zu erörternden Qualifikation der Rechtsform als Vertrag, Verfügung oder ein Drittes in einer formellen und einer materiellen Weise deutlich:

— Die Qualifikation der Rechtsform ist der Vertragstypenqualifikation *formell vorgelagert*. Erst nach der Zuordnung zum Vertragsrecht stellt sich überhaupt die Frage nach den Vertragstypen. Bei der Rechtsform geht es dagegen zunächst darum, ob mit den Kommunikationen der involvierten Parteien überhaupt ein Vertrag zustande kommen kann. Folglich kann, anders als bei der Vertragstypenqualifikation, die Qualifikation der Rechtsform nicht grundsätzlich[46] auf der Auslegung des Vertragsinhalts basieren.[47]

— Die Zuordnung zu einer Rechtsform entscheidet bereits *materiell* über die Anwendung zentraler rechtlicher und ausserrechtlicher *Legitimationsgarantien*: Im Wesentlichen wird die — mit staatlichem Zwang hinterlegte — Bindungskraft eines Schuldvertrags dadurch legitimiert, dass die Parteien sich binden *wollten*,[48] während bei einer Verfügung dem Verfügungsadressaten und betroffenen Dritten ein Arsenal von rechtsstaatlichen Schutzmassnahmen samt Überprüfung der demokratischen Legitimation zur Verfügung stehen.[49]

2. Die Qualifikationsregeln, wie sie insbesondere am Gegenstand des Schuldvertragsrechts ausgearbeitet wurden, können somit nicht unbesehen auf die Qualifikation der Rechtsform übertragen werden.[50]

---

[46] An einer inhaltlichen Beurteilung der Kommunikationen kommt die herrschende Lehre gleichwohl nicht vorbei: zu den Qualifikationskriterien siehe sogleich Kap. I.B: 17.

[47] Vgl. PETER GAUCH/WALTER R. SCHLUEP/JÖRG SCHMID, OR AT I (2003): 1038 m. w. H.

[48] Offen bleibt damit allerdings die Legitimation der durch Vertrag ausgeschlossenen Dritten. Siehe hierzu m. w. H. ANDREAS ABEGG, Public-Private Contractual Networks and Third Parties' Rights – The Contracting State as a Challenge for Private Law (2009).

[49] Zur Frage der Legitimation siehe unten bei Fn. 92: 23 und Kap. I.B.3.c)i): 31.

[50] Zu den Qualifikationskriterien siehe sogleich Kap. I.B: 17.

4. Abrenzung der Frage der Rechtsform von der Frage des Parteiwillens

1. Die Qualifikation der Rechtsform ist eine Rechtsfrage und als solche dem Willen der Parteien insofern entzogen, als die *(falsche) Bezeichnung eines Rechtsverhältnisses durch die Parteien* grundsätzlich unbeachtlich bleibt.[51]

Die *Bedeutung der Qualifikation* ergibt sich folglich daraus, dass zwingende Form- und Inhaltsnormen, die sich im Rechtsbereich einer bestimmten Rechtsform befinden, auf die zu qualifizierenden Kommunikationen erstens grundsätzlich in toto und zweitens ohne oder auch gegen den Parteiwillen Anwendung finden.[52]

2. Die (falsche) Bezeichnung der Rechtsform durch die Parteien ist *zu unterscheiden* vom Willen, das Rechtsverhältnis *unter bestimmte typenfremde Regeln* zu stellen.[53]

a. Durch *Auslegung* der entsprechenden Willenserklärungen ist zu ergründen, ob eine eigene (unbeachtliche) Würdigung der Rechtsform vorgenommen wurde oder ob fremde Regeln zur Anwendung gelangen sollten.

b. Besteht im Falle der Qualifikation als *Vertrag* eine Vereinbarung über die *Anwendung typenfremder Regeln,* so ist sie grundsätzlich, d. h. im Rahmen der Rechtsordnung, zu beachten. Dabei werden insbesondere bei einem Vertrag unter Umständen fremde zwingende und dispositive Inhaltsnormen zu Eigennormen. Nichts spricht etwa dagegen, in einem entsprechenden Fall auch bestimmte Regelungen des Verfügungsrechts auf einen Vertrag anzuwenden, soweit diese Regeln nicht gegen zwingendes (öffentlichrechtliches oder privatrechtliches) Vertragsrecht verstossen und soweit sie zum Vertragsverhältnis passen.[54]

---

[51] Siehe oben Kap I.B.1: 17. Betreffend Qualifikation im Schuldvertragsrecht siehe PETER JÄGGI/PETER GAUCH, ZK Art. 18 OR (1980): N 222 ff.; ERNST A. KRAMER, BK Art. 1-18 OR (1986), Art.18 OR: N 83 ff.; PETER GAUCH/WALTER R. SCHLUEP/JÖRG SCHMID, OR AT I (2003): N 1038. BGE 99 II 313 1973 – *TELEVOX SA CONTRE MOSER*; unklar dagegen jüngst in BGE 129 III 702 2003 – *KUMULATIVE SCHULDÜBERNAHME ODER BÜRGSCHAFT*: 706. Hierzu ANDREAS ABEGG, Die Qualifikation als Bürgschaftsvertrag (2004). Unklar auch LAURENT RICHER, Droit des contrats administratifs (2006): 71 für das französische Recht.

[52] ANDREAS ABEGG, Die zwingenden Inhaltsnormen des Schuldvertragsrechts (2004): 265 f.

[53] Hierzu auch unten II.A.3: 46.

[54] Ähnliches gilt, wenn die Verwaltung bei einer Verfügung die Anwendung von Vertragsrecht vorgegeben hat. Wiederum ist eine solche Anwendung typenfremder Regeln im Rahmen der – hier in diesem Sinn stärker einschränkenden – Rechtsordnung zu beachten. Massgeblich ist das Erfordernis der gesetzlichen Grundlage: ULRICH HÄFELIN/GEORG MÜLLER/FELIX UHLMANN, Allgemeines Verwaltungsrecht (2006): N 918 ff.

5. Abrenzung der Frage der Rechtsform von der Frage des Normanwendungsbereichs gemäss Gesetz und Verordnung

1. Wie die Äusserungen eines Gesetzes oder einer Verordnung zur Rechtsform auszulegen sind, ist eine *Frage der Gesetzesauslegung*. Im Vordergrund stehen dabei die Gesetzesbestimmungen zu Vertrags- oder Verfügungstypen (2.) und die gesetzliche Bezeichnung des Normanwendungsbereichs (3.):

2. Zuweilen beinhalten Gesetzesnormen *Legaldefinitionen eines bestimmten Vertragstypus (oder Verfügungstypus)*. In aller Regel werden dabei verschiedene Typen von Verträgen oder von Verfügungen voneinander abgegrenzt, womit nichts über die grundsätzliche und dieser Frage vorausgehende Qualifikation als Vertrag oder Verfügung gesagt wäre.[55]

3. Oft ordnet der Gesetzgeber einem Lebenssachverhalt *ein bestimmtes Rechtsverfahren oder bestimmte inhaltliche Normen zu*. Von der Qualifikation der Rechtsform ist diese gesetzliche Zuordnung von Normen zu unterscheiden, da sie situationsbezogen und mit engeren Grenzen des zur Anwendung gebrachten Normenbestandes erfolgt.

Folgende *Beispiele* für die gesetzliche Zuordnung können angefügt werden:

– Zuvorderst kann auf die Evolution des *Beschaffungswesens* hingewiesen werden. Hier wurden und werden immer wieder Rechtsschutzgarantien für Private dadurch hergestellt, dass das Gesetz bestimmte Kommunikationen der Verwaltung als Verfügung kennzeichnet. Dies bedeutet dann, dass im Bezug auf die konkrete Regelung eine bestimmte Kommunikation etwa als Verfügung *gilt* und diesbezüglich das bezeichnete Verfahren oder die bezeichneten Inhaltsnormen anzuwenden sind, nicht aber, dass damit nach dem Rechtssinn tatsächlich eine Verfügung vorliegt.[56] So legt beispielsweise Art. 29 BoeB fest, dass der Vergabeentscheid und andere aufgelistete Kommunikationen im Rahmen einer Beschaffung als selbständig anfechtbare Verfügungen *«gelten»*. Damit ergeben sich aus dem BoeB vor allem verfahrensmässige Konsequen-

---

[55] Zum Beispiel Art. 15 Abs. 1 des Transportgesetzes zum Personentransportvertrag. Zur Abgrenzung zur Vertragstypenqualifikation siehe soeben oben Kap. I.A.3: 13.

[56] In diesem Sinn bereits OTTO MAYER, Zur Lehre vom öffentlichrechtlichen Vertrage (1888): 19. Zum Ganzen SERGIO GIACOMINI, Jagdmachen auf Verfügungen (1993); MARTIN BEYELER, Öffentliche Beschaffung, Vergaberecht und Schadenersatz (2004): 340 ff. m. w. H., vor allem N 342 und 346. Beyeler unterscheidet zwischen der ‹déclassement de matière› und einer «materiellen» Qualifikation. Ähnlich ALFRED KÖLZ/ISABELLE HÄNER, Verwaltungsverfahren und Verwaltungsrechtspflege des Bundes (1998): N 194. Vgl. auch bereits RENÉ RHINOW, Verfügung, Verwaltungsvertrag und privatrechtlicher Vertrag (1985): 310 f.

zen, ohne dass damit aber notwendigerweise über den Anwendungsbereich des BoeB hinaus der Vergabeentscheid zu einer Verfügung würde.[57] Ob diese Regelung über ihren angestammten Anwendungsbereich hinaus allenfalls auf weitere Rechtsfragen Anwendung findet, ist sodann eine Frage der analogen Anwendung.[58]

– Stricto senso geht es selbst bei Art. 5 VwVG, der eine sogenannte Legaldefinition der Verfügung enthält, um die Frage, welche Kommunikationen des Bundes dem Beschwerdeverfahren nach VwVG unterliegen.[59]

– Schliesslich ist auf das Beispiel des *Sozialhilfegesetzes des Kantons Freiburg* hinzuweisen, nach welchem die Sozialhilfe unter anderem in der Form eines Vertrags zur sozialen Eingliederung (Art. 4 Abs. 4) erfolgt. Nimmt eine bedürftige Person einen derartigen Vertrag nicht an, so kann ihr nach Art. 4a Abs. 2 die materielle Hilfe bis zum Minimum gekürzt werden.[60] In Art. 4a Abs. 1 wird nun statuiert, dass dieser Eingliederungsvertrag einem verwaltungsrechtlichen Vertrag «*gleichgestellt*» sei. Die Freiburger Legislative scheint sich somit über die rechtliche Qualität eines solchen Eingliederungsvertrags nicht ganz sicher zu sein, will aber doch die Anwendung der vertraglichen Normen und Verfahren sicherstellen – zumindest soweit es die Rechtsordnung erlaubt.

Es zeigt sich somit, dass bei dieser sogenannten ‹déclassement de matières› zu prüfen ist, wieweit die Zuweisung des Gesetzes greift und damit die eigentlich gemäss Qualifikation anwendbaren Normen ersetzt werden, und welche Normen gemäss der rechtlichen Qualifikation anwendbar bleiben.[61]

---

[57] PETER GAUCH, Zuschlag und Verfügung (2003): 614 f.; MARTIN BEYELER, Öffentliche Beschaffung, Vergaberecht und Schadenersatz (2004): N 342 ff.

[58] Zu den Kriterien analoger Anwendung vgl. ANDREAS ABEGG, Die zwingenden Inhaltsnormen des Schuldvertragsrechts (2004): 247 ff.

[59] Art. 44 VwVG. So bildete in BGE 101 Ib 306 1 1975 – *PRI*MOLK AG GEGEN SCHWEIZERISCHE KÄSEUNION AG*: 308 f. die Feststellung der Käseunion, dass ein Gesuchsteller den Anforderungen dieser Grundsätze nicht genügte, eine Verfügung im Sinn von Art. 5 VwVG, und die Käseunion «handelt dabei als Behörde im Sinn von Art. 1 Abs. 2 lit. c VwVG. Diese Verfügung kann verwaltungsintern im Beschwerdeverfahren durch betroffene Private auf ihre Bundesrechtmässigkeit überprüft werden.»

[60] Sozialhilfegesetz vom 14. November 1991, 831.0.1. Diese Bestimmung ist seit dem 1.1.2000 in Kraft.

[61] Zu dieser sogenannten ‹déclassement de matières› siehe bereits OTTO MAYER, Zur Lehre vom öffentlichrechtlichen Vertrage (1888): 19. Zum Beispiel sah etwa Art. 38 lit. c des genannten Landesversorgungsgesetzes für bestimmte Fragen, die auch Verträge beschlagen konnte, allein den Beschwerdeweg vor: Fassung vom 1. Januar 1994, AS 1992 288. Dies

B. Kriterien zur Abgrenzung von Verfügung und Vertrag

1. Kein Vorrang der Willenserklärung der Verwaltung

1. Mit der Qualifikation als eine bestimmte Rechtsform werden die Kommunikationen der Parteien *einem bestimmten materiellen und formellen Normenbestand zugeordnet,* also etwa bei der Qualifikation als Vertrag den Regeln des Vertragsrechts und grundsätzlich jenen des gerichtlichen Klageverfahrens.[62]

2. Die Qualifikation der Rechtsform erfolgt dadurch, dass die zu beurteilenden Kommunikationen einer Rechtsform zugeordnet werden, der sie aus rechtlicher Sicht am besten entsprechen. Dabei stellt sich für den Gegenstand des Verwaltungsvertrags insbesondere die Frage, *ob die Kommunikationen beider Parteien, jene der Verwaltung und jene des Privaten, im gleichen Masse zu berücksichtigen sind* oder ob jenen der Verwaltung eine Vorzugsstellung zukommt.

3. In dieser Frage scheinen die *Auslegungsprinzipien zweier Systeme* zu kollidieren: Während nach den Prinzipien des Verwaltungsrechts eine Verfügung und insbesondere ihr Inhalt sich aus dem Gesetz und sodann vor allem aus den «durch die Verwaltung zugrunde gelegten Kriterien» erschliesst,[63] kommt im – mindestens privatrechtlichen – Vertragsrecht den Willensäusserungen *beider* Parteien für Zustandekommen und Inhalt eine konstitutive Bedeutung zu.

Diese Systemkollision entschärft sich aber, wenn die Qualifikation als Vertrag und als Verfügung als *zwei separat und in der Regel auch durch verschiedene Instanzen zu prüfende Fragen* angesehen wird. Auf diese Frage, wann eine bestimmte Auswahl von Kommunikationen zugleich einen Vertrag und eine Verfügung darstellt, wird zurückzukommen sein.[64] Für das Verhältnis von Willenserklärungen und Qualifikation als Rechtsform ist hier jedoch Folgendes festzuhalten:

a. Im Bezug auf den *Verwaltungsvertrag* im Allgemeinen und den verwaltungsrechtlichen Vertrag im Speziellen ist für die Frage der Qualifikation der Rechtsform richterweise auf beide Willenserklärungen, die der Verwaltung und die der privaten Partei, *gleichermassen abzustellen.* Nur so lässt sich erschliessen, ob ge-

---

wurde nun mit dem Verwaltungsgerichtsgesetz vom 17. Juni 2005 (SR 173.32), in Kraft seit 1. Jan. 2007, geändert.

[62] Zu den Rechtsfolgen der Qualifikation vgl. unten Kap I.B.2: 18.
[63] So jüngst Bundesgericht 1A.42/2006 6. Juni 2006 – *X UND Y GEGEN WOLLERAU UND AMT FÜR RAUMPLANUNG DES KANTONS SCHWYZ*: Erw. 2.3. Zur Auslegung der Verfügung siehe auch PIERRE MOOR, Droit administrativ II (2002): 179.
[64] Unten Kap. III: 89.

genseitige übereinstimmende Willensäusserungen in konstitutiver Weise einen Vertrag begründen sollten oder ob die Willenserklärung des Privaten lediglich in der Form einer Zustimmung zur massgeblich von der Verwaltung geformten Verfügung erfolgte. Es ist also zu fragen, ob beide Parteien, die Verwaltung und die private Partei, mit ihren gegenseitigen Willensäusserungen einen Vertrag abschliessen wollten.[65]

b. Unter Umständen können allerdings, wie angetönt, die gleichen, bereits als Vertrag qualifizierten Kommunikationen auch eine Verfügung darstellen.[66] Der Zustimmung des Privaten kommt hierbei keine wesentliche inhaltliche Bedeutung zu, sondern sie ist vielmehr auf einen vor allem passiven Schutzaspekt beschränkt und somit in aller Regel nur Wirksamkeitsbedingung.[67]

2. Rechtsfolgewirkungen

1. Heute wird kaum noch bestritten, *dass sich die rechtlichen und gerichtlichen Entscheidungen auch an ihren eigenen Rechtsfolgen orientieren müssen.* Seit der Erkenntnis, dass die Gesellschaftsverträglichkeit der stark evolutionär veranlagten (geplant planlosen) Wirtschaft und der ebenso pragmatischen Staatsverwaltung, die stetig den neu formulierten politischen Programmen zu folgen hat, auch mit Recht hergestellt werden muss, können Rechtsfolgen nicht mehr einfach billigend in Kauf genommen werden, soweit sie in der Vergangenheit festgelegt und auf vergangene Problemstellungen ausgerichtet sind.[68]

Aus diesem Grund ist überblicksartig auf die zentralen prozessualen (2.) und materiellrechtlichen (3.) Folgen hinzuweisen, die aus der Unterscheidung von Vertrag und Verfügung resultieren.

2. Ob ein Vertrag oder eine Verfügung vorliegt, ist zunächst von *prozessualer Bedeutung:*

a. Ganz allgemein ist die Unterscheidung von Vertrag und Verfügung bereits für die *prozessuale Frage der gerichtlichen oder verwaltungsinternen sachlichen Zu-*

---

[65] Zum Abschlusswillen vgl. PETER GAUCH/WALTER R. SCHLUEP/JÖRG SCHMID, OR AT I (2003): 170 ff.
[66] Unten Kap. III: 89.
[67] So bereits OTTO MAYER, Zur Lehre vom öffentlichrechtlichen Vertrage (1888): 47.
[68] Grundlegend hierzu RUDOLF WIETHÖLTER, Entscheidungsfolgen als Rechtsgründe? (1995): 89 ff.; vgl. zudem unter vielen BGE 113 II 434 1987 – *ABGRENZUNG BÜRGSCHAFT UND GARANTIEVERTRAG*; Bundesgericht 4C.228/2000 11. Oktober 2000 – *CONI & PARTNER PERSONALBERATUNG GEGEN ALBIN LANG*: Erw. 3; für den Verwaltungsvertrag siehe ebenso BGE 120 II 412 1994 – *CHARITÉ DE LA SAINTE-CROIX D'INGENBOHL*.

ständigkeit von Relevanz: Während im Allgemeinen das Vorliegen einer Verfügung das verwaltungsinterne Beschwerdeverfahren impliziert, gilt der Vertrag als Zuständigkeitsvoraussetzung des gerichtlichen Verfahrens. So nennt zum Beispiel Art. 35 lit a. VGG das Bundesverwaltungsgericht als erste Klageinstanz in Streitigkeiten aus öffentlichrechtlichen Verträgen des Bundes.[69] Ähnliches gilt heute für die meisten Kantone.[70]

In diesem Zusammenhang stellt sich das spezifisch prozessrechtliche Problem einer *doppeltrelevanten Tatsache*, indem die Rechtsform Bedeutung erhält sowohl für die materielle Begründung des Rechtsstreits und zugleich auch für die Zuständigkeit der Rechtsmittelbehörde. Nach prozessualen Grundsätzen wird in diesem Fall die Prüfung der Rechtsform nicht als Zulässigkeitskriterium, sondern als materiellrechtliche Frage behandelt. Es erfolgt also zunächst ein diesbezügliches Eintreten ohne Prüfung dieses Zulässigkeitserfordernisses und sodann die Prüfung der Rechtsnatur im Rahmen der Beurteilung des materiellen Anspruchs.[71]

b. Aus dieser Trennung in Vertrag und Verfügung ergeben sich gewichtige prozessuale Unterschiede, die im Wesentlichen auf den Umstand zurückzuführen sind, dass im verwaltungsinternen Verfahren die Verwaltung zur *Richterin in eigener Sache* wird und damit die grundsätzliche Struktur der Gerichtsbarkeit in Frage gestellt ist:[72] So obliegt es zum Beispiel im Rahmen einer Verfügung unter den Regeln des Verwaltungsverfahrens weitgehend der Verwaltung, ob sie den Verfügungsinhalt an veränderte Bedürfnisse anpassen will. Demgegenüber bedarf es hierzu bei einem Vertrag grundsätzlich einer erneuten Willensübereinkunft.[73] Darüber hinaus erhält die Verwaltung mit dem Verfügungsweg auch einen privilegier-

---

[69] Das VGG ist in Kraft seit 1. Januar 2007. Das Klageverfahren wurde notabene wieder eingeführt, nachdem es erst mit der Revision des OG im Jahr 1991 abgeschafft worden war: hierzu ALFRED KÖLZ/ISABELLE HÄNER, Verwaltungsverfahren und Verwaltungsrechtspflege des Bundes (1998): 1038. Im Einzelnen bestehen allerdings zahlreiche Ausnahmen und Unsicherheiten. Hierzu nun ISABELLE HÄNER, Verfahrensfragen (2007): 40.

[70] Zum Beispiel § 60 Ziff. 1 AG–Verwaltungsrechtspflegegesetz; Art. 121 FR–Verwaltungsrechtspflegegesetz; § 81 ZH–Verwaltungsrechtspflegegesetz.

[71] Verwaltungsgericht Luzern LGVE 1999 II 41 1999 – *HEILANSTALTEN DES KANTONS LUZERN*. Vgl. auch BGE 128 III 250 2002 – *A. GEGEN KANTON ST. GALLEN (ARBEITSMARKTLICHE MASSNAHMEN)*: 252.

[72] Zur Theorie der Gerichtsbarkeit vgl. vor allem MARTIN M. SHAPIRO, Courts, a comparative and political analysis (1981).

[73] Jüngst hierzu überblickartig ISABELLE HÄNER, Verfahrensfragen (2007).

ten Zugang zur Vollstreckungsmaschinerie unter Anleitung des Schuldbetreibungs- und Konkursrechts.[74]

c. Besonders umstritten und kritisch ist die *Position von Drittparteien*. Mit dem Vertrag gelangt nach herrschender Lehre selbst bei verwaltungsrechtlichen Verträgen das *Prinzip der Bilateralität* zur Anwendung. Die konkreten Folgen für Dritte sind von weitreichender Bedeutung, denn insbesondere fehlt ihnen nach herrschender Lehre und Rechtsprechung die Möglichkeit, im Rahmen eines verwaltungsrechtlichen Parteistatus in den Rechtsstreit eingreifen zu können.[75] Im Bundesgerichtsentscheid SCHWEIZERISCHER TREUHÄNDER-VERBAND C. SCHWEIZERISCHE NATIONALBANK zeigte sich, welch feine Linien mit der Abgrenzung von Verfügung und Vertrag zu ziehen sind: Die Weigerung der Schweizerischen Nationalbank, den schweizerischen Treuhand-Verband in der Bankenvereinbarung gleich wie dessen Konkurrenz zu behandeln, wurde dem privatrechtlichen Vertragssystem zugehalten, womit – so das Bundesgericht – keine anfechtbare Verfügung vorliege. Hinter diesem Schluss steht zunächst der Grundsatz, dass Drittinteressen in der vertraglichen Rekonstruktion des Lebensvorgangs nicht berücksichtigt werden, während im Verfügungsrecht die rechtsstaatlichen Sicherungsmechanismen auch Dritte vor staatlichen Eingriffen schützen.[76]

d. Die genannten *Unterschiede sind allerdings zu relativieren:* Einerseits wird der bipolare Schleier des Vertrags im Privatrecht stellenweise gelüftet, wie es sich etwa im berühmten Konzerndurchgriff im Swissair-Fall[77] oder in der Diskussion um neuartige Netzwerke zeigt.[78] Und anderseits hat mit dem *Grundsatz der wirksamen Beschwerde,* der aus Art. 13 EMRK rezipiert wird, jüngst im prozessualen

---

[74] So stellen Art. 80 Abs. 2 Ziff. 2 und 3 SchKG Verfügungen auf Geldzahlung und Sicherheitsleistung Rechtsöffnungstitel dar, die einem gerichtlichen Urteil gleichgestellt sind.

[75] Jüngst hierzu BERNHARD WALDMANN, Der verwaltungsrechtliche Vertrag – eine Einführung (2007): 21 f.; ISABELLE HÄNER, Verfahrensfragen (2007): 49 f. Hierbei ist interessant zu bemerken, dass zuweilen die Bilateralität als zentrales Kriterium der Qualifikation angeführt wird, woraus eine Zirkularität resultiert: Infolge Bilateralität liegt ein Vertrag vor, womit das Rechtsprinzip der Bilateralität zur Anwendung gelangt. So BERNHARD WALDMANN, Der verwaltungsrechtliche Vertrag – eine Einführung (2007).

[76] BGE 109 Ib 146 1983 – *SCHWEIZERISCHER TREUHÄNDER-VERBAND C. SCHWEIZERISCHE NATIONALBANK.*

[77] BGE 120 II 331 1994 – *WIBRU HOLDING AG GEGEN SWISSAIR.*

[78] Hierzu zum Beispiel GUNTHER TEUBNER, Netzwerke (2004); ANDREAS ABEGG, Public-Private Contractual Networks and Third Parties' Rights – The Contracting State as a Challenge for Private Law (2009).

Bereich eine Angleichung begonnen.⁷⁹ Es lässt sich zudem feststellen, dass die Gerichte einen Verlust an Rechtsschutz, den die Parteien mit der Zuweisung einer bestimmten Rechtsmaterie (also jener der Rechtsform oder der Rechtsnatur) erleiden, durch entsprechende Interpretation des materiellen Rechts ausgleichen.⁸⁰

e. Auf die einzelnen, trotz aller Angleichung verbliebenen prozessrechtlichen Implikationen ist in dieser auf das materielle Recht ausgerichteten Untersuchung nicht weiter einzugehen.⁸¹ Soweit aber diese *Teilung des Rechtsweges auf die Qualifikation der Rechtsform zurückstrahlt,* ist auf den zugrunde liegenden Kontext hinzuweisen: Diese prozessualen Unterschiede sind im Wesentlichen darauf zurückzuführen, dass im Verwaltungsverfahren die *Verwaltung (wie erwähnt) Recht in eigener Sache spricht,*⁸² was einer Kooperationsbedürftigkeit der Verwaltung keinesfalls angemessen Rechnung trägt. Das Verwaltungsverfahren war im 18. und im 19. Jahrhundert gerade forciert worden, um den diesbezüglichen Einfluss der Gerichte im Speziellen und der Gesellschaft im Allgemeinen auf die Verwaltung und damit auch die altrechtlichen Kooperationen zwischen Staat und Privaten zu beseitigen.⁸³ Da sich aber der Vertrag dadurch auszeichnet, dass er nicht nur eine

---

[79] So das Luzerner Verwaltungsgericht als Vorinstanz zu BGE 127 I 84 2001 – P. GEGEN STADTRAT LUZERN: vgl. 86; STEPHAN WULLSCHLEGER/ANDREAS SCHRÖDER, Praktische Fragen des Verwaltungsprozesses im Kanton Basel-Stadt (2005). Zur Angleichung der beiden Verfahrenswege siehe jüngst auch AUGUST MÄCHLER, Vertrag und Verwaltungsrechtspflege (2005): 64 ff., vor allem Fn. 190, m. w. H.

[80] Vgl. zum Beispiel BGE 126 I 219 2000 – DENKMALSCHUTZ KINOSAAL VIEUX-CARROUGE sowie BGE 127 I 84 2001 – P. GEGEN STADTRAT LUZERN: vor allem 89 ff.

[81] Siehe hierzu vor allem jüngst ISABELLE HÄNER, Die Beteiligten im Verwaltungsverfahren und Verwaltungsprozess (2000); AUGUST MÄCHLER, Vertrag und Verwaltungsrechtspflege (2005); FABIAN MÖLLER, Rechtsschutz bei Subventionen (2006); ISABELLE HÄNER, Verfahrensfragen (2007).

[82] Mit diesem Einwand setzen sich zum Beispiel zahlreiche Botschaften des Bundesrates auseinander, so etwa bereits in der Debatte um die Politisierung der zunächst privaten Eisenbahnen: vgl. Botschaft des Bundesrathes vom 16. Juni 1871 zum revidirten Bundesgesetz über den Bau und Betrieb von Eisenbahnen im Gebiete der schweizerischen Eidgenossenschaft (BBl. 1871 II 647, 652 f.); des Weiteren die Botschaft des Bundesrates betreffend die Revision der Bundesverfassung zur Errichtung eines eidgenössischen Verwaltungsgerichtes vom 20. Dezember 1911 (BBl. 1911 V 322, 333); Botschaft des Bundesrates vom 27. März 1925 zum Entwurf eines Bundesgesetzes über die eidgenössische Verwaltungs- und Disziplinarrechtspflege, BBl. 1925 II 181, 202; Botschaft des Bundesrates vom 24. September 1965 über den Ausbau der Verwaltungsgerichtsbarkeit im Bunde, BBl. 1965 II 1265, 1281.

[83] Zeuge davon sind etwa die im 18. Jahrhundert zahlreich eingeführten besonderen Verwaltungsverfahren und die im 19. Jahrhundert zur Umsetzung gelangte strikte Trennung von Gerichten und Verwaltung. Für Frankreich siehe etwa ROLAND MOUSNIER, La fonction publique en France du début du seizième siècle à la fin du dix-huitième siècle (1979): 326 ff.,

punktuelle Interessenkonvergenz, sondern auch einen fortwährenden Prozess der Interessenkompatibilisierung im Rahmen der Verhandlungen und der Ausführung des Projektes ermöglicht,[84] ist dessen Stabilisierung durch ein externes Drittes, ein unabhängiges Gericht, auf lange Frist konstitutiv. Tatsächlich erscheint denn auch der Verwaltungsvertrag in den letzten 200 Jahren jeweils nur immer unter der Voraussetzung, dass unabhängige Gerichte darüber befinden können. Dies gilt für die Emergenz des zivilrechtlichen Verwaltungsvertrags unter der Fiskustheorie des 19. Jahrhunderts wie auch für die Emergenz des verwaltungsrechtlichen Vertrags unter den Vorzeichen des interventionistischen Wohlfahrtsstaats.[85]

3. Die Unterscheidung von Vertrag und Verfügung führt nicht nur zu einem unterschiedlichen Rechtsweg, sondern sie hat auch direkte Implikationen im *materiellen Recht*. Überblicksweise ist auf folgende nicht abschliessende Rechtsfolgewirkungen hinzuweisen, die allenfalls in die Qualifikation einzufliessen vermögen:

a. Eine zentrale materielle Unterscheidung zwischen Vertrag und Verfügung ist zunächst in der *Bestimmung deren Inhalts* festzustellen. Während die Verfügung zuvorderst mit Blick auf die Gesetze konkretisiert wird, erschliesst sich der Inhalt eines Vertrags zunächst aus der Willensübereinkunft.[86] Entsprechend ist auch eine unterschiedliche Behandlung bei Willensmängeln festzustellen.[87]

b. Es ist eine wesentliche Eigenheit des Vertrags, eine beidseitige Bindung zu errichten, um auf gewisse Zeit eine Differenz zwischen den Parteien respektive eine Interessenkonvergenz zu stabilisieren.[88] Die *Bestandeskraft* von Vertrag und Verfügung unterscheidet sich nun in massgeblicher Weise dann, wenn man die Figur des *wohlerworbenen Rechts* anerkennt.[89] Es ist jedoch darauf hinzuweisen, dass sich diese Figur des wohlerworbenen Rechts nur aus einer historischen Konstellation heraus erklären lässt und es heute einem unnötigen Anachronismus gleich-

---

vor allem 334. Für Deutschland siehe unter anderen HANS-UWE ERICHSEN, Lehre vom fehlerhaften belastenden Verwaltungsakt (1971): 121 ff. und 167 ff.; REGINA OGOREK, Das Machtspruchmysterium (1984): 91; REGINA OGOREK, Individueller Rechtsschutz gegenüber der Staatsgewalt (1988).

[84] Hierzu unten Kap. I.B.3.c)i): 31.

[85] Dies wird anhand einer theoretisch reflektierten Evolution des Verwaltungsvertrags andernorts dargelegt werden. Richtigerweise bezeichnete Richli die Abschaffung des Klagewegs für verwaltungsrechtliche Verträge als «Liquidation vertragsrechtlichen Denkens»: PAUL RICHLI, Regelungsdefizit beim verfügungsfreien Staatshandeln (1992): 199.

[86] Hierzu unten Kap. I.B.3.b)24.

[87] Vgl. hierzu jüngst FRANK KLEIN, Rechtsfolgen des fehlerhaften verwaltungsrechtlichen Vertrags (2003): 188 ff.

[88] Hierzu sogleich Kap. I.B.3.c)ii): 34.

[89] Vgl. RENÉ RHINOW, Wohlerworbene und vertragliche Rechte im öffentlichen Recht (1979).

kommt, den Vertrag dem verfassungsrechtlichen Eigentumsschutz zu unterstellen. Entsprechend sind die Unterschiede im Bestandesschutz heute zu relativieren.[90]

In diesem Zusammenhang ist nochmals auf die Regeln zur *Anpassung des Vertrags* hinzuweisen. Während beim Vertrag für zukünftige Änderungen des Vertrags grundsätzlich wiederum eine übereinstimmende Willenserklärung von konstitutiver Bedeutung ist, kann bei einer Verfügung die Verwaltung prinzipiell im Alleingang eine Änderung des Rechtsverhältnisses bewirken.[91]

c. Weitere Unterschiede fallen schliesslich in der Beurteilung der *Zulässigkeit* ins Auge, wurde doch in der vertraglichen Zustimmung des Privaten traditionell ein Legitimationsersatz für die gesetzliche Grundlage gesehen.[92]

3. Abgrenzung zur Verfügung

a) Abgrenzungstheorien

1. Unbestritten steht beim Verwaltungsvertrag die Abgrenzung zur Verfügung und dabei vor allem zur zustimmungsbedürftigen Verfügung im Vordergrund, die von OTTO MAYER ja gerade als verwaltungsrechtlicher Ersatz für den Vertrag kon-

---

[90] Hierzu auch LUKAS BRÜHWILER-FRÉSEY, Verfügung, Vertrag, Realakt und andere verwaltungsrechtliche Handlungssysteme (1984), N 308 und 324 ff.; BEATRICE WEBER-DÜRLER, Neuere Entwicklung des Vertrauensschutzes (2002). Dass diese Unterschiede de facto bereits weitgehend reduziert sind, zeigt sich daran, dass das Bundesgericht erstens immer weniger bereit ist, Ansprüche als wohlerworbene Rechte zu erfassen: vgl. zum Beispiel Bundesgericht 2P. 276 3. April 1996 (ZBL 1997 65-71) – *GEHALTSREDUKTION STADT ZÜRICH*; BGE 118 Ia 245 1992 – *EINSTUFUNG EINER ST. GALLER BERUFSSCHULLEHRERIN*: 255 ff. Und zweitens sind gemäss Bundesgericht Eingriffe (und somit auch eine Ablösung) zulässig, wenn die 1) auf einer gesetzlichen Grundlagen beruhen, 2) im überwiegenden öffentlichen Interesse liegen, 3) verhältnismässig sind und 4) voll entschädigt werden, sofern sie einer Enteignung gleichkommen: BGE 106 Ia 163 1980 – *GRAF UND ERNI GEGEN GROSSER RAT LUZERN*: 166 ff.; BGE 113 Ia 357 1987 – *STADT CHUR GEGEN X.(PRIVATGRABSTÄTTEN)*: 360 ff. (Im letzteren Fall fehlte es schon an der gesetzlichen Grundlage, denn die Änderungen sollten allein gestützt auf eine Verfügung erreicht werden.) Ähnlich einschränkend zu wohlerworbenen Rechten jüngst BVGE A-2583/2007 17. Dezember 2007 – *X. GEGEN EDI – VORZEITIGE PENSIONIERUNG*: Erw. 7.

[91] Vgl. hierzu PAUL GRÄTZER, Die clausula rebus sic stantibus beim öffentlich-rechtlichen Vertrag (1953); MAX IMBODEN, Der verwaltungsrechtliche Vertrag (1958): 102a ff.; LUKAS BRÜHWILER-FRÉSEY, Verfügung, Vertrag, Realakt und andere verwaltungsrechtliche Handlungssysteme (1984): 205 ff.; ISABELLE HÄNER, Einwilligung (2002): 66; STEFAN VOGEL, Clausula rebus sic stantibus (2008): 301 ff.

[92] Unten Kap. IV.A: 133.

zipiert wurde.[93] Auf diese Abgrenzung ist zunächst vertieft einzugehen (unmittelbar nachfolgend), bevor in einem weiteren Schritt die Abgrenzung zu informalen Behördenakten zu untersuchen ist (nachfolgend Kap. I.B.4: 40).

2. Zur Frage, wie sich der Verwaltungsvertrag von der Verfügung unterscheidet, sind im Wesentlichen zwei Meinungen auszumachen, die ihrerseits allerdings kein jeweils einheitliches Bild abgeben:

– Der eine Teil der Lehre fokussiert allein auf die bei einem Vertrag *konstitutiv wirkenden, übereinstimmenden Willenserklärungen* (unmittelbar nachfolgend).

– Der andere Teil der Lehre erachtet diesen Fokus auf die Willensübereinkunft als ungenügend und sucht nach anderen oder weiteren Abgrenzungskriterien (nachfolgend Kap. I.B.3.c)i): 31).

b) Konstitutive Willensübereinkunft

1. Verschiedene Autoren vertreten mit Blick auf Art. 1 OR die Ansicht, dass die *konstitutiv wirkende zustimmende Willenserklärung der privaten Vertragspartei* das massgebende Abgrenzungsmerkmal zwischen Vertrag und Verfügung sei:[94] Während somit einerseits bei der Verfügung deren Inhalt durch die Verwaltung vorgegeben wird und ein Mangel in der Zustimmung des Privaten nicht per se die Rechtswirksamkeit der Verfügung in Frage stellt,[95] entsteht andererseits ein Vertrag erst durch übereinstimmende gegenseitige Willensäusserungen *beider* Parteien.

Dieser Abgrenzungstheorie ist *zuzustimmen*, denn der moderne Begriff des Vertrags, wie er auch in Art. 1 OR zum Ausdruck kommt, zeichnet sich grundsätzlich dadurch aus, dass zwei Parteien mit übereinstimmenden gegenseitigen Wil-

---

[93] Im Detail unten Fn. 122: 30.

[94] Für die Schweiz siehe insbesondere LUKAS BRÜHWILER-FRÉSEY, Verfügung, Vertrag, Realakt und andere verwaltungsrechtliche Handlungssysteme (1984): 199 ff.; SERGIO GIACOMINI, Verwaltungsrechtlicher Vertrag und Verfügung im Subventionsverhältnis "Staat-Privater" (1992): N 63 ff.; MINH SON NGUYEN, Le contrat de collaboration en droit administratif (Diss.) (1998): 10 f. mit ausschliesslichem Blick auf Art. 1 OR; LEO SCHÜRMANN/PETER HÄNNI/MARCO SCRUZZI, Planungs-, Bau- und besonderes Umweltschutzrecht (2002): 75. Für Deutschland HARTMUT MAURER, Der Verwaltungsvertrag (1989): 798. Für Österreich ähnlich HARALD EBERHARD, Der verwaltungsrechtliche Vertrag (2005): 16 f.: Eberhard fokussiert zwar auf die Gleichgerichtetheit der Parteien, jedoch in dem Sinn, dass beide Willensübereinstimmungen konstitutiv für den Vertrag seien.

[95] Zur fehlerhaften Verfügung und der dabei dominierenden Interessenabwägung siehe z. B. ULRICH HÄFELIN/GEORG MÜLLER/FELIX UHLMANN, Allgemeines Verwaltungsrecht (2006): N 947 ff.

lensäusserungen entsprechende Rechtsfolgen begründen. Zahlreiche andere angeführte Aspekte wie etwa ein Leistungsgleichgewicht, die Gegenseitigkeit von Rechten und Pflichten und selbst eine Gleichgerichtetheit der Parteien sind für den Begriff des modernen Vertrags nicht entscheidend.[96]

2. Fraglich ist allerdings, wie dieses Kriterium der übereinstimmenden gegenseitigen Willensäusserungen zu interpretieren ist. Es werden gemeinhin *verschiedene Elemente zu diesem Kriterium hinzugefügt,* so vor allem die Freiheit der Willensäusserung[97] und die Begründung eines Schuldverhältnisses.[98]

Diese zusätzlichen Elemente – Willensfreiheit und Begründung eines Schuldverhältnisses – entstammen einem *Vertragsbegriff,* wie er sich im 18. Jahrhundert abzeichnete und im 19. Jahrhundert *in enger struktureller Kopplung mit der Wirtschaft* durchsetzte. Dahinter steht im Wesentlichen, dass der Vertragsinhalt vom Recht dann für die Wirtschaft freigegeben wurde, als ein anderes Disziplinierungsmittel, der Markt, die Funktion der Inhaltskontrolle übernehmen konnte.[99] Für diesen Marktmechanismus wiederum war die Ablösung von alten ständischen Wirtschaftsstrukturen und Abhängigkeiten konstitutiv, die den Preismechanismus gestört hätten. Damit verschob sich die rechtliche Kontrolle vom Leistungsgleichgewicht zur freien Willensäusserung. Mit diesem Fokus auf wirtschaftliche Kontextbedingungen rückten andere historische Formen des Vertrags wie etwa politische herrschaftsbezogene Verträge, aber auch der Ehevertrag in den Hintergrund der Vertragstheorie.[100]

Gerade in Bezug auf den Verwaltungsvertrag führt dieses wirtschaftliche Bias allerdings in die Irre, denn offensichtlich geht es hier nicht primär darum, der Wirtschaft eine passende Rechtsform zur Verfügung zu stellen. Vielmehr werden mit

---

[96] Allenfalls kann jedoch die Gültigkeit des Vertrags durch diese Punkte in Frage gestellt werden: siehe zur Abgrenzung Kap. I.A.2: 11.

[97] So bereits für das deutsche Recht JÜRGEN SALZWEDEL, Die Grenzen der Zulässigkeit des öffentlich-rechtlichen Vertrages (1958): 42. Des Weiteren RENÉ RHINOW, Verfügung, Verwaltungsvertrag und privatrechtlicher Vertrag (1985): 307 ff.; THIERRY TANQUEREL, La nature juridique des contrats de prestations (2002): 11.

[98] Grundlegend für diese Ausrichtung ist GASTON JÈZE, Les contrats administratifs (1927-1934): 16 f. Siehe zudem unten bei Fn. 109: 27.

[99] Zur Ablösung des Gleichgewichtserfordernisses siehe JAMES GORDLEY, Contract, Property, and the Will (1998).

[100] Zum Kontext des modernen Vertragsbegriffs siehe MAX WEBER, Wirtschaft und Gesellschaft (1921–1925/1980): 82 ff.; nach neuerer Theorie siehe NIKLAS LUHMANN, Recht der Gesellschaft (1993): 458 ff.

dem Verwaltungsvertrag gerade verschiedene gesellschaftliche Bereiche mit der Politik, repräsentiert durch die Verwaltung, verbunden.[101]

3. In diesem Sinn gilt es folglich den Fokus auf die Freiheit der Willensäusserung (nachfolgend a.) und jenen auf die Begründung eines Schuldverhältnisses (b.) zu *relativieren:*

a. Wenn den gegenseitigen überstimmenden Willensäusserungen ein Element der Freiheit zur Abgrenzung hinzugefügt und damit die *freie* Willensäusserung des Privaten als konstituierendes Merkmal des Verwaltungsvertrags erfasst wird,[102] so muss betont werden, dass es sich beim Element der Freiheit primär um ein Kriterium zur Differenzierung von Privatrecht und öffentlichem Recht handelt, was zumeist mit dem Begriff der Subordination thematisiert wird.[103]

Darüber hinaus unterscheidet sich die Bedeutung von Freiheit im privatrechtlichen und öffentlichrechtlichen Verwaltungsvertrag in zwar subtiler, aber dennoch grundlegender Weise:

– Aus der *Perspektive der Privaten* zeigt ein Blick auf die heute als öffentlichrechtliche Verwaltungsverträge zu qualifizierenden Kooperationsformen in der Tendenz, dass ein unmittelbares Element von *Zwang involviert* sein kann – zumeist in der Form einer drohenden oder zumindest möglichen Verfügung oder etwa der Kürzung von staatlichen Leistungen, falls der Private sich nicht auf die Vertragsverhandlungen einlässt.[104] Damit erweist sich die Freiheit im öffentlichrechtlichen Verwaltungsvertrag weniger als vorausgesetzte Freiheit als vielmehr eine *durch die Verwaltung vermittelte oder gar aufgezwungene Vertragsgestaltungsfreiheit.*[105] Folglich ist in der Abgrenzung von Vertrag und Verfügung dem Element der Freiheit in der übereinstimmenden Willenserklärung nicht jene Bedeutung zuzumessen, die ihm im Privatrecht traditionellerweise zukommt.[106]

---

[101] Zu dieser Perspektive insbesondere THOMAS P. MÜLLER, Verwaltungsverträge im Spannungsfeld von Recht, Politik und Wirtschaft (1997): 165 ff.

[102] Oben Fn. 97: 25.

[103] Zur Abgrenzung der Rechtsnatur siehe unten Kap. II: 45.

[104] In diesem Sinn auch LUKAS BRÜHWILER-FRÉSEY, Verfügung, Vertrag, Realakt und andere verwaltungsrechtliche Handlungssysteme (1984), N 308 und N 324 ff. Besonders ausgeprägt in den Enteignungsverträgen: vgl. zum Beispiel BGE 114 Ib 142 1988 – *INTERCHEMIE GEGEN KANTON ZUG (NATIONALSTRASSENBAU)*; in extremis in Sozialhilfeverträgen: vgl. zum Beispiel Art. 4a Abs. 2 Sozialhilfegesetz FR.

[105] Hierzu mit Blick auf die Sozialhilfe NIELS ÅKERSTRØM ANDERSEN, The Contractualisation of the Citizen (2004) und für die Schweiz KURT PÄRLI, IIZ (2007)

[106] Hierzu im Detail unten Kap. IV.B.1.a): 181.

– Die Vertragsfreiheit kommt darüber hinaus auch *bei der Verwaltung* nicht im privatrechtlichen Sinn zur Anwendung. Dies rührt bereits daher, dass der Begriff der Freiheit stark verfassungsrechtlich geprägt ist, somit ein rechtlich verfasster Abwehrreflex der gesellschaftlichen Selbstorganisation gegenüber dem Staat verkörpert und damit nicht, oder zumindest nicht in diesem Sinn, vom Staat in Anspruch genommen werden kann.[107] Dass der Verwaltung im Hinblick auf die Wahl bestimmter Kommunikationsformen oder im Hinblick auf den zu gestaltenden Inhalt lediglich ein Ermessen, nicht aber eine Freiheit zukommen kann, erschliesst sich bereits aus dem Wesen des öffentlichen Rechts als Insich- oder Sonderrecht des Staates, unter welchem die Verwaltung mit der Umsetzung öffentlicher Interessen befasst ist. Wenn der Verwaltung somit – aus der Perspektive des Souveräns – keine Vertragsfreiheit zukommen kann, so sieht das jedoch aus der Perspektive der vom Verwaltungshandeln berührten Privaten anders aus: Gerade im Privatrecht ist jüngst im Submissionsrecht , dem ein öffentlichrechtliches Verfahren zur Überprüfung des Zuschlages vorangestellt wurde, bestätigt worden, dass die Verwaltung von Privaten nicht zu einer bestimmten vertragsbezogenen Handlung im Allgemeinen oder zu einem Vertragsabschluss im Besonderen gezwungen werden kann, auch wenn dies die öffentlichrechtliche Ordnung nahelegen würde. In diesem spezifischen Sinn kommt der Verwaltung, zumindest im Privatrecht, durchaus Privatautonomie zu.[108]

b. Im 19. Jahrhundert wurde, wie soeben erwähnt, die Vertragstheorie massgeblich auf die Wirtschaft ausgerichtet, was einem rechtlichen *Fokus auf das Schuldvertragsrecht* entspricht. Dieser Fokus floss bis heute implizit und zuweilen auch explizit in die Lehre des Verwaltungsvertrags ein: Erstens wird der Begriff des Verwaltungsvertrags auf die Begründung von Obligationen gerichtet, also auf die Begründung klagbarer Rechte auf Leistung,[109] und zweitens zeugen auch die von den

---

[107] Diese Optik ist besonders deutlich unter anderem bei UDO DI FABIO, Verwaltung und Verwaltungsrecht zwischen gesellschaftlicher Selbstregulierung und staatlicher Steuerung (1997): 252.

[108] Vgl. BGE 129 I 410 2003 – *TUJETSCH*. Im Detail zum Fall Tujetsch unten Kap. IV.B.1.b): 185; zudem unten Kap. III: 89, vor allem 106. In diesem Sinne auch BGE 109 Ib 146 1983 – *SCHWEIZERISCHER TREUHÄNDER-VERBAND C. SCHWEIZERISCHE NATIONALBANK*, wo das Bundesgericht die Vorbringungen zur Grundrechtsbindung staatlicher Akteure auf das Aufsichtsverfahren verwies.

[109] So bereits in der französischen Lehre bei GASTON JÈZE, Les contrats administratifs (1927-1934): 16 f.; ANDRÉ DE LAUBADÈRE, Contrats administratifs (1956), I: 24. In dieser Art nun auch MINH SON NGUYEN, Le contrat de collaboration en droit administratif (Diss.) (1998): 10 f., vor allem Fn. 39.

verschiedenen Autoren angeführten Beispiele von Verwaltungsverträgen von einem entsprechenden Bias.[110]

Richtet man allerdings den Blick auf *neuere Erscheinungen der Kooperation zwischen Verwaltung und Privaten* wie etwa auf die bereits erwähnten Verträge in der Sozialhilfe, auf Verträge mit renitenten Schülern oder auf Integrationsvereinbarungen mit Ausländerinnen und Ausländern, so wird deutlich, dass sich dieser Fokus auf Wirtschaft, Schuldvertrag und die Begründung von Obligationen nicht aufrechterhalten lässt:

- Im sogenannten *Eingliederungsvertrag* geht es zum Beispiel im Wesentlichen darum, dass die Sozialhilfeempfänger mit ihrer Kooperation vermeiden, ihrem gesetzlichen Anspruch auf Sozialhilfe verlustig zu gehen.[111]

- Ein ‹renitenter› Schüler muss sich, um ein weiteres Beispiel anzuführen, in sogenannten *Schülerverträgen* auf einen Vertrag einlassen, will er etwa die Einleitung eines Ausschlussverfahrens verhindern.[112]

- Und mit *Integrationsverträgen* müssen sich Ausländerinnen und Ausländer – im Gegenzug zu bestimmten Schulungen und Sozialdienstleistungen – zur Respektierung der fundamentalen Werte des Landes, der Einhaltung der Gesetze und zur Teilnahme an bestimmten sprachlichen und kulturellen Schulungen verpflichten.[113]

In diesen Verträgen geht es somit nicht primär um einklagbare Leistungen, sondern um die Gewährung vorbestimmter Ansprüche, um die Aufrechterhaltung

---

[110] Repräsentativ ist etwa ULRICH HÄFELIN/GEORG MÜLLER/FELIX UHLMANN, Allgemeines Verwaltungsrecht (2006): N 1080 ff. Hier werden (neben dem Vergleichsvertrag) als Beispiele für Verwaltungsverträge solche auf Enteignung, Pflichtlagerhaltung, Erschliessung von Baugrundstücken, Übertragung von öffentlichen Aufgaben sowie Konzessions- und Arbeitsverträge aufgezählt. Vgl. auch THOMAS P. MÜLLER, Verwaltungsverträge im Spannungsfeld von Recht, Politik und Wirtschaft (1997): 164.

[111] Nimmt zum Beispiel nach Art. 4a Abs. 2 FR–Sozialhilfegesetz eine bedürftige Personen einen derartigen Vertrag nicht an, so kann ihr nach Art. 4a Abs. 2 die materielle Hilfe bis zum Minimum gekürzt werden.

[112] Hierzu NEVILLE HARRIS, Empowerment and State Education: Rights of Choice and Participation (2005). Dass derartige Verträge auch an schweizerischen Schulen gang und gäbe sind, zeigen die wiederkehrenden Medienberichte. Siehe etwa jüngst MARCO HÄUSLER, Verhaltensauffällige Jugendliche (Zürcher Unterländer 31. August 2006).

[113] Vgl. Art. 54 des neuen Bundesgesetzes über die Ausländerinnen und Ausländer (AuG). Desgleichen in Frankreich: Code de l'entrée et du séjour des étrangers et du droit d'asile, Artikel 311–9.

von Rechtsverhältnissen oder um das Nichteinleiten eines Verfahrens, was jeweils von der Einhaltung bestimmter Bedingungen abhängig gemacht wird.

Selbstverständlich könnte man hier *die Anwendung des Vertragsbegriffs oder gar die Anwendung von Recht überhaupt verweigern*. Die häufige Verwendung des rechtlich nicht besetzten Terminus ‹Vereinbarung› angesichts solcher Verträge zeugt von einer entsprechenden Unsicherheit.[114] Doch bei allen Vorbehalten gegenüber diesen partikulären und neuartigen Verträgen wäre es doch höchst problematisch, derartigen Experimentalprogrammen die Stabilisierung durch Recht partout zu verweigern: Einerseits würden damit jene neuen Kooperationsformen verdrängt, die vielerorts verhärtete Fronten zwischen Verwaltung und Privaten aufweichen sollen und damit einem verwaltungsmässigen und gesellschaftlichen Bedürfnis entsprechen.[115] Und andererseits würde damit dem Vertragsbegriff nicht Genüge getan, der nicht per se auf das Schuldverhältnis beschränkt ist und auch den Eintritt in ein Statusverhältnis erfassen kann, wie es sich nicht nur am Ehevertrag zeigt. Bereits PAUL LABAND deutete darauf hin, dass der Verwaltungsvertrag prägnante Parallelen zum alten Feudalvertrag als sogenanntem Vertrag auf Unterwerfung zwischen Herrscher und Untertanen aufweist.[116]

Aus diesen Gründen kann die Begründung von Obligationen nicht als Wesensmerkmal des Verwaltungsvertrags verstanden werden. Das heisst aber freilich nicht, dass die erwähnten Statusverträge den gleichen Regeln wie Schuldverträge folgen müssen. Das ist jedoch *nicht eine Frage der Zuordnung zur Rechtsform*, sondern eine Frage der Gültigkeit, des Inhalts und des Verfahrens.

4. *Zusammenfassend* erweisen sich also die gegenseitigen übereinstimmenden Willensäusserungen, die sich konstitutiv auf bestimmte rechtliche Wirkungen richten, als zentrales Merkmal des Vertragsbegriffs und als zentrales Abgrenzungselement gegenüber der Verfügung. Zu relativieren ist allerdings, dass im Bezug auf die Abgrenzung des Verwaltungsvertrags von anderen Rechtsformen nicht auf den üblicherweise verwendeten, wirtschaftsbezogenen Vertragsbegriff abgestellt werden kann. Konstitutives Merkmal des Verwaltungsvertrags ist weder die kantisch

---

[114] Dies erkannte bereits THEODOR BUDDEBERG, Rechtssoziologie des öffentlich-rechtlichen Vertrages (1925): 90. Jüngst in diesem Sinn auch THIERRY TANQUEREL, La nature juridique des contrats de prestations (2002): 11 f. Zur heutigen Verwendung des Terminus ‹Vereinbarung› siehe z. B. Art. 54 AuG und HARTMUT MAURER, Der Verwaltungsvertrag (1989): 807.

[115] Hierzu jüngst die soziologisch-verwaltungstechnische Untersuchung von ARTHUR BENZ, Kooperative Verwaltung (1994).

[116] PAUL LABAND, Das Staatsrecht des Deutschen Reiches (1901), Bd. 1: 405 f. und 413.

verstandene Freiheit der Willensäusserungen noch die Begründung eines Schuldverhältnisses.

c) *Bedarf nach weiteren Abgrenzungskriterien*

1. Auch wenn das zentrale Qualifikationskriterium der Willensübereinkunft nicht grundlegend in Frage gestellt wird, so zieht doch ein Grossteil der Lehre *weitere Abgrenzungsmerkmale* zur Unterscheidung von Verwaltungsvertrag und Verfügung hinzu.[117] Dies hat folgende berechtigte Gründe:

– Zum Ersten ist, wie oben erwähnt, die Rechtsform als Rechtsfrage grundsätzlich *dem Willen der Parteien in dem Sinn entzogen,* als eine (falsche) Bezeichnung der Rechtsform durch die Parteien unbeachtlich bleibt.[118] Durch einen alleinigen Fokus auf die Willensübereinkunft stösst dieser Grundsatz allerdings an seine Grenzen, und darüber hinaus besteht die Gefahr, dass allzu sehr auf den Willen der Verwaltung abgestellt würde.[119] In dem Sinn kommt den weiteren Abgrenzungskriterien eine Kontrollfunktion zu.

– Zum Zweiten lassen sich zuweilen Vertrag und Verfügung allein mit dem Fokus auf die Willensübereinkunft *nicht befriedigend auseinander halten,* denn Verfügungen können durchaus wie Verträge auf Verhandlungen samt expliziter Zustimmung des Privaten zum Verhandlungsergebnis beruhen,[120] womit die Abgrenzung zur zustimmungsbedürftigen Verfügung weitgehend an der rechtlichen Interpretation hängt, ob der privaten Willenserklärung *konstitutiver oder nichtkonstitutiver* Charakter zukommt.[121] Der Grund hierfür liegt im Wesentlichen darin, dass ursprünglich die zustimmungsbedürftige respektive mitwirkungsbedürftige Verfügung gerade als funktionales Äquivalent zum Vertrag konzipiert wurde, um so den Vertrag im Verwaltungsrecht entbehrlich zu machen.[122]

---

[117] Dagegen stellt sich LUKAS BRÜHWILER-FRÉSEY, Verfügung, Vertrag, Realakt und andere verwaltungsrechtliche Handlungssysteme (1984): 199 ff.

[118] Hierzu oben Kap. I.A.4: 14.

[119] Oben Kap. I.B.1: 17.

[120] Hierzu jüngst in diesem Sinn PIERRE MOOR, Droit administrativ II (2002): 359 f.; AUGUST MÄCHLER, Vertrag und Verwaltungsrechtspflege (2005): 111 f.

[121] Dies zeigt sich insbesondere bei der Konzession, deren Rechtsform höchst umstritten ist: vgl. z. B. BGE 121 II 81 1995 – *KONZESSION SRG*: 85.

[122] Zunächst hatte Otto Mayer, der den Vertrag zwischen Staat und Privaten grundsätzlich ablehnte, den sogenannten Verwaltungsakt auf Unterwerfung gerade darauf ausgerichtet, die Vertragsform im Verwaltungsrecht zu ersetzen: vgl. OTTO MAYER, Zur Lehre vom öffentlichrechtlichen Vertrage (1888); OTTO MAYER, Deutsches Verwaltungsrecht (1895/96), I:

2. Im Wesentlichen können nun zwei weitere Abgrenzungskriterien ausgemacht werden, mit welchen die Lehre den Vertrag von der Verfügung zu scheiden sucht:

– Eine erste Gruppe nimmt die *Zweiseitigkeit* des Vertrags und dabei insbesondere die Zweiseitigkeit der Verhandlungen sowie die Zweiseitigkeit der resultierenden Rechte und Pflichten zum Abgrenzungskriterium (nachfolgend i).

– Eine zweite Gruppe schliesslich befasst sich mit der *inhaltlichen Struktur* des Rechtsverhältnisses und hebt dabei insbesondere die Interessenkonvergenz der Verwaltung und des Privaten im Vertrag hervor (nachfolgend ii).

i) Zweiseitigkeit

1. Die wohl herrschende Lehre ergänzt das Abgrenzungsmerkmal der Willensübereinkunft mit dem Kriterium der Zweiseitigkeit. Allerdings bestehen *unterschiedliche Meinungen* dazu, worin sich diese Zweiseitigkeit auszeichne.

2. IMBODEN stellt die Zweiseitigkeit des Vertrags der Einseitigkeit der *Gesetzesförmigkeit* entgegen. So richte sich der Vertrag auf den subjektiven Willen der Parteien und die entsprechend anvisierten Rechtsfolgen aus, während die Verfügung sich aus dem Gesetz ableite und dieses konkretisiere.[123] Und ganz ähnlich geht es jüngst nach MOOR darum, ob das Gesetz der Verwaltung die Kompetenz einräume, allein über die Rechte und Pflichten des fraglichen Akts zu entscheiden, oder ob die Legitimation eines Rechtsverhältnisses auf die konstitutive bilaterale Übereinkunft zurückgeführt werden könne.[124]

Die Bedeutung dieser Unterscheidung ist allerdings aus zwei Gründen zu relativieren:

– Zum Ersten geht diese Unterscheidung von *Begriffen des Gesetzes und der Verwaltung* aus, die heute in Frage gestellt werden müssen. Denn das Gesetz in der Form von generell-abstrakten Normen ist stets interpretationsbedürftig, und eine nicht-autoritativ handelnde Verwaltung, die immer von neuem ad hoc eine Kooperation mit Privaten suchen muss, um ihre Aufgabe zu erfül-

---

98; OTTO MAYER, Rezension Willibalt Apelt (1921): 245. Diese Rechtsform wurde sodann in der Schweiz rezipiert, und sie entspricht heute im Wesentlichen der zustimmungsbedürftigen Verfügung: vgl. FRITZ FLEINER, Institutionen des deutschen Verwaltungsrechts (1913): 159 f., 183 und vor allem die von Fleiner betreute Dissertation von WALTER BAECHI, Verwaltungsakt auf Unterwerfung, zweiseitiger Verwaltungsakt oder Vertrag (1934). Ausfluss dieser Pfadabhängigkeit ist insbesondere, dass das Konzessionsverhältnis zunächst als Verfügung interpretiert wurde: hierzu bereits oben Fn. 44: 12.

[123] MAX IMBODEN, Der verwaltungsrechtliche Vertrag (1958): 38a f.
[124] PIERRE MOOR, Droit administrativ II (2002): 359 f.

len, löst sich per definitionem von einem eng verstandenen Gesetzesvorbehalt.[125] Entsprechend hat sich die Verwaltungsrechtstheorie bereits seit einiger Zeit von der Illusion verabschiedet, die Verwaltung allein als Vollzieherin des Gesetzes zu sehen.[126] Historische Reaktion auf diese Erkenntnis war freilich bereits die Einführung und der Ausbau der Verwaltungsgerichtsbarkeit, mit welcher eine interventionistische und zunehmend proaktive Verwaltung doch noch unter die legitimierende Klammer des Gesetzes gebracht werden sollte.[127]

– Zum Zweiten kann ein Vertrag ebenso gut wie eine Verfügung *gesetzeskonkretisierend* sein, also eine Gesetzesnorm, sei sie präzis oder besonders interpretationsbedürftig, weiter ausführen. Gerade Vergabeverträge können weitgehend durch Gesetzesnormen determiniert sein, ohne dass infolge einer derartigen Einseitigkeit eine Verfügung vorläge. Und zudem ist darauf hinzuweisen, dass selbst dem Privatrecht die inhaltliche Konkretisierung von Rechtsverhältnissen zugleich durch Gesetz und Parteiwillen nicht fremd ist: Der Inhalt eines Vertragsverhältnisses erschliesst sich selbstverständlich aus den Normen des Privatrechts *und* aus dem von den Parteien gewollten Inhalt, soweit dieser nicht von zwingenden Normen abweicht. Verträge oder zustimmungsbedürftige Verfügungen, die in diesem Sinn dem Willen der Parteien

---

[125] DIETER GRIMM, Die Zukunft der Verfassung (1991): 434 f.

[126] Grundlegend sind die entsprechenden Warnungen vor einer proaktiven Verwaltung durch MAX WEBER, Wirtschaft und Gesellschaft (1921–1925/1980): 835. Vgl. jüngst zum Beispiel Schmidt-Assmann, der vorsichtig von einem Wechsel von der gesetzesgebundenen zur gesetzesdirigierten Verwaltung spricht: EBERHARD SCHMIDT-ASSMANN, Das Recht der Verwaltungsverträge (2001): 66. Neue und zugleich beachtenswerte Wege geht THOMAS VESTING, Rechtswissenschaftliche Beobachtung des Rechtssystems: Einheitsbildung und Differenzerzeugung (2008). Vesting sucht die Gesetzesbindung vom Fokus auf den formellen Gesetzgeber zu lösen und materiell – im Sinn von Gesetzmässigkeit und Stetigkeit – zu verstehen.

[127] Angesprochen ist damit erstens die Einführung der Verwaltungsgerichtsbarkeit mit dem Bundesgesetz über die Verwaltungs- und Disziplinarrechtspflege vom 11. Juni 1928 auf den 1. März 1929 (AS 44 779) und der Ausbau der Verwaltungsgerichtsbarkeit infolge der Mirage-Affäre im Jahr 1968 (vgl. hierzu vor allem Botschaft des Bundesrates vom 24. September 1965 über den Ausbau der Verwaltungsgerichtsbarkeit im Bunde, BBl. 1965 II 1265). Zum Versuch der Verwaltungsrechtslehre, die Legitimation durch Gesetz mit der Legitimation durch Gerichtsverfahren zusammenzubringen siehe vor allem die deutsche Lehre nach dem Zweiten Weltkrieg: HANS PETERS, Lehrbuch der Verwaltung (1949): 153 ff.; ERNST FORSTHOFF, Lehrbuch des Verwaltungsrechts: erster Band (1958): 249 ff.; KLAUS STERN, Lehre des öffentlich-rechtlichen Vertrags (1958); JÜRGEN SALZWEDEL, Die Grenzen der Zulässigkeit des öffentlich-rechtlichen Vertrages (1958): Zudem ähnlich für die Schweiz HENRI ZWAHLEN, Le contrat de droit administratif (1958): 657a.

Raum lassen, stellen somit für den Privaten Optionen dar: Es steht der privaten Partei frei, ob und wann sie sich auf ein derartiges Rechtsverhältnis einlassen will; tut sie es aber, so gelten die entsprechenden rechtlich (und zum Teil gesetzlich) gesetzten Bedingungen. Den Rechtssubjekten obliegt es also – beim Verwaltungsvertrag wie auch bei der zustimmungsbedürftigen Verfügung –, nach ihren eigenen Kriterien zu beurteilen, ob sie von der entsprechenden Option Gebrauch machen wollen oder nicht. Wenn ja, dann sind sie an rechtliche Vorgaben gebunden, d. h. sie müssen die entsprechende Reaktion des Rechts antizipieren und in ihre Operationen einbeziehen.[128]

3. Sodann sucht ein weiterer Teil der Lehre – im Anschluss an eine Tradition der französischen Lehre seit Jèze[129] – das Abgrenzungskriterium darin, dass *im Zuge von Verhandlungen[130] gegenseitige Rechte und Pflichten* festgelegt würden.[131]

Doch auch dieses Kriterium führt *nicht zu einer befriedigenden Abgrenzung* von Vertrag und Verfügung, und zwar aus zwei Gründen:

– Bereits oben wurde angeführt, dass *Verfügung und vorgängige Verhandlungen der Parteien sich heute keineswegs ausschliessen.*[132]

– Zudem fokussiert diese Abgrenzung mehr auf das Wesen des Schuldverhältnisses[133] denn auf jenen des Vertrags. Gegenseitigkeit als konstitutives Merk-

---

[128] Zu dieser Methode m. w. H. ANDREAS ABEGG, Die zwingenden Inhaltsnormen des Schuldvertragsrechts (2004): 134 f.

[129] GASTON JÈZE, Les contrats administratifs (1927-1934), I: 16 f.

[130] Wenn der Private auf die Inhaltsgestaltung Einfluss nehmen konnte, deutet dies nach Maurer auf Vertrag: HARTMUT MAURER, Allgemeines Verwaltungsrecht (2004), § 14 N 19.

[131] HENRI ZWAHLEN, Le contrat de droit administratif (1958): 521a; RENÉ RHINOW, Wohlerworbene und vertragliche Rechte im öffentlichen Recht (1979): 12 f.; RENÉ RHINOW, Verfügung, Verwaltungsvertrag und privatrechtlicher Vertrag (1985): 297 und 307 ff.; ULRICH HÄFELIN/GEORG MÜLLER/FELIX UHLMANN, Allgemeines Verwaltungsrecht (2006): 1053 f. So auch BLAISE KNAPP, Droit administrativ (1991): 1499 f. Nach Knapp kommt es darauf an, ob die Parteien stabile wohlerworbene Rechte begründen wollten. Hierbei ist allerdings zu bemerken, dass einerseits der traditionell eingeräumte Vorrang von Verträgen gegenüber Gesetzen zu relativieren ist, und dass sich andererseits mit Verfügungen heute eine ähnliche Stabilität wie mit Verträgen erreichen lässt: vgl. PIERRE MOOR, Droit administrativ II (2002): 18 ff. ULRICH HÄFELIN/GEORG MÜLLER/FELIX UHLMANN, Allgemeines Verwaltungsrecht (2006): 1008 ff.

[132] Auf diese Art von Gegenseitigkeit konzentriert sich ANDRÉ GRISEL, Traité de droit administratif (1984): 445 f. Siehe dagegen die Kritik an dieser Abgrenzung von WILFRIED BRAUN, Der öffentlich-rechtliche Vertrag (1983): 842, m. w. H.

[133] Zur Erinnerung: Ein Schuldverhältnis ist ein Vertrag, der mindestens eine Obligation begründet. Diese Obligation wiederum besteht – zukunftsgerichtet – im Versprechen, eine

mal des Vertrags beschlägt aber lediglich die übereinstimmenden Willensäusserungen[134] und nicht die daraus resultierende Rechtsfolge,[135] die auch im Eintritt in ein Statusverhältnis (z. B. Ehevertrag, Art. 159 ZGB oder Hausgewalt, Art. 331 ZGB) oder in der unmittelbaren Verfügung über rechtliche Positionen (Verfügungsgeschäft, z. B. Abtretung, Art. 164 OR) bestehen kann. Und selbst ein Schuldvertrag kann auf die Begründung eines einseitigen Rechtsverhältnisses (z. B. Schenkung, Art. 239 OR) gerichtet sein, in welchem nur die eine Partei eine Leistung schuldet.[136]

ii) Kooperationsbedürftigkeit

1. Eine weitere Interpretation der Zweiseitigkeit bezieht diese weniger auf einzelne Aspekte des Vertragsbegriffs, wie das Verhandlungsmoment oder die resultierenden Rechte und Pflichten, sondern geht von der gesamten Struktur, vom gesamten Kontext des Rechtsverhältnisses aus. Diese *umfassende Betrachtung der Zweiseitigkeit* wird folgendermassen präzisiert:

– Nach BRAUN ist vor allem auf die Gleichgerichtetheit in dem Sinn zu achten, dass bei einem Vertrag auch die Interessen der privaten Partei in den Vertragsinhalt Eingang finden. Bei einem Vertrag gehe es gerade darum, während des ganzen Vertragsprojektes eine *Parallelität der Interessen aktiv zu erwirken und zu erhalten*. Bei einer Verfügung werde dagegen das Rechtsverhältnis von Beginn weg auf die Interessen des Staates ausgelegt, wobei sich der Private mit seiner Zustimmung in dieses Rechtsverhältnis in eher passiver Weise einbringe, wenn seine Interessen mit jenen des Staates übereinstimmten.[137] Die Zustimmung im Rahmen einer Verfügung erhält somit einen passiven Schutzaspekt.[138]

– In diese Richtung geht auch bereits SALZWEDEL: Der verwaltungsrechtliche Vertrag unterscheide sich gegenüber der Verfügung durch eine «anormale Si-

---

durch den Vertrag bezeichnete Leistung zu erbringen: PETER GAUCH/WALTER R. SCHLUEP/JÖRG SCHMID, OR AT I (2003): 245 ff.

[134] Dieses Merkmal der gegenseitigen übereinstimmenden Willensäusserungen wird bereits vom Abgrenzungskriterium der konstitutiven Willensäusserung erfasst: oben Kap. I.B.3.b): 24.

[135] Siehe unter vielen PETER GAUCH/WALTER R. SCHLUEP/JÖRG SCHMID, OR AT I (2003): 222 ff.

[136] PETER GAUCH/WALTER R. SCHLUEP/JÖRG SCHMID, OR AT I (2003): 255 ff.

[137] WILFRIED BRAUN, Der öffentlich-rechtliche Vertrag (1983): 842 f. Ein entsprechendes Beispiel findet sich in BGE 106 Ia 65 1980 – *DUMAS CONTRE CONSEIL D'ETAT DU CANTON DU VALAIS*.

[138] HARTMUT MAURER, Allgemeines Verwaltungsrecht (2004): § 14 N 19.

tuation», nach welcher die Verwaltung ihre Hoheitsposition nicht direkt einsetzen wolle oder könne (sei es aufgrund von äusseren oder inneren, verwaltungstaktischen Gründen), sondern vielmehr ihre Machtposition als Verhandlungsgegenstand einzubringen suche.[139] Nicht durch die Gleichgerichtetheit im Sinn von gleicher Augenhöhe grenzt sich also nach dieser Meinung der Vertrag von der Verfügung ab, sondern dadurch, dass die *Verwaltung ihre Ziele nur oder zumindest besser durch die Einbeziehung des Privaten in die Gestaltung des Rechtsverhältnisses erreicht.*[140]

2. Dieses Abgrenzungskriterium, das letztlich auf den Kooperationsbedarf beider Parteien abzielt, lässt sich mit einem kurzen *Blick auf die historischen Pfadabhängigkeiten* bestätigen und zugleich präzisieren. In der Tat erschien der Verwaltungsvertrag, nachdem er um die Jahrhundertwende vom 18. zum 19. Jahrhundert aus dem Recht weitgehend verdrängt worden war,[141] dann wieder, als es im hierarchisch strukturierten souveränen Nationalstaat nicht mehr ohne Kooperation ging:

- Bereits mit der Überwindung ständischer Reminiszenzen durch den modernen Nationalstaat gelangte zugleich auch zu Beginn des 19. Jahrhunderts das Paradox des modernen Nationalstaats zu Bewusstsein: Zur Einigung der Gesellschaft und zur Verwirklichung von allgemeinem Wohlstand verfügte der Staat zwar über alle Macht, war aber dennoch auf Kooperationen mit den *Staatsdienern* angewiesen. Denn obwohl dem Staat genügend «Menschenmaterial»[142] zur Disposition stand, konnte er doch den guten Willen des Staatsdieners nicht erzwingen. Diesen guten Willen suchte der junge Nationalstaat entweder mit

---

[139] JÜRGEN SALZWEDEL, Die Grenzen der Zulässigkeit des öffentlich-rechtlichen Vertrages (1958): 44 ff. Dieser Re-entry des Machtelements in den Vertrag wird im Rahmen der Rechtsnatur und der Zulässigkeit zu untersuchen sein: unten Kap. II: 45 und unten Kap. IV: 133.

[140] Dies bestätigt jüngst die amerikanische Lehre. MICHAEL HOWLETT, Beyond Legalism? (2000): 316; zum Ganzen auch JODY FREEMAN, Collaborative Governance in the Administrative State (1997); JODY FREEMAN, The Contracting State (2000).

[141] Dies zeigt sich zum Beispiel daran, dass die deutschen Juristen jegliche Kooperation des Staates in hierarchische Beziehungen umdeuteten und dem Vertrag hierbei keinerlei Raum beliessen: vgl. unter vielen JOHANN HEINRICH GOTTLOB VON JUSTI, Politische und Finanzschriften (1761), I: 346; NICOLAUS THADDÄUS GÖNNER, Der Staatsdienst (1808): 130 ff. Ähnliches gilt für Frankreich. Hierzu im Rückblick vgl. ADOLPHE CHAUVEAU, Principes de compétence et de juridictions administratives (1841-44): N 403 ff., vor allem 411; LOUIS-MARIE DE LAHAYE VICOMTE DE CORMENIN, Droit administratif (1840): vol. I, u. a. XXXVI-II.

[142] So der kritisch gewendete Begriff gegen die Verwaltungsmaschinerie des Polizeistaats und die Wirtschaftsmaschinerie des Kapitalismus: vgl. OTTO MAYER, Deutsches Verwaltungsrecht (1895/96), I: 38 ff. und KARL MARX, Das Kapital (1890/1968): 661.

Nationalethos oder mit Hilfe eines Rückgriffs auf Privatrecht und unabhängige Zivilgerichte zu erlangen.[143]

- Die Bedürfnisse des Staates nach Kooperationen mit Privaten erhielten sodann wesentlichen Antrieb, als sich dieser in der zweiten Hälfte des 19. Jahrhunderts um den *Aufbau einer modernen Sanitär- und Verkehrsinfrastruktur* zu bemühen begann. Vor allem im Übergang zum 20. Jahrhundert ist, verbunden mit der Emergenz der unabhängigen Verwaltungsgerichtsbarkeit, zunächst in Frankreich, sodann in Deutschland und schliesslich in der Schweiz die zunehmend eigenständige und mit grossen Vorbehalten verknüpfte Rekonstruktion des Vertrags im öffentlichen Recht zu beobachten.[144] Es ist dabei wichtig zu sehen, dass sich die Kooperationsbedürftigkeit des Staates nicht nur auf einzelne Wirtschaftsteilnehmer bezog, sondern vor allem auf die institutionellen Strukturen der selbst regulierten Wirtschaft, d. h. insbesondere auf den Markt, mit welchem sich die Selbstorganisation von Know-how, Finanzkraft und Arbeitskraft vollzog. Doch in dieser Zeit zeichnete sich nicht nur ab, dass der Staat auf die Finanzkraft und das Know-how der Privaten und damit auf entsprechende Kooperation angewiesen war, sondern am Gegenstand des Vergabewesens wurde auch erkannt, dass infolge der Marktmacht des Staates die (liberale) Wirtschaft ebenso auf wirtschaftskompatible Kooperation mit dem Staat angewiesen war – im Gegensatz zur hierarchischen Zuweisung von Aufträgen nach rein politischen Kriterien.[145] In Deutschland und in der Schweiz vermochte sich zwar im Verwaltungsrecht – im Gegensatz zu Frankreich – der Vertrag zwischen Staatsverwaltung und Privaten in diesem Kontext noch nicht durchzusetzen, was primär auf die fehlenden gerichtlichen Institutionen zurückzuführen ist. Am Beispiel der Rechtsform der Konzession zeigt sich aber, dass zumindest privatrechtliche Elemente und insbesondere

---

[143] Hierzu sei auf die Ausführungen zur Evolution des Verwaltungsvertrags verwiesen, die in Kürze publiziert werden.

[144] Massgeblich für die Emergenz des Verwaltungsvertrags waren die grossen Schriften von RODOLPHE DARESTE, La justice administrative en France (1862) und – trotz seiner grundsätzlichen Ablehnung des Verwaltungsvertrags – OTTO MAYER, Zur Lehre vom öffentlichrechtlichen Vertrage (1888). Für Frankreich ist zudem die Verwaltungsrechtsprechung durch den Conseil d'Etat und das Tribunal des conflits entscheidend. Eine Anerkennung vertraglicher Elemente im Verwaltungsrecht zeichnete sich bereits ab mit den Äusserungen von Regierungskommissär David im Entscheid Hospice de Vichy ab: Conseil d'Etat 25 juillet 1874 (rec. 725) – *HOSPICE DE VICHY*: 728. Zum Ganzen sei auf die Ausführungen zur Evolution des Verwaltungsvertrags verwiesen, die in Kürze publiziert werden.

[145] Von diesem Anliegen zeugt zum Beispiel die entsprechende Stossrichtung der zahlreichen rechtsvergleichenden Publikationen: siehe etwa WILHELM SCHMIDHUBER, Das öffentliche Submissionswesen des Auslandes (1928).

die wohlerworbenen Rechte eine äquivalente Übergangsfunktion übernahmen.[146]

- Und schliesslich wurde infolge gesteigerter Mobilität in den Nationalstaaten, aber auch darüber hinaus, in der zweiten Hälfte des 20. Jahrhunderts zunehmend offensichtlich, dass sich die Aufgabe der Verwaltung, *existenzielle Absicherung und gesellschaftliche Vorbedingungen jedes Einzelnen garantieren zu wollen*, radikalisiert.[147] Dabei ist der interventionistische Wohlfahrtsstaat heute *immer mehr auf die Kooperation der Gesellschaft angewiesen*.[148] Dies zeigt sich nicht nur in traditionellen wohlfahrtsstaatlichen Gebieten wie der Denkmalpflege,[149] sondern auch am (weit verstandenen) Bereich der Sozialhilfe und allgemein der staatlichen Integrationsmaschinerie, also traditionellen Bereichen der verfügenden Verwaltung.[150] Denn im Wesentlichen sind erstens die «Klienten» des Wohlfahrtsstaates derart divers und damit der Verwaltung fremd geworden, und zweitens ist auch die Welt, in welche sie zu ‹integrieren› wären, der Verwaltung derart fremd geworden, dass die *Verwaltung auf das Wissen ihrer «Klienten» einerseits und der Gesellschaft andererseits angewiesen ist, um ihre Aufgabe zu erfüllen*. Entsprechend sucht die Verwaltung zunehmend das Wissen der Privaten mittels einer durch die Vertragsform stabilisierten Kooperation zu gewinnen.[151] Als weiterer Bereich zunehmender Ko-

---

[146] Typisch ist zum Beispiel BGE 65 I 305 1939 – *TIEFENCASTEL GEGEN RHÄTISCHE WERKE FÜR ELEKTRIZITÄT*: 313; siehe in neuerer Zeit BGE 118 Ia 245 1992 – *EINSTUFUNG EINER ST. GALLER BERUFSSCHULLEHRERIN*: 255 ff.; Bundesgericht 2P. 276 3. April 1996 (ZBL 1997 65-71) – *GEHALTSREDUKTION STADT ZÜRICH*; BGE 127 II 69 2001 – *'EWIGE' WASSERRECHTSKONZESSION*: 77. Vgl. zu den wohlerworbenen Rechten bereits oben bei Fn. 89 f.: 22.

[147] Massgeblich sind insbesondere JÜRGEN SALZWEDEL, Die Grenzen der Zulässigkeit des öffentlich-rechtlichen Vertrages (1958): 3; MARTIN BULLINGER, Vertrag und Verwaltungsakt: Zu den Handlungsformen und Handlungsprinzipien der öffentlichen Verwaltung nach deutschem und englischem Recht (1962): 29 ff.; ERNST FORSTHOFF, Lehrbuch des Verwaltungsrechts: erster Band (1973): 35 ff.

[148] Zum Ganzen aus theoretischer Sicht DIETER GRIMM, Die Zukunft der Verfassung (1991): 434 f.

[149] Vgl. BGE 126 I 219 2000 – *DENKMALSCHUTZ KINOSAAL VIEUX-CARROUGE*: vor allem 26. Im konkreten Fall ging es um die Voraussetzungen einer Unterschutzstellung, mit welcher eine bestimmte Nutzung (in casu das Betreiben eines Kinos) an das Eigentum gebunden wurde. Voraussetzung sei, so das Bundesgericht, vor allem die ausgedehnte Kooperation zwischen Verwaltung und Privaten samt finanzieller und fachlicher Unterstützung, was allerdings den initialen Akt der Unterschutzstellung nicht zum Vertrag mache.

[150] Kritisch zu dieser Tendenz NIELS ÅKERSTRØM ANDERSEN, The Contractualisation of the Citizen (2004); KURT PÄRLI, IIZ (2007).

[151] ANDREAS ABEGG, Vom Contrat Social zum Gesellschaftsvertragsrecht (2008), m. w. H.

operation zwischen Staatsverwaltung und Privaten sind sodann die sicherheitspolizeilichen und militärischen Aufgaben zu nennen – ebenfalls ein Bereich traditionellen Verfügungshandelns.[152]

Das Recht begleitete jeweils den Anstieg des Kooperationsbedarfs zwischen Staat und Privaten mit der direkten, analogen oder öffentlichrechtlich rekonstruierten Anwendung von Vertragsrecht. Nach der Bewältigung des Kooperationsbedarfs mittels Fiskustheorie waren mit der Ablösung des Polizeistaats durch den *Rechtsstaat* die Voraussetzungen gegeben, dass das zunehmende Kooperationsbedürfnis der Verwaltung (vor allem zur Erstellung grosser verkehrstechnischer und sanitärer Infrastrukturen)[153] mit dem Verwaltungsrecht durch den verwaltungsrechtlichen Vertrag erfasst werden konnte und nicht allein dem Zivilrecht und den Zivilgerichten überlassen werden musste.[154] Wie erwähnt ging es mit dieser Rekonstruktion des Vertrags innerhalb des Verwaltungsrechts darum, einerseits diese Kooperationen mit rechtlichen Elementen zu stabilisieren,[155] andererseits aber zugleich den politischen Bedürfnissen insbesondere nach stetiger Anpassung an wechselnde politische Prioritäten Rechnung zu tragen. Das zentrale Element dieser neuen Abgrenzung zwischen verwaltungsrechtlichem Vertrag und Verwaltungsakt bestand damit in der *Angewiesenheit auf Kooperation in Bezug auf das gemeinsame Pro-*

---

[152] Vgl. zu diesem Thema unter vielen THOMAS VESTING, Der Staat als Serviceunternehmen (1998): 28; JODY FREEMAN, Private Parties, Public Functions and the New Administrativ Law (1999): 10 f.; WALTER KÄLIN/ANDREAS LIENHARD/JUDITH WYTTENBACH/MIRJAM BALDEGGER, Auslagerung von sicherheitspolizeilichen Aufgaben (2007). Siehe auch den Bericht des Bundesrats zu den privaten Sicherheits- und Militärfirmen vom 2. Dezember 2005, BBl. 2006 II 623, vor allem 632 f. Zur äusserst lebendigen Diskussion in den USA betreffend Söldnerwesen siehe unter anderen STEVEN BRAYTON, Outsourcing War (2002); JON D. MICHAELS, Beyond Accountability (2004); CLIVE WALKER AND DAVE WHYTE, Contracting out war? (2005).

[153] Hierzu jüngst LORENZ JELLINGHAUS, Daseinsvorsorge und Infrastruktur (2006).

[154] Für Frankreich wird allgemein der Entscheid Blanco als Wendepunkt angeführt: Tribunal des conflits 8 février 1873 (rec. 1er supplement 61) – *BLANCO*. Für Deutschland war entscheidend: OTTO MAYER, Theorie des französischen Verwaltungsrechts (1886); OTTO MAYER, Zur Lehre vom öffentlichrechtlichen Vertrage (1888); OTTO MAYER, Deutsches Verwaltungsrecht (1895/96). Für die Schweiz ist die Rezeption des deutschen Verwaltungsrechts durch Fleiner massgebend: vgl. z. B. FRITZ FLEINER, Entstehung und Wandlung moderner Staatstheorien in der Schweiz (1916). Durchzusetzen vermochte sich der verwaltungsrechtliche Vertrag in der Schweiz und in Deutschland aber erst nach dem Zweiten Weltkrieg infolge einer diesbezüglich ausgebauten Verwaltungsgerichtsbarkeit.

[155] Diese Optik bestätigen für die USA auch JODY FREEMAN, Collaborative Governance in the Administrative State (1997); MARK WARREN, Democracy and trust (1999): 351.

jekt.[156] Die Differenz des Verwaltungsrechts zum privatrechtlichen Verwaltungsvertrag bestand dagegen im Wesentlichen weiterhin im Element der Subordination und eng damit verknüpft im Grad der Ausrichtung auf politische Bedürfnisse (umgesetzt durch die Interessenstheorie).[157]

3. In diesem Sinn ist es *zum Beispiel* nur mit Verweis auf die historischen Pfadabhängigkeiten erklärbar, dass die *Konzession* noch heute im Grundsatz als Verfügung gilt. Gegen Ende des 19. Jahrhunderts bestand ein grosses Bedürfnis nach politischer Steuerung der grossen Infrastrukturprojekte, und insbesondere die schweizerischen Eisenbahnen sollten privatisiert werden.[158] In Lehre und Rechtsprechung wurde dieses politische Programm durch eine Uminterpretation der Rechtsform der Konzession gefördert: Diese wechselseitige Einigung im Rahmen einer Konzession sollte nun – entgegen jeder vorausgegangenen Vertragsverhandlung und jeder Bezeichnung als Vertrag durch die Parteien – nicht mehr als (privatrechtlicher) Vertrag gelten,[159] sondern als Verfügung, deren Änderung somit dem Gesetzgeber oblag.[160] Infolge der späteren Erkenntnis, dass Konzessionen oft nicht allein befehlsförmig gestaltet werden können, sondern der Staat mindestens ebenso auf das Wissen und die langfristige Kooperation der Privaten angewiesen war wie die Privaten auf die entsprechenden ökonomischen Opportunitäten, relativierte das Bundesgericht aber zusehends diese Rechtsprechung, indem es zivilrechtliche und damit der Willkür der Verwaltung entzogene Elemente des Rechtsverhältnisses betonte.[161] Insbesondere die Stabilisierung derartiger Rechtsbeziehungen durch wohlerworbe-

---

[156] So jüngst zum öffentlichrechtlichen Arbeitsvertrag BVGE A-2583/2007 17. Dezember 2007 – *X. GEGEN EDI - VORZEITIGE PENSIONIERUNG*: Erw. 5.4.3.

[157] Hierzu unten Kap. II.B.3.d): 70 und Kap. II.B.3.e): 73.

[158] Bereits Gustav Vogt (1829–1901) hatte darauf gedrängt, dass der Staat aufgrund der zentralen gesellschaftlichen Bedeutung der Eisenbahnen nicht allein die finanzielle Last auf Private abwälzen könne, sondern dem Staat vielmehr eine Gesamtverantwortung zukomme, sodass man nicht eigentlich von Privatbahnen reden könne: GUSTAV VOGT, Schweizerische Studien über Eisenbahnrecht (1859): 14 und 17 f. und 22 ff.; dagegen stellt sich JACOB RÜTTIMANN, Eisenbahn-Konzessionen (1870): 23 ff.; vgl. sodann auch JOHANN JACOB BLUMER/JOSEF MOREL, Bundesstaatsrecht (1877-87), II: 70 ff.

[159] So noch JACOB RÜTTIMANN, Eisenbahn-Konzessionen (1870): 25 ff.

[160] Siehe vor allem OSCAR SEILER, Über die rechtliche Natur der Eisenbahn-Konzessionen nach schweizerischem Recht (1888); BGE 47 I 222 1921 – *ELEKTRIZITÄTSWERK LONZA GEGEN KANTON WALLIS I*: 226: «Die ‹Convention› vom 8. Juni 1918 ist aber ... ein Verwaltungsakt, wenn schon der äussern Form nach ein Vertrag vorliegt.»

[161] BGE 65 I 305 1939 – *TIEFENCASTEL GEGEN RHÄTISCHE WERKE FÜR ELEKTRIZITÄT*: 313; jüngst BGE 123 III 395 1997 – *STADTANZEIGER BERN*: 397 ff.; BGE 127 II 69 2001 – *'EWIGE' WASSERRECHTSKONZESSION*: 77. Weitere Fälle sind zu finden bei MAX IMBODEN/RENÉ A. RHINOW, Schweizerische Verwaltungsrechtsprechung (1986): 282 f.

ne Rechte ist aber nur aus historischer Sicht zu erklären,[162] denn im Bund stand bis 1968 keine Verwaltungsgerichtsbarkeit in Vertragssachen zur Verfügung.[163]

Heute würde sich demgegenüber in aller Regel eine grundsätzliche Erfassung der Konzession als Vertrag anbieten – zumindest soweit die Verwaltung auf die langfristige Kooperation des Konzessionärs angewiesen ist. Vorgaben der Rechts- und Gesetzesordnung kommen in diesem Rahmen nicht erst mit dem Erlass einer Verfügung zur Geltung, sondern als zwingende oder als von den Parteien nicht derogierte dispositive Normen entfalten sie ihre Wirkung direkt als Teil des Vertragsinhalts.[164]

4. Somit ist *zusammenfassend* festzuhalten, dass der Verwaltungsvertrag in der Vergangenheit und heute jeweils dann ins Spiel kommt, wenn für ein konkretes Projekt die politisch-staatliche Sphäre auf der einen Seite und die selbstorganisierte Sphäre des Privaten auf der anderen Seite auf eine rechtlich stabilisierte Kooperation angewiesen sind.[165] Es ist die derart auf die Zukunft des gemeinsamen Projekts interpretierte Zweiseitigkeit, mit welcher das konstitutive Unterscheidungsmerkmal der übereinstimmenden gegenseitigen Willensäusserungen[166] in Zweifelsfällen zu komplementieren ist.

4. Abgrenzung zu informalen Behördenakten

1. Sogenannte interne und schlichte Behördenakte oder auch Gentlemen's Agreements können als *informale Behördenakte* zusammengefasst werden, da sie

---

[162] Hierzu auch RENÉ RHINOW, Wohlerworbene und vertragliche Rechte im öffentlichen Recht (1979); LUKAS BRÜHWILER-FRÉSEY, Verfügung, Vertrag, Realakt und andere verwaltungsrechtliche Handlungssysteme (1984): N 308 und 322 ff.; BEATRICE WEBER-DÜRLER, Neuere Entwicklung des Vertrauensschutzes (2002). Vgl. zu den wohlerworbenen Rechten bereits oben bei Fn. 89 f.: 22.

[163] Erst infolge der sogenannten Mirage-Affäre wurde im Jahr 1968 die Verwaltungsgerichtsbarkeit im Bund neu geordnet und insbesondere die Generalklausel eingeführt, allerdings eingeschränkt durch einen langen Negativkatalog: Botschaft des Bundesrates vom 24. September 1965 über den Ausbau der Verwaltungsgerichtsbarkeit im Bunde, BBl. 1965 II 1265: vor allem 1273; zum Ganzen vgl. REGINA KIENER, Entwicklung der Verwaltungsgerichtsbarkeit (2004): N 6 ff.

[164] Oben Fn. 44: 12 und unten Kap. IV.B.2.a): 187.

[165] Dies hat zum Beispiel der zürcherische Gesetzgeber erkannt, wenn er die Vertragsform zur Anstellung von Staatsangestellten mit Spezialistenfunktion vorbehält, für deren Besetzung zwingend vom gesetzlichen Rahmen abgewichen werden muss: § 5 Abs. 2 ZH–Personalverordnung. Der Einfluss des Gesetzgebers auf die Rechtsform muss freilich differenzierter betrachtet werden: siehe oben Kap. I.A.5: 15.

[166] Oben Kap. I.B.3.b): 24.

sich primär gegenüber Formen unterscheiden, die vom Recht erfasst werden und damit vor allem Rechtsschutz gewähren.[167]

2. Diese Behördenakte werden häufig *gegenüber der Verfügung abgegrenzt*. Bei den jeweiligen Begriffsdefinitionen steht zunächst im Mittelpunkt, ob die Kommunikationen auf die Begründung von Rechten und Pflichten gerichtet waren.[168] Sodann wird die Qualifikation jedoch massgeblich auf den Rechtsschutz der Privaten ausgerichtet – auf die Gefahr hin, dass der Verfügungsbegriff arg strapaziert wird.[169]

In jüngster Zeit wurde allerdings der *Vertrauensschutz* als funktionales Äquivalent zu dieser Ausweitung des Verfügungsbegriffs stark ausgebaut. Zu nennen sind insbesondere der Schutz bei falscher Auskunft und das Verbot widersprüchlichen Verhaltens.[170]

3. Die Abgrenzung dieser informellen Behördenakte *gegenüber dem Vertrag* wird dagegen seltener thematisiert, obwohl hier die entsprechenden Kommunikationen noch schwieriger zuzuordnen sind:

a. *Grundsätzlich* gilt auch in der Abgrenzung des Vertrags vom informalen Verwaltungshandeln, dass sich beim Vertrag die gegenseitigen übereinstimmenden Willensäusserungen auf entsprechende Rechtsfolgen richten müssen. Fehlt es an diesem *Rechtsfolgewillen* respektive *Bindungswillen*, wollen sich also die Parteien rechtlich nicht binden, so kommt grundsätzlich kein Vertrag zustande.[171] Dieser Fokus auf die initialen Willensäusserungen ist sodann mit einem Blick auf oben

---

[167] In diesem Sinn ist die Bezeichnung m. E. auch treffend: vgl. für die Schweiz PAUL RICHLI, Regelungsdefizit beim verfügungsfreien Staatshandeln (1992): 197, HANSPETER PFENNINGER, Rechtliche Aspekte des informellen Verwaltungshandelns (1996). Für Deutschland siehe unter vielen MARTIN SCHULTE, Handlungsformen der Verwaltung und Handlungsformenlehre (2000): 336 f. Für die USA siehe bereits PHILIPPE NONET, Administrative Justice (1969): 198 ff.

[168] ETIENNE POLTIER, Les gentlemen's agreements à participation publique (1987); ULRICH HÄFELIN/GEORG MÜLLER/FELIX UHLMANN, Allgemeines Verwaltungsrecht (2006): 854 ff.

[169] Siehe hierzu die Kritik von PAUL RICHLI, Regelungsdefizit beim verfügungsfreien Staatshandeln (1992): 198, m. w. H; SERGIO GIACOMINI, Jagdmachen auf Verfügungen (1993).

[170] Hierzu ULRICH HÄFELIN/GEORG MÜLLER/FELIX UHLMANN, Allgemeines Verwaltungsrecht (2006): N 622 m. w. H. Zum Grundsatz des Vertrauensschutzes insbesondere BEATRICE WEBER-DÜRLER, Neuere Entwicklung des Vertrauensschutzes (2002).

[171] So auch HARALD EBERHARD, Der verwaltungsrechtliche Vertrag (2005): 31.

dargelegte Zweiseitigkeit zu komplementieren, und zwar mit der Frage, ob die Parteien auf eine Kooperation angewiesen waren.[172]

b. Im Sinn der *Rechtsfolgenberücksichtigung*[173] ist sodann – analog zur Abgrenzung von der Verfügung – ebenfalls der Rechtsschutz im Auge zu behalten. Im Bereich des Vertragsrechts wird es allerdings noch weniger nötig sein, den Begriff des Vertrags hierfür auszudehnen. Denn zusätzlich zum erwähnten öffentlichrechtlichen Vertrauensschutz gegenüber der Verwaltung sorgen auch vertragsrechtliche Mechanismen, die in der Tendenz auch im öffentlichen Recht immer mehr Anerkennung finden, bereits für den Schutz des berechtigten Vertrauens.[174] Auf die einzelnen Punkte wird vertieft zurückzukommen sein. Mit Blick auf die Rechtsfolgenberücksichtigung sei überblicksartig auf Folgendes hingewiesen:

– Ob ein Vertrag zustande gekommen ist, misst sich zwar primär daran, ob gegenseitige übereinstimmende Willenserklärungen vorliegen, welche die Parteien auch jeweils richtig verstanden haben. Ist dies nicht der Fall, so ist mit dem *Vertrauensprinzip* zu fragen, ob die nicht richtig verstandene Erklärung so auszulegen sei, wie es der Empfänger nach Treu und Glauben verstehen durfte, womit allenfalls ein rechtlicher Konsens vorliegen würde.[175] Mit dem nach Art. 5 Abs. 3 BV gleichermassen für staatliche Organe und Private geltenden Vertrauensprinzip wird allgemein die analoge Anwendung des Vertrauensprinzips für verwaltungsrechtliche Verträge befürwortet.[176] In diesem Rahmen ist zudem auf die Möglichkeit der Anscheins- und Duldungsvollmacht hinzuweisen.[177]

– Sodann werden gemäss Anwendungsbereich des *Kartellgesetzes,*[178] das auch für öffentlichrechtliche Anbieter von wirtschaftlichen Gütern und Dienstleis-

---

[172] Vgl. oben Kap. I.B.3.c)i): 31. Das Vertrauensprinzip ist auch auf öffentlichrechtliche Verträge anzuwenden: Bundesgericht 2A.296/2006 19. März 2008 – KANTON BERN GEGEN FIBRE LAC S.A.: E. 8.2.
[173] Siehe soeben Kap. I.B.2: 18.
[174] Hierzu unten bei Fn. 527: 129.
[175] PETER GAUCH/WALTER R. SCHLUEP/JÖRG SCHMID, OR AT I (2003): N 316 m. w. H.
[176] Zur Anwendung auf verwaltungsrechtliche Verträge siehe jüngst PATRIK STADLER, Der Vertrauensschutz bei Verträgen des Gemeinwesens mit Privaten (2005): 143 ff. Zum Vertrauensschutz im öffentlichen Recht siehe soeben Fn. 170: 41.
[177] Unten Kap. IV.A.3.a)iii): 168 sowie Kap. IV.A.3.b)iii): 177.
[178] Massgeblich ist insbesondere der Fokus auf den Wettbewerb: Art. 1 KG.

tungen gilt,[179] selbst Dritte vor informellen Absprachen geschützt, wenn diese zum Beispiel zu einer Diskriminierung führen.[180]

– Und schliesslich ist auf den vorvertraglichen Schutz durch die im Privatrecht heimische culpa in contrahendo hinzuweisen, für deren Ausweitung auf das öffentliche Recht gute Gründe sprechen.[181]

---

[179] Art. 2 KG. Siehe jüngst den Fall weko Schlussbericht vom 7. August 2007 in Sachen Vorabklärung gemäss Art. 26 KG betreffend 32-0202: Beschaffung von leichten Transport- und Schulungshelikoptern (LTSH) durch armasuisse wegen allenfalls unzulässiger Verhaltensweise gemäss Art. 7 KG. 2007 – *ARMA-SUISSE*.

[180] Vgl. etwa Art. 7 Abs. 2 lit. b KG.

[181] Hierzu unten bei Fn. 527: 129.

II. Öffentliches Recht und Privatrecht – Die Zuweisung der Rechtsnatur

A. *Abgrenzungen zu anderen Rechtsfragen*

1. Abrenzung der Frage der Rechtsnatur von der Frage der Rechtsform

1. Während mit der Frage nach der Rechtsform die Unterscheidung zwischen Vertrag und Verfügung thematisiert wird, ist unter dem Titel der Rechtsnatur zu entscheiden, ob Privatrecht oder öffentliches Recht anwendbar ist. Damit steht für die vorliegende Untersuchung die Abgrenzung zwischen verwaltungsrechtlichem Vertrag und privatrechtlichem Vertrag im Vordergrund.

2. Die Unterscheidung der beiden Fragen nach Rechtsform und nach Rechtsnatur wurde bereits ausführlich erörtert. Es kann auf die entsprechenden *Ergebnisse* verwiesen werden:

– Die Eruierung der Rechtsform zur Abgrenzung von Vertrag und Verfügung und die Eruierung der Rechtsnatur zur Abgrenzung von öffentlichem Recht und Privatrecht folgen je unterschiedlichen Kriterien. Bei der *Rechtsform* geht es primär darum, ob übereinstimmende gegenseitige Willensäusserungen im Sinn eines Vertrags vorliegen und ob die Verwirklichung eines bestimmten Projektes auf die Kooperation von Verwaltung und Privaten angewiesen ist und damit die Zustimmung und die fortgesetzte Mitwirkung beider Parteien am gemeinsamen Projekt für dessen Gelingen konstitutiv sind.[182] Auf die Eruierung der Rechtsnatur, die traditionell den Kriterien der Subordination und der Ausrichtung auf öffentliche Interessen folgt, wird in diesem Kapitel genauer einzugehen sein.[183]

– Aus praktischen Gründen und aus Gründen der Rechtssystematik ist die Abgrenzung von Vertrag und Verfügung und damit die *Frage der Kooperationsbedürftigkeit vor der Frage der Rechtsnatur zu behandeln.*[184]

---

[182] Oben Kap. I.A.1.a): 7.
[183] Insbesondere Kap. II.B: 54.
[184] Oben Kap. I.A.1.b): 9.

2. Abrenzung der Frage der Rechtsnatur von den Fragen der Zulässigkeit und Gültigkeit

1. Die Frage der Rechtsnatur ist von der Frage zu unterscheiden, ob ein Vertrag zulässig und gültig sei. Dabei kann weitgehend auf die oben ausgeführte analoge Abgrenzung zwischen Rechtsform und Zulässigkeit verwiesen werden.[185]

2. Ist mit den Fragen der Rechtsform und der Rechtsnatur entschieden, dass eine verwaltungsrechtliche oder eine privatrechtliche Vertragskommunikation vorliegt, so bestimmt sich erst in einem weiteren Schritt, ob diese zu einem Vertrag zwischen zwei bestimmten Parteien geführt hat[186] und ob dieser Vertrag auch gültig ist.[187] Der Grund für diese strikte Trennung von Rechtsnatur und Gültigkeit liegt vor allem darin, dass das Privatrecht und das öffentliche Recht für diese Fragen unterschiedliche Regeln vorsehen.[188]

3. Abrenzung der Frage der Rechtsnatur von der Frage des Parteiwillens

1. Können die *Parteien*, also entweder die Verwaltung allein oder die Verwaltung im Verbund mit dem Vertragspartner, über die Zuordnung eines Vertrags zum öffentlichen oder zivilrechtlichen Rechtskreis bestimmen? Diese Meinung scheint zum Beispiel das Verwaltungsgericht des Kantons Bern in einem Entscheid aus dem Jahr 1999 zu vertreten: Der Gesetzgeber hatte neu vorgesehen, dass bei einem Spital jene Anstellungsverhältnisse ohne Organstellung dem Privatrecht unterstellt werden sollten. Das Gericht interpretierte das Gesetz derart, dass dieses keine Umwandlung ex lege von öffentlichrechtlichen zu privatrechtlichen Verträgen vorsehe, sondern diese Umwandlung in jedem Einzelfall den Parteien obliege. Diese Erwägungen wurden wie folgt zusammengefasst: «Das Dienstverhältnis eines Chefarztes an einem öffentlichen Spital ist vorbehältlich gegenteiliger Vereinbarung öffentlichrechtlicher Natur.»[189]

2. Was bereits betreffend Einfluss des Parteiwillens auf die Frage der Rechtsform dargelegt wurde, gilt weitgehend auch für den Einfluss des Parteiwillens auf

---

[185] Oben Kap. I.A.2: 11.
[186] Unten Kap. IV: 133.
[187] Unten Kap. IV.B: 181.
[188] Vgl. hierzu PETER GAUCH, Der verfrüht abgeschlossene Beschaffungsvertrag (2003): 6 ff.; BEATRICE WEBER-DÜRLER, Neuere Entwicklung des Vertrauensschutzes (2002): 299 ff.
[189] Bernische Verwaltungsrechtsprechung VGE 20728 (12.11.99) 2000: 454. Im Resultat wohl ebenso WILFRIED BRAUN, Der öffentlich-rechtliche Vertrag (1983): 845; TOBIAS JAAG, Das öffentlichrechtliche Dienstverhältnis (1994): 440 f.

die Rechtsnatur. Der Parteiwille vermag auch auf die Frage der Rechtsnatur keinen direkten Einfluss zu nehmen. Welche Rechtsnatur vorliegt, ist eine *Rechtsfrage* und als solche dem Willen der Parteien entzogen.[190]

Auch hier gilt folglich, dass die *(falsche) Bezeichnung eines Rechtsverhältnisses durch die Parteien* grundsätzlich unbeachtlich ist, was allerdings vom Willen, das Rechtsverhältnis *unter bestimmte typenfremde Regeln* zu stellen, zu unterscheiden ist. Ob eine für die Frage der Rechtsnatur irrelevante Bezeichnung des Rechtsverhältnisses oder eine Vereinbarung über die Anwendung typenfremder Regeln vorliegt, ist nach den Regeln der Vertragsauslegung zu eruieren. Im Fall einer Vereinbarung zur Anwendung von typenfremden Regeln werden diese zu Eigennormen, soweit nicht zwingendes Recht jenes Rechtsbereits, welcher der Rechtsnatur des Vertrags entspricht, entgegen steht. Demgegenüber verlieren zwingende Normen des übernommenen Rechtsbereichs unter Umständen ihren zwingenden Charakter.[191]

4. Abrenzung der Frage der Rechtsnatur von der Frage des Normanwendungsbereichs

1. Ähnlich wie bereits für die Qualifikation der Rechtsform[192] stellt sich die Frage, wie Äusserungen in Gesetz, Verordnung oder gar Verfügung zu interpretieren sind, die sich mit der Rechtsnatur befassen. Allerdings spitzt sich diese Frage bei der Trennung in Privatrecht und öffentliches Recht zu, da es um nichts weniger als die Grundprinzipien von Rechtsstaat und Demokratie einerseits und um die Selbstorganisation der Gesellschaft andererseits geht. Dies ist in aller Kürze zu erläutern:

a. Als *Beispiel* kann hier zunächst der heute virulent ausgetragene Streit um die überlangen Arbeitszeiten von in staatlichen Spitälern angestellten Ober- und Assistenzärzten angeführt werden: Während die eine Gruppe von Ärzten dem Privatrecht und damit den Arbeitszeitbeschränkungen des Arbeitsgesetzes unterstellt ist, bleibt die andere Gruppe dem stark von politischen, primär fiskalischen Interessen gesteuerten öffentlichrechtlichen Dienstrecht ausgeliefert. Die Frage der Rechtsna-

---

[190] So betreffend Rechtsnatur eines Dienstverhältnisses explizit: Bundesgericht 2P.136/2005 14. Dezember 2005 – *RÜCKZAHLUNG DER AUSBILDUNGSKOSTEN DER POLIZEISCHULE*: Erw. 3.1.1. Zumindest missverständlich dagegen Bundesgericht 2D_64/2008 5. November 2008 – *ABFALLBEWIRTSCHAFTUNGSVERBAND OBERENGADIN-BERGELL GEGEN CORVATSCH POWER GMBH*: E. 3.3. Siehe auch oben Kap I.B.1: 17.

[191] Hierzu m. w. H. oben Kap. I.A.4: 14.

[192] Oben Kap. I.A.5: 15.

tur erhält hier den Anschein eines Spielballs politischer Interessen.[193] Auch im Bundesgesetz über Arzneimittel und Medizinprodukte scheint der Gesetzgeber der Meinung zu sein, er könne die Swissmedic (ehemals Schweizerisches Heilmittelinstitut), eine Institution mit zweifellos hoheitlichen Aufgaben bei der Zulassung von Heilmitteln, ermächtigen, zuweilen die Anstellungsverträge im Privatrecht abzuschliessen.[194]

Sodann ist als weiteres aktuelles Beispiel auf den Bundesgerichtsentscheid in Sachen VEREIN DES BÜNDNER STAATSPERSONALS (PSYCHIATRISCHE DIENSTE GRAUBÜNDEN) zu verweisen. Hier wollten das Parlament und der Regierungsrat des Kantons Graubünden die psychiatrischen Dienste in eine selbstständige öffentliche Anstalt überführen und dieser «grösstmögliche unternehmerische Freiheit» dadurch verschaffen, dass einerseits durch Zuweisung zum öffentlichrechtlichen Dienstrecht die zwingenden Privatrechtsnormen keine Anwendung fänden und dass andererseits mittels einer Blankettnorm der Erlass von Dienstvorschriften an die Anstalt delegiert würde und sich diese somit von allen unliebsamen öffentlichrechtlichen Vorgaben befreien könnte. Das Bundesgericht hob diese Regelung aufgrund des Verstosses der Delegation gegen die Grundsätze der Gewaltenteilung und der Gesetzmässigkeit gemäss Bündner Verfassung auf.[195]

b. Aus einer *strikt rechtspositivistischen und auf den demokratischen Souverän ausgerichteten Sicht* spräche prima vista nichts gegen die Bestimmung des anwendbaren Rechtsbereichs mittels Gesetzgebung, denn mit der Symbiose von Recht und Macht im modernen Staat verfügt – aus dieser Sicht – der Staat über die absolute uneingeschränkte Rechtsmacht.[196] Allerdings kommt am Gegenstand des

---

[193] Oberärzte, die einem privatrechtlichen Arbeitsverhältnis unterstehen, geniessen den Schutz des Arbeitsgesetztes mit eng begrenzten Höchstarbeitszeiten. Öffentlichrechtlich angestellte Oberärzte arbeiten dagegen oft bis zu 70 Stunden. Die Kantone lehnten die Initiative von Nationalrat Marc Suter aus dem Jahr 1998, auch die Oberärzte dem Arbeitsgesetz zu unterwerfen, aus Kostengründen ab: vgl. hierzu GINETTE WIGET, Arbeiten bis zum Umfallen (2004): 15 f. Die Schutzmassnahmen wurden auf die Assistenzärzte beschränkt: Änderung vom 7. April 2004 zur Verordnung 1 zum Arbeitsgesetz (SR 822.111), AS 2004 2411.

[194] Art. 75 des Bundesgesetzes über Arzneimittel und Medizinprodukte lautet: «Das Institut stellt sein Personal öffentlich-rechtlich an. In begründeten Fällen können Verträge nach Obligationenrecht abgeschlossen werden.» Ähnlich auch in Art. 6 Abs. 6 BPG: «Die Arbeitgeber können in begründeten Einzelfällen Angestellte dem OR unterstellen.»

[195] BGE 128 I 113 2002 – *VEREIN DES BÜNDNER STAATSPERSONALS (PSYCHIATRISCHE DIENSTE GRAUBÜNDEN)*: vor allem 120 ff., E. 2e und 3. Siehe hierzu auch den zutreffenden Kommentar von YVO HANGARTNER, Bemerkungen zu BGE 128 I 113 (2002).

[196] Bekanntlich wird das schweizerische System in aller Regel auf Jean-Jacques Rousseaus (1712–1778) Staatstheorie zurückgeführt, nach welcher die ganze Souveränität ohne Einschränkung beim Volk liege und dem Souverän demzufolge schlicht alles zur Disposition

Verwaltungsvertrags die grundlegende Frage in besonderem Mass zum Vorschein, *inwiefern staatliche Institutionen über die Prinzipien des Rechtsstaats verfügen können.*[197] Denn die Verwaltung kann zumindest versucht sein, ihre Nähe zur Rechtsmacht des Staates auf ihre Position als Vertragspartei durchschlagen zu lassen. Was ist damit gemeint?

- Historisch erscheint der Rechtsstaatsgedanke insbesondere in *Immanuel Kants (1724–1804)* doppelter Forderung nach Unterwerfung der Staatsmacht unter das Recht *und* Beteiligung der Machtunterworfenen.[198] Im Nachgang des Konstitutionalismus stellte sodann *Otto Bähr (1817–1895)* in seiner publizistischen Studie zum Rechtsstaat (1864) in besonders nachwirkender Weise fest, dass der Rechtsstaat mit der Verfassungsgebung noch nicht konstituiert sei, sondern sich der Staat immer da, wo er mit seinen Bürgern in Kontakt komme, nicht nur einer gesetzlichen, sondern allgemeiner: einer rechtlichen Ordnung unterwerfen müsse – um seine Macht gegenüber dem Bürger durch die Unterwerfung unter das Recht zu bändigen und zu legitimieren.[199] Nachdruck erhielt die Forderung nach umfassenderer Unterstellung insbesondere der Regierung und Verwaltung unter das Recht mit der Emergenz des *interventionistischen Wohlfahrtsstaats* gegen Ende des 19. Jahrhunderts, als sich der Staat nicht wie im (idealtypisch verstandenen) klassisch liberalen System darauf beschränkte, Rahmenordnungen für die Selbstorganisation der bürgerlichen Gesellschaft zu erlassen, sondern immer mehr in diese Selbstorganisierungsprozesse eingriff.[200]

---

stehe. Dies zeigt sich etwa daran, dass bei Rousseau im Vergleich zu früheren Naturrechtstheorien, bei welchen die Freiheit ein vorstaatliches Fundament erhält, nun die Freiheit ganz zur Verfügung des Gemeinwesens steht: JEAN-JACQUES ROUSSEAU, Du contrat social ou principes du droit politique (1795): liv. I, chap. IV. Ausdruck dieser Theorie ist vorab Art. 190 BV, nach welchem «Bundesgesetze und Völkerrecht ... für das Bundesgericht und die anderen rechtsanwendenden Behörden massgebend [sind]» und damit grundsätzlich nicht mit dem Hinweis auf mangelnde Verfassungskonformität ausser Kraft gesetzt werden können.

[197] Hier zeigt sich diese jüngst am Konflikt zwischen Volksrechten und Rechtsstaat diskutierte Thematik noch drastischer: vgl. etwa jüngst ASTRID EPINEY, Stellung und Bedeutung des Völkerrechts (NZZ, 4. September 2007).

[198] IMMANUEL KANT, Rechtslehre (1797/1988): § 45 und 47.

[199] OTTO BÄHR, Rechtsstaat (1864): 168 ff.; siehe auch FRIEDRICH JULIUS STAHL, Rechts- und Staatslehre (1856): 137.

[200] Grundlegend MAX WEBER, Wirtschaft und Gesellschaft (1921–1925/1980): 835. Hierzu unter vielen RUDOLF MORSEY, Die Aufgaben des Norddeutschen Bundes und des Reiches (1984): 148; MICHAEL STOLLEIS, Die Entstehung des Interventionsstaates und das öffentliche Recht (1989): 134.

- *In praktischer Hinsicht* stellt sich das Problem für Verwaltungsverträge wie folgt dar: In einem Vertrag oder einem vertragsähnlichen Rechtsverhältnis steht die Verwaltung einem Privaten gegenüber. Zugleich vermag sie als Teil des Staatsapparates die Rechtsetzung zu beeinflussen, sei es dass sie selbst eine Verfügung erlässt, dass sie mit ihrer vorbereitenden oder beratenden Position die Gesetzgebung vereinnahmt oder dass sie das ihr überlassene diesbezügliche Ermessen ausübt. Diese Rechtsmacht kann nun die Verwaltung derart verwenden, dass sie ihre Position als Vertragspartei ihren Bedürfnissen anpasst respektive verbessert. Insbesondere könnte sie im Voraus oder im Nachhinein die Qualifikation als Vertrag oder Verfügung vornehmen (oder zumindest beeinflussen), um einer ungeliebten Regelung oder der direkten Gerichtsbarkeit zu entgehen.[201]

2. Trotz der nicht zu unterschätzenden Tragweite geht *die Lehre* kaum je vertieft auf diese Frage ein.[202] Wie bereits von KELSEN vorgegeben, wird heute zwar in aller Regel verneint, dass die *Verwaltung mit einer Verfügung* die Qualifikation vornehmen könne.[203] Darüber, inwiefern ein Gesetz oder eine Verordnung die Qualifikation vornehmen könne, schweigt sich dagegen die Lehre in aller Regel aus.[204] Allein mit dem Verweis auf entsprechende Regelungen des Gesetzgebers, allerdings ohne weitere inhaltliche Begründungen, bejahen jüngst zum Beispiel HÄFELIN/MÜLLER/UHLMANN, MOOR und WALDMANN den direkten Einfluss des Gesetzgebers auf die Rechtsnatur.[205]

---

[201] Dieses Motiv zeigte sich in aller Deutlichkeit im soeben erwähnten BGE 128 I 113 2002 – VEREIN DES BÜNDNER STAATSPERSONALS (PSYCHIATRISCHE DIENSTE GRAUBÜNDEN). Diese Problematik erkannte und kritisierte bereits Hans Kelsen (1823–1891), der damit seinen reinen Positivismus von einem Positivismus abgrenzte, der auf die Förderung bestimmter politischer Zustände gerichtet war: HANS KELSEN, Zur Lehre vom öffentlichen Rechtsgeschäft (1913).

[202] Als schwierig zu lösende Grundsatzfrage erkennt diese Problematik immerhin MINH SON NGUYEN, Le contrat de collaboration en droit administratif (Diss.) (1998): 8 f.

[203] Grundlegend HANS KELSEN, Zur Lehre vom öffentlichen Rechtsgeschäft (1913): 208. Jüngst MINH SON NGUYEN, Le contrat de collaboration en droit administratif (Diss.) (1998): 8 ff. Für Deutschland entsprechend ELKE GURLIT, Verwaltungsvertrag und Gesetz (2000): 24. In die andere Richtung deutet BGE 103 Ib 324 1977 – *SCHAD + FREY AG*: 330 ff.

[204] Vgl. z. B. SERGIO GIACOMINI, Verwaltungsrechtlicher Vertrag und Verfügung im Subventionsverhältnis "Staat-Privater" (1992): 28 ff. Dies gilt selbst für die grosse deutsche Monographie von ELKE GURLIT, Verwaltungsvertrag und Gesetz (2000): vgl. 20 ff.

[205] ULRICH HÄFELIN/GEORG MÜLLER/FELIX UHLMANN, Allgemeines Verwaltungsrecht (2006): 1057; PIERRE MOOR, Droit administratif II (2002): 363; BERNHARD WALDMANN, Der verwaltungsrechtliche Vertrag – eine Einführung (2007): 6 f.; anderer Meinung wohl FELIX HAFNER, Rechtsnatur der öffentlichen Dienstverhältnisse (1999): 205.

3. Wie bereits angetönt, widerspräche es der Grundidee des Rechtsstaats, wenn sich der Staat auf dem Weg der Gesetzgebung jener Garantien entledigen könnte, die seine Rechtsmacht gerade legitimieren. Es liegt somit auch im Eigeninteresse des Staates, *Konflikte zwischen den tragenden Prinzipien der Demokratie und des Rechtsstaates so weit als möglich zu vermeiden.* Die Rechtsdogmatik ist entsprechend auf dieses Ziel einzustellen:

a. Die Frage der Rechtsnatur ist *grundsätzlich* in objektiver, rechtlicher Weise zu ergründen, und somit ist ein direkter Einfluss der Gesetzgebung auf die Rechtsnatur nur äusserst zurückhaltend anzunehmen.[206] Welche Bedeutung einer derartigen Anweisung zur Rechtsnatur in einem Gesetz oder einer Verordnung zukommt, ist sodann *eine Frage der Gesetzesauslegung,* wie also konkret eine entsprechende Gesetzesnorm, die die Zuweisung zur Rechtsnatur betrifft, zu interpretieren ist.

Ausgangspunkt ist dabei die bereits erwähnte Vermutung, dass der Gesetzgeber in aller Regel nicht an der Definition von rechtlichen Grundbegriffen – die traditionell einer stabilen Interpretation durch Gesetzgeber, Rechtsprechung und Lehre folgen[207] – interessiert ist und sich im Rahmen des Rechtsstaatsprinzips entsprechend zurückhält. Vielmehr entspricht es dem Wesen der modernen Gesetzgebung, bestimmte Sachverhalte durch materielle oder prozessuale Normen funktional, d. h. gezielt beeinflussen zu wollen.[208] Während die Frage der Rechtsnatur somit in der Tendenz rechtlichen Kriterien folgt und einen ganzen Rechtsbereich, Privatrecht oder öffentliches Recht, zur Anwendung bringt, erfolgt die Zuordnung von inhaltlichen Normen und Verfahrensregelungen Programm-bezogen und begrenzt sich entsprechend auf einen durch das jeweilige politische Programm definierten engeren Normenanwendungsbereich innerhalb des Privatrechts oder des öffentlichen Rechts.[209]

---

[206] In diesem Sinn auch MINH SON NGUYEN, Le contrat de collaboration en droit administratif (Diss.) (1998): 8 f. Pointierter dagegen PETER GAUCH, Zuschlag und Verfügung (2003): 597: «… entweder ist der Zuschlag der Sache nach eine Verfügung; dann kann [eine Verordnung] den Verfügungscharakter nicht absprechen.» In eine ähnliche Richtung geht die deutsche Lehre mit der sogenannten Gegenstandstheorie: vgl. bereits ALFONS GERN, Neue Aspekte der Abgrenzung des öffentlich-rechtlichen vom privatrechtlichen Vertrag (1979): 219 m. w. H.

[207] So der richtige Hinweis zum Begriff der Verfügung von PETER GAUCH, Zuschlag und Verfügung (2003): 597.

[208] Damit wird immer noch indirekt auf die Frage der Rechtsnatur durch Gestaltung des Inhalts des Rechtsverhältnisses Einfluss genommen. Zu den Kriterien der Eruierung der Rechtsnatur nach dem Inhalt des Rechtsverhältnisses siehe unten Kap. II.B.1.a): 54.

[209] Oben Kap. I.A.5: 15.

b. Ob ein Gesetz oder gar ein Erlass tieferer Stufe die Rechtsnatur zu beeinflussen vermag, beurteilt sich primär nach den *Prinzipien der Gewaltentrennung, der Legalität sowie der Delegation* als Ausfluss demokratisch-rechtsstaatlicher Staatsorganisation.[210]

Jüngst äusserte sich das Bundesgericht in ausführlicher und fundierter Weise im bereits erwähnten Fall VEREIN DES BÜNDNER STAATSPERSONALS (PSYCHIATRISCHE DIENSTE GRAUBÜNDEN) zu dieser Frage.[211] Das Bundesgericht hob eine Regelung, mit welcher die Arbeitsverträge einer öffentlichrechtlichen Anstalt dem öffentlichen Recht hätten zugewiesen werden sollen, um diese von den einschränkenden, zwingenden Normen des Arbeitsgesetzes zu befreien, und die Anstalt zugleich über die Kompetenz verfügt hätte, vom öffentlichrechtlichen Dienstrecht abzuweichen, aufgrund eines Verstosses der Grundsätze der Gewaltenteilung und der Gesetzmässigkeit gemäss Bündner Verfassung auf.[212]

Tatsächlich geht es aber nicht allein um eine Fragestellung der Bündner Verfassung, sondern – wie HANGARTNER richtig erkennt – um ein grundsätzliches Problem des demokratischen Rechtsstaats und somit ein Problem des Bundesstaatsrechts.[213] Denn nach dem in Art. 5 Abs. 1 BV zu verortenden Legalitätsprinzip müssen bei einer *Delegation von Rechtssetzungsbefugnissen* die Grundzüge der delegierten Kompetenzen in einem Gesetz umschrieben sein. Der Detaillierungsgrad dieser im Gesetz erfassten Grundzüge hat sich umgekehrt proportional zur demokratischen Legitimation des Delegationsempfängers zu verhalten; je weniger der Delegationsempfänger über demokratische Legitimation verfügt, desto detaillierter sind die Grundzüge im Gesetz festzuhalten. Dies gilt umso mehr, wenn wie in casu eine öffentlichrechtliche Anstalt zugleich von den zwingenden Regeln des privatrechtlichen Arbeitsrechts, denen grundsätzlich alle Teilnehmer im ökonomischen Wettbewerb zu folgen haben, befreit werden sollte. Dies ist eine zentrale Forderung demokratischer Rechtsstaatlichkeit, nach welcher die Ausübung staatlicher Macht in den Formen des Rechts auf den Gesetzgeber und damit letztlich auf das Volk zurückzuführen ist. Folglich kann es also nicht angehen, einer demokratisch kaum legitimierten öffentlichrechtlichen Anstalt unternehmerische Freiheiten und vor allem unternehmerische Vorteile dadurch zu verschaffen, dass sie öffentlichrechtliche Verträge abschliessen könnte, ohne dabei zumindest in zentralen Bereichen gesetz-

---

[210] Art. 51 und 164 BV.
[211] Oben Fn. 195: 48.
[212] BGE 128 I 113 2002 – VEREIN DES BÜNDNER STAATSPERSONALS (PSYCHIATRISCHE DIENSTE GRAUBÜNDEN): vor allem 120 ff., E. 2e und 3. Siehe hierzu auch den treffenden Kommentar von YVO HANGARTNER, Bemerkungen zu BGE 128 I 113 (2002).
[213] YVO HANGARTNER, Bemerkungen zu BGE 128 I 113 (2002): 1500. Vgl. oben Fn. 195: 48.

lichen Bestimmungen wie etwa jenen des öffentlichen Dienstrechts unterstellt zu sein.[214]

Nicht nur die Delegation ist allerdings im Lichte der Gewaltentrennung und des Legalitätsprinzips einschränkend auszulegen und kritisch zu überprüfen. Gleiches gilt *auch bereits für Normen, die direkt auf die Beeinflussung der Rechtsnatur hinzielen.*[215] Im vorliegenden Fall der Bündner Psychiatrischen Dienste, die als Verwaltungseinheit am wirtschaftlichen Wettbewerb teilhaben und eine maximale unternehmerische Freiheit unter anderem in der Anstellung ihrer Arbeitnehmer erhalten soll, verstösst die Zuordnung zur öffentlichrechtlichen Rechtsnatur gegen den Vorrang von Bundesrecht, indem das Anwendungsfeld des Arbeitsvertrags nach OR durch kantonales Recht eingeschränkt wird.[216] Darüber hinaus gebieten auch die rechtsstaatliche Funktion des Gesetzmässigkeitsprinzips und des darin enthaltenen Grundsatzes der *Rechtsgleichheit* die Anwendung des Privatrechts.[217]

c. Mit der Zuweisung eines Lebenssachverhaltes zum öffentlichen Recht oder zum Zivilrecht werden in aller Regel zugleich der *Rechtsweg* und die entsprechenden prozessrechtlichen Grundsätze präjudiziert. So steht etwa betreffend Zuständigkeit des Bundesgerichts die Beschwerde in Zivilsachen der Beschwerde in öffentlichrechtlichen Angelegenheiten gegenüber.[218] Umgekehrt wird allerdings die gesetzliche oder verordnungsmässige Zuweisung einer Rechtssache zu einem bestimmten Verfahren oder einem bestimmten Gericht die Rechtsnatur nicht notwen-

---

[214] Hierzu BGE 128 I 113 2002 – VEREIN DES BÜNDNER STAATSPERSONALS – PSYCHIATRISCHE DIENSTE GRAUBÜNDEN, 125 f. Anzufügen ist, dass es hier nicht um ein Problem der Zuständigkeit zum Vertragsabschluss geht, sondern um die Befreiung von jeglichen gesetzlichen Vorgaben im Bereich des Personalrechts.

[215] So im Resultat auch HARTMUT MAURER/BRUNO BARTSCHER, Der Verwaltungsvertrag im Spiegel der Rechtsprechung (1997), § 14 N 9.

[216] Hierzu bereits MAX IMBODEN, Der verwaltungsrechtliche Vertrag (1958): 58a. Imboden weist darauf hin, dass es in einem derartigen Fall am genügenden öffentlichen Interesse zur Einschränkung bürgerlicher Freiheit fehlt.

[217] Art. 8 Abs. 1 BV. Hierzu vor allem BGE 127 I 185 2001 – R. GEGEN STALDENRIED. Diese Unterscheidung der Rechtsnatur nach dem Kriterium des Wettbewerbs wird zuweilen derart verabsolutiert, dass die Unterscheidung auf die Dichotomie von Wettbewerb und Staat eingeebnet wird: FRIEDRICH VON ZEZSCHWITZ, Rechtsstaatliche und prozessuale Probleme des Verwaltungsprivatrechts (1983): 1882; HARTMUT MAURER, Der Verwaltungsvertrag (1989): 798. Der Wettbewerb als Unterscheidungskriterium der Rechtsnatur erweist sich allerdings dort als untauglich, wo sich nicht Verwaltung und Wirtschaft gegenüber stehen. Zur Abgrenzungsfrage siehe sogleich unten Kap. II.B: 54.

[218] Art. 72 ff. und Art. 82 ff. BBG. Zu den Folgen der Zuweisung der Rechtsnatur sogleich ausführlicher unten Kap. II.B.2: 58.

digerweise determinieren.²¹⁹ Bereits OTTO MAYER vermerkt hierzu, dass mit einer solchen Zuweisung ein Fall der «déclassement de matières» vorliegen könne, womit unter Umständen im Verwaltungsverfahren Privatrecht oder vor einem Zivilgericht öffentliches Recht anzuwenden ist.²²⁰

d. Zielt die gesetzliche oder verordnungsmässige Äusserung zur Rechtsnatur auf die Anwendung materiellrechtlicher Normen, so ist insbesondere mit Gesetzesauslegung zu ermitteln, wieweit die entsprechend der Rechtsnatur anwendbaren Normen ersetzt werden. Wenn man also im oben angeführten Bundesgerichtsentscheids VEREIN DES BÜNDNER STAATSPERSONALS (PSYCHIATRISCHE DIENSTE GRAUBÜNDEN) nach rein rechtlichen Kriterien zum Schluss käme, dass die Psychiatrischen Dienste mit ihren Mitarbeitern privatrechtliche Arbeitsverträge abschliesst, so könnte der gesetzliche Verweis auf das öffentliche Recht immerhin so ausgelegt werden, dass das öffentlichrechtliche Recht zur Anwendung gelangen soll, soweit dem nicht zwingendes Privatrecht entgegenstehe.²²¹

B. Zuweisungskriterien

1. Vorbemerkungen

a) Zuweisung der Rechtsnatur nach dem Inhalt des Vertrags

1. Im Gegensatz zur Eruierung der Rechtsform, bei welcher es mit Blick auf den Vertrag in erster Linie darauf ankommt, ob eine Willensübereinkunft vorliegt, ist die Rechtsnatur eines Vertrags *gemäss dem Inhalt des zu beurteilenden Rechtsverhältnisses* zu eruieren.²²² Denn hier geht es vor allem darum, dem hinter der

---

[219] So auch MAURER/BARTSCHER: § 14 N 11.

[220] OTTO MAYER, Zur Lehre vom öffentlichrechtlichen Vertrage (1888): 19. Im Resultat jüngst ähnlich FELIX HAFNER, Rechtsnatur der öffentlichen Dienstverhältnisse (1999): 205.

[221] BGE 128 I 113 2002 – VEREIN DES BÜNDNER STAATSPERSONALS (PSYCHIATRISCHE DIENSTE GRAUBÜNDEN). Vgl. oben bei Fn. 195: 48. Auf diese Beeinflussung des materiellen Rechts durch das Gesetz ist zurückzukommen: unten Kap. IV.B.2.a): 187.

[222] PIERRE MOOR, Droit administrativ II (2002): 363. Für Deutschland HARTMUT MAURER, Allgemeines Verwaltungsrecht (2004): § 14 N 9 ff. Werden also in einem zu beurteilenden Rechtsverhältnis gemäss seinem Inhalt markante öffentliche Interessen ausgemacht, so ist nach traditioneller Lehre und Rechtsprechung dieses Rechtsverhältnis dem öffentlichen Recht zuzuweisen: ULRICH HÄFELIN/GEORG MÜLLER/FELIX UHLMANN, Allgemeines Verwaltungsrecht (2006): 1058 ff.; BERNHARD WALDMANN, Der verwaltungsrechtliche Vertrag – eine Einführung (2007): 7. Auch die deutsche Lehre konzentriert sich auf den «Gegens-

Rechtsform sich verbergenden gesellschaftlichen Projekt jenen Rechtsbereich zuzuordnen, der diesem am besten entspricht. Und dieses gesellschaftliche Projekt wird im Vertrag zuvorderst in den vereinbarten, in der Regel einander gleichberechtigt gegenüberstehenden Leistungen gespiegelt, die dem Vertrag sein spezifisches Gepräge geben und ihn von hierarchischen Formen der Bedarfsdeckung unterscheiden.

Mit dem Fokus auf den Vertragsinhalt geht es also darum, dem gemeinsamen mit Vertrag verfassten Projekt einen *wesensgerechten rechtlichen Rahmen* zukommen zu lassen. Dass sich aus dem Vertragsinhalt zugleich ohne weiteres, quasi naturgemäss, die Unterscheidung zwischen verwaltungsrechtlichem und privatrechtlichem Vertrag erschliesst, trifft dagegen nicht zu: Anders als MOOR annimmt, ist es nicht allein ein Wesensmerkmal der Verwaltung, mehr über die Leistungsübernahme als über Preis oder Qualität zu verhandeln.[223] Das gleiche Phänomen standardisierter Verträge sieht man auch in der Wirtschaft: Dies ist der Modus einer hochgradig spezialisierten und zugleich bürokratisierten Form der Bedarfsdeckung.[224]

Indem die Parteien mit ihrer Willensübereinkunft den Vertragsinhalt gestalten, bestimmen in gewisser Weise subjektive Elemente die rechtliche Zuordnung, und die Verwaltung mag hierbei, durch die Inhaltsgestaltung, auch ihren Präferenzen zur Rechtsnatur Ausdruck geben. Das bedeutet allerdings nicht, dass sich damit die Zuordnung der Rechtsnatur nach dem direkten Willen der Verwaltung richten würde.[225] Vielmehr geht es darum, welchem Rechtsbereich die *inhaltlichen* Regelungen der Parteien *aus rechtlicher Perspektive* besser entsprechen. Der alte Streit einer objektiven Qualifizierung gegen eine subjektive, durch die Verwaltung selbst stark beeinflusste Wahl der Rechtsnatur wird damit bis zu einem gewissen Grad aufgehoben.[226] Darauf ist sogleich zurückzukommen.[227]

2. Allerdings ist auf *die inhärenten und wohl unvermeidbaren Schwierigkeiten* hinzuweisen, die sich aus dieser Referenz auf den Inhalt des Rechtsverhältnisses ergeben: Der Inhalt dieser von den Parteien festgelegten Ordnung, nach welcher sich die Rechtsnatur entscheiden soll, ergibt sich bei einem Vertrag durch Auslegung der erklärten übereinstimmenden Willen der Parteien. Somit muss der Vertrag

---

tand des Vertrags»: anstelle vieler siehe ARNO SCHERZBERG, Grundfragen des verwaltungsrechtlichen Vertrages (1992): 206 m. w. H. auf die Lehre.
[223] Vgl. PIERRE MOOR, Droit administrativ II (2002): 363.
[224] MAX WEBER, Wirtschaft und Gesellschaft (1921–1925/1980): 551.
[225] Hierzu oben Kap. II.A.3: 46.
[226] Zu diesem Streit siehe WILFRIED BRAUN, Der öffentlich-rechtliche Vertrag (1983): 845, m. w. H.
[227] Kap. II.B.1.b): 57.

also bereits ausgelegt sein. Bei der Auslegung des Vertragsinhalts folgen jedoch das öffentliche Recht und das Privatrecht nach traditioneller Lehre teilweise verschiedenen Regeln. Dies zeigt sich zum Beispiel daran, dass nach herkömmlicher Auffassung für die Eruierung des Parteiwillens im öffentlichen Recht die öffentlichen Interessen mindestens dann eine privilegierte Stellung einnehmen, wenn sie dem Privaten ansatzweise bekannt sind oder bekannt sein müssen.[228] Hier resultiert eine *nicht zu vermeidende Zirkularität,* da nun für die Eruierung der Rechtsnatur bereits die anwendbare Rechtsordnung antizipiert werden muss. Auch wenn die genannte Auslegungsregel, nach welcher öffentlichen Interessen in der Eruierung des Parteiwillens eine privilegierte Stellung zukommt, abgelehnt wird, so lässt sich die genannte Zirkularität dennoch nicht vermeiden: Akzeptiert man mit der aktuellen Rechtstheorie und der herrschenden dogmatischen Lehre, dass die Rechtsfolgen, welche sich wiederum nach Privatrecht und öffentlichem Recht unterscheiden, in die Eruierung der Rechtsnatur einbezogen werden müssen,[229] dann ergibt sich die genannte Zirkularität von neuem.

3. Damit müssen für die Eruierung der Rechtsnatur im Zweifelsfall die Parteierklärungen zweimal ausgelegt werden, einmal nach öffentlichem Recht und einmal nach Privatrecht. In der Regel werden beide Inhalte auf die gleiche Rechtsnatur hindeuten, insbesondere wenn der hier vertretenen Meinung gefolgt wird, dass der Willensäusserung der Verwaltung keine privilegierte Stellung zukommt.[230] Erfolgt aber eine *Kollision* infolge der privatrechtlichen und öffentlichrechtlichen Auslegung des Vertragsinhalts, dann gilt Folgendes:

Da man es mit einer Kollision von ausdifferenzierten Systemlogiken, Politik (abgebildet durch öffentliches Recht) auf der einen Seite und gesellschaftliche Selbstorganisation (abgebildet durch Privatrecht) auf der anderen Seite, zu tun hat, kann keine vollständige Integration erreicht werden, sondern es muss vielmehr im Zentrum stehen, dass die eine Systemlogik nicht gegen zentrale Gerechtigkeitspostulate (d. h. vor allem die Absicherung und Erhaltung der entsprechenden, zum Beispiel politischen oder wirtschaftlichen, Handlungslogik) verstösst.[231] Von zentraler Bedeutung ist unter dem Blickwinkel eines auf dem Prinzip individueller, gleicher

---

[228] ULRICH HÄFELIN/GEORG MÜLLER/FELIX UHLMANN, Allgemeines Verwaltungsrecht (2006): 1103 f. m. w. H. auf die Rechtsprechung.

[229] BGE 120 II 412 1994 – *CHARITE DE LA SAINTE-CROIX D'INGENBOHL.* Grundlegend zur Rechtsfolgeberücksichtigung RUDOLF WIETHÖLTER, Entscheidungsfolgen als Rechtsgründe? (1995).

[230] Oben bei Fn. 225.

[231] Zu dieser Optik: GUNTHER TEUBNER, Vertragswelten (1998), S. 254 ff.; MARC AMSTUTZ/ANDREAS ABEGG/VAIOS KARAVAS, Soziales Vertragsrecht (2006).

Freiheit[232] beruhenden demokratischen Rechtsstaats damit, ob erstens eine öffentlichrechtliche Rechtsnatur tatsächlich zur Erfüllung des entsprechenden politischen Leistungsprogramms beiträgt, welches sich auf politische Legitimation berufen kann, und ob zweitens diese öffentlichrechtliche Rechtsnatur die Rationalität der privaten (vor allem wirtschaftlichen) Ordnungsbildung nicht ausschliesst, wenn dies nicht auch als solches Ziel gewesen wäre.

b) Kein Vorrang der Willenserklärung der Verwaltung

1. Die Eruierung der Rechtsnatur erfolgt dadurch, dass bestimmte Kommunikationen der Parteien gemäss bestimmten Kriterien evaluiert werden und sodann jener Rechtsnatur, Privatrecht oder öffentliches Recht, zugeordnet werden, der sie besser entsprechen. Dabei stellt sich ähnlich wie bei der Rechtsform[233] vorab die *Frage, welche Kommunikationen der Parteien zu evaluieren sind.*

2. Soweit der in dieser Untersuchung vorgeschlagenen Vorgehensweise gefolgt wird, steht zum Zeitpunkt der Zuweisung der Rechtsnatur bereits fest, ob ein Vertrag oder eine Verfügung vorliegt.[234] Somit stellt sich die *Frage einer Privilegierung der Willensäusserung der Verwaltung* nicht im selben Masse wie bei der Frage der Rechtsform, bei welcher die Verfügung dem Vertrag entgegensteht.[235]

Ist also entschieden, dass ein Vertrag vorliegt, und steht nun dessen Rechtsnatur zur Entscheidung, so ist die Frage der Rechtsnatur gestützt auf die *Willensäusserungen beider Parteien* zu beantworten. Die Regel des Verfügungsrechts, dass sich das Rechtsverhältnis primär aus den «durch die Verwaltung zugrunde gelegten Kriterien» erschliesst,[236] ist nicht auf Verwaltungsverträge im Allgemeinen und verwaltungsrechtliche Verträge im Speziellen auszudehnen. Während das Gesetz ohne Zweifel im Rahmen der zwingenden Normen und im Rahmen der nicht durch die Parteien derogierten dispositiven Normen Einfluss auf den Inhalt von Verwal-

---

[232] Zu dieser Präferenz und ihrem Verhältnis zum Verwaltungsvertrag siehe bereits MAX IMBODEN, Der verwaltungsrechtliche Vertrag (1958): 58a ff.

[233] Oben Kap. I.B.1: 17.

[234] Oben Kap. I.A.1.b): 9.

[235] Zur Erinnerung: Die Willensäusserung der privaten Partei hat bei Verfügungen eine klar untergeordnete Bedeutung, während sie für das Zustandekommen eines Vertrags konstitutiv ist: oben Kap. I.B.1: 17.

[236] Vgl. BGE 120 V 496 1994 – *AUSGLEICHSKASSE DES KANTONS URI GEGEN A. Z.*: 497. Ähnlich auch Bundesgericht 1A.42/2006 6. Juni 2006 – *X UND Y GEGEN WOLLERAU UND AMT FÜR RAUMPLANUNG DES KANTONS SCHWYZ*: Erw. 2.3. Zur Auslegung der Verfügung siehe auch PIERRE MOOR, Droit administrativ II (2002): 179.

tungsverträgen entfaltet,[237] widerspräche eine Privilegierung der Willensäusserung der Verwaltung geradezu der Form des Vertrags, der sich erstens aus der *zweiseitigen* Willensübereinkunft konstituiert[238] und dessen Funktion sich, zweitens, wie oben erläutert, aus der gegenseitigen Angewiesenheit auf Kooperation erschliesst.[239] Zudem würde die Privilegierung der Willensäusserung der Verwaltung in der Frage der Rechtsnatur einen Rückfall in die Praxis des Polizeistaates[240] bedeuten, in welchem die Verwaltung weitgehend selbst über das anwendbare Recht bestimmen konnte.[241]

2. Rechtsfolgewirkungen

1. Es wurde bereits bei der Frage der Rechtsform erläutert, dass *sich die rechtlichen und gerichtlichen Entscheidungen auch an ihren eigenen Rechtsfolgen orientieren müssen*. Diese Forderung nach der Berücksichtigung von Rechtsfolgewirkungen entspricht der allgemein herrschenden funktionell gedachten Verknüpfung von Recht und Gesellschaft und dem Anspruch, bestimmte politische Programme unter anderem auch mit Recht umzusetzen.[242] Wird somit die Rechtsnatur nach funktionellen Kriterien bestimmt, müssen also auch die Rechtsfolgewirkungen mitberücksichtigt werden.

Die Berücksichtigung der Rechtsfolgewirkungen erfährt allerdings dann ihre *Grenzen*, wenn die legitimierende Wirkung im Zentrum steht. Denn eine zielgerichtete Ausrichtung von Recht allein vermag die damit verknüpfte Gewaltandrohung und allenfalls Gewaltanwendung nicht zu rechtfertigen. Vielmehr gilt es auch die Legitimationsmechanismen des demokratischen Rechtsstaats einerseits und der

---

[237] Der Einfluss des Gesetzes erstreckt sich auf den Inhalt und nur indirekt, über den Inhalt, auf die Frage der Rechtsnatur: Hierzu soeben Kap. II.A.4: 47.

[238] Zum Abschlusswillen vgl. PETER GAUCH/WALTER R. SCHLUEP/JÖRG SCHMID, OR AT I (2003): 170 ff.

[239] Oben Kap. I.B.3.c)i): 31.

[240] Besonders deutlich wird dies im französischen Verwaltungsrecht des 19. Jahrhunderts. Die beiden Sphären des Fiskus und der verwaltungsmässigen (und nicht der verwaltungs*rechtlichen*) Zuständigkeit wurden mit dem Begriff des acte administratif geschieden. Jene Akte, die keine ‹wahren› actes administratifs darstellten, sollten dagegen den unabhängigen Gerichten unterstellt werden: ADOLPHE CHAUVEAU, Principes de compétence et de juridictions administratives (1841-44): Anm. zu N 408.

[241] Hierzu soeben Kap. II.A.4: 47.

[242] Oben Kap. I.B.2: 18.

freien Gesellschaft andererseits in Betracht zu ziehen. Hierauf wird anlässlich der Abgrenzung nach der Subordinationstheorie zurückzukommen sein.[243]

2. Wie bereits bei der Unterscheidung zwischen Vertrag und Verfügung stellt sich auch bei der Rechtsnatur die *Frage der prozessualen Bedeutung*. Obwohl sich die vorliegende Untersuchung auf das materielle Recht konzentriert, sei doch auch auf folgende Grundsätze hingewiesen:

a. Die Unterscheidung des verwaltungsrechtlichen und des privatrechtlichen Vertrags ist bereits für die *prozessuale Frage der gerichtlichen oder verwaltungsinternen sachlichen Zuständigkeit* von Bedeutung: Der verwaltungsrechtliche Vertrag wird in kantonalen Angelegenheiten allenfalls mit einem verwaltungsinternen Verfahren und auf Bundesebene mit einer Klage ans Bundesverwaltungsgericht[244] beginnen und schliesslich mit einer Beschwerde in öffentlichrechtlichen Angelegenheiten vor Bundesgericht[245] enden, während der privatrechtliche Verwaltungsvertrag in aller Regel ein Verfahren vor den ordentlichen Gerichten und schliesslich eine Beschwerde in Zivilsachen ans Bundesgericht[246] impliziert.

Da die Rechtsnatur, wie bereits die Rechtsform, sowohl für die materielle Beurteilung des Sachverhalts wie auch für die prozessuale Frage der Zuständigkeit massgeblich ist, stellt sie eine *doppeltrelevante Tatsache* dar. Nach prozessualen Grundsätzen wird somit die Prüfung der Rechtsnatur wie auch jene der Rechtsform nicht als Zulässigkeitskriterium, sondern als materiellrechtliche Frage behandelt. In diesem Fall erfolgt zunächst ein diesbezügliches Eintreten ohne Prüfung dieses Zulässigkeitserfordernisses und sodann die Prüfung der Rechtsnatur im Rahmen der Beurteilung des materiellen Anspruchs.[247] Ob also konkret eine Berufung in Zivilsachen ans Bundesgericht zulässig ist, beurteilt sich danach, ob in Rechtsbegehren und Sachvorbringungen Ansprüche des Bundeszivilrechts erhoben werden. Mit der Feststellung, dass in casu ein verwaltungsrechtlicher Vertrag vorliegt, wird sodann die Beschwerde in Zivilsachen abgewiesen.[248]

b. Vor allem das verwaltungsinterne Verfahren, aber auch das Verfahren vor Verwaltungsgericht unterscheiden sich in zentralen Punkten vom Verfahren vor Zi-

---

[243] Unten Kap. II.B.3.e)iii): 79.
[244] Art. 35 lit. a VGG.
[245] Art. 82 ff. BGG.
[246] Art. 72 ff. BGG.
[247] Für das Verwaltungsrecht siehe z. B. Verwaltungsgericht Luzern LGVE 1999 II 41 1999 – HEILANSTALTEN DES KANTONS LUZERN.
[248] BGE 128 III 250 2002 – *A. GEGEN KANTON ST. GALLEN (ARBEITSMARKTLICHE MASSNAHMEN)*: 252.

vilgerichten.[249] Diese *prozessualen Unterschiede* zwischen dem privatrechtlichen und dem verwaltungsrechtlichen Vertrag haben sich allerdings *in letzter Zeit verringert,* einerseits aufgrund der bereits erwähnten zunehmenden Bereitschaft der Gerichte, den Grundsatz der wirksamen Beschwerde gemäss Art. 13 EMRK anzuwenden,[250] und andererseits weil jüngst der Gesetzgeber die gerichtliche gegenüber der verwaltungsinternen Beurteilung von verwaltungsrechtlichen Verträgen gestärkt hat.[251] Wo allerdings der kantonale Gesetzgeber das Verwaltungsgericht noch nicht als alleinige Rechtsmittelinstanz bei Streitigkeiten aus verwaltungsrechtlichen Verträgen eingesetzt hat, wird das Verfahren immer noch als verwaltungsinternes Verfahren seinen Anfang nehmen.[252] Auf die problematischen Aspekte des verwaltungsinternen Verfahrens für Verwaltungsverträge wurde bereits hingewiesen.[253]

c. Des Weiteren haben die Parteien bei privatrechtlichen Verwaltungsverträgen die Möglichkeit, eine *Schiedsgerichtsbarkeit* vorzusehen und deren Details zu regeln. Bei verwaltungsrechtlichen Verträgen ist dagegen bis heute nicht geklärt, in welchem Ausmass den Parteien diese Option offen steht. Da die Schiedsfähigkeit als Teil der Handlungsfähigkeit zu verorten ist, muss einer Schiedsklausel mit freiem Willen zugestimmt werden. Dies gilt umso mehr, wenn damit auf die rechtsstaatlichen Sicherungsmechanismen, die in öffentlichrechtlichen Prozessregeln inkorporiert sind, verzichtet wird. Wenn nun die Verwaltung die Privaten aufgrund ihrer Rechtsmacht, alternativ ein befehlsförmiges Verfahren einzuleiten oder bestimmte Vorteile zurückzuziehen, zum Vertragsabschluss bringt, somit also auf-

---

[249] Typisch ist zum Beispiel § 70 ZH–Verwaltungsrechtspflegegesetz, nach welchem die Vorschriften über das Verwaltungsverfahren entsprechend anwendbar sind, soweit keine besonderen Bestimmungen für das Verfahren bestehen. Und gerade diese besonderen Bestimmungen zum Gerichtsverfahren bestehen aus einigen wenigen Vorschriften. Zu einzelnen ausgewählten Unterschieden jüngst überblicksartig ISABELLE HÄNER, Verfahrensfragen (2007). Im Detail nun AUGUST MÄCHLER, Vertrag und Verwaltungsrechtspflege (2005).

[250] So das Luzerner Verwaltungsgericht als Vorinstanz zu BGE 127 I 84 2001 – *P. GEGEN STADTRAT LUZERN*: 86; siehe zudem oben Fn. 79: 20.

[251] Für die Bundesebene ist damit auf Art. 35 lit. a VGG hingewiesen, nach welchem das Bundesverwaltungsgericht Streitigkeiten aus öffentlichrechtlichen Verträgen des Bundes, seiner Anstalten und Betriebe und der Organisationen beurteilt. Für verwaltungsrechtliche Verträge auf kantonaler Ebene gilt es Art. 86 Abs. 2 BGG zu beachten, nach welchem die Kantone als unmittelbare Vorinstanzen des Bundesgerichts obere Gerichte einzusetzen haben.

[252] Zum Beispiel beurteilt im Kanton Zürich das Verwaltungsgericht seit 1997 verwaltungsrechtliche Verträge als einzige Instanz: § 81 ZH–Verwaltungsrechtspflegegesetz. Geändert mit Gesetz vom 8. Juni 1997 (OS 54, 268). In Kraft seit 1. Januar 1998 (OS 54, 290). Ebenso etwa im Kanton Freiburg nach Art. 121 FR–Verwaltungsrechtspflegegesetz oder im Kanton Aargau nach § 60 Ziff. 1 AG–Verwaltungsrechtspflegegesetz.

[253] Oben Kap. I.B.2: 18.

grund des Subordinationsverhältnisses dieser Vertrag als öffentliches Recht qualifiziert werden muss, dann wird damit auch die Schiedsfähigkeit auszuschliessen sein.[254]

d. Im Grundsatz verfügt die Verwaltung über einen *privilegierten Zugang zum Vollstreckungsrecht,* indem nach Art. 80 Abs. 2 Ziff. 2 und 3 SchKG auf Geldzahlung oder Sicherheitsleistung gerichtete Verfügungen und Entscheide von Verwaltungsbehörden einen Rechtsöffnungstitel darstellen.

Allerdings ist *weitgehend ungeklärt,* ob das für verwaltungsrechtliche Verträge gilt, insbesondere wenn das Prozessrecht das verwaltungsinterne Verfahren durch ein Verwaltungsgericht ersetzt hat, das als erste Instanz bei einer Vertragsstreitigkeit zum Zuge kommt. Konsequenterweise muss meines Erachtens hier der Verwaltung untersagt bleiben, von sich aus eine Verfügung in einer vertraglichen Angelegenheit zu erlassen, um damit auf einfachem Weg zu einem Vollstreckungstitel zu gelangen und auf diese Weise das vom Gesetzgeber als erste Instanz eingesetzte Gericht zu umgehen.[255]

3. Ohne an dieser Stelle auf Details einzugehen, ist sodann auf zentrale *materiellrechtliche Unterschiede* zwischen verwaltungsrechtlichen und privatrechtlichen Verträgen hinzuweisen:

a. Traditionell nimmt sich der Staat bei verwaltungsrechtlichen Verträgen grössere Freiheiten gegenüber dem Vertragspartner aus, als er bei privatrechtlichen Verwaltungsverträgen als Spielraum vorfindet. Besonders deutlich ist dies bei der Anpassung des Vertrags an veränderte Verhältnisse: Bereits Ende des 19. Jahrhunderts hatte sich im französischen Recht für verwaltungsrechtliche Verträge eine entsprechende Doktrin herausgebildet, nach welcher die Verwaltung berechtigt ist, *massgebliche Änderungen im Interesse des service public zu verfügen,* auch entgegen jeder Vereinbarung.[256] Diese Reminiszenzen des absolutistischen Polizeistaates

---

[254] Vgl. Art. 5 des Konkordats: «Gegenstand des Schiedsverfahrens. Gegenstand eines Schiedsverfahrens kann jeder Anspruch sein, welcher der freien Verfügung der Parteien unterliegt, sofern nicht ein staatliches Gericht nach einer zwingenden Gesetzesbestimmung in der Sache ausschliesslich zuständig ist.» Ebenso Art. 352 E–ZPO: « Schiedsfähigkeit. Gegenstand eines Schiedsverfahrens kann jeder Anspruch sein, über den die Parteien frei verfügen können.» Nach der hier vertretenen Ansicht ist Kriterium der freien Verfügbarkeit nicht aus Sicht des Souveräns anzuwenden, sondern aus einer privatrechtlichen Sicht: unten Kap. IV.B.1.b): 185. Anders AUGUST MÄCHLER, Vertrag und Verwaltungsrechtspflege (2005): 592 ff.

[255] So für das deutsche Recht HARTMUT MAURER, Allgemeines Verwaltungsrecht (2004): § 14 N 55.

[256] Conseil d'Etat 7 août 1874 (rec. 824) – *HOTCHKISS.*

bestehen auch in anderen Ländern – wie etwa in den USA[257], in England[258], in Deutschland[259] und in der Schweiz[260]. Sie wurden zwar in prominenter Weise durch HANS KELSEN bekämpft,[261] jedoch ohne durchschlagenden Erfolg.[262] Eine Relativierung dieses Problems erfolgt allerdings aus ökonomischer Sicht damit, dass der Staat für diese Unsicherheit eine Risikoprämie auf kontrahierte Leistungen von Privaten bezahlt, was sich im französischen Recht bereits früh durch eine Ausweitung der Entschädigungsregeln ausdrückte.[263]

b. Typischerweise werden verwaltungsrechtliche Verträge *enger auf Gesetze und anderweitige staatliche Regelungen bezogen* als privatrechtliche Verträge.

So sind zum Beispiel nach traditioneller Lehre die *Parteiwillen* bei verwaltungsrechtlichen Verträgen insofern mit Blick auf die öffentlichen Interessen zu

---

[257] WEST RIVER BRIDGE CO. V. DIX (1848) 6 How. 507–532; PENNSYLVANIA HOSPITAL V. PHILADELPHIA (1917) 245 U.S. 20. Hierzu GEORGES LANGROD, Administrative Contracts (1955): 334.

[258] *AMPHITRITE* 1921 3 K.B. 500. Relativiert für «comercial contrats» und wo kein «implied term» auf die jederzeitige Änderbarkeit hindeutet: ROBERTSON V. MINISTER OF PENSIONS 1948 2 All E.R. 767. Zum Ganzen JOHN DAVID BAWDEN MITCHELL, Contractual Promise. Freedom of Executive Action (1949).

[259] Siehe bereits OTTO MAYER, Zur Lehre vom öffentlichrechtlichen Vertrage (1888): 78. Vgl. mit § 60 Abs. 1 Satz 2 D–VwVfG, nach welchem allein der Behörde eine ausserordentliche Kündigung zur Vermeidung schwerer Nachteile für das Gemeinwesen zusteht. Allgemein zum deutschen Recht siehe PAULA MACEDO WEISS, Pacta sunt servanda im Verwaltungsvertrag (1999).

[260] Siehe hierzu bereits WALTHER BURCKHARDT, Die wohlerworbenen Rechte des Beamten (1928): 58 f. Jüngst auch ULRICH HÄFELIN/GEORG MÜLLER/FELIX UHLMANN, Allgemeines Verwaltungsrecht (2006): N 1124 ff. Letztere Autoren stellen mit Verweis auf die Judikatur fest, dass die clausula rebus sic stantibus beim verwaltungsrechtlichen Vertrag weniger streng gehandhabt werde als im Privatrecht.

[261] HANS KELSEN, Zur Lehre vom öffentlichen Rechtsgeschäft (1913): 218 f. In diese Richtung ging auch FRIEDRICH DARMSTAEDTER, Die Grenzen der Wirksamkeit des Rechtsstaates (1930).

[262] Vgl. zum Beispiel WILLIBALT APELT, Der verwaltungsrechtliche Vertrag (1920): 6; THEODOR BUDDEBERG, Rechtssoziologie des öffentlich-rechtlichen Vertrages (1925): 136. Selbst noch KLAUS STERN, Lehre des öffentlich-rechtlichen Vertrags (1958): 107, der bezüglich verwaltungsrechtlichem Vertrag im Wesentlichen Kelsen folgte, warf ihm zugleich Realitätsferne vor: «Denn insoweit handelt es sich um eine exklusive Sondermeinung, die eine Scheidewand unseres Rechtssystems [i.e. Trennung Privatrecht und öffentliches Recht] einreisst und der Grundstruktur unserer Rechtsordnung widerspricht.» Kelsen stellte sich allerdings nicht grundsätzlich gegen eine Trennung von öffentlichem Recht und Privatrecht, sondern primär gegen die öffentlichrechtliche Verknüpfung von Rechtssubjekt und Rechtsautorität. Richtig MARTIN BULLINGER, Öffentliches Recht und Privatrecht (1968): 11 f.

[263] Dies lässt sich bereits früh erkennen: Conseil d'Etat 7 août 1874 (rec. 824) – *HOTCHKISS*.

eruieren, als diese dem Privaten ansatzweise bekannt sind oder bekannt sein müssen. Dies gilt nach dieser Lehre ganz besonders für öffentliche Interessen, denen in Gesetzen und Verordnungen Ausdruck gegeben wurde.[264]

Zudem wird in aller Regel der verwaltungsrechtliche Vertrag enger mit zwingenden Normen in Gesetzen, *Verordnungen und Reglementen der Verwaltung* verknüpft als der privatrechtliche Vertrag.[265] Hier stellt sich analog zum privatrechtlichen Problem der allgemeinen Geschäftsbedingungen die Frage, auf welche Weise (z. B. mit oder gar ohne explizitem Verweis) und in welchem Ausmass (allenfalls gegen den Parteiwillen) derartige Reglemente auf den Vertragsinhalt Einfluss nehmen.[266]

c. Sodann sind Staatsorgane im Bereich verwaltungsrechtlicher Verträge direkt an die Einhaltung von *Grundrechten* gebunden, was sich zum Ersten durch die oft vorgefundene Subordination des Privaten unter die Rechtsmacht der Verwaltung und zum Zweiten durch die spezifische Ausrichtung des Verwaltungsrechts auf die Staatsinteressen rechtfertigen lässt.[267] Auf die Frage der Grundrechtsbindung bei privatrechtlichen Verträgen, die vom Bundesgericht häufig angesprochen, aber bis heute keiner klaren Lösung zugeführt wurde,[268] ist zurückzukommen.[269]

4. Die Unterschiede zwischen öffentlichem Recht und Privatrecht *relativieren* sich vor allem durch die wechselseitige analoge Anwendung von Regelungen. Das Bundesgericht zieht immer wieder Regeln des OR zur Falllösung heran und wendet diese auf verwaltungsrechtliche Verträge analog an.[270] Eine analoge Anwendung muss allerdings immer auf einer umfassenden Berücksichtigung des rechtlichen Umfeldes beruhen; sie rechtfertigt sich freilich nur soweit, als die Regelungen pas-

---

[264] ULRICH HÄFELIN/GEORG MÜLLER/FELIX UHLMANN, Allgemeines Verwaltungsrecht (2006): 1103 f. m. w. H. auf die Rechtsprechung.

[265] Hierzu BGE 129 II 125 2003 – *RÜCKFORDERUNG VON SUBVENTIONEN FÜR DEN VERBILLIGTEN WOHNUNGSBAU*: 142 ff. E. 6. Jüngst zum amerikanischen Recht JUSTIN SWEET, Federal Procurement Law (2007). Sweet weist insbesondere darauf hin, dass die bürokratische Organisation der amerikanischen Bundesverwaltung stark auf das Vertragsrecht durchschlägt.

[266] Siehe hierzu auch unten betreffend zwingende Normen Kap. IV.B.2.a): 187.

[267] Hierzu sogleich unten Kap. II.B.3.e)iii): 79.

[268] Hierzu BGE 129 III 276 2003 – *GRATIFIKATIONSABREDE MIT FREIWILLIGKEITSVORBEHALT*: 281 ff.; offen gelassen dagegen in BGE 129 III 35 2003 – *POST GEGEN VEREIN GEGEN TIERFABRIKEN*. Zum Ganzen vgl. ISABELLE HÄNER, Grundrechtsgeltung (2002); MARC AMSTUTZ/ANDREAS ABEGG/VAIOS KARAVAS, Soziales Vertragsrecht (2006): 41 ff.

[269] Unten Kap. IV.B.2.a)ii): 190.

[270] BGE 124 II 570 1998 – *VERWALTUNGSKOSTEN WOHNEIGENTUMSFÖRDERUNG BVG*: 578 ff.; BGE 129 I 161 2003 – *KINDERGARTENSTELLVERTRETUNG CHUR*: 164.

sen.²⁷¹ Damit stellt sich aber umso mehr die Frage, auf welche Weise sich privatrechtliche und verwaltungsrechtliche Verträge voneinander abgrenzen.

3. Zuweisungstheorien unter Anleitung eines historischen Modells

a) Ausgangspunkt: Kontingenz der Zuweisungskriterien

1. An der Trennung von öffentlichem Recht und Privatrecht im Allgemeinen hat sich seit dem 19. Jahrhundert jede Generation von Juristen wieder von neuem abgemüht, und Ähnliches gilt auch für die Aufteilung der kooperierenden Verwaltung in einen zivilrechtlichen und einen verwaltungsmässigen respektive verwaltungsrechtlichen Bereich.²⁷² Als stabil hat sich dabei allein die *historische Kontingenz* dieser Abgrenzung erwiesen: Es stehen sich durch je eigene Prinzipien geleitete unterschiedliche Konfliktlösungsverfahren und Normensets gegenüber, und die Frage, welches dieser Verfahren und welches dieser Normensets auf bestimmte Kooperationen zwischen Verwaltung und Privaten anzuwenden sind, ist im Laufe der Zeit immer wieder anderen Regeln gefolgt.²⁷³

Diese historische Kontingenz bricht *heute* mit neuer Vehemenz hervor, was oft mit der sogenannten ‹Staatsaufgabenverwesentlichung› in Verbindung gebracht wird.²⁷⁴ Dahinter steht allerdings mehr, nämlich der Umstand, dass wir es heute wenn auch nicht mit der Auflösung des Staates so doch mit der *Diffusion des Staates in die Gesellschaft* zu tun haben.²⁷⁵ Wie sich insbesondere mit den oben beschriebenen, neuartigen Vertragsregimes zwischen Staat und Privaten zeigt, sucht die Verwaltung mit zahllosen einzelnen Ad-hoc-Arrangements in allen Bereichen der Gesellschaft, von Bankenregulierung bis hin zur Sozialhilfe, ihrem Auftrag nachzuleben, Einheit und Wohlfahrt der gesamten Gesellschaft zu gewährleisten. Dabei ist sie derart auf die Zusammenarbeit mit ebendieser Gesellschaft, die sie zu

---

[271] BGE 124 II 53 1998 – *X. GEGEN SBB*: 54 ff.

[272] Mit Bezug zum Verwaltungsvertrag von grundlegender Bedeutung sind m. E. folgende Untersuchungen: RODOLPHE DARESTE, La justice administrative en France (1862); OTTO MAYER, Zur Lehre vom öffentlichrechtlichen Vertrage (1888); HANS KELSEN, Zur Lehre vom öffentlichen Rechtsgeschäft (1913); WALTHER BURCKHARDT, Der Vertrag im Privatrecht und im öffentlichen Recht (1924); JOHN DAVID BAWDEN MITCHELL, The contracts of public authorities (1954); HENRI ZWAHLEN, Le contrat de droit administratif (1958).

[273] Besonders deutlich ist diese historische Kontingenz hervorgehoben bei MARTIN BULLINGER, Öffentliches Recht und Privatrecht (1968): vor allem 75.

[274] GEORG MÜLLER, Wege zu einem schlanken Staat (NZZ, 16. März 2005).

[275] Ich habe dies als Evolution vom ‹Contrat Social› zum Gesellschaftsvertragsrecht beschrieben: ANDREAS ABEGG, Vom Contrat Social zum Gesellschaftsvertragsrecht (2008).

gestalten hat, angewiesen, dass sie immer öfters zur Vertragsform greift.[276] In der Tat stellt sich damit die Frage der Abgrenzung zwischen öffentlichem Recht als Sonderrecht des Staates und Privatrecht als Recht der Selbstorganisation der Gesellschaft mit neuer Radikalität und in einem neuen Licht.

2. Das *Bundesgericht* hat sich dieser historischen Kontingenz der Abgrenzung schon lange durch einen Theorienpluralismus entzogen,[277] den FLEINER-GERSTER zutreffend als ‹sybillinischen Eklektizismus› bezeichnet hat.[278] So stellte das Bundesgericht etwa einmal in Vollendung funktionaler Selbstbezüglichkeit darauf ab, ob der zu entscheidende Sachverhalt ‹vom öffentlichen Recht geregelt sei›,[279] während es andernorts doch wieder auf die Gleichgerichtetheit der Parteien respektive die Subordination der privaten Vertragspartei abstellte.[280] Wohlweislich unterlässt es dabei das Bundesgericht jeweils, mit der Urteilsbegründung die Abgrenzungen für die Zukunft allzu sehr zu präjudizieren.

3. Dem Bundesgericht ist zuzugestehen, dass es in der Abgrenzungsfrage kaum Halt in der *Lehre zum Verwaltungsvertrag* findet. Von der Lehre wird, in der Regel ohne weiterführende Reflexion, einmal die Subordinationstheorie, dann die Interessenstheorie und schliesslich zuweilen auch der bundesgerichtlich sanktionierte Theorienpluralismus vertreten. So will zum Beispiel KNAPP die Abgrenzung vornehmen, indem er auf die Gleichgerichtetheit respektive auf die Subordination der Parteien abstellt, insbesondere wenn der Staat ohne Monopol in Handel und Ge-

---

[276] Diese Zunahme gilt sicher für den Bereich der Rechtsgebiete, in welchen der Verwaltungsvertrag eingesetzt wird. Siehe hierzu meine Ausführungen in ANDREAS ABEGG, Vom Contrat Social zum Gesellschaftsvertragsrecht (2008).

[277] So etwa BGE 120 II 412 (1994; Auflösung der Stiftung Buissonnets): 414. Besonders prägnant ist BGE 109 Ib 146 1983 – *SCHWEIZERISCHER TREUHÄNDER-VERBAND C. SCHWEIZERISCHE NATIONALBANK*, 149.

[278] THOMAS FLEINER-GERSTER, Verwaltungsrecht (1980): 41 ff.; Giacomini teilt diese Einschätzung: SERGIO GIACOMINI, Verwaltungsrechtlicher Vertrag und Verfügung im Subventionsverhältnis "Staat-Privater" (1992): 142.

[279] BGE 105 Ia 207 1979 – *ZEHNDER GEGEN GEMEINDE BIRMENSTORF*. Ähnlich mit Bezug auf die öffentlichen Interessen zum Beispiel BGE 123 III 395 1997 – *STADTANZEIGER BERN*; BGE 128 III 250 2002 – *A. GEGEN KANTON ST. GALLEN (ARBEITSMARKTLICHE MASSNAHMEN)*. Gemeint ist freilich, dass der Sachverhalt in *funktionaler Hinsicht* der Anwendung des öffentlichen Rechts *bedarf*. Denn nur weil etwa die Übertragung von Grundeigentum den Regeln des ZGB untersteht, ist damit nicht automatisch Zivilrecht auf den ganzen Sachverhalt anwendbar: siehe unten Fn. 344: 83.

[280] So etwa in BGE 109 Ib 146 1983 – *SCHWEIZERISCHER TREUHÄNDER-VERBAND C. SCHWEIZERISCHE NATIONALBANK* und sodann BGE 126 I 250 2000 – *SCHWEIZER MUSTERMESSE AG*: 254 und BGE 127 I 84 2001 – *P. GEGEN STADTRAT LUZERN*, mit Verweis auf 126 I 250.

werbe in Konkurrenz mit Privatpersonen tritt.[281] Dem Theoriepluralismus folgt sodann unter anderen GIACOMINI, wobei bei ihm das Kriterium, ob mit dem Vertrag ‹unmittelbar öffentliche Interessen› verfolgt werden, bereits die Oberhand gewinnt.[282] Und vollends zu einer funktionalen Abgrenzung nach den öffentlichen Interessen gelangen – in der Nachfolge von ZWAHLEN[283] – heute zum Beispiel HÄFELIN/MÜLLER/UHLMANN, MOOR, NGUYEN und WALDMANN.[284]

b) *Fragestellung eines historischen Modells: Verwaltungsrecht als Sonderrecht des Staates*

1. Mit der fallweisen Ausrichtung von Rechtsprinzipien lassen sich bei einer Rechtsfrage, die derart starken historischen Schwankungen ausgesetzt ist, nur bedingt stabile Leitplanken gewinnen. Mit einem *Blick in die Geschichte* und insbesondere unter Beachtung des jeweils massgebenden historischen Kontextes kann dagegen in empirischer Weise versucht werden, gewisse Grenzen und Tendenzen in der Behandlung der Rechtsnatur des Verwaltungsvertrags zu erkennen.

2. Dabei muss die zentrale Frage im Vordergrund stehen, *warum* der Verwaltungsvertrag in bestimmten Fällen erstens durch *Verwaltungsrecht als Sonderrecht*[285] des Staates und zweitens durch eine ebenfalls gesonderte, speziell auf den Staat ausgerichtete Gerichtsbarkeit erfasst werden soll, selbst wenn die Verwaltung

---

[281] BLAISE KNAPP, Grundlagen des Verwaltungsrechts (1992): 1513. Damit schliesst Knapp direkt an die Fiskustheorie des 19. Jahrhunderts an: hierzu unter vielen JOHANN CASPAR BLUNTSCHLI, Allgemeines Staatsrecht (1852): 422.

[282] SERGIO GIACOMINI, Verwaltungsrechtlicher Vertrag und Verfügung im Subventionsverhältnis "Staat-Privater" (1992): 148.

[283] HENRI ZWAHLEN, Le contrat de droit administratif (1958): 505a ff.

[284] MINH SON NGUYEN, Le contrat de collaboration en droit administratif (Diss.) (1998): 13 ff.; PIERRE MOOR, Droit administrativ II (2002); ULRICH HÄFELIN/GEORG MÜLLER/FELIX UHLMANN, Allgemeines Verwaltungsrecht (2006): 1057 ff.; BERNHARD WALDMANN, Der verwaltungsrechtliche Vertrag – eine Einführung (2007): 6 f.

[285] Diese Abgrenzungsmethode nach ‹Sonderrecht› folgt damit den historischen Entstehungsbedingungen des Verwaltungsrechts. Siehe hierzu FRITZ FLEINER, Institutionen des deutschen Verwaltungsrechts (1928): 60 f.: «[Es können] zum Verwaltungsrecht im engeren Sinn nur die Vorschriften öffentlichrechtlicher Natur gezählt werden, die zusammen ein *Sonderrecht* der öffentlichen Verwaltung darstellen. Verwaltungsrecht im Sinn der nachstehenden Erörterungen ist daher das *auf die Bedürfnisse der öffentlichen Verwaltung zugeschnittene* öffentliche Recht.» [Hervorhebungen AA]. Zu diesem Begriff siehe auch sogleich unten bei Fn. 309: 72.

mit dem Vertrag den Kontakt zu gesellschaftlichen Akteuren sucht, weil sie auf deren Kooperation angewiesen ist.[286]

3. Ein historisch informierter Blick auf die Rechtsnatur, der sich primär an der Funktionsweise des öffentlichen Rechts als Sonderrecht des Staates und an der Frage nach der Rechtfertigung dieses Sonderrechts ausrichtet, kann dabei – in gebotener Kürze[287] – von *drei idealtypischen Kontexten* ausgehen, in welchen die Frage nach der Rechtsnatur zwar jeweils unterschiedlich angegangen wurde, diese Abgrenzungslehren aber dennoch bis heute nachwirken: erstens dem Polizeistaat und dessen Überwindung durch das moderne Verwaltungsrecht (in Gang gesetzt durch OTTO MAYER und FRITZ FLEINER), zweitens dem interventionistischen Wohlfahrtsstaat und drittens dem heutigen ‹diffundierenden› Staat, der zunehmend die Kooperation der Gesellschaft sucht und in weiten Bereichen auch auf diese Kooperation angewiesen ist.

c) Polizeistaat und Abgrenzung nach Subordination

1. Im sogenannten *Polizeistaat des frühen 19. Jahrhunderts* sollte die Gesellschaft mit dem Mittel der Polizei (als Vorläuferin der Verwaltung) grossen Zielen (insbesondere Macht und Grösse des Staates) entgegengeführt werden – und zwar in planvoller und hierarchisch organisierter Weise.[288] Im Polizeistaat ging es gerade darum, *politische Fragmentierungen der alten Ordnung im Allgemeinen und Verträge über die Aufteilung von Herrschaft im Besonderen zu überwinden*. Zentrales Moment war hierbei die Entfesselung des Staates und vor allem der Staatsverwaltung vom Einfluss der unabhängigen Gerichte.[289]

---

[286] So bereits HENRI ZWAHLEN, Le contrat de droit administratif (1958): 505a ff.; in seinem Gefolge jüngst MINH SON NGUYEN, Le contrat de collaboration en droit administratif (Diss.) (1998): 12. Ähnlich auch MAX IMBODEN, Der verwaltungsrechtliche Vertrag (1958): 63a. Jüngst folgt diesem Ansatz auch EBERHARD SCHMIDT-ASSMANN, Öffentliches Recht und Privatrecht: Ihre Funktionen als wechselseitige Auffangordnungen (1996): 18 ff.

[287] Ausführlich wird diese Theorie andernorts dargelegt werden. Es sei auf die Ausführungen zur Evolution des Verwaltungsvertrags verwiesen, die in Kürze publiziert werden.

[288] Prägnant findet sich der polizeistaatliche Gedanke bei Kreittmayr formuliert: «per regulam, jus ad finem dat jus ad media.» WIGULÄUS XAVER ALOYS VON KREITTMAYR, Grundriss des allgemeinen, deutschen u. bayrischen Staatsrechtes (1769), I: 15. Aus der Retrospektive dagegen kritisch OTTO MAYER, Deutsches Verwaltungsrecht (1895/96), I: 38 ff. Zur Evolution der Polizei, die als Begriff erstmals in der zweiten Hälfte des 15. Jahrhunderts aufkommt: DIETMAR WILLOWEIT, Gesetzgebung und Recht im Übergang vom Spätmittelalter zum frühneuzeitlichen Obrigkeitsstaat (1987); MICHAEL STOLLEIS, Geschichte des öffentlichen Rechts in Deutschland, Bd. 1 (1988): 369 ff.

[289] Dies gilt für den Kontinent mehr als für die angelsächsischen Länder: Berühmt ist das französische Gesetz aus der Revolutionszeit, mit welchem den Zivilrichtern mit Strafandrohung

2. Dennoch kam der Staat in gewissen Bereichen *nicht ohne Kooperationen* mit gesellschaftlichen Kräften aus. In jenen Bereichen, in welchen die Verwaltung auf diese Kooperation mit der Gesellschaft angewiesen war, wie zunächst im Fall des Staatsdienstes[290] und später bei grösseren Infrastrukturprojekten[291], bedurfte es in der Folge eines neutralen Dritten, der Konflikte innerhalb dieser kooperativen statt hierarchischen Beziehungen zwischen Staatsverwaltung und Privaten zu schlichten hatte. Diese Aufgabe fiel – unter dem Titel der *Fiskustheorie* – auf die Zivilgerichte zurück.[292]

3. Wann sich die Verwaltung in dieser Weise den Zivilgerichten unterordnen wollte, bestimmte sie zunächst in der Regel weitgehend selbst: Gab sie sich in die Form des Vertrags, dann unterstand dieser Vertrag der Beurteilung der Zivilgerichte, welche das Recht ebenmässig auf beide Parteien anwandten.[293] In diesem Sinn resultierte eine Gleichgeordnetheit der Verwaltung und der privaten Vertragspartei vor dem Zivilrecht. Kleidete die Verwaltung dagegen ihre Kommunikationen nicht in die Vertragsform, so blieben diese weitgehend im rechtsfreien und damit im politischen, nach staatlichen Hierarchien strukturierten Raum. Die *Frage der Rechtsnatur* trennte sich in diesem Kontext also in ‹Verwaltungsmacht› auf der einen Sei-

---

untersagt wurde, sich mit Verwaltungsangelegenheiten zu befassen: Loi du 16/24 août 1790 sur l'organisation judiciaire, tit. II, Art. 13. Für Deutschland ist insbesondere die Ablösung des Reichsgerichts mit dem Ende des Deutschen Reiches im Jahr 1806 massgebend.

[290] Zum Beispiel folgte Bluntschli der Fiskustheorie weniger aus theoretischen, sondern vielmehr aus praktischen Gründen: «... weil die Natur eines individuellen geistigen Dienstes einem directen Zwange nicht gehorcht, einer mittelbaren Nöthigung aber nur schwer und unvollständig sich fügt, vielmehr individuelle Freiheit als normale Quelle tüchtiger Wirksamkeit fordert ...»: JOHANN CASPAR BLUNTSCHLI, Allgemeines Staatsrecht (1852): 420 und 424.

[291] Dies zeigt sich insbesondere im schweizerischen Eisenbahngesetz von 1852: BG über den Bau und Betrieb von Eisenbahnen im Gebiete der Eidgenossenschaft vom 28. Juli 1852 (AS III 170). Hierzu m. w. H. ALAIN PRÊTRE, Eisenbahnverkehr als Ordnungs- und Gestaltungsaufgabe des jungen Bundesstaates (2002): 74 ff.

[292] Prominente Vertreter der Fiskustheorie waren etwa CARL JOSEPH ANTON MITTERMAIER, Beiträge zu den Gegenständen des bürgerlichen Processes (1820); FRIEDRICH KARL SAVIGNY, System des heutigen Römischen Rechts (1840-1848/1973), II, 272 ff.; RODOLPHE DARESTE, La justice administrative en France (1862): 205 f.

[293] Dies gilt insbesondere für die französische Ausprägung der Fiskustheorie: vgl. ADOLPHE CHAUVEAU, Principes de compétence et de juridictions administratives (1841-44): xxvii ff. und RODOLPHE DARESTE, La justice administrative en France (1862): 208 ff. und 220 ff. Differenzierter fällt das Ergebnis für liberale Kantone unter deutschem Einfluss aus: vgl. PAUL SPEISER, Die Kompetenz der Gerichte in Verwaltungssachen im Kanton Baselstadt (1889): 122 f. und generell SCHWEIZERISCHER JURISTENVEREINS, Verwaltungsrechtspflege in den Cantonen (1889).

te und ‹Fiskalakt› unter Beurteilung der Zivilgerichte auf der anderen Seite. Kriterium der Abgrenzung war weitgehend, in welche Form die Verwaltung ihre Kommunikationen kleidete. Als Resultat der Abgrenzung stand die Subordination des Privaten unter die Verwaltungsmacht auf der einen Seite der Gleichgerichtetheit der Parteien vor dem Zivilrecht und vor allem vor den Zivilgerichten auf der anderen Seite gegenüber.[294]

4. Als gegen Ende des 19. Jahrhunderts die deutsche Rechtswissenschaft unter der Führung von OTTO MAYER und unter Anschluss an das französische Verwaltungsrecht[295] den Polizeistaat verstärkt mit *Verwaltungsrecht* zu erfassen suchte, konnte sie an die erwähnte, im Polizeistaat ausgebildete Abgrenzung nach dem Kriterium ‹Hierarchie› respektive ‹Gleichgerichtetheit› anknüpfen. Im Gegensatz zur alten Abgrenzung sollte nun allerdings nicht mehr die Verwaltungsmacht dem Zivilrecht gegenüberstehen, sondern die Verwaltungsmacht wurde nach dem Rechtsstaatsgedanken[296] durch das Verwaltungsrecht erfasst, das nun dem Zivilrecht gegenüberstand. Der rechtlichen statt verwaltungsmässigen Ordnung entsprechend konnte es auch nicht dabei bleiben, dass die Verwaltung die Rechtsnatur selbst bestimmte. Das Verwaltungsrecht stellte folglich die alte Abgrenzung vom Kopf auf die Füsse: Das Resultat der bisherigen Abgrenzung, Gleichgerichtetheit versus Subordination, wurde nun zum Abgrenzungskriterium.[297] Diese Umstellung drängte sich im Umfeld des emergierenden Binnenmarktes geradezu auf: Denn wenn der Staat von dieser selbstorganisierenden Ordnungskraft profitieren wollte, musste er sich auch auf deren Spielregeln, die Gleichgerichtetheit der Marktteilnehmer respektive die Gleichgerichtetheit der Vertragsparteien, einlassen. Etwas anderes liess der Marktmechanismus definitionsgemäss[298] nicht zu.[299]

---

[294] Diese Unterscheidung klingt bereits an bei JOHANN MICHAEL SEUFFERT, Von dem Verhältnisse des Staats und der Diener des Staats (1793): 26 und 43.

[295] Massgebend sind die frühen Untersuchungen von Otto Mayer: OTTO MAYER, Theorie des französischen Verwaltungsrechts (1886); OTTO MAYER, Zur Lehre vom öffentlichrechtlichen Vertrage (1888).

[296] Grundlegend waren RUDOLF VON GNEIST, Das heutige englische Verfassungs- und Verwaltungsrecht (1857/1863); RUDOLF VON GNEIST, Der Rechtsstaat (1872): 162 ff.; OTTO BÄHR, Rechtsstaat (1864): 72.

[297] Siehe nur OTTO MAYER, Zur Lehre vom öffentlichrechtlichen Vertrage (1888): 42.

[298] Grundlegend hierfür ist freilich ADAM SMITH, Der Wohlstand der Nationen (1776/1993).

[299] In besonderem Masse deutlich machte dies MAX WEBER, Wirtschaft und Gesellschaft (1921–1925/1980): 383 ff. und 499 ff.; später wurden diese Argumente insbesondere von Polanyi weitergeführt: KARL POLANYI, Great Transformation (1944/1995): 94 ff. Jüngst wird zuweilen ganz auf das Kriterium des Wettbewerbs fokussiert: FRIEDRICH VON ZEZSCHWITZ, Rechtsstaatliche und prozessuale Probleme des Verwaltungsprivatrechts (1983): 1882; HARTMUT MAURER, Der Verwaltungsvertrag (1989): 798.

5. Allein, in Deutschland und in der Schweiz blieb das Verwaltungsrecht, im Gegensatz zu Frankreich, Anfang des 20. Jahrhunderts weitgehend auf die rechtliche Erfassung des Polizeistaates fokussiert, was denn auch in der lange vorherrschenden Abgrenzung nach Subordination respektive Gleichgerichtetheit reflektiert.[300] Infolge dieser Ausrichtung auf den Polizeistaat und dessen hoheitlich-autoritäre Handlungsformen und infolge fehlender umfassender Verwaltungsgerichtsbarkeit konnten *neuartige Handlungsformen des Interventionsstaates* lange nicht mit Verwaltungsrecht (respektive mit verwaltungsrechtlichem Vertrag) stabilisiert werden. Der verwaltungsrechtliche Vertrag zwischen Staat und Privaten setzte sich als stabile Rechtsform in den Verschlaufungen von Rechtsprechung und Lehre in Deutschland und in der Schweiz erst in der zweiten Hälfte des 20. Jahrhunderts durch.[301] Bis zur Einführung einer umfassenden Verwaltungsgerichtsbarkeit fehlte im Verwaltungsrecht die Stabilisierung der Zweiparteienbeziehung durch ein unabhängiges Gericht. Die verwaltungsrechtlichen Surrogate wie etwa der zustimmungsbedürftige Verwaltungsakt vermochten diese Lücke nicht vollends auszufüllen, oder die entsprechende Kooperation spielte sich weitgehend im rechtsfreien Raum ab. Damit stand für den Bereich des Verwaltungsvertrags weiterhin die privatrechtlich stabilisierte Vertragsbeziehung der weitgehend rechtlich unbeschränkten Verwaltungsmacht gegenüber.[302]

d) Interventionistischer Wohlfahrtsstaat und funktionale Abgrenzung

1. Mit der sogenannten *Sozialkorrektur und der Politisierung des Privatrechts* begannen sich die Grenzen zwischen öffentlichem Recht und Privatrecht ab dem letzten Viertel des 19. Jahrhunderts dort immer mehr zu verwischen, wo Staat und

---

[300] Die Zusammenhänge zwischen moderner Leistungsverwaltung und Rechtsformen wurden zwar bezeichnenderweise von Otto Mayer in seiner Theorie des französischen Verwaltungsrechts erkannt, sie vermochten aber nicht in den deutschen Wissenschaftsdiskurs oder die deutsche Gerichtspraxis nachhaltig einzudringen: vgl. OTTO MAYER, Theorie des französischen Verwaltungsrechts (1886). In seinem Standartwerk von 1895 übernahm Otto Mayer zwar die Zweckrichtung als Selbstverpflichtung des Staates auf das von ihm geschaffene Recht, ohne allerdings Konsequenzen für die gerichtliche Überprüfung daraus zu ziehen: OTTO MAYER, Deutsches Verwaltungsrecht (1895/96), I: 81 ff.

[301] Anders die Einschätzung von HARTMUT MAURER, Der Verwaltungsvertrag (1989): 799 ff., der allerdings nicht zwischen subordinationsrechtlichen und koordinationsrechtlichen Verträgen unterscheidet. Vgl. hierzu FRITZ FLEINER, Institutionen des deutschen Verwaltungsrechts (1928): 210; ERWIN RUCK, Schweizerisches Verwaltungsrecht (1939), I: 84 f.; JÜRGEN SALZWEDEL, Die Grenzen der Zulässigkeit des öffentlich-rechtlichen Vertrages (1958): 3.

[302] Zum Ganzen sei auf die Ausführungen zur Evolution des Verwaltungsvertrags verwiesen, die in Kürze publiziert werden.

Politik unter Bezugnahme auf Prinzipien und Werte, die sich nicht allein auf die Konstituierung der Marktwirtschaft ausrichten, in die Selbstorganisation der Wirtschaft korrigierend einzugreifen begannen.

Als Mittel der Übersetzung staatlicher und politischer Steuerungsversuche bot sich seit diesem Zeitpunkt unter anderem auch der Vertrag im öffentlichen Recht an.[303] Die Methode des Interventionismus darf dabei nicht auf den wirtschaftlichen Bereich reduziert werden, obwohl sie dort ihr wichtigstes Anwendungsfeld fand. Vielmehr breitete sich der Interventionismus auch auf andere Bereiche der Zivilgesellschaft aus. Denn mit der weiter gefassten und zunehmend materiell verstandenen Demokratie wurde auch die Selbstständigkeit als Vorbedingung eines selbstbestimmten Lebens nicht mehr einfach vorausgesetzt. Vielmehr war diese nun als Voraussetzung der Teilnahme am Markt oder der Teilhabe an demokratischer Politik, wo nicht vorhanden oder abhanden gekommen, staatlich herzustellen.[304] Diese bis heute nicht abgeschlossene Ausbreitung des Interventionsstaats gilt selbst für das bürgerliche Familienmodell, im klassischen Liberalismus verstanden als Hort der (familien-) autonomen – und damit privatrechtlichen – Lebensgestaltung. Dies zeigt sich an den jüngst in Mode gekommenen Verträgen etwa im Bereich der Schule oder der Sozialhilfe, womit die Verwaltung auf soziale, ökonomische und psychische Benachteiligungen reagiert, die letztlich die durch den Staat hergestellte gesellschaftliche Einheit in Frage stellen würden. Dies drängt den wirtschaftsliberalen Staat als Garant von Ruhe und Ordnung einerseits und den sozialliberalen Staat als Garant individueller Chancen andererseits geradezu zur Intervention.[305]

2. Eine erste Reaktion mittels *Funktionalisierung des Rechts* auf die neuen Aufgaben des Wohlfahrtsstaats lässt sich im Wesentlichen bereits auf das *französische Verwaltungsrecht* im letzten Drittel des 19. Jahrhunderts zurückführen, als unter der Führung eines sich von der Politik emanzipierenden Conseil d'Etat die zunehmend interventionistische Verwaltung mit Verwaltungsrecht erfasst wurde. Die

---

[303] Deutlich wurde dies zunächst im französischen Recht: Conseil d'Etat 7 août 1874 (rec. 824) – HOTCHKISS: Im Rahmen eines Beschaffungsauftrages vor dem Hintergrund des Französisch-Deutschen Krieges ging es im Wesentlichen darum, ob die Verwaltung ihre Kompetenzen durch die Auflösung des Vertrags überschritten habe. Ohne die vertragliche Natur der Rechtsbeziehung zu untersuchen, stellte der Conseil d'Etat fest, dass aufgrund des gesetzlichen Auftrags zur Beschaffung von Wehrmaterial die Verwaltung auch ohne entsprechende Gesetzesnorm und ohne entsprechende Klausel jederzeit zur Kündigung unter Leistung einer angemessenen Entschädigung befugt sei.

[304] RUDOLF WIETHÖLTER, Rechtswissenschaft (1968/1986): 180 ff.; DIETER HART, Konzeptionelle Entwicklung (1984): 70 f.; DIETER GRIMM, Der Wandel der Staatsaufgaben und die Krise des Rechtsstaats (1990): 291 ff.; JOACHIM RÜCKERT, Prinzipien (2003), N 105.

[305] Oben bei Fn. 60: 16 und unten Kap. IV.B.1.a): 181.

Abgrenzung zwischen Verwaltungsrecht und Zivilrecht konnte dabei nicht mehr mit der auf den Polizeistaat ausgerichteten Subordinationstheorie angegangen werden, denn nun bediente sich die Verwaltung neu in zunehmendem Masse der Mittel der privaten Bedarfsdeckung, bestand aber zugleich auch darauf, diese Mittel jederzeit an die stetig wechselnden politischen Bedürfnisse anzupassen. In diesem Bereich der Intervention, wo die Verwaltung sich der Mittel der Privaten bediente, ohne sich zugleich ganz der Rationalität der Privaten anzupassen, vermochte die Subordinationstheorie keine plausible Abgrenzung vorzunehmen.[306] Wo die Subordinationstheorie zur zivilrechtlichen Rechtsnatur geführt hätte, wurde nun die funktionale Ausrichtung der Verwaltung auf den Service Public betont, den es auf Dauer zu sichern gelte.[307] Die Funktionalisierung des Verwaltungsrechts ist somit eng mit der Emergenz des interventionistischen Wohlfahrtsstaats verknüpft, mit welchem sich die liberal-idealtypische, klare Trennung zwischen dem Staat als Gewährleister von Ruhe und Ordnung und den Organisationsformen der Zivilgesellschaft nicht mehr aufrechterhalten liess.[308]

3. Diese funktionale Ausrichtung des Verwaltungsrechts auf die Bedürfnisse der Verwaltung führte allerdings zugleich in einen *nicht zu vermeidenden Zirkelschluss*: Denn die verwaltungsrechtliche Zuständigkeit besteht, weil ein service public vorliegt, und ebendieser service public besteht, weil die private Bedarfsdeckung vom Staat abgelöst werden soll, der infolge seiner spezifisch staatlichen Bedürfnisse eines entsprechend zugeschnittenen Normensets bedarf. Kurz: *Verwaltungsrecht als Insichrecht respektive Sonderrecht des Staates* folgt den Bedürfnissen der entsprechenden Verwaltungsangelegenheiten, und dieses Bedürfnis nach Sonderrecht folgt daraus, dass die private Bedürfnisdeckung samt den allgemeinen Rechtsregeln dieser Privatgesellschaft nicht passen.[309]

---

[306] Als zentraler Wendepunkt wird üblicherweise und meines Erachtens zu Recht der Entscheid Blanco angeführt: Tribunal des conflits 8 février 1873 (rec. 1er supplement 61) – *BLANCO*.

[307] Deutlich erscheint dies insbesondere in den Schlussfolgerungen des Regierungskommissärs Tardieu im Entscheid des Conseil d'Etat 29 janvier 1909 (rec. 116) – *COMPAGNIE DES MESSAGERIES MARITIMES*.

[308] Ein bedeutsames Plädoyer für die funktionale Betrachtung findet sich bei MARTIN BULLINGER, Öffentliches Recht und Privatrecht (1968): 75 ff. Bullinger rechtfertigt die funktionale Betrachtung denn auch folgerichtig damit, dass erstens die Verflechtungen von Privaten und Staat in der Industriegesellschaft des 20. Jahrhunderts neue Dimensionen angenommen habe und infolge der dynamischen Veränderungen die starre Begriffsjurisprudenz durch ein flexibleres Recht abgelöst werden müsse.

[309] Das Gleiche gilt auch für das funktionalisierte Privatrecht. So sind Schutznormen anzuwenden, wenn die Partei schutzbedürftig ist. Und Schutzbedürftigkeit besteht, wenn die allgemeinen Normen des Privatrechts nicht passen (weil ungerecht, keine Waffengleichheit etc.) und darum die Anwendung von Schutzrecht nötig ist. Siehe hierzu ANDREAS ABEGG, Fami-

Beurteilt wird dieses Bedürfnis nach Sonderrecht nun allerdings *nach rechtlichen Gesichtspunkten* und unter Aufsicht von Verwaltungsgerichten, wodurch die Verwaltung nicht mehr durch die Wahl einer bestimmten Rechtsform die Rechtsnatur und damit das materielle Recht und das Forum bestimmen kann. Zugleich bedeutet die Wahl der Vertragsform auch nicht mehr automatisch die Zuständigkeit von Privatrecht und Zivilgerichten. In dieser Unterstellung der Verwaltung unter das Recht und vor allem unter unabhängige Gerichte liegt denn auch der bedeutende rechtsstaatliche Teil der Legitimation des modernen Verwaltungsrechts als funktional ausgerichtetes Sonderrecht. Möglich wird damit die Rekonstruktion des Vertrags und dessen Legitimation im Verwaltungsrecht, das nun auch nicht allein auf die polizeilich geprägten Subordinationsverhältnisse innerhalb der Staatshierarchie ausgerichtet ist, und möglich wird damit auch die Unterscheidung zwischen privatrechtlichem und verwaltungsrechtlichem Vertrag nach der Leitunterscheidung der Funktion.

e)   Kontingenz des Staates und Pluralismus der Abgrenzungselemente

i)   Wiederaufnahme der Subordinationstheorie

1.   Das grosse Problem der funktionalen Unterscheidung liegt in der *Kontingenz des Staates:* Staatliche Ziele lassen sich gerade auch, oder zuweilen sogar besser erreichen durch die Abstinenz des Staates oder durch dessen Verzicht auf seine souveränen Privilegien.

Hier kehrt nun die *Subordination* zurück als *Kriterium zur Abgrenzung verschiedener Arten von Bedarfsdeckung,* auf der einen Seite der staatlichen Bedarfsdeckung durch hierarchische Machtausübung unter demokratisch-rechtsstaatlicher Legitimation und auf der anderen Seite der Bedarfsdeckung unter Anschluss an die Selbstorganisation der Gesellschaft unter Berücksichtigung der jeweiligen Legitimationsmechanismen wie im Falle des Marktes des disziplinierenden Preismechanismus.[310] Massgebend ist hier nicht mehr allein die Ausübung des service public: Neben der funktionalistischen Ausrichtung auf das Ziel der Verwaltungstätigkeit

---

lienbürgschaften als privatrechtliches Problem (2005): 223 ff. und den historischen Kontext bei ANDREAS ABEGG, Die zwingenden Inhaltsnormen des Schuldvertragsrechts (2004): 99 ff.

[310] Erstmals im Entscheid Tribunal des conflits 20 janvier 1921 1921 (rec. 91) – SOCIETE COMMERCIALE DE L'OUEST AFRICAIN. Das Tribunal des conflits erkannte, dass es eine Art service public gebe (später als service public industriel et commercial bezeichnet), der vollständig oder teilweise nach den Prinzipien der Privatwirtschaft operiere. In casu wurde damit ein Fährbetrieb, der unbestritten dem öffentlichen Interesse diente, der Zuständigkeit der Zivilgerichte und damit dem Zivilrecht zugeschlagen.

werden auch den eingesetzten Ressourcen, der Art und Weise der Ausübung des service public sowie vor allem der jeweils wesensgerechten Legitimation staatlichen Handelns Beachtung geschenkt.

Diese Wiederaufnahme der alten Abgrenzung nach Subordination schützt im Resultat – in auffälliger Analogie zur entsprechenden Funktion der Subordinationstheorie im Polizeistaat – die *selbstorganisierte Gesellschaft vor den expansiven Tendenzen des über ein Sonderrecht verfügenden Staates,* indem die Verwaltung de facto gezwungen wird, das Spiel der Privaten zu spielen, wenn sie direkt an die Mechanismen deren Selbstorganisation anschliessen und davon profitieren will. In der Tat erscheint die Subordinationstheorie vor allem dann, wenn einer zivilgesellschaftlichen und zumeist wirtschaftlichen Ordnungsbildung der Vorzug vor staatlicher Ordnungsbildung (respektive Bedarfsdeckung) eingeräumt werden soll.[311]

Zugleich eröffnete dieser historische Schritt der Verwaltung aber auch *neue Möglichkeiten, ihre Verwaltungsaufgaben zu erfüllen:* Denn ebenso wie eine Verwaltungseinheit nun nach privatrechtlichem System operieren kann, ist es auch denkbar, dass eine privatrechtlich strukturierte Leistungseinheit mit oder ohne hoheitliche Autorität öffentliche Aufgaben erfüllt – möglicherweise, aber nicht notwendigerweise im Rahmen des Verwaltungsrechts.

2. Damit ist der *Schritt zum Theorienpluralismus* getan, wie wir ihn heute in der Regel vorfinden.[312] Zugleich ist das Zusammenspiel der Abgrenzungselemente nach Funktion und nach Subordination aber auf die heutigen Kontextbedingungen anzupassen.

---

[311] Vgl. etwa BGE 109 Ib 146 1983 – SCHWEIZERISCHER TREUHÄNDER-VERBAND C. SCHWEIZERISCHE NATIONALBANK; siehe auch die folgerichtige Verknüpfung von Konkurrenzsituation und Privatrecht bei BLAISE KNAPP, Grundlagen des Verwaltungsrechts (1992): 1513; ähnlich für Deutschland bereits FRIEDRICH VON ZEZSCHWITZ, Rechtsstaatliche und prozessuale Probleme des Verwaltungsprivatrechts (1983).

[312] Für den Methodenpluralismus ist neben dem Bundesgericht vor allem SERGIO GIACOMINI, Verwaltungsrechtlicher Vertrag und Verfügung im Subventionsverhältnis "Staat-Privater" (1992): 148. Für eine alleinige Anwendung der funktionalen Abgrenzung dagegen MINH SON NGUYEN, Le contrat de collaboration en droit administratif (Diss.) (1998): 13 ff.; PIERRE MOOR, Droit administrativ II (2002); THIERRY TANQUEREL, La nature juridique des contrats de prestations (2002): 22 f.; ULRICH HÄFELIN/GEORG MÜLLER/FELIX UHLMANN, Allgemeines Verwaltungsrecht (2006): 1057 ff.; BERNHARD WALDMANN, Der verwaltungsrechtliche Vertrag – eine Einführung (2007): 6 f.

ii) Neuausrichtung der funktionalen Methode als projektbezogene funktionale Methode

1. Werden verschiedene Interessen miteinander verglichen, so befindet man sich zugleich im Bereich der *Funktion*. Diese ist zu verstehen als die Untersuchung des Beitrags, den ein Element (etwa eine normative Ordnung) für ein anderes (etwa die Gesellschaft) leistet, und spezifischer: als limitierenden Vergleichsgesichtspunkt, womit eine Vergleichsmöglichkeit äquivalenter Wirkungen – in casu von Privatrecht und öffentlichem Recht für den in Frage stehenden Sachverhalt – resultiert.[313]

2. Die Übersicht über die Entstehungs- und Operationsbedingungen der *funktionalen Abgrenzung* hat gezeigt, dass diese weitgehend mit der interventionistisch agierenden und wohlfahrtsstaatlich ausgerichteten Verwaltung verknüpft ist, die sich auch in verschiedenen Graden der Mittel der selbstorganisierten Gesellschaft bedient.[314] Dabei beantwortet die funktionale Abgrenzung primär die Frage, welche Verwaltungsangelegenheiten zu ihrer Verwirklichung auf das Verwaltungsrecht als Insichrecht respektive Sonderrecht des Staates angewiesen sind, samt entsprechenden Legitimationsquellen des demokratischen Rechtsstaats.

Dieses Abgrenzungselement muss jedoch heute, da die Verwaltung zur Verwirklichung ihrer Aufgaben immer mehr auf die Kooperation mit Privaten angewiesen ist, relativiert werden: Mit der funktionalen Methode kann es nicht (mehr) darum gehen, jene Rechtsnatur zu evaluieren, die für die Verwaltung prima vista ‹bequemer› ist, und auch bei Vorliegen eines öffentlichen Interesses darf nicht sogleich auf einen verwaltungsrechtlichen Vertrag geschlossen werden.[315] Auch der Umstand, dass ein bestehender Lebensbereich bereits öffentlichrechtlich mit Gesetz geregelt ist, kann nicht massgebend sein.[316] In dieser funktionalen Perspektive ist vielmehr relevant, *mit welchem Recht die notwendige Stabilisierung des Projektes,*

---

[313] NIKLAS LUHMANN, Recht der Gesellschaft (1993): 32. In diesem Sinn zielen die Interessen- und die Funktionstheorie auf dasselbe.

[314] Oben Kap. II.B.3.d): 70.

[315] So etwa noch in typischer Weise BGE 102 II 55 1976 – *PIERROZ CONTRE COMMUNE DE BEX*: 57 f.: «Cette convention ne visait pas à régir des rapports de droit privé entre personnes placées sur pied d'égalité; elle fixait les droits et devoirs de la défenderesse, dans le cadre de l'exécution de tâches d'intérêt public (aménagement de canalisations d'égouts, approvisionnement en eau, construction et éclairage de routes) en rapport avec les constructions projetées par le demandeur sur son fonds. Comme ces tâches, les prétentions issues de la convention du 11 février 1971 sont soumises au droit public cantonal.»

[316] Anders und reichlich verkürzt die beiden Entscheide zur Auslagerung des Abfallwesens: Verwaltungsgericht des Kantons Zürich VK.2006.00007 10. Juli 2007 – *VERTRAG ÜBER ABFUHR VON ABFÄLLEN*: E. 1; Bundesgericht 2D_64/2008 5. November 2008 – *ABFALLBEWIRTSCHAFTUNGSVERBAND OBERENGADIN-BERGELL GEGEN CORVATSCH POWER GMBH*: E. 2-3.

das die Verwaltung und die Privatperson gemeinsam an die Hand nehmen wollen, besser erreicht werden kann. Dies gilt insbesondere dann, wenn die Verwaltung auf die Kooperation mit Privaten derart angewiesen ist, dass sie sich mit Vorteil den Selbstorganisationsmechanismen der Privaten unterwirft, und hieraus auch die Legitimation des Vertrags erzeugt wird.[317]

3. In die gleiche Richtung wie die projektbezogene funktionale Abgrenzung geht auch die Abgrenzungstheorie nach dem *Konzept der wechselseitigen Auffangordnungen*. Nach diesem Konzept fungieren Privatrecht und öffentliches Recht als derartige Auffangordnungen dort, wo die eine Teilrechtsordnung im Blick auf die Vorgänge der anderen Teilrechtsordnung Wirkungen sichert, die unverzichtbar sind. Während das Privatrecht als Rahmenordnung weiten Spielraum für die gesellschaftlichen Kräfte der Selbstorganisation belässt, setzt das öffentliche Recht dort ein, wo ein demokratisch legitimiertes und rechtsstaatlich abgesichertes politisches Programm allein in gesellschaftlicher Selbstorganisation nicht oder nicht gleich gut erreicht werden könnte.[318] Dabei ist im Auge zu behalten, dass im Fall von Verwaltungsverträgen zwischen Verwaltung und Privaten die durch die Auffangordnungen zu sichernde Wirkung sich primär auf das gemeinsame Projekt bezieht, das die Parteien mit Kooperation zu verwirklichen suchen.

Problematisch ist diese Lehre allerdings dann, wenn sie aus der Optik eines instrumental zugunsten der Verwaltung gewendeten Rechts eingesetzt wird: Recht im Allgemeinen und auch Privatrecht im Speziellen werden erstens als Instrument und zweitens vom Staat her gedacht.[319] Die durch den Staat versprochene soziale

---

[317] Dies ist offensichtlich der Fall, wenn die öffentliche Bedarfsdeckung unter Ausnutzung von Marktkräften erfolgen soll: MARTIN BEYELER, Öffentliche Beschaffung, Vergaberecht und Schadenersatz (2004): N 70 f. und 87. In diese Richtung deuten auch PIERRE TSCHANNEN/ULRICH ZIMMERLI, Allgemeines Verwaltungsrecht (2005): 356, wenn sie das Verhältnis zu Benutzern öffentlicher Dienstleistungen dann dem Privatrecht unterstellen wollen, wenn dieses eine ‹gewerbliche Tätigkeit› betrifft.

[318] EBERHARD SCHMIDT-ASSMANN, Öffentliches Recht und Privatrecht: Ihre Funktionen als wechselseitige Auffangordnungen (1996): vor allem 12 und 16 ff.; SUSAN EMMENEGGER, Bankorganisationsrecht (2004): 31 ff.

[319] Als typisch für diese Ausrichtung können folgende Ausführung von Schmidt-Assmann stehen: «Öffentliches und privates Recht müssen heute auch als sich wechselseitig stützende und ergänzende ‹Auffangordnungen› (Hoffmann-Riem) verstanden werden. Die Idee der Auffangordnungen knüpft bewußt an die unterschiedlichen Steuerungsleistungen beider Teilrechtsordnungen an. Sie betont die Einheitlichkeit öffentlicher Aufgaben und fragt danach, wie sich Regelungsbedürfnisse, die im Rahmen der einen Teilrechtsordnung nicht hinreichend befriedigt werden können, durch Rückgriff auf Gestaltungselemente der anderen Teilrechtsordnung erfüllen und in diesem Sinn ‹auffangen› lassen.»: EBERHARD

Ordnung wird direkt durch das instrumental von der Verwaltung in Anschlag gebrachte öffentliche Recht und auf indirekterem Weg durch das ebenso instrumental gewendete Privatrecht hergestellt, und diese Rechtsbereiche wiederum werden durch den Rechtsstaat als Synthese von Macht und Recht gewährleistet respektive der Verwaltung zur Verfügung gestellt.[320] Letztlich erscheint hiermit selbst das Privatrecht primär als Mittel der verwaltungsmässigen rationalen Bedarfsdeckung.[321] Dagegen werden die Eigenschaften des Privatrechts als Gewährleister *und* Produkt der Selbstorganisation der Gesellschaft verdrängt. Für das Thema der Verwaltungsverträge ist dies dann im besonderen Masse problematisch, wenn der Staat qua Verwaltung seine Rechtsmacht in der Abgrenzungsfrage und sodann in der Frage des anwendbaren Normenbestandes zielgerichtet dazu einsetzt, seine Position als Vertragspartei zu verbessern. Wenn es aber richtig ist, dass die Verwaltung immer häufiger auf die Kooperation von Privaten angewiesen ist, um ihre Aufgaben zu erfüllen, dann kann eine einseitige, instrumentale Sicht auf das Recht des Verwaltungsvertrags nur kontraproduktiv wirken.

4. Anhand folgender Beispiele kann verdeutlicht werden, wie die funktionale Methode auf die Stabilisierung des gemeinsamen Projektes ausgerichtet werden kann:

a. Im Bundesgerichtsentscheid P. GEGEN STADTRAT LUZERN (GANZWERBEBUS) ging es darum, dass die Stadt Luzern die werbetechnische Gestaltung der Stadtbusse einer privaten Plakatgesellschaft übertragen hatte, sich jedoch ein Vetorecht vorbehielt. Richtigerweise (allerdings ohne weitere Begründung) unterstellte das Bundesgericht die Beziehung zwischen der Plakatgesellschaft und den werbenden Kunden dem Privatrecht. In casu lag die Funktion des Arrangements darin, Werbeflächen von städtischem Eigentum zu vermarkten. Ohne Zweifel profitierte dieses Projekt von den Marktregeln samt entsprechender Rechtsordnung, welchen sich beide Parteien in gleichberechtigter Weise unterzuordnen hatten.[322] Die Anwendung des öffentlichen Rechts hätte dagegen für die Parteien zusätzliche Transaktionskosten generiert; die Verwaltung hätte einen Zuschlag für die zusätzlichen, aus dem öffentlichen Recht und der entsprechenden Verknüpfung von Parteistellung

---

SCHMIDT-ASSMANN, Öffentliches Recht und Privatrecht: Ihre Funktionen als wechselseitige Auffangordnungen (1996): 8.

[320] «Nicht nur das öffentliche Recht, sondern auch das private Recht erfüllt folglich eine rechtsstaatliche Zentralaufgabe.»: EBERHARD SCHMIDT-ASSMANN, Öffentliches Recht und Privatrecht: Ihre Funktionen als wechselseitige Auffangordnungen (1996): 13.

[321] Vor einer unbeschränkten Ausrichtung der Verwaltung auf rationale Bedarfsdeckung warnte bereits Max Weber. Siehe oben bei Fn. 5: 2.

[322] BGE 127 I 84 2001 – P. GEGEN STADTRAT LUZERN.

und Rechtsmacht entstehenden Risiken zu bezahlen gehabt, und es hätte die Gefahr einer Marktverzerrung bestanden, wenn die Verwaltung am Markt teilgenommen hätte, ohne dessen Regeln folgen zu müssen.

b. Aus dieser Optik hätte auch der Fall STADTANZEIGER BERN beurteilt werden können. Die Stadt Bern hatte eine Vereinbarung mit einer privaten Druckerei über den Druck des Stadtanzeigers gekündigt. Das Bundesgericht qualifizierte diese Vereinbarung als öffentlichrechtlichen Vertrag aufgrund einer Konzession.[323] Die Veröffentlichung von Mitteilungen, die gesetzlich vorgeschrieben seien und der Publizitätswirkung dienten, sei – so die Argumentation des Bundesgerichts – eine hoheitliche Aufgabe. Allerdings muss hier eingewendet werden, dass zum Beispiel auch das Schreiben von Gerichtsurteilen eine hoheitliche Aufgabe ist, was allerdings den Einkauf von Druckertoner noch nicht zum öffentlichen Vertrag macht. In der Tat geht es in derartigen Kooperationen zwischen Verwaltung und Privaten darum, eine Leistung vom Markt zu beziehen, die dieser effizienter als die Verwaltung erzeugt. Wie bereits im Fall des Stadtluzerner Ganzwerbebusses profitiert also die Verwaltung in derartigen Fällen von den Selbstorganisationskräften des Marktes und muss sich folglich auch den entsprechenden Regeln unterordnen.[324]

c. Auch der Bundesgerichtsentscheid A. GEGEN KANTON ST. GALLEN (ARBEITS-MARKTLICHE MASSNAHMEN) wäre unter Beachtung einer projektbezogenen funktionalen Methode anders zu beurteilen gewesen. Der Kanton St. Gallen hatte arbeitsmarktliche Massnahmen in Form von Computerkursen für Arbeitslose durch einen Privaten durchführen lassen. Auch hier ging es im Wesentlichen darum, dass Leistungen, deren Erbringung zweifellos im öffentlichen Interesse ist, effizienter und flexibler auf dem Markt eingekauft werden, und entsprechend sorgt auch der Marktmechanismus dafür, dass die staatlichen Gelder effizient eingesetzt werden können. Somit hätte das Verwaltungsrecht als Sonderrecht des Staates nicht zur Anwendung gelangen sollen.[325]

d. Ein letztes Beispiel betrifft die *Übertragung von Staatsaufgaben im Bereich des Asylwesens* auf private Unternehmen. So erhielt zum Beispiel die ORS Service AG in den letzten Jahren verschiedenste Aufträge von Bund und Kantonen etwa zur Führung von Asyl- und Durchgangszentren zugesprochen. In diesem Fall macht

---

[323] In der Konsequenz war damit die Vertragsauslegung eine Sache des kantonalen Rechts, dessen Anwendung in der Berufung vom Bundesgericht nicht überprüft werden konnte: BGE 123 III 395 1997 – STADTANZEIGER BERN: 397 ff.

[324] Anzumerken bleibt, dass sich daran auch nichts ändert, wenn wie in casu der Vertrag aus dem Jahr 1890 stammt. Die Frage der Rechtsnatur ist wie auch die Frage der anwendbaren Normen nach aktuellem Recht zu beurteilen.

[325] BGE 128 III 250 2002 – A. GEGEN KANTON ST. GALLEN (ARBEITSMARKTLICHE MASSNAHMEN).

sich die Verwaltung zwar – ähnlich wie in den soeben erwähnten Fällen – die Leistungen der selbstorganisierten Wirtschaft zunutze, zugleich verbleibt aber der Verwaltung infolge des besonderen Rechtsverhältnisses auch eine gesteigerte Fürsorgepflicht gegenüber den Asylbewerbern,[326] die sie zumindest als fortdauernde Gewährleitungsverantwortung auszuüben hat.[327] Das Problem liegt konkret darin, dass private Unternehmungen, wollen sie ihr langfristiges Überleben auf einem umkämpften freien Markt sicherstellen, der wirtschaftlichen, auf Gewinn ausgerichteten Rationalität folgen müssen. Die Unternehmung folgt dabei der politischen Vorgabe in einer oberflächlichen Art, d. h. die Grundrationalität bleibt wirtschaftlicher Natur. Wenn also zum Beispiel eine Unternehmung den politischen Auftrag erhält, Asylbewerber zu betreuen und diesen in den Unterkünften eine rudimentäre medizinische Grundversorgung zu gewähren, so würde eine Unternehmung – in der Tendenz und ihrer Natur gemäss – dies in grösstmöglicher Annäherung an ihre wirtschaftlichen Interessen, also potenziell in kostengünstigster Weise und mit mittelfristigem Horizont (mit Blick auf den durchschnittlichen Verbleib der Klienten) umsetzen. In der alltäglichen Ausgestaltung wird die private Leistungserbringerin also ihren Ermessenspielraum im Sinn ihrer Hauptrationalität, der wirtschaftlichen Rationalität, ausnutzen. Dies kollidiert potenziell bereits mit der Fürsorge- oder Gewährleistungsverantwortung des Verwaltungshandelns.[328] Diese Verantwortung, die wohlgemerkt dem gemeinsamen Projekt von Beginn weg offen zugrunde lag, können nun die Parteien unter einem verwaltungsrechtlichen Regime besser nachkommen, als unter einem privatrechtlichen, das Drittparteien wie etwa den betroffenen Asylbewerbern notabene nicht einmal ein Recht auf Kenntnis des Vertragsinhalts geben würde. Konkret kann mittels Verwaltungsrecht der Private dazu gebracht werden, den politischen Forderungen aus den gesteigerten Fürsorgepflichten zumindest soweit nachzukommen, als damit die wirtschaftliche Rationalität nicht vollständig untergraben wird.

iii) Neuausrichtung der Subordinationstheorie

1. Die soeben erläuterte Neuausrichtung der funktionalen Abgrenzung auf das gemeinsame Projekt bedeutet nicht, dass auf das Verwaltungsrecht als Insich- und Sonderrecht des Staates verzichtet werden kann. Allerdings gilt es dessen Funktion

---

[326] MARKUS MÜLLER, Das besondere Rechtsverhältnis (2003): 141 ff.
[327] EBERHARD SCHMIDT-ASSMANN, Das Recht der Verwaltungsverträge (2001): 65 und 75.
[328] Zu dieser Problematik siehe zum Beispiel die verschiedenen Beschwerden in den Jahren 2002 und 2003 und die darauf folgenden Zeitungsartikel: EDUARD GAUTSCHI, Hausverbot ist unverhältnismässig (Zürcher Unterländer, 2. Juli 2003); JOHANNES WARTENWEILER, Seltsame Abrechnungen im Asylwesen (WoZ-Online, 25. Juli 2002).

als Legitimationsquelle des Verwaltungshandelns mittels staatlicher Autorität und Macht zu betonen.[329] Hierzu kann – ergänzend zur Abgrenzung nach Funktion – auf die Subordinationstheorie zurückgegriffen werden, die diese Problematik bereits für den Polizeistaat gelöst hatte. Mit Blick auf die Legitimationswirkung von Recht vermag heute die *Subordinationstheorie in zweierlei Hinsicht die funktionale Abgrenzung zu ergänzen:*

- Zum Ersten führt die Subordinationstheorie die Verwaltung dort auf die Ebene der Privaten und damit auf die Ebene des Zivilrechts, wo sich die Verwaltung mit der Rationalität der Privaten ‹gleichordnet›, d. h. sich vollends in die Mechanismen der gesellschaftlichen Selbstorganisation einordnet, um davon für die entsprechende Bedarfsdeckung zu profitieren.[330] Dabei sind zwei Aspekte zu beachten: Einerseits werden damit die Möglichkeiten verwaltungsmässiger Bedarfsdeckung erweitert. Wie das Submissionswesen zeigt, vermag die Staatsverwaltung weitgehend an die Selbstorganisationskräfte der Marktwirtschaft anzuschliessen und öffentliche Güter und Dienstleistungen zum marktwirtschaftlich bestmöglichen Preis zu erhalten. Andererseits werden damit, indem sich die Verwaltung zwecks marktwirtschaftlicher Bedarfsdeckung in die Form des Privatrechts gibt, wie erwähnt, die Selbstorganisationsformen der Gesellschaft vor den expansiven Tendenzen des Staates geschützt. Dieser Schutz ist dann notwendig, wenn die Staatsverwaltung zwecks Bedarfsdeckung direkt auf diese Selbstorganisationsformen Zugriff nimmt und diese mit ihrer gleichzeitig in Anschlag gebrachten Rechtsmacht in ihrer Funktionsweise bedroht. Unter Anwendung der Subordinationstheorie wird in diesem Fall die Verwaltung dazu gebracht, das Spiel der Privaten zu spielen.[331] Richtet

---

[329] In diesem Sinn PIERRE MOOR, Droit administrativ II (2002): 357. Für das Vergaberecht MARTIN BEYELER, Öffentliche Beschaffung, Vergaberecht und Schadenersatz (2004): 62.

[330] So für das Dienstrecht explizit Bundesgericht 2P.136/2005 14. Dezember 2005 – *RÜCKZAHLUNG DER AUSBILDUNGSKOSTEN DER POLIZEISCHULE*: Erw. 3.1.2; vgl. BGE 113 Ia 69 1987 – *Z. GEGEN REGIERUNGSRAT DES KANTONS ST. GALLEN (PFLICHTVERTEIDIGUNG)*: 70, e contrario. FELIX HAFNER, Rechtsnatur der öffentlichen Dienstverhältnisse (1999): 204. Für das Vergaberecht MARTIN BEYELER, Öffentliche Beschaffung, Vergaberecht und Schadenersatz (2004): 70 f. und 87. Entsprechend erhält das Kriterium der Subordination immer auch dann wieder zur Abgrenzung der Rechtsnatur Bedeutung, wenn die Reduktion des Staates auf zentrale Ordnungsfunktionen ansteht. Des Weiteren zur Abgrenzung von Submission und Subvention m. w. H. PETER GALLI/ANDRÉ MOSER/ELISABETH LANG, Praxis des öffentlichen Beschaffungsrechts (2003): N 123 und 577 und GEORGE M. GANZ, Ausschreibung von Verkehrsdienstleistungen (2001): 980 f.

[331] Aus diesen Gründen erscheint die Entscheidung des Zürcher Verwaltungsgericht, die Auslagerung der Abfuhr von Abfällen an Private sei öffentlichrechtlicher Natur, zumindest

sich die Rechtsmacht der Verwaltung allerdings (wie im soeben erläuterten Fall der privat geführten Asylbewerberunterkunft) nicht gegen die Vertragspartner, sondern ausserhalb des Marktmechanismus primär gegen Dritte, wird die Funktionsweise des Wettbewerbs nicht gestört, weshalb die Subordinationstheorie in diesem Sinn nicht zur Anwendung gelangen muss.

– Zum Zweiten vermag die Subordinationstheorie anzuzeigen, wo die Staatsverwaltung ihre hoheitliche Rechtsmacht derart in einen Vertrag einbringt, dass die entsprechende Machtausübung nicht mit den Legitimationsformen der Zivilgesellschaft, d. h. vor allem des Marktes,[332] zu rechtfertigen sind.[333] Dies kann insbesondere dadurch geschehen, dass die Verwaltung zielgerichtet mit einer Verordnung oder einer Verfügung die Vertragsverhandlungen beeinflusst,[334] oder aber sie beeinflusst die Vertragsverhandlungen damit, dass sie eine entsprechende Verordnung oder Verfügung unmittelbar in Aussicht stellt. Entgegen einer Gleichordnung liegt hier eine Subordination unter die Rechtsmacht des Staates vor. GIACOMINI beschreibt diese Situation in treffender Weise:

«Der Private ist oftmals gezwungen, ein entsprechendes Verhältnis einzugehen, da ihm keine Alternativen zur Verfügung stehen. Das Rechtsverhältnis wird dannzumal zwar nicht einseitig begründet. Die Subordination reicht nicht soweit, dass der Private zum Eingehen der Beziehung gezwungen werden könnte, weshalb eine vertragliche Ausgestaltung durchaus möglich ist. Die Ungleichheit (und damit eine besonders geartete Subordination) muss uns aber zum Schluss führen, dass das Verhältnis öffentlichrechtlicher Natur ist.»[335]

---

fragwürdig: Verwaltungsgericht des Kantons Zürich VK.2006.00007 10. Juli 2007 – *VERTRAG ÜBER ABFUHR VON ABFÄLLEN*.

[332] Wirtschaftlicher Wettbewerb erscheint somit als alternative Form der Legitimation. Zugleich ist aber davon Abstand zu nehmen, die Abgrenzung auf die Dichotomie Wettbewerb versus Staat zu reduzieren. Anders FRIEDRICH VON ZEZSCHWITZ, Rechtsstaatliche und prozessuale Probleme des Verwaltungsprivatrechts (1983): 1882; HARTMUT MAURER, Der Verwaltungsvertrag (1989): 798. Eine Verabsolutierung dieser Unterscheidung wird der Komplexität der Gesellschaft und gerade auch den vielfältigen Einsatzmöglichkeiten des Verwaltungsvertrags nicht gerecht.

[333] So explizit BGE 113 Ia 69 1987 – *Z. GEGEN REGIERUNGSRAT DES KANTONS ST. GALLEN (PFLICHTVERTEIDIGUNG)*: 71.

[334] Typischerweise etwa beim öffentlichrechtlichen Personalrecht: so auch THOMAS GEISER, Prävention im Sport (2007).

[335] SERGIO GIACOMINI, Verwaltungsrechtlicher Vertrag und Verfügung im Subventionsverhältnis "Staat-Privater" (1992): N 152

Diese durch die Verwaltung verliehene Freiheit entfernt sich weit von der kantischen Freiheit, welcher keine Ursache vorangestellt ist, welche ein Wert für sich selbst, transzendental, und als solche grundsätzlich auch nicht von sinnlichen und gesellschaftlichen Bedürfnissen abhängig ist.[336] Das auf gleichgerichtete Parteien ausgerichtete Privatrecht hat auf derartige Ungleichgewichtslagen, die in der Rechtsautorität des Staates liegen, keine Antwort.[337] Es scheidet hier von vornherein aus.[338] Das Verwaltungsrecht hat sich dagegen in den letzten hundert Jahren, auch wenn es zugleich ein staatliches ‹Privilegienrecht› geblieben ist, zu einem ‹Legitimations-Recht› entwickelt, das die Machtausübung des Staates auf die Gesellschaft mit Recht zu erfassen, in Grenzen zu setzen und mit Referenz auf demokratische Beteiligungsverfahren am Staat zu legitimieren sucht.

2. Diese Erweiterung der funktionalen Abgrenzung durch das Element der Subordination kann anhand von verschiedenen *Beispielen* verdeutlicht werden:

a. Die Kontingenz des Staates zeigt sich gerade auch im Bereich des Staatsdiensts, wie bereits anhand des Bundesgerichtsentscheids VEREIN DES BÜNDNER STAATSPERSONALS (PSYCHIATRISCHE DIENSTE GRAUBÜNDEN)[339] angedeutet wurde: Die *Organisation des Staatsdienstes* entfernt sich immer mehr vom Idealtypus eines Beamten, der einerseits so weit als möglich in den Staat integriert und diesem vollständig unterworfen ist und der andererseits durch eine lebenslange Absicherung von Rang, Namen und Existenz (Pension) jeglichen korrumpierenden Einflüssen der Gesellschaft enthoben wird. Heute besteht ein weitgehender Konsens darüber, dass nur noch wenige Dienstleistungen notwendigerweise diesem klassischen Beamten zugeteilt werden müssen. Jenseits dieser klassischen Beamtengeschäfte eröffnet sich ein weites Spektrum der Organisation des öffentlichen Diensts mittels Verfügung, verwaltungsrechtlichem Vertrag, privatrechtlichem Vertrag bis hin zur ad hoc auf dem Markt eingekauften Arbeitskraft.[340] Da nun erstens der Staats-

---

[336] IMMANUEL KANT, Kritik der reinen Vernunft (1787/1993): 561 f.; IMMANUEL KANT, Kritik der praktischen Vernunft (1788/1993): 60 f.; IMMANUEL KANT, Rechtslehre (1797/1988): 27 f.

[337] Eine gewisse Ausnahme bildet das Kartellgesetz, das auch auf öffentliche Betriebe anwendbar ist (Art. 2 KG). Vom Kartellgesetz ausgeklammert bleiben allerdings all jene Personen, die nicht als Wettbewerber am Markt teilnehmen, also insbesondere Konsumenten (Art. 12 Abs. 1 KG).

[338] Explizit bereits MAX IMBODEN, Der verwaltungsrechtliche Vertrag (1958): 61a f. Zum Ganzen unten Kap. IV.B: 181.

[339] BGE 128 I 113 2002 – VEREIN DES BÜNDNER STAATSPERSONALS (PSYCHIATRISCHE DIENSTE GRAUBÜNDEN). Oben Kap. II.A.4: 47.

[340] Zum Ganzen jüngst PETER HELBLING, Der öffentliche Dienst auf dem Weg in das OR (2004).

angestellte durch seine Anstellung nicht mehr aus dem ‹regulären› Leben hinausgehoben und (zumindest potenziell) voll und ganz in den Dienst des Staates tritt[341] und insofern zweitens der Staat zugleich auf die Kräfte des Arbeitsmarktes setzt, um seinen immer wechselhafteren Bedarf an Arbeitsleistung zu decken, muss er sich in einem gewissen Grad, zumindest ‹on the long run›, zu seinem eigenen Vorteil auf die Regeln des Marktes einlassen. Er muss sich in das Spiel der gleichgerichteten Marktteilnehmer einfügen, will er nicht eine Risikoprämie bezahlen (respektive bei unverändertem Preis einen Qualitätsabzug in Kauf nehmen) oder gar einen Reputationsverlust in der Art erleiden, dass bestimmte Marktteilnehmer sich nicht mehr auf einen Handel einlassen wollen.[342]

b. Als ständige Rechtsprechung erscheint die Abgrenzung nach dem Element der Subordination zum Beispiel im Bereich des *Enteignungsrechts*. Oft lassen sich Private, um ein formelles Enteignungsverfahren zu vermeiden, noch vor dessen Beginn auf eine vertragliche Übereinkunft ein.[343] Obwohl in solchen Verträgen häufig die Übertragung von Grundeigentum – unter Beachtung der Regeln des ZGB[344] – geregelt wird, sind solche Verträge dann als öffentlichrechtliche Verwaltungsver-

---

[341] Zur jüngsten Entwicklung siehe FRED HENNEBERGER/SARAH SUDJANA, Öffentlicher Dienst im Wandel (2007): vor allem 75 ff.

[342] Im Kern zeigt sich dies bereits im 19. Jahrhundert dann, wenn es um die Anstellung von hochspezialisierten ausländischen Arbeitskräften geht. In diesem Fall schlägt die Doktrin, die die Ernennung zum Staatsdienst als Verfügung sieht, in die Vertragsform um: «Nur in dem einzigen Falle liegt die Rechtfertigung einer Ausnahme vor Augen, wenn der Regent einen Ausländer zu einem Staatsamte ruft, und dieser den Ruf annimmt; denn dieses Geschäft ist unstreitig ein Vertrag.»: NICOLAUS THADDÄUS GÖNNER, Der Staatsdienst (1808): 93.

[343] So zum Beispiel BGE 114 Ib 142 1988 – *INTERCHEMIE GEGEN KANTON ZUG (NATIONALSTRASSENBAU)*. Dass das Enteignungsgesetz für Enteignungsverträge während des Enteignungsverfahrens die schriftliche Form vorsieht, bedeutet nicht – wie das Bundesgericht richtigerweise festhielt – ein Verbot solcher Verträge vor Beginn des Enteignungsverfahrens.

[344] Allein die Anwendung zivilrechtlicher Regelungen zur Eigentumsübertragung begründet noch keine Anwendung von Zivilrecht in toto. So steht denn in Erschliessungsvereinbarungen zuweilen die Anwendung von Privatrecht zur Debatte, da Landübertragungen nach dem Zivilgesetzbuch öffentlich zu beurkunden sind. Das Bundesgericht entschied bereits mehrfach, dass es sich bei einer Erschliessungsvereinbarung um einen öffentlichrechtlichen Vertrag handle, auch wenn eine damit verknüpfte Eigentumsübertragung nach den Regeln des Zivilrechts zu erfolgen habe: Bundesgericht 2A.414/2006 19. März 2008 – *FIBRE LAC S.A. GEGEN KANTON BASEL-LANDSCHAFT*: E. 2; BGE 112 II 107 1986 – *KAISERAUGST VS. KERNKRAFTWERK KAISERAUGST AG*: 109 ff., E. 1 und 2; BGE 103 Ia 31 1977 – *STEG SCHWANENSEE GEGEN EG ENGELBERG*: 34 ff., E. 2; BGE 103 Ia 505 1977 – *HOFMANN AG GEGEN EINWOHNERGEMEINDE THUN*: 509 ff., E. 2a; vgl. auch Müller, Bemerkungen zu BGE 112 II 107.

träge zu qualifizieren, wenn die Planauflage bereits erfolgt ist.[345] Denn ab diesem Zeitpunkt tritt der Staat mit hoheitlichen Zwangsmitteln auf; kommt es nicht zu einer Vereinbarung, droht ein befehlsförmiges Verfahren, in welches der Private seine Interessen in geringerem Mass einbringen kann als in einen Vertrag. Hierbei wird von den Parteien das hoheitliche Verfahren antizipiert, was insbesondere Auswirkungen auf die ökonomische Sichtweise zeitigt, denn die Verwaltung muss in einer vertraglichen Vereinbarung einen zumindest äquivalenten Inhalt erreichen, wie er aus dem befehlsförmigen Verfahren resultieren würde.[346] Die Einigung zur Handänderung geschieht unter dem Druck des drohenden Enteignungsverfahrens. Es ist von zentraler Bedeutung, darauf hinzuweisen, dass in dieser Situation nicht mehr von *Freiheit im privatrechtlichen Sinn* gesprochen werden kann. Die Privatpartei hat nur noch die Wahl, sich in das Verfahren zu begeben oder eine dem Verfahren entsprechende Einigung zu schliessen, womit die traditionellen rechtsstaatlichen Sicherungsmittel zur Anwendung kommen müssen.[347]

c. Anhand eines typisch wohlfahrtsstaatlichem Bereichs der Verwaltung, der Denkmalpflege, kann sodann verdeutlicht werden, dass es sich bei Vereinbarungen vor dem Hintergrund eines befehlsförmigen Verfahrens um eine typische Handlungsstruktur des interventionistischen Wohlfahrtsstaats handelt, und zwar wenn dessen Kategorien von Regelungsanspruch und Regelungsmittel auseinander driften. Denn dann vermag die Verwaltung Zuflucht im Vertrag zu finden, um ihren Regelungsanspruch – mit Hilfe einer Kombination von Vertrag und Rechtsmacht – doch noch befriedigen zu können.

Was damit gemeint ist, lässt sich mit dem *Entscheid des Verwaltungsgerichts Zürich ZR 72 Nr. 89* aus dem Jahr 1973 zeigen. Der Stadtrat von Zürich hatte auf Gesuch der städtischen Denkmalpflegekommission die Unterschutzstellung von zwei Bürgerhäusern verfügt. Grundlage für diese Unterschutzstellung war die städtische Denkmalschutzverordnung, nach welcher denkmalpflegerelevante Objekte «in ihrer Wirkung nicht beeinträchtigt werden [dürfen]».[348] Die Eigentümer mach-

---

[345] BGE 114 Ib 142 1988 – *INTERCHEMIE GEGEN KANTON ZUG (NATIONALSTRASSENBAU)*, vor allem 148 f. Vgl. auch BGE 116 Ib 241 1990 – *STADT ZÜRICH GEGEN SCHWEIZ. BUNDESBAHNEN (BAHNHOF MUSEUMSSTRASSE)*: 244, der allerdings die Trennung bei der Eröffnung des Enteignungsverfahrens ansetzt. Vgl. zu diesem Thema ROLAND PFÄFFLI, Grundbuchrecht und Enteignungsrecht (2007): 12. Zum Charakter als Vergleich siehe AUGUST MÄCHLER, Vertrag und Verwaltungsrechtspflege (2005): § 11 II.A.

[346] So zum Beispiel in BGE 114 Ib 142 1988 – *INTERCHEMIE GEGEN KANTON ZUG (NATIONALSTRASSENBAU)*

[347] Soeben bei Fn. 336: 82.

[348] Art. 1 der Verordnung der Stadt Zürich über den Schutz des Stadtbildes und der Baudenkmäler (Denkmalschutzverordnung), Gemeinderatsbeschluss von 14. Februar 1962 (AS

ten gegen die Unterschutzstellung unter anderem geltend, die Häuser seien derart renovationsbedürftig, dass sie nicht (mehr) schutzwürdig seien.[349] Das Gericht führte zu diesem Einwand aus, dass in der Tat die gesetzlichen Grundlagen für eine Anordnung der Pflege fehlten. Denn § 123 des kantonalen Baugesetzes von 1893 erlaube nur polizeiliche Eingriffe. Jedoch ohne Pflege, vor allem wie hier bei einem restaurierungsbedürftigen Bauwerk, sei die Unterschutzstellung nicht verhältnismässig: Die getroffene Massnahme der Unterschutzstellung könne das gesetzte Ziel des Denkmalschutzes nicht erreichen.[350] In einer spektakulären Wende kam dann allerdings das Gericht der Denkmalpflege zu Hilfe:

«[Die Ergänzung der Unterschutzstellung mit Pflege des Denkmals kann,] ... da das Gemeinwesen in diesem Bereich [ohne gesetzliche Grundlage] keine einseitigen Anordnungen treffen darf, durch verwaltungsrechtlichen Vertrag geschehen. Ein solcher Vertrag kann, weil sich die kostspieligen denkmalpflegerischen Aufwendungen ohne rechtliche Sicherung des Bauwerkes nicht rechtfertigen lassen, unter der aufschiebenden Bedingung geschlossen werden, dass der Denkmalschutz rechtskräftig angeordnet wird, oder er kann Denkmalschutz und Denkmalpflege uno actu ordnen ... Scheitert der Vertragsschluss ... so ist die formelle Enteignung einzuleiten.»[351]

Auch hier wird somit das Feld des potenziellen Vertragsschlusses durch die drohende Enteignung strukturiert. Erst vor diesen Hintergrund ist der Private ‹frei›, sich auf Vertragsverhandlungen einzulassen, um damit eine Regelung anstreben zu können, die auf seine Bedürfnisse allenfalls Rücksicht nehmen würde. Zugleich muss er aber mit diesem Vertrag zur Verwirklichung jener Verwaltungsaufgaben beitragen, die die Verwaltung allein mit polizeirechtlichem Instrumentarium nicht erfüllen könnte.

Dass es sich bei diesem Fall aus dem Jahr 1972 nicht um einen Einzelfall und nicht um ein Problem der Vergangenheit handelt, zeigt sich anhand des Bundesgerichtsentscheids DENKMALSCHUTZ KINOSAAL VIEUX-CARROUGE aus dem Jahr 2000, in welchem es um die gesetzliche Grundlage und die entsprechenden Vorausset-

---

StZH 31 569). Als (wohlfahrtsstaatliches) Spezialgesetz ging die Denkmalschutzverordnung der Bauordnung der Stadt Zürich vor: Art. 2 der Stadtzürcher Bau und Zonenverordnung vom 12. Juni 1963 (AS StZH 34 84).

[349] Verwaltungsgericht Zürich ZR 72 Nr. 89 1973 – DENKMALPFLEGE AN BÜRGERHÄUSERN IN DER STADT ZÜRICH: 213.

[350] Verwaltungsgericht Zürich ZR 72 Nr. 89 1973 – DENKMALPFLEGE AN BÜRGERHÄUSERN IN DER STADT ZÜRICH: 213 f.

[351] Verwaltungsgericht Zürich ZR 72 Nr. 89 1973 – DENKMALPFLEGE AN BÜRGERHÄUSERN IN DER STADT ZÜRICH: 215.

zungen ging, um den Eigentümer zum Zweck der Denkmalpflege zur Weiterführung einer wirtschaftlichen Aktivität zu verpflichten. Obwohl das Verbot der Nutzungsänderung zweifellos ein sehr weitgehender Eingriff in die Grundrechtsposition des Eigentümers und Wirtschaftsteilnehmers darstellt, anerkannte das Bundesgericht die Zulässigkeit einer solcher Massnahme in Anbetracht der Funktion der Denkmalpflege.[352] Allerdings wurde zugleich eine enge *Kooperation zwischen Denkmalpflege und Eigentümer* vorausgesetzt, um die Nutzungs- und Änderungsmöglichkeiten genau zu eruieren. Das Bundesgericht relativierte aber, dass damit der initiale *Akt der Unterschutzstellung als solcher nicht zu einem Vertrag werde, sondern immer noch hoheitlich erfolge* und damit nicht verhandelbar sei.[353] Damit stellt sich also auch hier mit der Subordinationstheorie die Frage, ob unter dem Eindruck der unmittelbar drohenden Verfügung ein Vertragsschluss nicht mehr unter gleichgerichteten Vertragspartnern vor dem Hintergrund gesellschaftlicher Organisation geschieht, sondern sozusagen ‹in the shadow of the state›.[354] Die zu bestimmende Unbekannte ist somit die *Nähe oder Ferne des befehlsförmigen Verfahrens von den Vertragsverhandlungen* und der entsprechende Einfluss auf die Vertragsverhandlungen.

d. Diese Frage der Nähe und des Einflusses des befehlsförmigen Verfahrens vis-a-vis des Vertragsschlusses lässt sich mit dem Bundesgerichtsentscheid SCHWEIZERISCHER TREUHÄNDER-VERBAND C. SCHWEIZERISCHE NATIONALBANK weiter erläutern.[355] Konkret ging es um eine von der Schweizerischen Nationalbank *staatlich angeleitete Vereinbarung von Privaten* über die Sorgfaltspflicht der Banken. Von der Zuordnung zum Privatrecht oder öffentlichen Recht hing im Wesent-

---

[352] » … personne ne prétend sérieusement que le bâtiment A1035 constituerait, comme tel, un édifice d'une grande valeur architecturale ou artistique qui devrait être sauvegardé à tout prix.»: S. 223.

[353] S. 226: «Cette obligation de collaboration ne change pas la nature de l'acte de classement, qui n'en devient pas négociable pour autant, et demeure une prérogative exclusive et unilatérale de l'Etat.»

[354] Vgl. die damit angesprochene Analogie zu ROBERT N. MNOOKIN/LEWIS KORNHAUSER, Bargaining in the Shadow of the Law: The Case of Divorce (1979). In diesem Zusammenhang ist auch auf die neuartigen Integrations- und Sozialverträge hingewiesen, die ebenfalls dieser Struktur der Verhandlung ‹in the shadow of the state› folgen. Derartige Verträge werden zunehmend mit Arbeitsuchenden, renitenten Jugendlichen und Schülern und ihren Eltern, mit Sozialhilfeempfängern und mit Immigranten vor dem Hintergrund eines befehlsförmigen Verfahrens oder unter der Androhung, bestimmte Vorteile zu verlieren, abgeschlossen. Zu dieser Art von Verträgen ANDREAS ABEGG, Vom Contrat Social zum Gesellschaftsvertragsrecht (2008).

[355] BGE 109 Ib 146 1983 – SCHWEIZERISCHER TREUHÄNDER-VERBAND C. SCHWEIZERISCHE NATIONALBANK.

lichen ab, ob der Treuhänder-Verband die Weigerung der SNB, ihn in der Vereinbarung zu privilegieren, als Verfügung anfechten konnte. Die Subordinationstheorie, so das Bundesgericht, spreche nicht für die Zuweisung zum öffentlichen Recht, da die Vereinbarung auch ohne die SNB hätte ausgearbeitet werden können. Es stünde den Banken denn auch frei, ob sie beitreten möchten oder nicht. Und weiter: «Die an der Vereinbarung Beteiligten haben es eben vorgezogen, sich freiwillig einer bestimmten Sorgfaltspflicht zu unterwerfen, statt eine diesbezügliche gesetzliche Verpflichtung abzuwarten.» In der Tat verfügte die Nationalbank über keine direkten Möglichkeiten, mittels befehlsförmigem Verfahren zu einem ähnlichen Ergebnis zu kommen, sondern sie musste in den Verhandlungen auf die Einsicht der freien Wirtschaftsteilnehmer setzen. Als Alternative stand einzig der langwierige und in seinem Resultat kaum vorhersehbare Weg der ordentlichen Gesetzgebung im Raum. Diese trieb zwar die Banken nichtsdestotrotz zur Teilnahme an der Vereinbarung an, stand aber nicht derart unmittelbar im Hintergrund der konkreten Verhandlungen, dass es konkrete Verhandlungsbereiche hätte vorstrukturieren können. In diesem Sinn deutet die Subordinationstheorie in der Tat auf die privatrechtliche Rechtsnatur der Vereinbarung, wobei damit nicht gesagt sein soll, die vom Bundesgericht nicht beanstandete Diskriminierung des Treuhänder-Verbandes sei rechtens gewesen.[356]

---

[356] Zum Ganzen m. w. H. ANDREAS ABEGG, Regulierung hybrider Netzwerke (2006).

III. Willensäusserung und Verfügung als prozessuale Anknüpfungspunkte im materiellen Recht

A. Fragestellung

1. Im Stadium der Vertragsverhandlungen, die entweder mit dem Vertragsschluss oder dem Abbruch der Verhandlungen enden, zeigen sich die *idealtypischen Unterschiede zwischen Vertrag und Verfügung* in aller Schärfe, und zwar sowohl zwischen den (potenziellen) Kooperationspartnern als auch gegenüber Dritten. Im Vordergrund stehen dabei folgende *zwei Fragen:*

– Kann erstens *der private Vertragspartner* mit rechtlichen Mitteln auf die Entscheidungen der Verwaltung, den Vertrag in einer bestimmten Weise abschliessen zu wollen oder sich von den Vertragsverhandlungen zurückzuziehen, einwirken?

– Und wie steht es zweitens um die rechtlichen Möglichkeiten *Dritter,* die auf den bilateralen[357] Vertrag gerichteten Entscheidungen der Behörde beeinflussen zu können; werden Dritte infolge der bilateralen Struktur des Vertrags ausgeschlossen, oder werden sie in ihren Interessen rechtlich geschützt?

Auch wenn sich diese Frage, ob Vertragspartner und Dritter auf die Entscheidungsprozesse der Verwaltung mit rechtlichen Mitteln Einfluss nehmen können, in besonders deutlicher Weise während der Vertragsverhandlungen stellt, bleibt sie nicht allein auf diese Phase beschränkt: Insbesondere wenn die Verwaltung Gestaltungsrechte wie etwa eine Kündigung ausübt, stellt sich auch *nach dem Vertragsabschluss* die Frage, ob Vertragspartner und Dritter in rechtlicher Weise auf die Entscheidfindung der Verwaltung Einfluss nehmen können.

2. Diese Fragen werden im Verwaltungsrecht traditionellerweise daran gemessen, *ob eine Verfügung vorliegt,* die sodann den Rechtsschutz über das zunächst verwaltungsinterne Beschwerdeverfahren eröffnet. Mit einer zunehmend proaktiven und dynamisierten Verwaltung, die sich unter anderem auch in kooperativen Verhältnissen engagierte, musste dies zu einer sogenannten ‹Jagd nach Verfügungen› (GIACOMINI) führen.[358] Mit einer derartigen Inanspruchnahme der von Hierarchie geprägten Verfügungsform zwecks Rechtsschutzes wurden jedoch die bilatera-

---

[357] Hierzu oben Kap. I.B.2: 18.
[358] SERGIO GIACOMINI, Jagdmachen auf Verfügungen (1993).

len Strukturen des Verwaltungsvertrags in Frage gestellt.[359] Eine entsprechende Ausweitung der Verfügungsform auf Verwaltungsverträge und die Verweisung der Vertragsparteien eines verwaltungsrechtlichen Vertrags auf den verwaltungsinternen Beschwerdeweg in den Neunzigerjahren[360] kann denn auch auf die mangelhafte dogmatische Ausbildung des verwaltungsvertraglichen Rechtsschutzes zurückgeführt werden.[361]

Der Beschwerdeweg hat sich allerdings für die rechtliche Beurteilung von Kooperationsformen nicht bewährt, weshalb mit der Totalrevision der Bundesrechtspflege von 2001 der Klageweg bei verwaltungsrechtlichen Verträgen wieder eingeführt wurde.[362] Mit der diesbezüglichen Rücknahme der Rechtspflegereform von 1991 mag zwar vielleicht dem Jagdmachen auf Verfügungen ein Ende bereitet worden sein, zugleich verschärfte sich jedoch die *schwierige Abgrenzung* zwischen Verfügungen, die auf dem Beschwerdeweg anfechtbar sind, und vertragsbezogenen Willenserklärungen, die bei Gericht darauf überprüft werden können, ob die Rechte der klagenden Partei verletzt worden sind.

Diese Abgrenzungsschwierigkeit rührt vom *historischen Umstand* her, dass mit der Ausdifferenzierung der Verfügung im 19. Jahrhundert, zunächst in Frankreich und dann infolge Rezeption in Deutschland und der Schweiz, *das zivilgerichtliche Urteil imitiert werden sollte*, und zwar mit den folgenden zwei Nuancen:

– Einerseits sollte der Polizeistaat mit dem Konzept des Rechtsstaats dann *in die Form des Rechts* gezwungen werden, wenn er den Privaten mit hoheitlicher Macht gegenübertrat und diese Macht zwecks Gesellschaftsgestaltung einsetzte. Die staatliche Machtausübung wurde damit erstens gebändigt, womit sich für die selbstorganisierten Gesellschaftsbereiche, wie insbesondere Wirtschaft, Gestaltungsräume eröffneten. Zweitens wurde die staatliche Machtausübung mit dem Rechtsformzwang gegenüber den Machtunterworfenen legitimiert und damit gegenüber drohenden Revolutionen stabilisiert, indem sie nicht als willkürlich erschien. Und drittens ermöglichte das infolge der Verfügungsform freigesetzte Verwaltungsverfahren eine effiziente Kontrolle niederer

---

[359] Kritisch vor allem PAUL RICHLI, Verhandlungselemente im öffentlichen Recht (1991); PAUL RICHLI, Regelungsdefizit beim verfügungsfreien Staatshandeln (1992).

[360] Botschaft betreffend die Änderung des Bundesgesetzes über die Organisation der Bundesrechtspflege sowie die Änderung des Bundesbeschlusses über eine vorübergehende Erhöhung der Zahl der Ersatzrichter und der Urteilsredaktoren des Bundesgerichts vom 18. März 1991, BBl. 1991 II 465, vor allem 498.

[361] ISABELLE HÄNER, Verfahrensfragen (2007): 44 f.

[362] Vgl. Botschaft zur Totalrevision der Bundesrechtspflege vom 28. Februar 2001, BBl. 2001 4202, vor allem 4434.

Chargen der Verwaltung in Bezug auf die Einhaltung hierarchischer Strukturen.[363]

- Andererseits wurde mit der Verfügung aber auch ganz willentlich die mit der grossen Revolution erreichte *Loslösung der Verwaltung vom Einfluss der unabhängigen Zivilgerichte* gefestigt. Es wurde die Verfügung dem Gerichtsurteil nachgebildet und derart signalisiert, dass die Verwaltung Recht sprechen könne wie die Gerichte.[364]

3. Die Schwierigkeit in der Abgrenzung von Verfügung und vertragsbezogener Willenserklärung rührt also, wie gesehen, bereits daher, dass *Verfügung und Willenserklärung nicht auf der gleichen Stufe* stehen: Die Verfügung soll – gemäss ihrem Design – nicht nur eine Willensäusserung der Verwaltung darstellen, sondern bereits die rechtliche Struktur eines Gerichtsurteils einnehmen, das auf die Erledigung eines Rechtsstreites gerichtet ist, das Siegel der staatlichen Rechtsmacht trägt und mit entsprechenden legitimierenden Rechtsweggarantien ausgestattet ist.[365] Eine vertragsbezogene Willenserklärung beinhaltet dagegen keinen direkten Bezug zum Verfahren, sondern die Eröffnung eines solchen Verfahrens liegt wie bereits die Zustimmung zum Vertrag grundsätzlich im Ermessen der einzelnen Vertragsparteien.[366] Zur Debatte stehen somit zwei gegenläufige Fragen:

- Erstens stellt sich die Frage, wann es angebracht ist, die Rechtsmacht des Staates mit der Verfügungsform auf den Vertrag durchbrechen zu lassen und wie eine derartige einseitige Einflussnahme zu rechtfertigen ist.

- Und zweitens gilt es zu beantworten, wann und auf welche Weise die Privaten die Möglichkeit erhalten sollen, auf die Willensbildung der Verwaltung rechtlichen Einfluss zu nehmen.

---

[363] Zur Entstehung des acte administratif in Frankreich vgl. bereits ADOLPHE CHAUVEAU, Principes de compétence et de juridictions administratives (1841-44): N 411.

[364] Zum Ganzen siehe das historisch bedeutsame Dictum von Otto Mayer: «Regelmässig treten die Verwaltungsbehörden auf, denselben hoheitlichen Staatswillen äussernd, der in den Gerichten wirkt, sie machen Verwaltungsakte (actes administratif), die den gerichtlichen Urteilen gleichberechtigt gegenüberstehen. Sie können aber auch in Vertretung des Staates als juristische Person des Civilrechts Handlungen vornehmen, welche ganz von den Regeln des Civilrechts beherrscht werden, wie die einzelner Staatsbürger. Diese Geschäftsbesorgungen (actes de gestion) unterliegen dann auch, wie die Handlungen gewöhnlicher Vermögensverwalter der Gewalt der Civilgerichte.» OTTO MAYER, Theorie des französischen Verwaltungsrechts (1886): 91.

[365] OTTO MAYER, Theorie des französischen Verwaltungsrechts (1886): 91.

[366] Zu erwähnen sind des Weiteren die prozessualen Zugangsschranken, die allerdings im Verwaltungsverfahren (vgl. Art. 48 VwVG) wie auch im zivilprozessualen Verfahren (vgl. Art. 57 Abs. 2 E–ZPO) bestehen.

B. Bestehende Variationen

1. Französische und deutsche Lösungsvariationen

1. Die Frage nach den rechtlichen Möglichkeiten der privaten Vertragspartei und Dritter, auf die Entscheidfindung der Verwaltung im Rahmen eines Verwaltungsvertrags Einfluss zu nehmen, wird in verschiedenen Ländern je unterschiedlich gelöst. Da die *schweizerische Lehre und Rechtsprechung einem pragmatischen Mittelkurs zwischen Frankreich und Deutschland* folgt, rechtfertigt sich eine kurze Darstellung der jeweiligen Lösungsansätze:

2. Im *französischen Recht* basiert der Rechtsschutz auf der prozessualen Unterscheidung des ‹juge du contrat› und des ‹juge de l'excès de pouvoir›.

a. Nach dem Vertragsschluss ist im Prinzip der sogenannte ‹juge du contrat› für die richterliche Beurteilung des Vertrags zuständig. Der Begriff des ‹juge du contrat› bezeichnet dabei innerhalb der Verwaltungsgerichtsbarkeit die Kognitionsbefugnis in Abgrenzung zum ‹juge de l'excès de pouvoir›.[367]

Dritte vermögen zwar in aller Regel nicht gegen den Vertrag,[368] aber doch mittels Rekurs auf *excès de pouvoir* gegen die Entscheidung der am Vertrag beteiligten Verwaltung vorzugehen.[369] Diese Regelung wird mit dem Konzept des ‹acte

---

[367] Unter vielen zum heutigen Stand vgl. LAURENT RICHER, Droit des contrats administratifs (2006): N 258 und 508 ff. Als Beispiel eines juge du contrat siehe bereits Conseil d'Etat 11 janvier 1895 (rec. 31) – *COMPANIES DES CHEMIN DE FER D'ORLÉANS ET DU MIDI*. Der private Vertragspartner kann allerdings nur mit excès de pouvoir an das Verwaltungsgericht gelangen, wenn die durch Gesetz verfügte unilaterale Macht der Verwaltung zur Änderung von Reglementen zur Debatte steht: So bereits Conseil d'Etat 6 décembre 1907 (rec. 913) – *D'ORLÉANS ET AUTRES COMPAGNIE DU NORD*. Hierzu siehe die bedeutenden Ausführungen von LÉON DUGUIT, Les particuliers et les services publics (1907): 428.

[368] Zur Frage, wann die Beschwerde auf den Vertrag durchzuschlagen vermag, siehe jüngst Conseil d'Etat 10 décembre 2003 (req. 248950) – *INSTITUT DE RECHERCHE POUR LE DÉVELOPPEMENT*.

[369] Diesen Weg, um das Problem des Rechtsschutzes von Bezügern eines von Privaten erbrachten service public zu lösen, ging der Conseil d'Etat bereits im Jahr 1906: Conseil d'Etat 21 décembre 1921 (rec. 961) – *SYNDICAT CROIX DE SEGUEY-TIVOLI*. In casu ging es darum, dass eine Quartiervereinigung den Konzessionär einer Tramstrecke dazu bringen wollte, ihr Quartier zu bedienen, wie es in den Vereinbarungen einer Konzession vorgesehen war. Eine weitergehende Lösung führte der Conseil d'Etat zwar mit dem Entscheid Gay aus dem Jahr 1926 ein, nach welchem der Bezüger von öffentlichen Leistungen unter bestimmten Umständen in die Rechte einzutreten vermag, die der Konzessionär und die Verwaltung zu seinen Gunsten zuvor vertraglich geregelt hatten: Conseil d'Etat 29 octobre 1926 (rec. 1928) – *GAY*. Der recours pour excès de pouvoir blieb aber vorherrschend.

détachable› begründet: Es wird angenommen, dass bei privatrechtlichen und bei verwaltungsrechtlichen Handlungen der Verwaltung, die sich auf einen Vertrag richten, eine vorgängige, öffentlichrechtlich anfechtbare Entscheidung ergangen sei.[370]

b. Diese Lösung entspricht in besonderem Masse der *Organisation staatlicher Bedarfsdeckung in Frankreich:* Diese ist zum Ersten stark hierarchisch gegliedert und zentralisiert, was sich im ebenfalls stark hierarchisch gegliederten und relativ gut ausgebauten Rekurssystem auf excès de pouvoir als eine Art von Kontrollmechanismus eines zentralisierten Systems spiegelt.[371] Betroffene Dritte bleiben dabei weitgehend ohne direkten Einfluss auf Verwaltungsverträge: Sie haben sich an die (Verwaltungs-) Hierarchie zu halten.[372] Und zum Zweiten ist die für westliche Verhältnisse relativ umfangreiche staatliche Bedarfsdeckung in besonderem Masse der Verwaltung aufgetragen. Dabei werden der Verwaltung durch Recht die politischen Kriterien dieser Bedarfsdeckung vermittelt: die Kontinuität des service public bei stetig wechselnden politischen Anforderungen an ebendiesen service public[373] und die Gleichbehandlung der Privaten als revolutionäre Errungenschaft.[374] In diesem Kontext lässt sich die Grundregel des französischen Verwaltungsrechts verstehen, dass ein als nichtig erklärter Verwaltungsakt nur dann auf einen Verwaltungsvertrag durchzuschlagen vermag, wenn es die eng gefassten Interessen am fortgesetzten service public zulassen.[375]

3. Im *deutschen Verwaltungsrecht* ist zwischen der Situation bei privatrechtlichen Verwaltungsverträgen und der Situation bei verwaltungsrechtlichen Verträgen zu unterscheiden.

a. Die Problematik des Rechtsschutzes Dritter bei Verwaltungsverträgen wurde in Deutschland im Wesentlichen anlässlich des *Subventionswesens* erkannt, als die-

---

[370] Eine gute Übersicht über den Einfluss dieser Theorie auf die Schweiz bietet MARTIN BEYELER, Öffentliche Beschaffung, Vergaberecht und Schadenersatz (2004): 236 ff.

[371] Zum Wesen der französischen Bürokratie vgl. insbesondere PIERRE LEGENDRE, Histoire de l'administration de 1750 à nos jours (1968): 490 ff.

[372] Zu dieser Funktion eines Rekurssystems MARTIN M. SHAPIRO, Courts, a comparative and political analysis (1981): 49 f.

[373] Conseil d'Etat 21 décembre 1921 (rec. 961) – SYNDICAT CROIX DE SEGUEY-TIVOLI. Konkret war damit eine private Unternehmung, die die Aufgabe der Beleuchtung einer Stadt übernommen hatte, zur Umrüstung auf elektrisch gezwungen.

[374] Vgl. mit Bezug auf den Verwaltungsvertrag LEON DUGUIT, Les particuliers et les services publics (1907): 428.

[375] Conseil d'Etat 10 décembre 2003 (req. 248950) – INSTITUT DE RECHERCHE POUR LE DEVELOPPEMENT.

ses zum Zweck des Wiederaufbaus nach dem Zweiten Weltkrieg stark ausgebaut worden war. Die Subventionen wurden dabei insbesondere mit privatrechtlichen Darlehensverträgen an die Privaten übertragen. Die Zweistufentheorie, erstmals von HANS PETER IPSEN im Jahr 1956 propagiert, sollte die verwaltungsmässige Inanspruchnahme *privatrechtlicher Rechtsformen* mit den – nach den Erfahrungen des Autoritarismus besonders geförderten – rechtsstaatlichen Anforderungen an den Rechtsschutz Dritter harmonisieren.[376] Hierzu erlässt gemäss dieser Theorie die Verwaltung auf einer ersten Stufe ihre Entscheidung, Subventionen zu sprechen, als verwaltungsrechtlichen Akt. In einer davon getrennten zweiten Phase wird sodann die Vertragsabwicklung privatrechtlich erfasst. Von Bedeutung ist dabei im Vergleich zu Frankreich die faktische Trennung in eine erste verwaltungsverfügungsrechtliche und eine zweite privatrechtliche Phase.[377]

b. Einer prima vista anders gearteten Lösung folgt das deutsche Verwaltungsrecht beim *verwaltungsrechtlichen Vertrag*. Das deutsche Recht beschränkt zwar auch, ähnlich wie das französische Recht, Dritte in ihren prozessualen Einflussmöglichkeiten gegenüber einem verwaltungsrechtlichen Vertrag (vor allem betreffend Widerspruch und Anfechtungsklage). Einen Ausgleich stellt das deutsche Recht jedoch ganz direkt durch die Einbeziehung der betroffenen Dritten in den legitimierenden Konsensmechanismus des Vertrags her: Nach § 58 Abs. 1 des deutschen Verwaltungsverfahrensgesetzes (D–VwVfG) wird ein öffentlichrechtlicher Vertrag, der in Rechte eines Dritten eingreift, in diesem Bereich erst wirksam, wenn der *Dritte schriftlich zustimmt.*[378] Mit der expliziten Nennung der Form als Wirksamkeitsvoraussetzung dringt dieser Rechtsschutz unmittelbar und von Beginn weg auf den Vertrag durch. Damit stellt sich jeweils die eminent wichtige Frage, wann zum Schutz Dritter diese Schriftform eingehalten werden muss. In der deutschen Lehre und Rechtsprechung konnte sich hierzu bis heute keine klare Linie etablieren, womit über Verwaltungsverträgen stets das Damoklesschwert von § 58 Abs. 1 D–VwVfG hängt. Dies ist freilich nicht eben förderlich für die *Rechtssicherheit* und folglich für die Verbreitung des verwaltungsrechtlichen Vertrags als allgemeine Handlungsform der Verwaltung.[379]

---

[376] HANS PETER IPSEN, Öffentliche Subventionierung Privater (1956): 86 f.
[377] Zum Ganzen HARTMUT MAURER, Allgemeines Verwaltungsrecht (2004): § 17 N 11 ff.
[378] PAUL STELKENS/HEINZ JOACHIM BONK, Verwaltungsverfahrensgesetz Kommentar (2001): § 58 N 6; JÖRN IPSEN, Allgemeines Verwaltungsrecht (2003): N 805.
[379] HARTMUT MAURER, Der Verwaltungsvertrag (1989): 803 m. w. H. Demgegenüber wird zuweilen gefordert, diese Formvorschrift zugunsten Dritter auf privatrechtliche Verwaltungsverträge anzuwenden: WILFRIED BRAUN, Der öffentlich-rechtliche Vertrag (1983): 846.

Eine Relativierung und Präzisierung der Formvorschrift zugunsten Dritter wird zuweilen wiederum mit Rückgriff auf die *Zweistufentheorie* gesucht: Mit dem Erlass eines dem Vertrag vorgeschalteten administrativen Akts wäre der Rechtsschutz Dritter sichergestellt, womit der ausführende Vertrag nicht mehr unvermittelt in deren Rechte eingreifen und damit nicht der Formvorschrift von § 58 Abs. 1 D–VwVfG unterstehen würde.[380]

c. Ob allerdings mit der Zweistufentheorie bei privatrechtlichen Verwaltungsverträgen und mit der Formvorschrift (allenfalls in Kombination mit der Zweistufentheorie) bei verwaltungsrechtlichen Verträgen die heutigen *Probleme des Verwaltungsvertrags* noch adäquat gelöst werden können, erscheint zweifelhaft:

- Die *Zweistufentheorie* vermag zwar einen verwaltungsrechtlichen Rechtsschutz Dritter herzustellen, teilt aber einen in aller Regel als einheitlich verstandenen Lebensvorgang in einen verwaltungsrechtlichen und einen privatrechtlichen Teil.[381] Dabei besteht insbesondere die Gefahr, dass die zivilgesellschaftlichen Organisations- und Legitimationsformen unterschätzt und von einer vorgeschobenen rechtsstaatlichen Legitimationsform auf der ersten verwaltungsrechtlichen Stufe verdeckt werden. Entsprechend wird denn auch die Anwendung der anhand des Subventionswesens ausgebildeten Zweistufentheorie auf das Vergabeverfahren, das nicht von öffentlichrechtlichen, sondern vorwiegend von privatrechtlichen Fragen dominiert wird, abgelehnt.[382]

- Die rigide *Formvorschrift* von § 58 Abs. 1 D–VwVfG belastet nicht nur die konkret abgeschlossenen verwaltungsrechtlichen Verträge, sondern auch ganz allgemein die Opportunität dieser rechtlichen Handlungsform sowohl aus wirtschaftlicher Perspektive (vor allem betreffend Planungssicherheit und Transaktionskosten) wie auch aus politischer Perspektive (vor allem betreffend kontinuierliche Verwirklichung politischer Programme). Trifft aber zu, dass die Verwaltung nicht nur angesichts der politisch verfügten Beschränkung der Staatsaufgaben, sondern auch angesichts einer sich in ihrer Komplexität radikalisierenden Gesellschaft immer mehr auf die Kooperation mit Privaten angewiesen ist,[383] so fehlt hierzu eine adäquate rechtliche Stabilisierung.

---

[380] ALBERT BLECKMANN, Subventionsrecht (1978): 86 ff.; FERDINAND OTTO KOPP, Verwaltungsverfahrensgesetz (1997): N 12 vor § 54.

[381] Zur Kritik an der Zweistufentheorie siehe HARTMUT MAURER, Allgemeines Verwaltungsrecht (2004): § 17 N 14 ff. m. w. H.

[382] Jüngst D–BVerwG 6B10.07 2. Mai 2007 – *UNTERSCHWELLIGE VERFAHREN:* N 15. Hierzu aus schweizerischer Sicht die Zusammenfassung von MARTIN BEYELER, Öffentliche Beschaffung, Vergaberecht und Schadenersatz (2004): N 330 ff.

[383] ANDREAS ABEGG, Vom Contrat Social zum Gesellschaftsvertragsrecht (2008), m. w. H.

Die Zweistufentheorie wie auch die Formvorschrift zum Schutz Dritter sind heute in der Tat vermehrter Kritik ausgesetzt, und sie bieten sich nur unter spezifischen Vorbehalten zur Übertragung auf die Schweiz an.[384] Die deutschen Lösungen zum Schutz Dritter bei Verwaltungsverträgen sind in besonderem Masse *Selektionen vergangener Zeit* und mit spezifischen deutschen Pfadabhängigkeiten verknüpft: Das deutsche Verwaltungsrecht erreichte aufgrund spezifischer historischer Bedingungen nie einen mit dem französischen Verwaltungsrecht vergleichbaren Systematisierungs- und Detaillierungsgrad. Im Wesentlichen fehlte – immer im Vergleich zu Frankreich – während längerer Zeit die treibende Kraft unabhängiger Verwaltungsgerichte,[385] und zudem richtete sich das zunächst durch die Wissenschaft (und vor allem OTTO MAYER)[386] vorangetriebene Verwaltungsrecht mehr auf die Überwindung des Polizeistaates aus denn auf die Erfassung der neuartigen interventionistischen Verwaltung.[387] Mit dieser historischen Pfadabhängigkeit erklärt sich, dass im Vergleich zum französischen Recht das deutsche Verwaltungsrecht von Beginn weg und bis heute häufiger auf den zivilrechtlichen Vertrag Rückgriff nimmt.[388] Als nun im Zuge des Wiederaufbaus nach dem Zweiten Weltkrieg zahlreiche Subventionen mit privatrechtlichen Darlehensverträgen gesprochen wurden, erfüllte die Zweistufentheorie die zentrale Funktion, den politischen Kontextbedingungen zu ihrem Recht zu verhelfen, denn damit liessen sich die Darlehen auf einen Akt der Verwaltung und hiermit auf eine gesetzliche Grundlage zurückbeziehen, womit eine demokratische und rechtsstaatliche Legitimation hergestellt und notabene unter Einsatz der Bürger die Eigenkontrolle der Staatshierarchie entlastet werden konnte. Die Zweistufentheorie ist also geprägt von einer spezifischen deutschen Konstellation nach dem Zweiten Weltkrieg, als einerseits das Verwaltungsrecht auf den Anschluss an die ausgefeilten Formen des Privatrechts

---

[384] So auch MARTIN BEYELER, Öffentliche Beschaffung, Vergaberecht und Schadenersatz (2004): 326 ff. Siehe auch HARTMUT MAURER, Allgemeines Verwaltungsrecht (2004): § 17 N 21, der für Deutschland gerade die Übernahme schweizerischer Lösungen propagiert.

[385] REGINA OGOREK, Individueller Rechtsschutz gegenüber der Staatsgewalt (1988): 382 f.

[386] Es entspricht denn auch dieser Ausrichtung auf die Polizei, dass in Otto Mayers bedeutendem Werk zum Verwaltungsrecht von 1895 der *Verwaltungsakt* als im Recht abgebildete Kommunikationsform der Verwaltung im Zentrum steht und der Rechtsform des Vertrags nur eine Randstellung eingeräumt wird. Siehe etwa OTTO MAYER, Deutsches Verwaltungsrecht (1895/96), zum Beispiel Band I: 96, insbesondere Fn. 5.

[387] MICHAEL STOLLEIS, Verwaltungsrechtswissenschaft und Verwaltungslehre 1866-1914 (1984): 90 f. und 100.

[388] Fritz Fleiner ging sogar so weit zu postulieren, dass das deutsche Verwaltungsrecht eigentlich alle Rechtsnormen – auch die privatrechtlichen – umfasse, welche die Tätigkeit der Verwaltung regelten: FRITZ FLEINER, Institutionen des deutschen Verwaltungsrechts (1913): 60 f.

angewiesen war und andererseits dennoch ein grosses Bedürfnis nach einem ausgebauten Rechtsschutz bestand. Von diesem Geist eines umfassenden rechtsstaatlichen Schutzes ist auch die im D–VwVfG festgelegte Formvorschrift zum Schutz Dritter bei verwaltungsrechtlichen Verträgen geprägt.[389]

4. *Zusammengefasst:* Die deutschen Lösungen bieten sich nur dort für eine Übernahme ins schweizerische Recht an, wo die spezifische Kombination eines stark ausgeprägten Rechtsschutzbedürfnisses und die Inanspruchnahme zivilrechtlicher Formen erscheint. Die französische Lösung eines ‹acte détachable› entspricht dagegen einer verwaltungsmässigen Bedarfsdeckung, die weite Bereiche der Gesellschaft erfasst, primär politischen Interessen folgt und in einem stark hierarchisierten Verwaltungsapparat vollzogen wird. Auch diese Lösung passt somit nicht zum schweizerischen Kontext, und sie lässt sich folglich nicht ohne weiteres übertragen.

2. Schweizerische Lehre, Rechtsprechung und Gesetzgebung im Überblick

1. Die Frage, ob und auf welche Weise primär Dritte, aber auch die Vertragspartner gegenüber einseitig gefällten Entscheiden der Verwaltung im Zusammenhang mit einem Verwaltungsvertrag Zugang zum Rechtsschutz haben, erfuhr in der Schweiz kaum je eine ausführliche systematische Reflexion, sondern folgt sei jeher *pragmatischen Wegen*. Dabei erwies sich einmal das Bundesgericht[390], ein anderes Mal die Wissenschaft[391] und oft auch die Gesetzgebung[392] als tonangebend. Entsprechend vermochte sich zur Frage, wann und auf welche Weise im Rahmen eines verwaltungsrechtlichen oder eines privatrechtlichen Verwaltungsvertrags der Rechtsschutz insbesondere für Dritte eröffnet wird, *bis heute kein konzises System* zu bilden und durchzusetzen:

– *An einem Ende des Spektrums* schlägt RHINOW vor, dass grundsätzlich mit jeder, auch einer privatrechtlichen, vertragsgestaltenden Willenskundgebung gleichzeitig eine für Dritte anfechtbare Verfügung vorliege und zweitens bei

---

[389] HARTMUT MAURER, Allgemeines Verwaltungsrecht (2004): § 17 N 13.
[390] Siehe die sogleich aufgeführten Entscheide.
[391] Siehe etwa die folgenreiche Reaktion der Wissenschaft auf BGE 109 Ib 146 1983 – SCHWEIZERISCHER TREUHÄNDER-VERBAND C. SCHWEIZERISCHE NATIONALBANK: insbesondere GEORG MÜLLER, Zur Rechtsnatur der VSB (1984); RENÉ RHINOW, Verfügung, Verwaltungsvertrag und privatrechtlicher Vertrag (1985); RENÉ RHINOW, Verwaltungsrechtlicher oder privatrechtlicher Vertrag (1985).
[392] Als paradigmatisch erwies sich insbesondere die Regelung zum Vergaberecht. Hierzu sogleich unten Kap. III.D.2: 120.

einer vertragsablehnenden Willenserklärung eine für den Verhandlungspartner anfechtbare Verfügung bestehe.[393] Mit ähnlicher Radikalität verlangt KLEIN, dass in Analogie zum deutschen Recht ein Verwaltungsvertrag erst wirksam werde, wenn der betroffene Dritte schriftlich zustimme.[394]

– Einer *ähnlichen Meinung* folgen unter Bezugnahme auf die Theorie des ‹acte détachable› MOOR und NGUYEN, wobei beide zugleich die Verfügungseigenschaft auf die Begründung, Bestätigung und Beendung des verwaltungsrechtlichen Vertrags begrenzen. Zudem fordern diese Autoren entsprechende Präzisierungen durch die Legislative.[395]

– Dagegen verneinen GAUCH und BEYELER mit Blick auf das Submissionsrecht, dass eine vertragsbezogene Willenserklärung der Verwaltung automatisch eine anfechtbare Verfügung darstelle.[396]

2. Das *Bundesgericht* hat in seiner Rechtsprechung zwar keine Systematik entwickelt. Dennoch lässt sich in der Tendenz folgende unterschiedliche Behandlung von öffentlichrechtlichen und privatrechtlichen Verwaltungsverträgen feststellen:

a. Auf der einen Seite erkannte das Bundesgericht in einer Reihe von Entscheiden, notabene vor allem aus dem Umfeld der planwirtschaftlich durchdrungenen Milchwirtschaft.[397]

– Bemerkenswert ist dabei der Entscheid PRI*MOLK AG GEGEN SCHWEIZERISCHE KÄSEUNION AG, bei welchem es um die Verweigerung eines Vertragsabschlusses ging. Gemäss Bundesgericht gründeten in casu die materiellen Voraussetzungen der vertraglichen Bindung zwischen Käseunion und Zwischenhändler im öffentlichen Recht des Bundes, womit auch die Feststellung der

---

[393] Allerdings soll sodann für den Vertragspartner die Klagemöglichkeit dem Rechtsweg der Verfügung vorgehen: RENÉ RHINOW, Verfügung, Verwaltungsvertrag und privatrechtlicher Vertrag (1985): 310 f.

[394] FRANK KLEIN, Rechtsfolgen des fehlerhaften verwaltungsrechtlichen Vertrags (2003): 98.

[395] MINH SON NGUYEN, Le contrat de collaboration en droit administratif (Diss.) (1998): 282 ff. und PIERRE MOOR, Droit administrativ II (2002): 376 ff.

[396] PETER GAUCH, Zuschlag und Verfügung (2003); MARTIN BEYELER, Öffentliche Beschaffung, Vergaberecht und Schadenersatz (2004): N 346 ff.

[397] Aus dem Bereich der Milchwirtschaft: BGE 101 Ib 306 1 1975 – PRI*MOLK AG GEGEN SCHWEIZERISCHE KÄSEUNION AG; BGE 105 Ib 126 1985 – FÉDÉRATION LAITIÈRE VAUDOISE-FRIBOURGEOISE UND BURI GEGEN BUNDESAMT FÜR LANDWIRTSCHAFT; BGE 112 Ib 128 1986 – VERBAND AARGAUISCHER KÄSEREI- UND MILCHGENOSSENSCHAFTEN UND ZSMP GEGEN MOLKI AG.

Käseunion, dass ein Gesuchsteller den Anforderungen dieser Grundsätze nicht genüge, eine Verfügung im Sinn von Art. 5 VwVG darstelle.[398]

- Im Fall *S. AG GEGEN EIDG. VOLKSWIRTSCHAFTSDEPARTEMENT (PFLICHTLA-GERVERTRAG FUTTERMITTEL)* ging es sodann darum, dass die Bundesverwaltung im Rahmen eines Pflichtlagervertrags ihre private Vertragspartnerin anwies, die Pflichtlagerung von einer Drittperson, der S. AG, abzuziehen. Die S. AG focht diese Weisung mit Verwaltungsbeschwerde beim Departement und in der Folge mit Verwaltungsgerichtsbeschwerde beim Bundesgericht an.[399] Das Bundesgericht kam zum Schluss, dass zwar öffentlichrechtliche Vertragspflichten zwischen dem Department und der C. AG vorlägen und die S. AG nur durch einen privatrechtlichen Vertrag mit der C. AG verbunden sei, die Weisung des Delegierten jedoch für die S. AG gleichwohl eine anfechtbare Verfügung darstelle, da kein vertraglicher Anspruch, sondern staatliches Hoheitsrecht geltend gemacht würde.[400]

b. Auf der anderen Seite entschied das Bundesgericht in einigen Entscheidungen, in welchen es um privatrechtliche Verwaltungsverträge ging, dass der *Zuschlag zur Erbringung einer öffentlichen Arbeit keine Verfügung darstelle.*

- Dies erörterte das Bundesgericht bereits im bedeutenden Entscheid *JÄGGI AG GEGEN SOLOTHURN* aus dem Jahr 1935, denn im Zuschlag liege «... keine Äusserung staatlicher Befehlsgewalt, sondern lediglich der Abschluss eines privatrechtlichen Vertrags (Werkvertrags) mit dem angenommenen Bewerber und die Ablehnung der entsprechenden Angebote der übrigen Eingabesteller».[401]

- Trotz der inzwischen im Beschaffungswesen installierten Anfechtungsmöglichkeit[402] bestätigte das Bundesgericht jüngst im Fall *SIGRISWIL*, dass der Zu-

---

[398] BGE 101 Ib 306 1 1975 – *PRI*MOLK AG GEGEN SCHWEIZERISCHE KÄSEUNION AG*: 306 ff.

[399] BGE 103 Ib 335 1977 – *S. AG GEGEN EIDG. VOLKSWIRTSCHAFTSDEPARTEMENT (PFLICHTLA-GERVERTRAG FUTTERMITTEL)*: 335 f.

[400] BGE 103 Ib 335 1977 – *S. AG GEGEN EIDG. VOLKSWIRTSCHAFTSDEPARTEMENT (PFLICHTLA-GERVERTRAG FUTTERMITTEL)*: 338 f. M.E. überzeugen die Erläuterungen des Bundesgerichts zum Recht des Dritten, die Weisung des Delegierten als Verfügung anfechten zu können. Was jedoch die Beziehung zwischen den Vertragspartnern angeht, stellt m.E. – anders als das Bundesgericht in seinem obiter ausführt – die Weisung des Delegierten ein durch die Vertragsverletzung ausgelöstes vertragliches Gestaltungsrecht dar, womit die Zuständigkeit der Klageinstanz zu prüfen wäre. Zum Begriff des vertraglichen Gestaltungsrechts vgl. PETER GAUCH/WALTER R. SCHLUEP/JÖRG SCHMID, OR AT I (2003), N 65 ff.

[401] BGE 60 I 366 1935 – *JÄGGI AG GEGEN SOLOTHURN*: 369.

[402] Vor allem Art. 29 BoeB.

– schlag (in casu bei einer freihändigen Vergabe) nicht eo ipso eine Verfügung darstelle.[403]

– Der Argumentationslinie, dass privatvertragliches Verwaltungshandeln in der Regel kein hoheitliches Handeln darstelle und somit auch keine Verfügung vorliege,[404] folgte das Bundesgericht auch in Fällen ausserhalb des Submissionsrechts, so etwa im bekannten und viel kritisierten[405] Entscheid SCHWEIZERISCHER TREUHÄNDER-VERBAND C. SCHWEIZERISCHE NATIONALBANK aus dem Jahr 1983.[406] Und jüngst bestätigte das Bundesgericht im Entscheid REISEN.CH AG GEGEN SWITCH, dass verwaltungsmässiges Handeln im Bezug auf privatrechtliche Verwaltungsverträge grundsätzlich keine Verfügung darstelle.[407]

3. In der *Bundesgesetzgebung* sind zwei unterschiedliche Systeme hervorzuheben, jenes des Subventionswesens und jenes der öffentlichen Beschaffungen. In einem ersten Überblick (auf die Details wird sogleich zurückzukommen sein) scheint der verwaltungsrechtliche Vertrag des Subventionsgesetzes mehr dem zweistufigen Verfahren zu folgen, während das Submissionswesen mehr dem System des ‹acte détachable› nahe steht, das in den Lebensvorgang eine Verfügung ‹hineindenkt›:[408]

– Gemäss Art. 16 Abs. 2 Subventionsgesetz (SuG) können Finanzhilfen und Abgeltungen unter bestimmten Umständen durch *öffentlichrechtliche Verträge* gewährt werden. In der Eröffnungsphase wird der Rechtsschutz damit ermöglicht, dass Ablehnungen und sogenannte Anträge zum Verwaltungsvertrag mit *Verfügung* mitgeteilt werden – auch an beschwerdeberechtigte Dritte (Art. 19 SuG). Der Rechtsschutz *nach Begründung des Vertragsverhältnisses* scheint dagegen der Rationalität des Klageprinzips zu folgen, denn Art. 31 Satz 2 SuG lautet: «Anstelle des Widerrufs erklärt die zuständige Behörde den Rücktritt vom Vertrag.»[409]

---

[403] BGE 131 I 137 2005 – SIGRISWIL. Hierzu bereits PETER GAUCH, Zuschlag und Verfügung (2003).
[404] Siehe bereits oben zur Subordinationstheorie: Kap. II.B.3.e)iii): 79.
[405] Oben Fn. 391: 97.
[406] Die VSB sei «... nicht das Ergebnis hoheitlichen Handelns der SNB, sondern intensiver Verhandlungen zwischen ihr und der Schweizerischen Bankiervereinigung.»: BGE 109 Ib 146 1983 – SCHWEIZERISCHER TREUHÄNDER-VERBAND C. SCHWEIZERISCHE NATIONALBANK: 153.
[407] BGE 131 II 162 2005 – REISEN.CH AG GEGEN SWITCH: vor allem 165 ff. Offen gelassen dagegen in BGE 127 I 84 2001 – P. GEGEN STADTRAT LUZERN: 87.
[408] Zu dieser Theorie siehe oben Kap. III.B.1: 92.
[409] Vgl. sogleich unten Kap. III.D.3: 123.

– Nach Art. 29 lit. b des Bundesgesetzes über das öffentliche Beschaffungswesen (BoeB) «gilt» unter anderem der Zuschlag als anfechtbare Verfügung. Nach dem Zuschlag darf sodann der Vertrag mit dem Anbieter abgeschlossen werden (Art. 22 BoeB).

4. Zu erwähnen ist schliesslich noch der *Spezialfall, bei dem eine Verfügung den Möglichkeitsraum für einen Verwaltungsvertrag eröffnet*. Verfügung und Verwaltungsvertrag sind dann zwar strukturell verknüpft, aber zeitlich und wesensmässig getrennt. Ein markantes Beispiel gibt der wohlfahrtsstaatliche Bereich der Denkmalpflege ab: Hier wird typischerweise privates Eigentum mittels Verfügung dem Denkmalschutz unterstellt, was bestimmte Einschränkungen in den Rechten des Eigentümers mit sich bringt.[410] Infolge dieser Verfügung wird sodann in einem Vertrag der konkrete Umgang mit dem Denkmal geregelt, wobei bei fehlender Mitwirkung des Privaten die materielle oder gar formelle Enteignung droht.[411] Diese strukturelle Verknüpfung wirkt sich insbesondere auf die Bestimmung der Vertragsnatur und die Legitimation des Vertragsinhalts aus.[412] Die beiden Kommunikationen sind darüber hinaus aber als separate Lebensvorgänge materiellrechtlich und vor allem betreffend Rechtsschutz zu erfassen.[413]

Damit zeigt sich, dass der Frage, ob eine vertragsbezogene Willensäusserung eine Verfügung darstellt oder als solche gilt, eine weitere Frage vorgelagert ist, nämlich ob eine *Parteienbeziehung auf mehrere Verträge oder auf eine Kombination von Verträgen und Verfügungen aufzuteilen* ist. Allerdings ist eine Fragmentierung der Rechtsbeziehung nur zurückhaltend anzunehmen, und insbesondere sind zwingende öffentlichrechtliche Normen im Umfeld des Vertrags in der Regel als Inhaltsnormen des Vertragsinhalt auszulegen, nicht aber als gesetzliche Grundlage einer vom Vertrag getrennten Verfügungsbefugnis der Verwaltung.[414]

---

[410] BGE 126 I 219 2000 – *DENKMALSCHUTZ KINOSAAL VIEUX-CARROUGE*: 226: «Cette obligation de collaboration ne change pas la nature de l'acte de classement, qui n'en devient pas négociable pour autant, et demeure une prérogative exclusive et unilatérale de l'Etat.»

[411] Vgl. zum Beispiel Verwaltungsgericht Zürich ZR 72 Nr. 89 1973 – *DENKMALPFLEGE AN BÜRGERHÄUSERN IN DER STADT ZÜRICH*; BGE 126 I 219 2000 – *DENKMALSCHUTZ KINOSAAL VIEUX-CARROUGE*; ähnlich auch BGE 120 Ia 270 1994 – *DEUTSCHE BUNDESBAHN GEGEN BASLER HEIMATSCHUTZ*.

[412] Oben bei Fn. 348: 84 und unten Kap. IV.B.3: 199.

[413] Vgl. zu diesem Thema auch PAUL RICHLI, Regelungsdefizit beim verfügungsfreien Staatshandeln (1992): 203 f.; RENÉ RHINOW, Verfügung, Verwaltungsvertrag und privatrechtlicher Vertrag (1985): 308 ff.

[414] Als Anwendungsbeispiel siehe BGE 103 Ib 335 1977 – *S. AG GEGEN EIDG. VOLKSWIRTSCHAFTSDEPARTEMENT (PFLICHTLAGERVERTRAG FUTTERMITTEL)*: 337 ff.

C. Legitimationstheorie als alternative Sicht auf die leitenden Prinzipien

1. Im schweizerischen Recht hat sich, wie soeben festgestellt, in der Frage des Rechtsschutzes insbesondere von Drittpersonen bislang keine konsistente Linie herauskristallisiert. Das (für das schweizerische Recht typische) *pragmatische und bereichsspezifische Vorgehen* ist allerdings im Bereich der Verwaltungsverträge in einem gewissen Sinn angemessen, da diese Verwaltungsverträge es – wesensbedingt – der Verwaltung gerade ermöglichen, auf stetig neue Bedürfnisse flexibel und unter Einbeziehung der gesellschaftlichen Lernerfahrungen zu reagieren.[415] Das bedeutet somit, dass sich eine umfassende und letztgültige Dogmatik für alle Arten von Verwaltungsverträgen gerade auch in dieser zentralen Frage des Rechtsschutzes nicht ohne Verlust wesentlicher Vorteile dieser Rechtsform durchsetzen lässt.[416] Das bedeutet aber auch, dass mit einer flexiblen Anpassung der Verwaltung an die stetig wechselnden politischen Bedürfnisse einerseits und an die stetig sich wandelnde Gesellschaft andererseits immer wieder von neuem die Frage nach der Legitimation des Verwaltungshandelns gestellt werden muss.[417] In diesem Sinn ist auf die Lernerfahrung des deutschen Rechts zu verweisen.[418] Die Geschichte des Verwaltungsvertrags ist denn auch in der Schweiz geprägt durch ein – leider kaum je reflektiertes – oszillierendes Verhältnis zwischen demokratischer und rechtsstaatlicher Legitimation: Neue Möglichkeiten der Verwaltung, die ihr aufgetragene Gesellschaftsgestaltung vertraglich anzugehen, eröffnen oft eine Legitimationslücke in der Gesetzesbindung und im Rechtsschutz, die sodann durch Gesetzgeber und Gerichte wieder aufgefangen wird, wobei allerdings die Verwaltung ihre vertraglichen Handlungsmuster bereits wieder neu ausrichtet u. s. w.[419]

Auch wenn sich keine einheitliche Dogmatik für alle Verwaltungsverträge finden lässt, so hat sich das pragmatische Vorgehen dennoch immer an zentralen

---

[415] Aus einer rechspositivistischen und auf das Gesetz fokussierten Sicht muss dies allerdings als Anomalie erscheinen: GIOVANNI BIAGGINI, Theorie und Praxis des Verwaltungsrechts (1996): 286 f.

[416] Zur Problematik der deutschen Lösung, die das schriftliche Einverständnis betroffener Dritter erfasst, und der entsprechend propagierten einschränkenden Auslegung siehe unter vielen m. w. H. WILLY SPANNOWSKY, Grenzen des Verwaltungshandelns durch Verträge und Absprachen (1994): 308 ff.

[417] Diese Perspektive der Legitimation deutet auch Biaggini an: GIOVANNI BIAGGINI, Theorie und Praxis des Verwaltungsrechts (1996): 286 f

[418] Soeben bei Fn. 389: 97.

[419] Besonders deutlich zeigt sich dies im Fall BGE 109 Ib 146 1983 – *SCHWEIZERISCHER TREUHÄNDER-VERBAND C. SCHWEIZERISCHE NATIONALBANK*.

Leitprinzipien auszurichten, wenn die zukünftige Dogmatik möglichst stabil und konsistent in das bestehende Rechtssystem eingepasst und optimal auf die Umweltanforderungen ausgerichtet werden soll. Und diese Leitprinzipien verweisen nun auf das erwähnte Konzept der Legitimation: Im Rahmen des Rechtsschutzes, der Gesetzesbindung und der Funktion der Bilateralität des Vertrags lässt sich eine entsprechende ‹Legitimationstheorie› formulieren, die die erwähnte evolutorische Problematik berücksichtigt, dass sich für den Verwaltungsvertrag keine letztgültige allumfassende Dogmatik finden lässt.

2. Die *Zusammenhänge zwischen den erwähnten Leitprinzipien* (des Rechtsschutzes, der Gesetzesbindung und der Bilateralität des Vertrags) *und der Legitimationsfrage* sind zunächst genauer zu erläutern, bevor sodann in einem nächsten Schritt auf die konkrete Anwendung der vorgeschlagenen Legitimationsmethode eingegangen wird.

a. Ausgangspunkt bieten zunächst *zwei zentrale Elemente in der Abgrenzung von Vertrag und Verfügung,* die jeweils auf die Legitimationsfrage verweisen:

– Gemäss dem Idealtypus des modernen Vertrags bleiben die *Motivationen der Parteien* zum Vertragsabschluss oder aber zum Abbruch der Vertragsverhandlungen ohne rechtliche Bedeutung.[420] Entsprechend gibt es auch grundsätzlich keine rechtliche Handhabe, jemanden zu Verhandlungen, zu einem Vertrag oder gar zu einem bestimmten Vertragsarrangement zu zwingen.[421] Analoges gilt für die Ausübung von Gestaltungsrechten wie etwa eine Kündigung während des Vertragsverhältnisses: Auch hier kommt es grundsätzlich nicht auf die zugrunde liegende Motivation an, und die Ausübung der Gestaltungsrechte kann im Prinzip weder von Dritten noch vom Vertragspartner in rechtlicher Weise beeinflusst werden.[422] Soweit demgegenüber eine Kommunikation der Verwaltung eine Verfügung darstellt,[423] ist sie auf ihre rechtsstaatliche Kon-

---

[420] Notabene fand die Ausnahme des Grundlagenirrtums erst in der Revision von 1911 Eingang ins Privatrecht: Art. 24 Abs. 1 Ziff. 4 OR. Vgl. die Kommentierung von ALBERT SCHNEIDER/HEINRICH FICK, Kommentar aOR (1893): Art. 18 ff.

[421] Das Konzept der Kontrahierungspflicht verstösst geradezu gegen die Grundlogik des Vertrags, der auf der freien Willensübereinstimmung beruht. Grundlegend zur Kontrahierungspflicht ist HANS CARL NIPPERDEY, Kontrahierungszwang und diktierter Vertrag (1920).

[422] Die Ausnahmen von Art. 336 ff. OR zur missbräuchlichen Kündigung des Arbeitsvertrags bestätigen diese Regel. Die entsprechenden Regeln begründen sich entweder aus dem generellen Prinzip des Rechtsmissbrauchs oder aber aus politischen Programmen wie etwa dem Diskriminierungsverbot, dem Schutz Militärdienstleistender oder der Vermeidung von Massenentlassungen.

[423] Vgl. Art. 5 VwVG.

formität (insbesondere auf ihre Konformität mit Gesetz und Verfassung) samt den entsprechenden Handlungsmotiven überprüfbar. Auch eine ablehnende Haltung einer Verwaltungsbehörde kann in diesem Rahmen als Verfügung angefochten werden.[424]

– Der Idealtypus des Vertrags zeichnet sich sodann durch seine ausgesprochen *bilaterale Struktur* aus. Der sogenannte Schleier des Vertrags trennt die bilaterale Beziehung zwischen den Vertragsparteien vom Rest der Welt. Vom Vertrag berührte Drittpersonen bleiben grundsätzlich ohne rechtliche Möglichkeiten, auf die Vertragsverhandlungen, den Vertragsschluss oder die konkrete Abwicklung des Vertrags Einfluss zu nehmen.[425] Verwaltungsverfügungen geben dagegen definitionsgemäss all jenen die Möglichkeit, von den entsprechenden rechtsstaatlichen Sicherungsmechanismen zu profitieren, die von einer Verfügung «besonders berührt» sind.[426]

b. Diese Unterschiede in den Rechtsformen Vertrag und Verfügung können nun im Hinblick auf ihre *Funktion im Kontext der jeweiligen Art der Gesellschaftsorganisation* evaluiert werden – gesellschaftliche (d. h. vor allem wirtschaftliche) Selbstorganisation einerseits sowie hierarchisch und bürokratisch organisierte Staatlichkeit andererseits:

– Mit dem *Vertrag* wird in der wirtschaftsliberalen privatrechtlichen Tradition die Differenz zwischen den Vertragsparteien unter Ausschluss von Drittinteressen stabilisiert, womit die Interessen Dritter grundsätzlich keine Berücksichtigung finden und sich somit auf dem Markt ein nicht zu unterschätzender wirtschaftlicher Effizienzgewinn primär für die Vertragsparteien, aber auch in gesamtwirtschaftlicher Weise ergibt.[427] Die Legitimation dieses direkten Ausschlusses Dritter erfolgt, wie bereits in der klassischen Ökonomie erkannt wurde, vor dem Hintergrund des *selbststeuernden Marktmechanismus,* bei welchem sich die Kommunikationen der Vertragspartner immer auf die zu-

---

[424] Vgl. Art. 5 Abs. 1 lit. c i. V. m. Art. 44 VwVG.
[425] NIKLAS LUHMANN, Recht der Gesellschaft (1993): 464 f.; GUNTHER TEUBNER, Schleier des Vertrags (1993).
[426] Art. 48 Abs. 1 lit. b VwVG.
[427] Gleichzeitig ist darauf hinzuweisen, dass der bipolare Schleier des Vertrags zunehmend gelüftet wird: vgl. zum Beispiel der berühmte Konzerndurchgriff im Swissair-Fall BGE 120 II 331 (1994).

mindest vorgestellten Kommunikationen der anderen Marktteilnehmer ausrichten und dergestalt eine Vergesellschaftung erreicht wird.[428]

- Die *befehlsförmige Verfügung* entspricht dagegen der planmässigen und hierarchischen Organisation der Gesellschaft unter Anleitung von politischen Prozessen, womit gleichzeitig ein ausgebauter Rechtschutz einhergeht, von welchem auch von der Verfügung nicht direkt adressierte Dritte profitieren können. Die Ergänzung der *demokratischen Legitimation* der hierarchischen staatlichen Machtanwendung durch eine *rechtsstaatliche Legitimation* erfolgte notabene mit der Emergenz des interventionistischen Wohlfahrtsstaats, als der Staat sich vom bürgerlichen Ideal des Nachtwächterstaates löste, inhaltliche Verantwortung für wirtschaftliche und gesellschaftliche Zielsetzungen übernahm und diese auch unter Eingriff in die Selbstorganisationsprozesse der Gesellschaft – unter anderem mit Verwaltungsvertrag – umzusetzen begann. Da diese Eingriffe der Politik in die Gesellschaft mittels Verwaltung allerdings infolge der dynamischen Änderungen in der Gesellschaft einerseits und in der politischen Programmsteuerung andererseits stetiger Anpassungen und Korrekturen bedürfen, muss sich hierbei die Verwaltung wesensbedingt von einer strikten Bindung durch das Gesetz lösen. In diesem Sinn erscheint somit die rechtsstaatliche Legitimation als funktionales Äquivalent und als Ergänzung der demokratischen Legitimation.[429]

In der Tendenz – die auch für den Verwaltungsvertrag gilt – vermögen somit im privatrechtlichen Vertrag Drittinteressen grundsätzlich nur über den Preismechanismus des Marktes, nicht aber direkt in die Parteibeziehung einzudringen, während im öffentlichen Recht Dritte nicht nur über die Prozeduren demokratischer Meinungsbildung, sondern auch als betroffene Dritt*parteien* mittels rechtsstaatlicher Schutzmechanismen Einfluss nehmen können. Insbesondere äussert sich dies in der erwähnten Möglichkeit des Dritten, in der Sache den Rechtsweg beschreiten zu können.[430]

Die Frage des Rechtsschutzes ist somit funktional verknüpft mit der Art der Gesellschaftsorganisation. Während der Rechtsschutz mittels Verfügung im Rah-

---

[428] ADAM SMITH, Der Wohlstand der Nationen (1776/1993): 9 ff.; MAX WEBER, Wirtschaft und Gesellschaft (1921–1925/1980): 382; KARL POLANYI, Great Transformation (1944/1995): 77 ff.

[429] Grundlegend zur Ausdehnung des Rechtsschutzes durch unabhängige Gericht auf die Verwaltung war insbesondere RUDOLF VON GNEIST, Das heutige englische Verfassungs- und Verwaltungsrecht (1857/1863) und OTTO BÄHR, Rechtsstaat (1864): 72.

[430] Vgl. zum Beispiel für den Bund Art. 6 i. V. m. 48 VwVG. Zum Konnex zwischen Rechtsschutz und Verfügung pointiert SERGIO GIACOMINI, Jagdmachen auf Verfügungen (1993).

men der staatlichen Gesellschaftsgestaltung die Funktion erfüllt, die Gesellschaftsakteure vor der einseitigen staatlichen Macht der Verwaltung zu schützen und diese somit rechtsstaatlich zu legitimieren (und zwar insbesondere dann, wenn sich die Verwaltung von der demokratischen Legitimation durch Gesetz löst), erfolgt diese Legitimation im Bereich des Marktes grundsätzlich über den Selbststeuerungsmechanismus ‹Preis›, der sich alle Wirtschaftsakteure gleichermassen zu unterwerfen haben und die eine Gleichförmigkeit aller Marktteilnehmer mich sich bringt.[431] Der *Preismechanismus im Rahmen des Marktes erweist sich somit als funktionales Äquivalent zu anderen Legitimationsformen ihm Rahmen bürokratischer Gesellschaftsgestaltung – konkret vor allem dem ausgebauten Rechtsschutz für betroffene Dritte gegenüber hierarchischem Verwaltungshandeln,* das hierbei auf seine demokratische Grundlage zurückgeführt wird. Es geht somit in beiden Fällen, der wirtschaftlichen und der staatlichen Gesellschaftsgestaltung, im Sinn des Begriffs der Legitimation letztlich darum, Auswirkungen auf gesellschaftliche Akteure derart zu strukturieren, dass diese Auswirkungen nicht allein als direkte und willentlich gegen die entsprechende Person gerichtete Gewaltausübung erscheinen, sondern jeweils ein Element des Unverfügbaren enthalten – vermittelt durch den Selbstregulierungsmechanismus des Marktes einerseits und durch Gesetz sowie unabhängige Überprüfung nach rechtlichen Standards andererseits.[432]

3. Da, wie gesehen, im Wirtschaftsprivatrecht der rechtmässige Ausschluss Dritter von einem Projekt durch den *Disziplinierungsmechanismus des Wettbewerbs* aufgefangen wird, der für eine marktwirtschaftliche Gleichbehandlung sorgt, folgt daraus für die vertragsgestaltende Willenserklärung der Verwaltung im Grundsatz zweierlei:

a. Wenn die Willenserklärung der Verwaltung auf einen *privatrechtlichen Verwaltungsvertrag* gerichtet ist und diese Willenserklärung auf marktwirtschaftlichen Überlegungen *unter dem Druck des Wettbewerbs* basiert, gilt hierfür das Prinzip des Schleiers des Vertrags: Die Interessen Dritter werden ausgeschlossen, und damit besteht grundsätzlich keine anfechtbare Verfügung. Insofern profitiert auch die Staatsverwaltung von der Privatautonomie.[433]

---

[431] In eine ähnliche Richtung argumentiert THOMAS P. MÜLLER, Verwaltungsverträge im Spannungsfeld von Recht, Politik und Wirtschaft (1997): 261 ff.

[432] Grundlegend JÜRGEN HABERMAS, Faktizität und Geltung (1992).

[433] Diese Überlegung liegt wohl dem Bundesgerichtsentscheid BGE 109 Ib 146 1983 – SCHWEIZERISCHER TREUHÄNDER-VERBAND C. SCHWEIZERISCHE NATIONALBANK zugrunde, in dem das Bundesgericht die Ausschlusswirkung des Vertrags betonte. Insofern ist dem Bundesgericht zuzustimmen, dass ein privatrechtlicher Vertrag im Grundsatz nicht direkt durch Dritte angefochten werden kann. Nach der hier vorgetragenen Meinung müsste allerdings

Auch in diesem privatautonomen Rahmen bedarf freilich die Staatsverwaltung einer weit verstandenen *Zuständigkeit respektive Aufgabenzuständigkeit*, um im entsprechenden Bereich des angestrebten Vertrags tätig zu werden.[434] Die Einhaltung dieser Zuständigkeit kann nur, aber immerhin mit *Aufsichtsbeschwerde* gerügt werden.[435]

Soll aber wie im Submissionswesen die interne Entscheidfindung der Verwaltung einer *zusätzlichen rechtsstaatlichen Legitimation mittels eines formellen öffentlichrechtlichen Rechtsschutzes* unterworfen werden,[436] so steht dem nichts im Wege.[437] Die Rechtsordnung kann vorsehen, dass eine bestimmte Kommunikation als Verfügung *gelte* (vgl. Art. 29 BoeB), womit die entsprechenden Rechtsweggarantien gemäss VwVG und Art. 82 ff. BGG eröffnet werden. Allerdings gebietet es die Rücksicht auf das gewachsene Institut des Vertrags einerseits und auf die Bedürfnisse nach Planungssicherheit der Wirtschaft andererseits,[438] dass das Resultat

---

ein rein marktwirtschaftliches Handeln der Nationalbank verneint werden, denn diese war – wie das Bundesgericht selbst ausführt – um den staatlichen Auftrag besorgt, dem Bankenplatz Schweiz zu einer geeigneten Rahmenordnung zu verhelfen. Damit wäre nach der hier vorgetragenen Meinung mindestens die Willensäusserung der Nationalbank als Verfügung anfechtbar. Ob ein derartiges Verfahren aber direkt auf den privatrechtlichen Vertrag durchschlägt, ist eine andere Frage, auf die sogleich zurückzukommen ist. – Nach den erläuterten Abgrenzungskriterien ist in der Tendenz auch *BGE 129 III 35 2003 – POST GEGEN VEREIN GEGEN TIERFABRIKEN* zu begrüssen. Im Wesentlichen war in diesem Fall strittig, ob die Post zum Vertragsabschluss mit dem Verein gegen Tierfabriken zur Verteilung von dessen Gratiszeitung gezwungen ist. Das Bundesgericht unterstellte die Parteibeziehung allein dem Privatrecht, da die Post sich nun nach dem Willen des Gesetzgebers im Bereich der Wettbewerbsdienste vollständig im freien Markt behaupten müsse. Damit stand eine Anfechtung der Ablehnung als Verfügung ausser Frage: BGE 129 III 35 2003 – *POST GEGEN VEREIN GEGEN TIERFABRIKEN*: vor allem 41. Zur Frage der Privatautonomie vgl. auch Kap. IV.B.1: 181.

[434] MINH SON NGUYEN, Le contrat de collaboration en droit administratif (Diss.) (1998): 67; ähnlich auch THOMAS P. MÜLLER, Verwaltungsverträge im Spannungsfeld von Recht, Politik und Wirtschaft (1997): 211; ISABELLE HÄNER, Grundrechtsgeltung (2002): 72. Zur Frage der Zuständigkeit siehe im Detail unten IV.A: 133.

[435] Allerdings stellt eine Aufsichtsbeschwerde bekanntlich kein formelles Rechtsmittel dar und beinhaltet insbesondere keinen Erledigungsanspruch: ULRICH HÄFELIN/GEORG MÜLLER/FELIX UHLMANN, Allgemeines Verwaltungsrecht (2006): N 1835 ff. m. w. H.

[436] Von Bedeutung ist dabei auch, dass die Privaten zur Kontrolle der Verwaltung auf Einhaltung der demokratischen Bindungen eingesetzt werden.

[437] Vgl. auch Botschaft zur Totalrevision der Bundesrechtspflege vom 28. Februar 2001, BBl. 2001 4202: 4392.

[438] Es wäre nicht einsichtig, wieso die Staatsverwaltung selbst im Rahmen des Privatrechts und damit im Rahmen gleichgerichteter wirtschaftlicher Tätigkeit ein Sonderrecht in Anspruch nehmen könnte. Will der Staat von der markteigenen Effizienz infolge wirtschaftlicher

einer derartigen Überprüfung *grundsätzlich nicht direkt auf den Vertrag durchschlägt*. Dies ergibt sich auf dogmatischer Ebene zwanglos daraus, dass diese Frage, wie sich eine mangelbehaftete Entscheidung der Verwaltung zum Vertragsschluss auf den privatrechtlichen Vertrag auswirkt, unter Anleitung der entsprechenden privatrechtlichen Bestimmungen beantwortet werden muss (Art. 23 ff. OR und allenfalls Art. 20 Abs. 1 OR[439] zur Sittenwidrigkeit).[440]

b. Umgekehrt folgt aus der legitimierenden Wirkung des Marktmechanismus auch, dass ein alternativer Disziplinierungsmechanismus – d. h. vor allem der *rechtsstaatliche Schutzmechanismus* im Bereich des öffentlichen Rechts – dort am Platz ist, wo eine solche Disziplinierung durch *marktwirtschaftlichen Wettbewerb fehlt*. Wenn somit die Verwaltung nicht primär den Zwängen des Wettbewerbs und des Marktpreises unterliegt, gebietet das Erfordernis der Legitimation, mit der Annahme des Verfügungscharakters eine alternative Disziplinierung durch die rechtsstaatliche Rechtskontrolle zu ermöglichen, was allerdings nicht bedeutet, dass dieses Verfahren direkt auf den Vertrag durchzuschlagen vermag.[441]

Gleichgerichtetheit profitieren, muss er sich wesensbedingt entsprechend in diese Ordnung einfügen. Siehe in diesem Sinn PETER FORSTMOSER, Privatisierungsdebatte (2002). Ein Sonderrecht wird ja dagegen gerade durch das Verwaltungsrecht vermittelt, das sich entsprechend auf andere Legitimationsmechanismen stützt. Zu diesem Unterschied siehe EBERHARD SCHMIDT-ASSMANN, Öffentliches Recht und Privatrecht: Ihre Funktionen als wechselseitige Auffangordnungen (1996): 17.

[439] Art. 20 Abs. 1 OR ist allenfalls analog anwendbar, da gemäss Marginalie auf den Inhalt des Vertrags bezogen. Dies entspricht auch der Lösung von BGE 129 III 35 2003 – *POST GEGEN VEREIN GEGEN TIERFABRIKEN*.

[440] Zum Verhältnis von Verfügung und Vertrag siehe insbesondere PETER GAUCH, Zuschlag und Verfügung (2003) und PETER GAUCH, Der verfrüht abgeschlossene Beschaffungsvertrag (2003).

[441] Das Bundesgericht hat dies im Entscheid BGE 101 Ib 306 1 1975 – *PRI*MOLK AG GEGEN SCHWEIZERISCHE KÄSEUNION AG* erörtert: Selbst wenn der Vertrag zwischen Käseunion und Pri * Molk AG privatrechtlicher Natur ist, so stellt die Willenserklärung, mit welcher in casu ein Vertragsschluss abgelehnt wurde, dann eine anfechtbare Verfügung dar, wenn sich der entsprechende Wille auf öffentliches Recht stützt, also einem politisierten Willensbildungsprozess entspricht. Auch das vertragliche Gestaltungsrecht des Bundesamtes für Wohnbauförderung in BGE 129 II 125 2003 – *RÜCKFORDERUNG VON SUBVENTIONEN FÜR DEN VERBILLIGTEN WOHNUNGSBAU* stellt eine politisierte Willenskundgabe dar, die auf öffentlichem Recht basiert, womit sich die Ausgestaltung als anfechtbare Verfügung rechtfertigt. Ferner reagiert die oben dargelegte Submissionsordnung auf die massgeblich politisierte Entscheidungsfindung dadurch, dass sie den Zuschlag, der ja auch auf öffentlichem Recht basiert, als anfechtbare Verfügung ausgestaltet, den privatrechtlichen Vertrag jedoch ganz dem privatrechtlichen Prinzip der Ausschliesswirkung gegenüber Dritten überlässt. Der Rechtsschutz Dritter setzt also beim verwaltungsinternen Willensbildungsprozess an, wird jedoch nicht zum bilateralen Vorgang des privatrechtlichen Vertrags vorgelassen.

Nicht jeder Mangel im Marktsystem muss allerdings zu einem öffentlichrechtlich konzipierten Rechtsschutz führen. Zu beachten ist, dass das Wettbewerbsrecht auch auf staatliche Unternehmen anwendbar ist (Art. 2 Abs. 1 KG)[442] und zuweilen einen Mangel an Wettbewerb auszugleichen mag – zum Beispiel bei Marktmacht durch eine verstärkte Inhaltskontrolle, Art. 7 KG). Insbesondere Konsumenten und Arbeitnehmer bleiben aber von den prozessualen Möglichkeiten des Kartellgesetzes ausgeschlossen (Art. 12 Abs. 1 KG).

4. Innerhalb des Systems des *verwaltungsrechtlichen Vertrags* kann sich die legitimierende Wirkung des Marktes grundsätzlich nur in beschränkter Weise entfalten; das Verwaltungsrecht folgt einer politischen und nicht einer wirtschaftlichen Rationalität. Entsprechend bedarf Verwaltungshandeln in diesem Rahmen, wie soeben erläutert, einer demokratischen und rechtsstaatlichen Legitimation.[443] In der grundsätzlichen Ausgestaltung dieser Legitimation durch öffentliches Recht ist allerdings zwischen den Positionen des privaten Vertragspartners und des Dritten zu unterscheiden:

– *Dritten* muss im weiteren Rahmen des Vertragsabschlusses und bei wesentlichen Änderungen des Vertragsregimes, wie etwa einer Anpassung an veränderte Verhältnisse oder einer vorzeitigen Kündigung, Zugang zu einem rechtsstaatlichen Verfahren gegeben werden.

– Es entspricht dagegen der kooperativen Form des Vertrags, dass die *Vertragsparteien* ihre Konflikte bei einer neutralen, übergeordneten Klageinstanz vortragen. Der Verwaltung gegenüber dem Vertragspartner nach Abschluss des Vertrags einseitiges vertragsgestaltendes Handeln mittels befehlsförmiger

---

[442] Vgl. jüngst zur Marktmacht auf der Nachfrageseite durch eine Verwaltungseinheit des Bundes: weko Schlussbericht vom 7. August 2007 in Sachen Vorabklärung gemäss Art. 26 KG betreffend 32-0202: Beschaffung von leichten Transport- und Schulungshelikoptern (LTSH) durch armasuisse wegen allenfalls unzulässiger Verhaltensweise gemäss Art. 7 KG. 2007 – ARMA-SUISSE. Damit hat die Wettbewerbsbehörde erstmals das Verhalten einer organisatorischen Einheit des Bundes nach Massgabe des neuen Kartellgesetzes geprüft.

[443] Eine entsprechende Legitimation durch ein öffentlichrechtliches Rechtsschutzverfahren findet sich zum Beispiel in Art. 16 SuG: «1) Finanzhilfen und Abgeltungen werden in der Regel durch Verfügung gewährt. 2) Sie können durch öffentlichrechtlichen Vertrag gewährt werden … 4) Für die Ablehnung von Gesuchen ist in jedem Fall eine Verfügung nötig.» In ähnlicher Weise sieht Art. 57 WEG vor, dass Wohnbau- und Eigentumsförderungsmassnahmen auf Gesuch der Privaten hin mit Verfügung beantwortet werden (Abs. 1). Übernimmt der Gesuchsteller die an die Beitragszusicherung geknüpften Verpflichtungen, so wird dadurch ein nach der Verfügung des Bundesamtes umschriebenes öffentlichrechtliches Vertragsverhältnis begründet (Abs. 3).

Verfügung zuzubilligen, widerspräche im Grundsatz[444] ebenso der Logik des Vertrags, wie wenn dem privaten Vertragspartner die Möglichkeit gegeben würde, ein Gestaltungsrecht als Verfügung anzufechten.[445] Entsprechende Gesetzesnormen, die den Verfügungsweg eröffnen, sind folglich einschränkend auszulegen.[446]

5. Der *Vorteil* der vorgeschlagenen Legitimationstheorie liegt zum Ersten darin, dass sie die bewährten Regelungen in Gesetz und Rechtsprechung zu integrieren weiss. Dies ist in der Folge anhand verschiedener Rechtsbereiche darzulegen (unmittelbar nachfolgend). Zum Zweiten kann die Theorie aber auch dort zu dogmatischen Lösungen anleiten, wo sich weder eine gesetzgeberische Lösung noch eine Doktrin durch Rechtsprechung und Lehre etabliert hat. Dies ist in einem zweiten Schritt zu erläutern (nachfolgend Kap. III.E: 126).

D. *Interpretation bestehender gesetzlicher Regelungen im Lichte der Legitimationstheorie*

1. Anstellung des Staatspersonals

1. Das Kooperationsverhältnis zwischen Beamten und Staat zeigt in einer ‹histoire de longue durée› eine Tendenz von der Fiskustheorie unter Zivilgerichtsbarkeit zur Verfügung unter verwaltungsinterner Beschwerde, sodann zum verwaltungsrechtlichen Vertrag unter Verwaltungsgerichtsbarkeit und schliesslich heute zum privatrechtlichen Vertrag unter Zivilgerichtsbarkeit. Betreffend Rechtsschutz standen dabei vor allem die vermögenswerten und zugleich existenzsichernden Rechte des Beamten im Vordergrund.[447] Mit dem *Wechsel von Verfügung zu Vertrag,* der bereits IMBODEN in seinen Ausführungen zum Verwaltungsvertrag von 1958 vermerkte, stellte sich auch die Frage des Rechtsschutzes, wenn die Verwaltung in einseitiger Weise über Bestand oder Inhalt des Rechtsverhältnisses entscheidet, in neuer Form.

---

[444] Zur Ausnahme des Dienstrechts siehe sogleich unten bei Fn. 488: 119.

[445] Ausführlich hierzu THOMAS P. MÜLLER, Verwaltungsverträge im Spannungsfeld von Recht, Politik und Wirtschaft (1997): 236 f.

[446] Besteht für eine Vertragspartei die Möglichkeit einer Klage, so geht diese dem Beschwerdeweg vor.

[447] Dieser historische Konnex wurde vom Bundesgericht bei der Frage, wie die Anstellungsordnung der SBB bezüglich eines Kündigungsschutzes bei Unzeit (analog zu Art. 336c OR) auszulegen sei, übersehen: BGE 124 II 53 1998 – *X. GEGEN SBB.* Zur jüngsten Tendenz siehe PETER HELBLING, Der öffentliche Dienst auf dem Weg in das OR (2004).

2. Die Frage des Rechtsschutzes bei einseitigen Handlungen der Verwaltung wird heute beim Dienstvertrag im wesentlichen Mass durch *Gesetzesnormen* geprägt.

a. *Im Grundsatz* sind dabei Legitimation und Rechtsschutz folgendermassen verknüpft:

– Die Legislative erlässt entsprechende Normen zum Arbeitsverhältnis, unter anderem auch zur Anstellung von Staatspersonal. Diese Gesetzesnormen werden durch Verordnungen und Reglemente der Exekutive weiter detailliert. Interessierte Bürger können also bereits auf dem Weg der *demokratischen Gesetzgebung* potenziell Einfluss nehmen und später die publizierten Regelungen jederzeit einsehen. Diese Regelungen erscheinen somit nicht als Willkür der Verwaltung, sondern letztlich in der demokratischen Legitimationsschlaufe als direkt durch die Betroffenen verantwortet. Einseitige Handlungen der Verwaltung müssen im Prinzip auf eine konkrete und zumeist detaillierte gesetzliche Grundlage zurückbezogen und damit legitimiert werden.[448]

– Beim Eintritt in das Dienstverhältnis eröffnet sich sodann ein zweifacher Gestaltungsspielraum für die Verwaltung, der zumindest nicht vollständig durch das Gesetz zu legitimieren ist und folglich durch eine *rechtliche Legitimation* aufgefangen wird: Kommt die Vertragsform zum Zug, so entstehen in den Vertragsverhandlungen Möglichkeitsräume, das konkrete Rechtsverhältnis auf die jeweiligen Bedürfnisse der Parteien anzupassen. Die Transformation dieser Parteiregelungen zu rechtlichen Regelungen wird durch die Freiwilligkeit des Vertragsabschlusses legitimiert.[449] Tritt sodann der Dienstleistende in die Verwaltung ein, so unterliegt er infolge der personalen Eingliederung in die Verwaltung einer Regelungsmacht der Verwaltung bezüglich der Organisation ihrer Strukturen. Diese strukturelle Unterordnung wird traditionell als Gewaltverhältnis und als besonderes Rechtsverhältnis charakterisiert, wobei insbesondere gesteigerte Fürsorgepflichten der strukturellen Unterworfenheit legitimierend gegenüberstehen.[450] Beide Regelungsspielräume werden also weniger durch demokratische als durch rechtliche Regeln vorstrukturiert und

---

[448] Zum Verhältnis des verwaltungsrechtlichen Vertrags zum Gesetz siehe in diesem Sinn bereits MAX IMBODEN, Der verwaltungsrechtliche Vertrag (1958): 131a.

[449] So bereits FRIEDRICH SCHMITTHENNER, Grundlinien des allgemeinen oder idealen Staatsrechtes (1845): 508 ff., v. a. 508–510 bei Fn. 5, mit Verweis auf die besondere Natur dieses Vertragsverhältnisses als sogenanntes Gewaltverhältnis.

[450] MARKUS MÜLLER, Das besondere Rechtsverhältnis (2003): 152 ff.

damit – in notwendiger Verknüpfung mit dem Rechtsschutz – legitimiert.[451] Zu erwähnen ist allerdings auch die stete und heute fortdauernde Zurückhaltung, den Staatsangestellten in Disziplinarangelegenheiten einen unabhängigen Rechtsschutz zukommen zu lassen. In diesem Sinn besteht eine gewisse Zurückhaltung, in das gemäss seinen Eigenheiten strukturell determinierte Unterordnungsverhältnis rechtlich einzugreifen und damit die Organisationshoheit der Verwaltung anzutasten.[452]

b. Konkret lässt sich dieses Zusammenspiel von Gesetz, Vertragsform, Verfügung und Rechtsschutz an *zwei Beispielen* verdeutlichen:

– Das *Personalgesetz des Bundes (BPG)* sieht vor, dass die Anstellung als verwaltungsrechtlicher Vertrag erfolgt (Art. 6). Bei Streitigkeiten erlässt der Arbeitgeber jedoch eine Verfügung, die nach einer internen Beschwerde[453] beim Bundesverwaltungsgericht angefochten werden kann (Art. 34 ff. BPG und Art. 31 ff. VGG).[454] Während somit das Bundespersonalgesetz dem Angestellten (auch wenn er zuvor der strukturellen Unterordnung entsprechend das Verfahren der internen Beschwerde durchlaufen muss) einen Rechtsschutz durch ein unabhängiges Gericht zuerkennt, wurde dies bei *Dritten*, insbesondere wenn sie bei der Bewerbung nicht zum Zuge kommen, für das Bundespersonalrecht lange verneint.[455] Art. 83 lit. g BGG schliesst denn auch in der

---

[451] Der Ausbau des Rechtsschutz in Angelegenheiten des Dienstrechts war unmittelbar mit der Emergenz der unabhängigen Verwaltungsgerichtsbarkeit verbunden. Im Fall Späni, eines vom Bundesrat disziplinierten Telegrafenbeamten, forderte die Bundesversammlung den Bundesrat auf, sich vertiefte Gedanken zur Einführung einer Verwaltungsgerichtsbarkeit zu machen: Botschaft des Bundesrates an die Bundesversammlung betreffend die Revision der Bundesverfassung zur Errichtung eines eidgenössischen Verwaltungsgerichtes, vom 20. Dezember 1911, BBl. 1911 V 322: 325. Zum Ganzen vgl. ALFRED KÖLZ, Verfassungsgeschichte seit 1848 (2004): 854.

[452] Hierzu MARKUS MÜLLER, Das besondere Rechtsverhältnis (2003): 77 ff. Zum Rechtsschutz in den Kantonen vgl. PETER HÄNNI, Rechtsschutz gegen kantonale Entscheide in personalrechtlichen Streitigkeiten (1999): 570 ff.

[453] Anwendbar ist das VwVG, soweit dessen Normen nicht vom jüngeren BPG derogiert werden. Hierzu jüngst BVGE A-1783/2007 20. Februar 2007 – *A GEGEN ETH - KÜNDIGUNG ARBEITSVERHÄLTNIS*: Erw. 3.

[454] Als Überbleibsel der Zurückhaltung gegen gerichtlichen Rechtsschutz werden mit Art. 36a BPG und Art. 32 Abs. 1 lit. c VGG Streitigkeiten über leistungsabhängige Lohnanteile von der Beschwerde an eine richterliche Instanz ausgeschlossen, soweit sie die Gleichstellung der Geschlechter betrifft.

[455] Vgl. die Hinweise auf die bisher ablehnende Haltung der Bundesverwaltungspraxis bei ULRICH HÄFELIN/GEORG MÜLLER/FELIX UHLMANN, Allgemeines Verwaltungsrecht (2006): N 1553.

Tradition der Fiskustheorie jene Entscheide von der Beschwerde an das Bundesgericht aus, die «auf dem Gebiet der öffentlichrechtlichen Arbeitsverhältnisse ... eine nicht vermögensrechtliche Angelegenheit, nicht aber die Gleichstellung der Geschlechter betreffen». Diese Ausnahme vom gerichtlichen Rechtsschutz stützt sich zwar auf eine lange Tradition,[456] wird aber heute vermehrt kritisiert.[457] Das Bundesgericht hat denn auch jüngst explizit anerkannt, dass bei einer abgelehnten Stellenbewerbung eine vermögensrechtliche Angelegenheit vorliege und somit gegen den ablehnenden Entscheid die verwaltungsgerichtliche Beschwerde offen stehe.[458] Nach Art. 5 Abs. 2 und 13 Abs. 2 GlG[459] geht dabei der entsprechende Anspruch bei einer verwehrten Erstanstellung im öffentlichrechtlichen wie auch im privatrechtlichen Dienstverhältnis nicht auf Anstellung, sondern lediglich auf pekuniären Ersatz.

- Nach dem *Zürcher Personalgesetz* wird das Dienstverhältnis zwar nur in besonderen Fällen mit verwaltungsrechtlichem Vertrag begründet (§ 12 Abs. 2 ZH–PG). Der Rechtsschutz erfolgt jedoch auch hier über den Erlass von Verfügungen (§§ 31 ff. ZH–PG), die in einem verwaltungsinternen Verfahren angefochten werden können. Im Zuge von Art. 6 Abs. 1 EMRK wurde schliesslich im Jahr 1998 die Beschwerde ans kantonale Verwaltungsgericht, das als Personalgericht amtet, eröffnet.[460] Allerdings schliesst § 74 Abs. 2 des Zürcher Verwaltungsrechtspflegegesetzes unter anderem die Verwaltungsge-

---

[456] Oben Fn. 451: 111.

[457] So PAUL RICHLI/THOMAS MÜLLER, Öffentliches Dienstrecht (1996): 84; ULRICH HÄFELIN/GEORG MÜLLER/FELIX UHLMANN, Allgemeines Verwaltungsrecht (2006): N 1554, mit Verweis auf das Urteil Regierungsrat des Kantons Aargau 18. Mai 1992 (RRB 1305, ZBl 1993 15) – *FRAU DR. H GEGEN SCHULE X. (VPM-LEHRKRAFT)*. Kathrin Arioli, in: PETER HELBLING/TOMAS POLEDNA (Hg.), Personalrecht des öffentlichen Dienstes (1999): 261 f.

[458] Bundesgericht 1C_37/2007 10. Juli 2007 – *A. CONTRE UNIVERSITÉ DE GENÈVE (VERWEIGERTE ANSTELLUNG)*, Erw. 2. Die Beschwerde bezog sich zwar auch auf die Geschlechterdiskriminierung. Das Bundesgericht stützte die Zulassungsentscheidung aber nicht allein darauf ab: «Le motif d'exclusion de l'art. 83 let. g LTF n'entre pas considération, s'agissant d'une contestation pécuniaire, qui touche de surcroît à la question de l'égalité des sexes.» In casu bildete der ablehnende Entscheid das Anfechtungsobjekt.

[459] «Wird eine Person durch die Abweisung ihrer Bewerbung für die erstmalige Begründung eines Arbeitsverhältnisses diskriminiert, so ist Artikel 5 Absatz 2 [betr. Rechtsansprüche] anwendbar. Die Entschädigung kann direkt mit Beschwerde gegen die abweisende Verfügung verlangt werden.»

[460] OS–ZH 54, 290. Die Ausweitung des Rechtsschutzes über die EMRK erkannte bereits THOMAS FLEINER-GERSTER, Probleme des öffentlichrechtlichen Vertrags in der Leistungsverwaltung (1989): 195 f.

richtsbeschwerde gegen die Begründung von Dienstverhältnissen aus.[461] Ob dies allerdings im Lichte von Art. 6 Abs. 1 EMRK und Art. 9 BV[462] standhält, ist zu bezweifeln. So bestätigte das Zürcher Verwaltungsgericht denn auch jüngst, dass ungeachtet des Ausschlusses von § 74 Abs. 2 Verwaltungsrechtspflegegesetz die Beschwerde bei Geschlechterdiskriminierung und auch bei vermögensrechtlichen Ansprüchen immer gegeben ist.[463]

3. Festzustellen ist somit eine Tendenz, dass sich – zumindest zum gegenwärtigen Zeitpunkt – der *Ausbau des gerichtlichen Rechtsschutzes* gegenüber dem Bedürfnis der Verwaltung, ihre Personalpolitik frei von gerichtlicher Einmischung zu betreiben, auszuweiten vermag.[464] Wie die erwähnten jüngsten Fälle der Rechtsprechung zeigen, hat sich allerdings bis heute keine stabile Dogmatik etabliert, und die Begründungen, wieso es eines Rechtsschutzes durch unabhängige Gerichte bedarf, bleiben entsprechend fast immer formal in dem Sinn, dass sie allein auf den Gesetzestext und jüngst auf Art. 6 Abs. 1 EMRK und die darauf bezogene Rechtsprechung verweisen.[465] Allerdings stehen gerade Gesetzesnormen zum Staatsdienst in besonderem Masse im Fluss der Zeit, und dieser Fluss der Zeit vermag auch bei vermeintlich klaren Gesetzesnormen Spuren zu hinterlassen.[466] Folglich ist hier eine doppelte inhaltliche *Frage gemäss den leitenden Rechtsprinzipien* zu stellen, um die treibenden Kräfte einer zukunftsgerichteten Dogmatik zu erkennen:

– Wann und mit welcher Begründung soll erstens der Schleier des Vertrags durchbrochen werden? Oder umgekehrt: Wann und mit welcher Begründung soll der *Dritte* entgegen dem rechtsstaatlichen Ideal vom Rechtsschutz ausgeschlossen sein (nachfolgend a.)?

---

[461] Hierzu TOBIAS JAAG, Das öffentlichrechtliche Dienstverhältnis (1994): 446 und 467.

[462] Hierzu jüngst betreffend Vertrag im Abgaberecht BGE 132 I 140 2006 – COMUNE DI BIOGGIO.

[463] Verwaltungsgericht des Kantons Zürich PB.2005.00064 27. Juli 2007 – A GEGEN STAAT ZÜRICH/PSYCHIATRISCHE UNIVERSITÄTSKLINIK (LOHNÜBERFÜHRUNG): Erw. III.1.1.

[464] Ins Auge springt dabei, dass die Interessenlage und die gewählte Lösung einer Kombination von gesetzlichen Erlassen und gerichtlichem Rechtsschutz dem heutigen Stand des Submissionswesens entspricht. Für die Bundesebene vermerkt Art. 29 lit. a BoeB, dass der Zuschlag oder der Abbruch des Vergabeverfahrens als Verfügung gilt. Hierzu sogleich unten Kap. III.D.2: 120.

[465] Vgl. zum Beispiel Bundesgericht 1C_37/2007 10. Juli 2007 – *A.* CONTRE UNIVERSITÉ DE GENÈVE (VERWEIGERTE ANSTELLUNG); ULRICH HÄFELIN/GEORG MÜLLER/FELIX UHLMANN, Allgemeines Verwaltungsrecht (2006): N 1553 f.

[466] Bundesgericht 1C_37/2007 10. Juli 2007 – *A.* CONTRE UNIVERSITÉ DE GENÈVE (VERWEIGERTE ANSTELLUNG); Verwaltungsgericht des Kantons Zürich PB.2005.00064 27. Juli 2007 – *A GEGEN STAAT ZÜRICH/PSYCHIATRISCHE UNIVERSITÄTSKLINIK (LOHNÜBERFÜHRUNG)*.

– Und wann und mit welcher Begründung sollen andererseits *die Dienstleistenden* bei Streitigkeiten innerhalb des Dienstverhältnisses Zugang zu unabhängigen Gerichte haben (nachfolgend b.)?

a. Der *Rechtsschutz Dritter* folgt vor diesem Hintergrund folgenden Prinzipien und Regeln:

Soweit sich die Verwaltung in der Rekrutierung des Personals den Regeln des allgemeinen Arbeitsmarktes unterwirft und ihre Beziehungen in die entsprechende Rechtsform des *privatrechtlichen Vertrags* gibt, findet die Bilateralität des Vertrags samt dem Prinzip des Schleiers des Vertrags gegenüber Dritten grundsätzlich Anwendung, denn wie erläutert sind Marktmechanismus einerseits und Bilateralität des Vertrags andererseits funktional verknüpft. Der erfolglose Bewerber sowie generell Dritte (wie etwa andere Arbeitgeber) können in dieser Situation nur im eng begrenzten Rahmen des Privatrechts intervenieren. Darüber hinaus ist es allerdings der Politik anheim gestellt, für zusätzliche Legitimationsmechanismen auf dem Gesetzesweg zu sorgen, wobei die Publizitätswirkung einer öffentlichen Ausschreibung, die Publikation der neuen Anstellung und die direkte Schutzwirkung einer gerichtlichen Überprüfung im Vordergrund stehen. Auf die Begründung einer Anstellung oder Nichtanstellung kommt in dieser Situation dagegen nicht viel an, denn ob die Verwaltung den Kriterien des Marktes gefolgt ist, lässt sich ohne Prüfung der inneren Motivation der Verwaltung feststellen. Die Resultate eines derartigen öffentlichrechtlichen Rechtswegs können allerdings nur im Rahmen der Regelungen des Privatrechts direkten Einfluss auf den abgeschlossenen privatrechtlichen Vertrag nehmen (vgl. explizit Art. 5 Abs. 2 GlG)[467]. Infolge des im privatrechtlichen Arbeitsverhältnis dominierenden Treueprinzips ist ein Anspruch auf Beschäftigung – auch infolge eines gesetzlich vorgeschalteten Rechtsmittelverfahrens analog zum Submissionswesen – grundsätzlich abzulehnen. Grundsätzlich kann also eine fehlerhafte Entscheidung nur im Rahmen der Willensmängel gemäss Art. 22 ff. OR Einfluss auf den privatrechtlichen Arbeitsvertrag und insbesondere dessen Gültigkeit entfalten. Im Vordergrund steht hier somit die Forderung auf Schadenersatz.

Kommt *Verwaltungsrecht zur Regelung des Dienstverhältnisses* zum Zuge, so wird mit dem Verwaltungsrecht als Sonderrecht der Verwaltung die disziplinierende Dominanz des Marktmechanismus in den Hintergrund gedrängt, während die

---

[467] Art. 5 Abs. 2 GlG lautet folgendermassen: «Besteht die Diskriminierung in der Ablehnung einer Anstellung oder in der Kündigung eines obligationenrechtlichen Arbeitsverhältnisses, so hat die betroffene Person lediglich Anspruch auf eine Entschädigung. Diese ist unter Würdigung aller Umstände festzusetzen und wird auf der Grundlage des voraussichtlichen oder tatsächlichen Lohnes errechnet.»

Prinzipien der politischen und verwaltungsmässigen Organisation dominieren. Somit muss abgewiesenen Bewerbern und ganz allgemein betroffenen Dritten ein alternativer Legitimationsmechanismus offen stehen, wobei die Prinzipien der Publizität, der Begründung und des Rechtsschutzes im Vordergrund stehen. Besteht keine spezifische gesetzliche Regelung, so ist die Ablehnung der Bewerbung als Verfügung zu deuten, womit der diesbezügliche Rechtsschutz eröffnet wird. Ob mit einer Gesetzesnorm der entsprechende Rechtsschutz ausgeschlossen werden kann, ob also eine allein demokratische Legitimation je den Erfordernissen der Gewaltenteilung und Gesetzmässigkeit genügen kann, muss bezweifelt werden: Zum Ersten lässt sich mit der hier vertretenen Legitimationstheorie anführen, dass die Kriterien, wieso der eine und nicht der andere Bewerber zu bevorzugen sei, kaum je in inhaltlicher Weise in eine genügend detailliert ausgeführte gesetzliche Grundlage überführt werden kann. Zu sehr unterliegt diese Entscheidung einem stetigen sach- und zeitbezogenen Wandel.[468] Zum Zweiten ergibt sich dieses Resultat, wie bereits angedeutet, auch in formeller Weise aus Art. 9 BV[469] oder aus Art. 6 Abs. 1 EMRK (und somit verbindlich auch für die Bundesebene), da die Abweisung einer Bewerbung immer mit finanziellem Aufwand verbunden ist (etwa vergeblich durchgeführte Bewerbung, notwendige weitere Bewerbungen, allenfalls Verdienstausfall).[470] Wie bereits für das Bundespersonalrecht erwähnt, geht nach Art. 5 Abs. 2 und 13 Abs. 2 GlG der entsprechende Anspruch bei einer verwehrten Erstanstellung im öffentlichrechtlichen wie auch im privatrechtlichen Dienstverhältnis nicht auf Anstellung, sondern lediglich auf pekuniären Ersatz. Ob allerdings diese Einschränkung als Rechtsprinzip grundsätzliche Geltung erhalten muss, ist zu bezweifeln. Dies zeigt sich daran, dass der Anspruch in öffentlichrechtlichen Verträgen auf die erstmalige Begründung eines Arbeitsverhältnisses zwar eingeschränkt ist, die Beseitigung diskriminierender Kündigungen aber – anders als bei privatrechtlichen Rechtsverhältnissen – in einem Anspruch auf Beschäftigung resultieren kann.[471] Ohne ausdrückliche gesetzliche Regelung wird sich ein Anspruch auf Beschäftigung daran auszurichten haben, ob das Unterordnungsverhältnis eher in eine regelgesteuerte Bürokratie oder eher in ein persönliches und damit durch das Treueverhältnis geprägtes Zusammenarbeitsverhältnis eingebettet ist.[472]

---

[468] Vgl. BGE 128 I 113 2002 – *VEREIN DES BÜNDNER STAATSPERSONALS (PSYCHIATRISCHE DIENSTE GRAUBÜNDEN)*.
[469] In diesem Sinn – allerdings zum Abgaberecht – BGE 132 I 140 2006 – *COMUNE DI BIOGGIO*.
[470] Oben Fn. 463: 114; anders offenbar ISABELLE HÄNER, Verfahrensfragen (2007): 45 f.
[471] Vgl. Art. 5 Abs. 2 GlG mit Art. 13 Abs. 2 GlG.
[472] Zum sogenannten Kontinuum des bürokratischen Organisationsgrades siehe MARKUS MÜLLER, Das besondere Rechtsverhältnis (2003): 152 ff. mit Verweis auf Max Weber.

b. Für den *Rechtsschutz des Dienstleistenden* fällt die Antwort nach der Legitimationstheorie ähnlich aus:

Sofern eine privatrechtliche Beziehung zwischen Verwaltung und Dienstleistendem der Marktlogik folgt und die Vertragspartner jederzeit auf dem Markt einen diesbezüglichen funktionalen Ersatz zu finden vermögen, folgt der Vertrag der üblichen Logik des *privatrechtlichen Vertragsrechts*,[473] das sich durch verhältnismässig wenig Einmischung in die innere Betriebsorganisation und durch eine beidseitig rasch und in einfacher Weise zu erreichende Beendigung auszeichnet.[474] Bei Streitigkeiten zwischen Verwaltung und Verwaltungsangestelltem ist direkt das zuständige Zivilgericht anzurufen. In diesem Kontext die Möglichkeit eines verwaltungsrechtlichen Rechtsschutzes zu eröffnen, wäre zwar sachwidrig, aber nicht per se ausgeschlossen. Eine entsprechende Regelung wäre erstens einschränkend[475] und zweitens analog zum Submissionswesen auszulegen.[476]

Im *verwaltungsrechtlichen Vertrag* zum Staatsdienst wird mit mehr oder weniger Intensität die Rechtsform des alten Gewaltverhältnisses weitergeführt, in welchem der Dienstleistende Treue und Ergebenheit verspricht, während der Dienstherr sich zur umfassenden Interessenwahrung des Dienstleistenden verpflichtet, d. h. der Gewaltunterworfene erhält im Wesentlichen einen sozialen Rang zugeteilt sowie die Sicherung des Nahrungsstandes mindestens für die Zeit des Gewaltver-

---

[473] Zur Bestimmung der Rechtsnatur siehe oben Kap. I: 7.

[474] Im Einzelnen zu diesen Unterschieden siehe MINH SON NGUYEN, La fin des rapports de service (1999). Freilich werden diese beiden Wesenseigenschaften des schweizerischen privatrechtlichen Arbeitsrechts immer mehr relativiert. Dass dies allerdings vor allem Grossunternehmen betrifft, bestätigt gerade die Regel und wirft zugleich ein Licht zurück auf die Legitimationstheorie. Vgl. zum Beispiel die Praxis des Bundesgerichts zu Art. 328 OR, nach welcher der Umfang von Schutzmassnahmen sich nach der Art und Grösse des Betriebes einerseits und dem Ausmass der Risiken andererseits beurteilt: so unter anderen Bundesgericht 4C.354/2005 8. Februar 2006 – *BETRIEBLICHE SCHUTZMASSNAHMEN ZUGUNSTEN DES ARBEITNEHMERS*: Erw. 5.4.4.

[475] Entsprechend ist etwa die Kompetenznorm von Art. 6 Abs. 6 BPG, dass die Arbeitgeber in begründeten Einzelfällen Angestellte dem OR unterstellen können, derart auszulegen, dass der verwaltungsrechtliche Rechtsschutz der Art. 34 ff. BPG keine Anwendung auf diese Rechtsverhältnisse findet.

[476] Das bedeutet, dass also die entsprechende Entscheidung der Verwaltung, die als anfechtbare Verfügung gilt, eine notwendige Voraussetzung der privatrechtlichen Willensäusserung der Verwaltung (etwa eine Kündigung auszusprechen) bildet, aber ohne weitergehende direkte Folgen auf das Privatrechtssystem bleibt. Zum Submissionswesen siehe sogleich Kap. III.D.2: 120. Vgl. PETER GAUCH, Zuschlag und Verfügung (2003): 602.

hältnisses zugesichert.[477] Der Beamte in der Reinform des 19. Jahrhunderts trat vollständig aus der Gesellschaft heraus und in die Machtsphäre des Staates ein, wofür ihm ‹Rang und Name› sowie der Nahrungsstand (vor allem Pension) auf Lebenszeit zugesichert wurde. Hierbei wurde – in gewisser Analogie zur Ehe[478] – im Grundsatz allein der Eintritt in das Gewaltverhältnis und die Absicherung des Lebensstandes rechtlich erfasst, während für die innere Organisation der Verwaltung eine ‹monarchische Freiheit› galt.[479] Diesem Modell des professionalisierten und eigenständigen Beamtenstandes, umgesetzt in der Beziehung zum Beamten durch die Form des Gewaltverhältnisses, ist man zwar im Bund lange gefolgt, hat sich aber jüngst in der Schweiz allgemein und auch im Bund wieder davon distanziert.[480] Dabei wurde kaum je diskutiert, dass mit dieser Abkehr vom Gewaltverhältnis auch die rechtliche Zurückhaltung gegenüber den internen Strukturen eines Rechtsverhältnisses, das durch gegenseitige Treue und die gegenseitige Übernahme von Perspektiven geprägt ist,[481] relativiert wird: Sobald die Übernahme gegenseitiger Perspektiven nicht mehr generell gewährleistet erscheint,[482] also insbesondere der Staat nicht mehr gewillt ist, die umfassende und dauerhafte gesellschaftliche

---

[477] Allgemein zum ‹besonderen Rechtsverhältnis› siehe jüngst MARKUS MÜLLER, Das besondere Rechtsverhältnis (2003): vor allem 129 zu den Wesensmerkmalen.

[478] Die Analogie zur Ehe wurde zum Beispiel bemüht von CARL FRIEDRICH VON GERBER, Grundzüge des deutschen Staatsrechts (1880): 121.

[479] Vgl. zum Beispiel CARL FRIEDRICH VON GERBER, Grundzüge des deutschen Staatsrechts (1880): 112 ff.; PAUL LABAND, Das Staatsrecht des Deutschen Reiches (1901), Bd. 1: 405 f. Zu den feudalzeitlichen Vorbildern und ihren möglichen sozialen Kontexten siehe MARC BLOCH, La société féodale (1924) und SUSAN REYNOLDS, Fiefs and vassals the medieval evidence reinterpreted (1996).

[480] Vgl. oben Fn. 341: 83.

[481] In diesem reinen Gewaltverhältnis tritt der Beamte aus der Gesellschaft aus und in die Sphäre des Staates ein, wobei er auch dessen Zielsetzungen als die eigenen übernimmt, während der Staat die langfristige Perspektive des Beamten durch gesellschaftlichen Status und Sicherung des Nahrungsstandes übernimmt. Besonders einflussreich war bereits GEORG WILHELM FRIEDRICH HEGEL, Die "Rechtsphilosophie" von 1820 (1820/1973): § 268 und 294. Mit der Stabilisierung des Beamtenstandes sollte gegenüber der Regierung ein funktionales Äquivalent geschaffen werden zur fehlenden Legitimation durch demokratischen Beteiligung der Machtunterworfenen an der Machtausübung.

[482] Die Legitimation, verstanden als Element des Unverfügbaren (oben bei Fn. 432: 106), ergibt sich in dieser Rechtsform primär aus der Notwendigkeit, die Perspektive des anderen immer in die eigenen Entscheidungen miteinzubeziehen. Im Ständestaat erfüllte diese zur Verwaltung des Territoriums geläufige Rechtsform die Funktion, trotz Ämterappropriation eine möglichst breite Übereinstimmung zwischen den Interessen des ‹Amtseigentümers› und des territorialen Herrschers zu erzielen. Zu diesem Thema siehe sei auf die Ausführungen zur Evolution des Verwaltungsvertrags verwiesen, die in Kürze publiziert werden.

Absicherung des Gewaltunterworfenen zu gewährleisten,[483] dann tritt das Recht in diese Lücke ein, um existenzbedrohende Abhängigkeiten zu kompensieren, zumal wenn derartige Abhängigkeiten keine detaillierte demokratische Grundlage erhalten haben.[484]

Wo folglich die erwähnten wesensbedingten Eigenschaften eines Gewaltverhältnisses fehlen und der Staat trotzdem das Verwaltungsrecht als Sonderrecht in Anspruch nimmt, braucht es eine substanzielle Kompensation durch rechtsstaatliche und demokratische Legitimationsmechanismen. In diese Richtung gehen bereits die weite Auslegung der zivilrechtlichen Ansprüche in Art. 6 Abs. 1 EMRK[485] und zu Art. 9 BV.[486] Ähnlich argumentierte auch das Bundesgericht im Fall VEREIN DES BÜNDNER STAATSPERSONALS (PSYCHIATRISCHE DIENSTE GRAUBÜNDEN), als der kantonale Gesetzgeber einer selbstständigen öffentlichen Anstalt «grösstmögliche unternehmerische Freiheit» dadurch verschaffen wollte, indem er einerseits durch Zuweisung zum öffentlichrechtlichen Dienstrecht die zwingenden Privatrechtsnormen weitgehend ausschloss und er andererseits mittels einer Blankettnorm den Erlass von Dienstvorschriften an die Anstalt delegierte, welche sich so von allen unliebsamen öffentlichrechtlichen Vorgaben hätte befreien können.[487]

Auf welche Weise dagegen Politik und Verwaltung die entsprechenden Rechtsweggarantien einsetzen und welche Wirkungen diese Verfahren auf den Vertrag zeitigen, bleibt weitgehend ihnen überlassen. Zu bemerken ist dabei insbesondere, dass infolge der Restanzen eines Gewaltverhältnisses (das im übrigen auch im privatrechtlichen Arbeitsvertrag durchschimmert) für das Dienstrecht die allgemeine Aussage gerade nicht zutrifft, ein verwaltungsinternes Verfahren widerspräche dem Wesen des Verwaltungsvertrags.[488] Besteht allerdings kein explizites verwal-

---

[483] Deutlich zum Beispiel in BGE 124 II 53 1998 – *X. GEGEN SBB*.

[484] Zur Tendenz eines ausgebauten Rechtsschutzes und den Restanzen einer diesbezüglich ‹monarchischen Tradition› in der Schweiz siehe MARKUS MÜLLER, Das besondere Rechtsverhältnis (2003): 75 ff.

[485] «Jede Person hat ein Recht darauf, dass über Streitigkeiten in Bezug auf ihre zivilrechtlichen Ansprüche und Verpflichtungen ... von einem unabhängigen und unparteiischen, auf Gesetz beruhenden Gericht in einem fairen Verfahren, öffentlich und innerhalb angemessener Frist verhandelt wird ...» Siehe oben bei Fn. 463: 114.

[486] BGE 132 I 140 2006 – *COMUNE DI BIOGGIO*.

[487] Das Bundesgericht hob diese Regelung aufgrund des Verstosses der Delegation gegen die Grundsätze der Gewaltenteilung und der Gesetzmässigkeit gemäss Bündner Verfassung auf: BGE 128 I 113 (2002; Psychiatrische Dienste Graubünden): vor allem 120 ff., Erw. 2e und 3.

[488] In dem Sinn handelt es sich hier nicht um eine Anomalie, was zuweilen zu wenig beachtet wird: vgl. ISABELLE HÄNER, Verfahrensfragen (2007): 43. Siehe zum Ganzen auch THOMAS

tungsinternes Verfahren, so ist – dem Intensitätsgrad des Gewaltverhältnisses entsprechend – in aller Regel zu vermuten, dass die Vertragspartner bei Vertragsverletzungen direkt an das Verwaltungsgericht verwiesen sind.[489]

2. Beschaffungswesen

1. Der Beschaffungsvertrag wurde vom Bundesgericht bereits früh dem privatrechtlichen Vertragsrecht zugewiesen, und dabei wurde dessen Zweiseitigkeit (sowie der entsprechende Ausschluss von Drittpartien) betont. Im bereits erwähnten Fall *JÄGGI AG GEGEN SOLOTHURN* führte das Bundesgericht aus, dass der Zuschlag einer öffentlichen Arbeit an einen privaten Unternehmer aufgrund vorangegangener Ausschreibung (Submission) und die Verweigerung dieses Zuschlags an einen anderen Bewerber, der sich auf die Ausschreibung hin ebenfalls gemeldet hatte, keine Hoheitsakte und folglich auch keine Verfügungen darstellten. Es liege vielmehr, so das Bundesgericht, der Abschluss eines privatrechtlichen Vertrags vor.[490] Die Phase vor Vertragsschluss ist somit grundsätzlich privatrechtlich erfasst. Regelungen zur Vergabe stellten entsprechend verwaltungsinterne und nach herrschender Lehre nicht justiziable Dienstanweisungen dar,[491] wobei dem Privatrecht entsprechend immerhin eine Haftung aus culpa in contrahendo oder aus unerlaubter Handlung (Art. 41 ff. OR) Anwendung finden kann.[492]

P. MÜLLER, Verwaltungsverträge im Spannungsfeld von Recht, Politik und Wirtschaft (1997): 236 f. Vgl. die verwaltungsinternen Beschwerdewege zum Beispiel im Bund (Art. 35 BPG), die sich allerdings auch als Überbleibsel einer zunehmend zurückgedrängten Loslösung der Verwaltung von den Gerichten interpretieren lassen. Hierzu jüngst BVGE A-1783/2007 20. Februar 2007 – *A GEGEN ETH - KÜNDIGUNG ARBEITSVERHÄLTNIS*; BVGE A-1785/2006 16. April 2007 – *A. GEGEN BUNDESAMT X. UND EDI - KÜNDIGUNG ARBEITSVERHÄLTNIS NACH BPG*.

[489] Anders die Praxis des Zürcher Verwaltungsgerichts: hierzu ISABELLE HÄNER, Verfahrensfragen (2007): 43.

[490] BGE 60 I 366 1935 – *JÄGGI AG GEGEN SOLOTHURN*: vor allem 369.

[491] PETER GAUCH, Die Submission im Bauwesen (1980): 233 ff.; CHRISTIAN BOCK, Das europäische Vergaberecht (1993): 82 ff. Der oft zitierte Fall *ALLGÖWER* widerspricht dem nicht, denn hier stellte das Bundesgericht explizit fest, dass es nicht um den privatrechtlichen Baurechtsvertrag ging, sondern um die Kompetenzzuweisung zum Vertragsabschluss an eine Verwaltungseinheit durch die Regierung. Diese Kompetenzzuweisung betreffe die verwaltungsmässige Zuständigkeit, stelle damit öffentliches Recht dar und sei (notabene nicht als Verfügung) im Rahmen von Art. 85 lit. a aOG als Verletzung der Rechte der Stimmberechtigten anfechtbar: BGE 89 I 253 1963 – *ALLGÖWER GEGEN FRIGO ST. JOHANN AG*.

[492] PETER GAUCH, Das neue Beschaffungsgesetz des Bundes (1995): 333 ff.; so auch MINH SON NGUYEN, Le contrat de collaboration en droit administratif (Diss.) (1998): 63 f. mit weiteren Verweisen auf Moor, Grisel und de Laubadère.

2. Mit Blick auf die hier vertretene Legitimationstheorie ist dieser Argumentation, dass der Zuschlag keine Verfügung darstelle und dass entsprechend kein über das Privatrecht hinausreichender Rechtsschutz bestehe, *grundsätzlich zuzustimmen* – zumindest soweit eine Beschaffung als privatrechtlicher Vertrag qualifiziert wird, einem disziplinierenden Marktmechanismus unterworfen ist und die öffentliche Hand primär ökonomischen Überlegungen folgt.[493]

Angesichts der zuweilen bedeutenden Nachfragemacht der öffentlichen Hand einerseits und angesichts des politischen Interesses, eben diese Beschaffungen durch die Verwaltung unter enger Kontrolle zu halten, vermochte diese durch das Bundesgericht bereits früh geschaffene Situation allerdings nicht in jedem Fall zu befriedigen. Mit dem vor allem in den Neunzigerjahren *neu geschaffenen Beschaffungsrecht* wurde bekanntlich dem privatrechtlichen Beschaffungsvertrag ein öffentlichrechtliches Rechtsschutzverfahren beiseite gestellt.[494]

Im *Beschaffungsrecht des Bundes* «gilt» unter anderem der Zuschlag als anfechtbare Verfügung (Art. 29 lit. b BoeB), die der Beschwerde an das Bundesverwaltungsgericht unterliegt (Art. 27 BoeB). Im Bereich der sogenannt «übrigen Beschaffungen», die dem ‹normalen› Beschaffungswesen nach dem Bundesgesetz (BoeB) nicht unterstellt sind (Art. 32 VoeB), stellen dagegen im Vergabeverfahren erlassene Entscheide gerade *keine Verfügungen* dar.[495] Damit wird klar, dass der Bundesgesetzgeber entschieden hat, dem privatrechtlichen Submissionsverhältnis und dem privatrechtlichen Beschaffungsvertrag *punktuell* ein öffentlichrechtliches

---

[493] Anders wären allenfalls Kriegsmaterialbeschaffungen zu beurteilen (vgl. denn auch die entsprechende Spezialbehandlung zum Beispiel in Art. 32 lit. b VoeB), wobei sich auch hier die Schweiz wohl auf lange Frist primär von Kosten-Nutzen-Überlegungen leiten lässt, zumindest solange die zentralen Anbieter aus Ländern stammen, die keinerlei politischen Vorbehalten unterliegen. Interessantes Anschauungsmaterial bietet jüngst eine entsprechende Vorabklärung der Weko: weko Schlussbericht vom 7. August 2007 in Sachen Vorabklärung gemäss Art. 26 KG betreffend 32-0202: Beschaffung von leichten Transport- und Schulungshelikoptern (LTSH) durch armasuisse wegen allenfalls unzulässiger Verhaltensweise gemäss Art. 7 KG. 2007 – *ARMA-SUISSE*.

[494] Zu den Hintergründen MARTIN BEYELER, Öffentliche Beschaffung, Vergaberecht und Schadenersatz (2004): 123 ff. Jüngst hierzu BGE 132 I 86 2006 – *ARCHIVSYSTEM KANTON APPENZELL INNERRHODEN*: zu diesem im Beschaffungsrecht vorgesehenen Rechtsmittelsystem gehört gemäss Art. 9 Abs. 3 BGBM, dass der Zuschlag in einem kantonalen Beschaffungsverfahren auch dann noch angefochten werden kann, wenn der privatrechtliche Vertrag bereits abgeschlossen wurde.

[495] In diesem Sinn vgl. auch BGE 131 I 137 2005 – *SIGRISWIL*.

Rechtsschutzverfahren beiseitezustellen,[496] und zwar indem der Zuschlag im Rahmen des BoeB so behandelt wird, also ob er eine Verfügung sei. GAUCH hat in diesem Zusammenhang überzeugend dargelegt, dass nur die Entschlussfassung der Verwaltung von diesem Rechtsschutzverfahren in dem Sinn erfasst wird, als der rechtsgültig erfolgte Zuschlag die Verwaltung zum privatrechtlichen Vertragsabschluss ermächtigt.[497] Es geht, anders formuliert, um die öffentlichrechtliche Frage nach der behördlichen Zuständigkeit zum Vertragsabschluss.[498] Der Zuschlag verpflichtet folglich die Verwaltung auf der Ebene des Privatrechts nicht zum Vertragsabschluss,[499] kann aber auf der öffentlichrechtlichen Seite zu Schadenersatz führen (Art. 34 BoeB).[500]

Auf diese Weise besteht ein *System,* das die legitimatorischen Wirkungen des Marktes und des privatrechtlichen Vertrags respektiert, zugleich aber die Legitimation eines öffentlichrechtlichen Rechtsschutzes vorschaltet – und zwar letzteres aufgrund politischer Interessen an einer stringenten Überwachung der Vergabepraxis und infolge einer zuweilen problematischen Nachfragemacht der Verwaltung.[501]

Hinzuzufügen bleibt in diesem Zusammenhang mit Blick auf die Legitimationstheorie, dass mit den neueren Anstrengungen, auch die Verwaltung ins *Wettbe-*

---

[496] So auch jüngst D–BVerwG 6B10.07 2. Mai 2007 – *UNTERSCHWELLIGE VERFAHREN:* vor allem N 6 und 9. Das Bundesverwaltungsgericht spricht davon, dass in diesem Sinn die öffentlichrechtlichen Normen das Privatrecht ‹überlagere›.

[497] Im Detail unten Kap. IV.A.3.a)iii): 168.

[498] So bereits die klare Trennung in BGE 89 I 253 1963 – *ALLGÖWER GEGEN FRIGO ST. JOHANN AG.*

[499] BGE 129 I 410 2003 – *TUJETSCH.* In diesem Sinn bleibt der Verhandlungsteil privatrechtlich: PETER GAUCH, Die Submission im Bauwesen (1980): 231 ff. Das bedeutet insbesondere, dass kantonales öffentliches Recht, das direkt in diesen privatrechtlichen Handlungsteil eingreift, grundsätzlich eine unzulässige Derogation von Bundeszivilrecht darstellt: Art. 122 BV.

[500] PETER GAUCH, Zuschlag und Verfügung (2003): 602 ff. Siehe in diesem Zusammenhang jüngst ein entsprechender Entscheid des Zürcher Verwaltungsgerichts: Das Verwaltungsgericht hob einen freihändigen Zuschlag der Primarschulpflege X auf, da die Voraussetzungen für einen Zuschlag, ein Juryentscheid, gefehlt hätten. Nach Submissionsrecht sei ein freihändiger Zuschlag nur gemäss Beurteilung durch eine unabhängige Jury zulässig. Folglich habe der Juryentscheid eine negative Wirkung, indem er untersage, den Zuschlag an einen anderen Anbieter als den Gewinner des Wettbewerbs zu erteilen. Eine Pflicht, den Zuschlag tatsächlich zu erteilen, resultiere damit jedoch nicht: Zürcher Verwaltungsgericht, VB.2003.00234 28. Januar 2004 – *PRIMARSCHULPFLEGE X (FREIHÄNDIGE VERGABE).*

[501] Allerdings sei hier auch auf die für die öffentliche Hand problematischen Kostenfolgen des zunehmend in Anspruch genommenen Rechtsschutzes verwiesen: vgl. etwa die ap Pressemeldung in der NZZ vom 16. November 2007: «Parlamentarische Lupe auf Bundesverwaltungsgericht: Wegen Beschwerden gegen Alptransit».

werbsrecht einzubeziehen, die legitimatorische Notwenigkeit eines am Zuschlag anknüpfenden Rechtsschutzverfahrens schwindet.[502] Wettbewerbsrecht und öffentlichrechtliches Beschaffungsrecht erscheinen insofern als funktionale Äquivalente.[503]

3. Subvention

1. Es wurde bereits erwähnt, dass das Subventionswesen in Deutschland Anlass zur Zweistufentheorie gab, und zwar im Rahmen des Rückgriffs auf privatrechtliche Verträge (in casu Darlehen) einerseits und eines verstärkten Bedürfnisses nach rechtsstaatlichen Grundsätzen andererseits. Für die Schweiz gilt diese *Grundanlage* nur beschränkt: Es fehlen die historischen Kontextbedingungen für ein vergleichbares Primat des Rechtsstaats, und öffentliche Fördermittel werden in der Regel nicht mit privatrechtlichem Vertrag vergeben.[504]

2. Dennoch sehen verschiedene schweizerische Gesetze im Rahmen des Subventionswesens einen etappierten, zweigliedrigen Rechtsschutz vor, womit durch Transparenz im Vergabeverfahren und durch ein ausgebautes Rechtsschutzverfahren die bestimmungsgemässe Vergabe von öffentlichen Geldern und zugleich Legitimation gegenüber betroffenen Privaten erreicht werden kann:[505]

– Das Subventionsgesetz des Bundes nimmt zwar nicht Rückgriff auf privatrechtliche Verträge, eröffnet aber immerhin die Möglichkeit, Finanzhilfen und Abgeltungen unter bestimmten Umständen durch *öffentlichrechtliche Verträge* zu gewähren (Art. 16 Abs. 2 SuG). Ablehnungen werden mit *Verfügung* mitgeteilt. Soll ein Subventionsgesuch in einen Vertrag münden, so stellt die Behörde dem Gesuchsteller einen Antrag und eröffnet diesen auch beschwerdeberechtigten Dritten, die auf dieser Grundlage eine anfechtbare Verfügung verlangen können (Art. 19 SuG). Diese Behördenentscheidungen im Hinblick

---

[502] Botschaft zu einem Bundesgesetz über Kartelle und andere Wettbewerbsbeschränkungen (Karteilgesetz, KG) vom 23. November 1994, BBl. 1995 I 468 vor allem 534.

[503] In diesem Sinn auch MARTIN BEYELER, Öffentliche Beschaffung, Vergaberecht und Schadenersatz (2004): N 89.

[504] Bis vor kurzem wurde denn zum Beispiel im Bundesrecht der Anspruch auf (gesprochene) Subventionen und entsprechend der Rechtschutz beschränkt, und es wurden die Subventionsempfänger selbst bei verwaltungsvertraglich gewährten Subventionen auf den verwaltungsinternen Beschwerdeweg verweisen. Siehe Art. 99 lit. h aOG und den aufgehobenen Art. 35 Abs. 2 SuG. Hierzu SERGIO GIACOMINI, Verwaltungsrechtlicher Vertrag und Verfügung im Subventionsverhältnis "Staat-Privater" (1992): N 204; AUGUST MÄCHLER, Vertrag und Verwaltungsrechtspflege (2005): 540 f.

[505] Zum Ganzen jüngst FABIAN MÖLLER, Rechtsschutz bei Subventionen (2006).

auf den Vertragsabschluss – Ablehnung, Antrag an den Gesuchsteller und Information an beschwerdeberechtigte Dritte – unterliegen somit dem Rechtsschutz eines behördeninternen Beschwerdeverfahrens (Art. 44 VwVG) und der anschliessenden Beschwerde ans Bundesverwaltungsgericht (Art. 31 VGG).

– Auch in der Wohneigentumsförderung des Bundes wird der Antrag der Verwaltung zum öffentlichrechtlichen Vertragsabschluss als Ausgangspunkt für den Rechtsschutz benutzt. Gemäss Art. 57 WEG stellt die Ablehnung des Gesuchs oder aber der Antrag zum Vertragsschluss (die Beitragszusicherung) direkt eine Verfügung dar, die somit vom Gesuchsteller und von betroffenen Dritten angefochten werden kann.

3. Der Rechtsschutz *nach Begründung des Vertragsverhältnisses* hat mit der Neuorganisation der Bundesrechtspflege von 2001 eine grundlegende Änderung erfahren: Insbesondere wurde mit dem Bundesverwaltungsgericht eine allgemeine gerichtliche Instanz in Verwaltungssachen eingesetzt. Somit können nun die *Vertragsparteien* nach Begründung des Subventionsverhältnisses auf den Klageweg verwiesen werden, der, so auch die Begründung der bundesrätlichen Botschaft, dem Vertrag angemessen sei.[506]

---

[506] Botschaft zur Totalrevision der Bundesrechtspflege vom 28. Februar 2001, BBl. 2001 4202, 4434: «Der Klageweg ist für solche Streitigkeiten sachgerecht, weil bei Verträgen schon die Begründung des Subventionsverhältnisses (Abschluss des Vertrags) nicht einseitig hoheitlich erfolgt. Folgerichtig sollen Streitigkeiten aus dem Vertrag nicht durch Verfügung entschieden werden können, vielmehr ist Klage zu erheben. Diese konsequente Lösung konnte unter dem alten Rechtsmittelsystem nicht vorgesehen werden, weil nicht in allen Bereichen eine Rekurskommission bestand, bei welcher Klage hätte erhoben werden können. Deshalb galt auch bei Streitigkeiten aus Verträgen grundsätzlich der Verfügungsweg, soweit nicht ein Erlass die Klage an eine Rekurskommission vorsah bzw. der Vertrag die Zuständigkeit eines Schiedsgerichts begründete. Das Bundesverwaltungsgericht besitzt (anders als die Rekurs- und Schiedskommissionen) eine *allgemeine* Sachzuständigkeit in Bundesverwaltungssachen. Es kann direkt gestützt auf Artikel 31 Buchstabe a VGG angerufen werden. Somit ist es nunmehr möglich, für Streitigkeiten aus Verträgen grundsätzlich die Klage vorzusehen. Der Klageweg weicht, wenn ein Bundesgesetz die Erledigung des Streits durch Verfügung vorschreibt (Art. 32 VGG).» Hierfür trat insbesondere Richli von Beginn weg ein: PAUL RICHLI, Verhandlungselemente im öffentlichen Recht (1991): 399. Anders dagegen noch jüngst AUGUST MÄCHLER, Vertrag und Verwaltungsrechtspflege (2005): 540 f. Eine Trennung des Lebenssachverhalts in ein Klage- und ein Verwaltungsverfahren resultiert dagegen noch heute bei kantonal abgeschlossenen Bewirtschaftsverträgen und den damit verbundenen Direktzahlungen des Bundes nach der Verordnung über die Direktzahlungen an die Landwirtschaft vom 7. Dezember 1998 (SR 910.13). Siehe hierzu jüngst BVGE B-2224/2006 5. September 2007 – *G GEGEN DIENSTSTELLE LANDWIRTSCHAFT UND WALD DES KANTONS LUZERN - NATURSCHUTZVERTRÄGE NHG*: vor allem Erw. 3.3.3.

Unklar ist dagegen die *Rechtsposition Dritter* nach der Begründung des Subventionsverhältnisses geblieben.[507] Darauf ist sogleich zurückzukommen.[508]

4. Konzession

1. Die Konzession wurde zwar vom Bundesgericht von Beginn weg, also seit den Anfängen der Bundesrechtsprechung im letzten Viertel des 19. Jahrhunderts, als Verfügung bezeichnet, doch wurden dabei auch immer wesentliche vertragliche Prinzipien und Teilgehalte der Konzession berücksichtigt.[509] Diese privatrechtlichen Teilgehalte der Konzession wurden jeweils als wohlerworbene Rechte stabilisiert. Es wurde bereits erwähnt, dass heute für ein rein deklaratorisches Festhalten am grundsätzlichen Verfügungscharakter kein Platz mehr ist und Konzessionen je länger je mehr *mit Vertrag vergeben* werden, wenn auch mit Teilgehalten zwingenden Gesetzesrechts einerseits[510] und reglementarischen Befugnissen der Verwaltung andererseits.[511]

2. Die Charakterisierung der Rechtsform der Konzession als Verfügung verschaffte der Verwaltung nicht nur weitgehende Einwirkungsmöglichkeiten auf die Vergabe von Monopolen, sondern diente auch einem klar geregeltem *Rechtsschutz im Vorfeld der Konzessionsvergabe*. Mit der zunehmenden Integration des Verwaltungsvertrags in das materielle und vor allem prozessuale Verwaltungsrecht schwindet allerdings diese rechtsstaatliche Legitimationslücke des Verwaltungsvertrags gegenüber der Verfügung.

---

[507] Zu denken ist zum Beispiel daran, dass ein Subventionsempfänger Leistungen erbringt, die Dritte beziehen: siehe zum Beispiel BGE 128 III 250 2002 – *A. GEGEN KANTON ST. GALLEN (ARBEITSMARKTLICHE MASSNAHMEN)*. In diesem Fall klagte allerdings der Subventionsempfänger direkt.

[508] Unten Kap. III.E: 126.

[509] Zur Entwicklung der Rechtsform der Konzession siehe TOMAS POLEDNA, Staatliche Bewilligungen und Konzessionen (1994): 29 ff.

[510] Hierauf weist Fleiner-Gerster mit Nachdruck hin: THOMAS FLEINER-GERSTER, Probleme des öffentlichrechtlichen Vertrags in der Leistungsverwaltung (1989): 192 f. Vgl. hierzu jüngst Bundesgericht 2A.414/2006 19. März 2008 – *FIBRE LAC S.A. GEGEN KANTON BASEL-LANDSCHAFT* und Bundesgericht 2A.296/2006 19. März 2008 – *KANTON BERN GEGEN FIBRE LAC S.A.*.

[511] Oben bei Fn. 158: 39. Jüngst zum Beispiel BGE 127 II 69 2001 – *'EWIGE' WASSERRECHTSKONZESSION*: 77; BGE 130 II 18 2004 – *WWF SUISSE C. FORCES MOTRICES DE MARTIGNY-BOURG S.A*. In diese Richtung deutet auch TOMAS POLEDNA, Staatliche Bewilligungen und Konzessionen (1994): 33 f. Vgl. zu den wohlerworbenen Rechten bereits oben bei Fn. 89 f.: 22.

Jüngst erweiterte das *Bundesgesetz über den Binnenmarkt (BGBM)* die Legitimität der Konzessionsvergabe durch ein Publizitätsgebot (Art. 2 Abs. 7). Ferner verlangt das BGBM, dass Zugangsbeschränkungen zum Markt in der Form einer anfechtbaren Verfügung erlassen werden (Art. 9 Abs. 1 BGBM).[512] Diese Formulierung erweist sich allerdings als zu eng: Im Wesentlichen geht es darum, Beschränkungen eines bestehenden oder auch eines *möglichen Marktes* einer vermehrten gerichtlichen Kontrolle zuzuführen, derartigen Beschränkungen also Verfügungscharakter zuzuerkennen. Es bietet sich folglich an, Art. 9 Abs. 1 BGBM dann zur Anwendung zu bringen, wenn – wie es der EuGH im Vergaberecht erörtert hatte – die Konzession für private Unternehmen offen steht oder aber zumindest für eine private Beteiligung am Kapital.[513]

Damit präsentiert sich eine analoge Situation zum oben erläuterten Vergaberecht.[514] Art. 9 Abs. 1 BGBM begrenzt die Kompetenz der Verwaltung, ein Monopol zu vergeben. Mit dem Zuschlag, der als Verfügung erlassen wird, beseitigt die Verwaltung dieses öffentlichrechtliche Hindernis, einen entsprechenden Vertrag abzuschliessen.[515]

3. Art. 9 Abs. 1 BGBM regelt die Vergabephase. Damit ist allerdings die Frage nicht gelöst, was *nach der Monopol- oder Sondernutzungsvergabe* gilt, wobei wiederum die Stellung der Vertragsparteien von der Stellung Dritter zu unterscheiden ist. Auf diese Frage, was bei Fehlen gesetzlicher Regeln gilt, ist nun im Detail einzugehen.

E. *Gesetzlich nicht geregelte Fälle*

1. Problemstellung

1. In den *vorangehenden Ausführungen* zum Verhältnis von vertragsgerichteter Willenserklärung und Verfügung wurde zunächst gezeigt, dass sich bis heute weder

---

[512] Im Wortlaut des Art. 9 Abs. 1 BGBM: «Beschränkungen des freien Zugangs zum Markt, insbesondere im Bereich des öffentlichen Beschaffungswesens, sind in Form einer anfechtbaren Verfügung zu erlassen.»

[513] Hierzu ALEXANDER REY/BENJAMIN WITTWER, Die Ausschreibungspflicht bei der Übertragung von Monopolen (2007): vor allem 589 und 592.

[514] Zur Abgrenzung von Submission und Subvention siehe oben betreffend Rechtsnatur Kap. II: 45.

[515] Hierzu bereits oben betreffend Submission: Kap. III.D.2: 120. Vgl. hierzu zum Beispiel einen Fall von Pachtlandzuteilung, aufgeführt in MAX IMBODEN/RENÉ A. RHINOW, Schweizerische Verwaltungsrechtsprechung (1986): 289.

unter Leitung der Rechtsprechung noch in der Wissenschaft eine umfassende und konsistente Lehre zur Unterscheidung von vertragsbezogenen Willenserklärungen und entsprechenden Verfügungen zu bilden vermochte. Die französischen und deutschen Lösungsvariationen sind zwar von Interesse, können aber infolge unterschiedlicher Kontexte nicht oder zumindest nicht direkt auf die Schweiz übertragen werden.[516]

Sodann wurde argumentiert, dass die Unterscheidung von vertragsgerichteten Willenserklärungen und Verfügungen eng mit der Frage des Rechtsschutzes zusammenhängt und dieser wiederum funktional mit der Art der *Gesellschaftsorganisation und deren Legitimation* verknüpft ist: Während – idealtypisch – der Rechtsschutz mittels Verfügung im Rahmen der staatlichen Gesellschaftsgestaltung die Funktion erfüllt, die Gesellschaftsakteure vor der einseitigen staatlichen Macht der Verwaltung zu schützen und diese somit rechtsstaatlich zu legitimieren, erfolgt diese Legitimation im Bereich des Marktes grundsätzlich über die Selbststeuerung mittels Preis, der sich alle Wirtschaftsakteure gleichermassen zu unterwerfen haben und die eine Gleichförmigkeit aller Marktteilnehmer mich sich bringt.[517]

Ein Blick auf verschiedene bestehende gesetzgeberische Lösungen hat schliesslich gezeigt, dass diese erstens in relativ konsistenter Weise auf staatliche wie auch auf markteigene Legitimationsmechanismen zurückgreifen und dass sie sich im Lichte der hier vertretenen Legitimationstheorie zu einem übergreifenden verwaltungsvertraglichen System zusammenfügen lassen.[518]

2. *In einem nächsten Schritt* ist nun die Rechtslage zu klären, wenn keine bestehenden gesetzlichen Regelungen die Legitimierung von verwaltungsvertragsbezogenen Verfügungen und Willenserklärungen anleiten. Dabei ist einerseits auf die erläuterten Prinzipien zurückzugreifen, die eine Dogmatik in gewisse Bahnen lenken und in der Zeit stabilisieren. Andererseits ist zu beachten, dass die höchst unterschiedlichen Weseneigenschaften der verschiedenen Arten von Verwaltungsverträgen nicht in eine starre, übergreifende und allgemeingültige Dogmatik eingepasst werden können – umso mehr, als diese heute auch stetigen und starken Veränderungen unterliegen.[519] Vielmehr ist ein dogmatisches System zu suchen, das

---

[516] Oben Kap. III.B: 92.
[517] Oben Kap. III.C: 102.
[518] Oben Kap. III.D: 110.
[519] Siehe hierzu meine Ausführungen in ANDREAS ABEGG, Vom Contrat Social zum Gesellschaftsvertragsrecht (2008).

sowohl der Breite verschiedener Verwaltungsvertragstypen wie auch der bedeutenden evolutorischen Dimension des Verwaltungsvertrags Rechnung trägt.[520]

Vor diesem Hintergrund bietet sich ein zweigliedriges System an, das einerseits von einer allgemeinen Lösung ausgeht, zugleich aber weitreichende Flexibilität für begründete Abweichungen gibt.

2. System der Abgrenzung von vertraglicher Willenserklärung und Verfügung

1. Wenn im Lichte der Legitimationstheorie für die Frage nach dem Verfügungscharakter von vertragsbezogenen Willenserklärungen ein systematisches Grundkonzept gefunden werden soll, dann müssen zunächst die Unterschiede zwischen privatrechtlichen und verwaltungsrechtlichen Verwaltungsverträgen berücksichtigt werden.

2. Sofern die Verwaltung ihre Aufgaben *an die Kräfte des Marktes anschliesst* und die *privatrechtlichen Formen* zum Zuge kommen, besteht im Grundsatz keine Notwendigkeit, für den Vertragspartner und für Dritte den Beschwerdeweg gegen eine vertragsrelevante Willensäusserung der Verwaltung zu öffnen. Diese Willenserklärung untersteht bereits dem disziplinierenden Marktmechanismus, der seinerseits die (zumindest potenziellen) Angebote Dritter in die Preisbildung einbezogen hat. Defizite in dieser Preisbildungsphase können durch Wettbewerbsrecht oder durch ein vorgeschaltetes öffentlichrechtliches Verfahren (wie im Beschaffungsrecht) kompensiert werden und legitimierend auf die Ausführungsphase ausstrahlen. Zuständige Instanz ist in diesem Fall einer marktbezogenen Legitimation grundsätzlich das Gericht, das hierbei den sogenannten Schleier des Vertrags zu berücksichtigen hat. Dies war denn auch die Argumentation im Bundesgerichtsentscheid *P. GEGEN STADTRAT LUZERN (GANZWERBEBUS)*,[521] und das Gleiche gilt insbesondere für die gesetzliche Regelung des Beschaffungswesens in der Ausführungsphase.[522]

Darüber hinaus ist die Verwaltung im Rahmen des Privatrechts auf die Einhaltung von Treu und Glauben verpflichtet, was in der vorvertraglichen Phase mit *cul-*

---

[520] Häner setzt dagegen auf vermehrte Produktion von Gesetzesnormen: ISABELLE HÄNER, Verfahrensfragen (2007): 46.
[521] BGE 127 I 84 2001 – *P. GEGEN STADTRAT LUZERN (GANZWERBEBUS)*: 89 ff.
[522] Oben Kap. III.D.2: 120.

pa in contrahendo oder mit einer *Klage aus unerlaubter Handlung (Art. 41 ff. OR)* eingefordert werden kann.[523]

3. In Bereichen, in welchen die Verwaltung zwar an die Selbstorganisationskräfte der Gesellschaft mit (privatrechtlichem oder verwaltungsrechtlichem) Vertrag anschliesst, sich aber zugleich ein *Legitimationsdefizit infolge politischer Intervention oder infolge Marktmacht der Staatsverwaltung* ergibt, wird dieses Legitimationsdefizit durch Publizität, Begründung und insbesondere durch Rechtsverfahren zu kompensieren sein. Zu unterscheiden ist dabei die vorvertragliche Phase von der Ausführungsphase des Vertrags.

a. *In der vorvertraglichen Phase* werden die Rechtsschutzmechanismen des Vertragsrechts (also das Gericht als einzige zuständige Rechtsmittelinstanz) mit einem vorgeschobenen öffentlichrechtlichen Rechtsmittelverfahren ergänzt. Dieses Rechtsmittelverfahren wird in der Regel mittels tatsächlich vorgeschobener oder zumindest angenommener Verfügung freigesetzt, wenn die vorvertragliche Phase öffentlichrechtlicher Art ist.[524] Oder es wird, wenn die vorvertragliche Phase privatrechtlicher Art ist, damit ermöglicht, dass eine bestimmte Kommunikation der Verwaltung als Verfügung *gilt,* womit allerdings diese Phase nicht zugleich ihre privatrechtliche Rechtsnatur verliert.[525] Diese Verfahren bilden eine Anspruchskonkurrenz, d. h. sie laufen parallel etwa zu einer culpa in contrahendo.[526]

Die im Privatrecht ausgebildete *culpa in contrahendo* ist für das Verwaltungsvertragsrecht analog anzuwenden, denn dieses folgt in wesentlichen Zügen den vertraglichen Prinzipien[527] und insbesondere dem verfassungsmässigen Vertrauensschutz.[528] Infolge ihrer Nähe zum Vertragsabschluss ist die Situierung der culpa in contrahendo als Klage aus Verwaltungsvertrag, nicht aber als ausservertragliche Haftung unter die Regeln der Staatshaftung zu situieren.[529]

---

[523] Oben Fn. 492: 120.

[524] So im Subventionsrecht: oben Kap. III.D.3: 123. Ähnlich BLAISE KNAPP, Grundlagen des Verwaltungsrechts (1992): 1521.

[525] So im Vergaberecht: oben Kap. III.D.2: 120. Im Resultat vermittelt damit die hier vertretene Legitimation zwischen den divergierenden Lehrmeinungen: vgl. RENÉ RHINOW, Verfügung, Verwaltungsvertrag und privatrechtlicher Vertrag (1985): 307 ff. und MARTIN BEYELER, Öffentliche Beschaffung, Vergaberecht und Schadenersatz (2004): N 346 ff.

[526] Soeben bei Fn. 529: 129.

[527] PIERRE MOOR, Droit administrativ II (2002): 354.

[528] BEATRICE WEBER-DÜRLER, Neuere Entwicklung des Vertrauensschutzes (2002); so explizit bereits BGE 103 Ia 505 1977 – *HOFMANN AG GEGEN EINWOHNERGEMEINDE THUN*: 508 f.

[529] MINH SON NGUYEN, Le contrat de collaboration en droit administratif (Diss.) (1998): 63 f.; PIERRE MOOR, Droit administrativ II (2002): 397.

b. Für die *Phase der Vertragsausführung* sind die Vertragsparteien für Ansprüche aus dem Vertrag allein auf das Gericht verwiesen.[530] Dies gilt auch dann, wenn der öffentlichrechtliche Vertrag auf einer Verfügung – etwa einer Konzession oder einer denkmalpflegerischen Unterschutzstellung – basiert, aber dennoch als eigenständige Rechtshandlung erscheint, welche erst aufgrund der übereinstimmenden Willensäusserung zustande kam.[531]

Ob dagegen *Dritte* in dieser Phase das Beschwerdeverfahren einschlagen können, ist weitgehend unbeantwortet. Es ist aber von folgender Lösung auszugehen, die sich am französischen Recht orientiert und zugleich auf die schweizerischen Gegebenheiten Rücksicht nimmt:

– Soweit ein bestimmtes *Legitimationsproblem gegenüber Dritten* nicht bereits durch das Rechtsverfahren in der vorvertraglichen Phase beseitigt wurde,[532] ist eine vertragsgerichtete Willensäusserung der Verwaltung dann als Verfügung zu qualifizieren, wenn sich die Willensäusserung der Verwaltung direkt auf den reglementarischen Charakter staatlicher Normen stützt, also zum Beispiel auf vorgeformte und in Gesetz oder Verordnung niedergelegte Konzessionsbedingungen, oder wenn die Verwaltung ihre Rechtsmacht zur Änderung von reglementarischen Normen einsetzt, die auf den Vertrag ausstrahlen.[533] Dabei sind die Kriterien von Art. 5 VwVG und das entsprechende Rechtsmittelverfahren anzuwenden. Der materielle Grund hierfür liegt darin, dass es um die Rechtsmacht des Staates geht, die dieser hoheitlich ausübt und die entsprechend dieser hierarchischen Wirkung auf ihre hierarchischen Gebundenheiten, d. h. vor allem auf Gesetzesbindung, überprüft werden muss.

---

[530] Art. 35 lit. a VGG. Dies ist heute weitgehend unbestritten: unter vielen jüngst ISABELLE HÄNER, Verfahrensfragen (2007), vor allem 50 f.; in diesem Sinn bereits das Postulat von PAUL RICHLI, Regelungsdefizit beim verfügungsfreien Staatshandeln (1992). Siehe hierzu (noch nach altem Verfahrensrecht) der bekannte BGE 122 I 328 1996 – *VON TASCHARNER*. Vgl. in diesem Zusammenhang auch die Zusammenhänge mit der materiell-rechtlichen Begründung von Rechten: Bereits Weber-Dürler wies auf die normative Begründung von Rechten und Pflichten durch übereinstimmende Willensäusserungen hin: BEATRICE WEBER-DÜRLER, Neuere Entwicklung des Vertrauensschutzes (2002); ähnlich GEORGE M. GANZ, Ausschreibung von Verkehrsdienstleistungen (2001): 980. Anders noch der Fall BGE 103 Ia 505 1977 – *HOFMANN AG GEGEN EINWOHNERGEMEINDE THUN*: vor allem 508 ff.

[531] Vgl. Bundesgericht 2A.296/2006 19. März 2008 – *KANTON BERN GEGEN FIBRE LAC S.A.*: E. 2. Zur Qualifikation als Vertrag siehe oben Kap. I.B.3.b): 24.

[532] Zum Beispiel durch explizite Zustimmung zum Vertrag.

[533] In Frankreich zeichnete sich diese Lösung bereits ab mit dem Fall Conseil d'Etat 6 décembre 1907 (rec. 913) – *D'ORLÉANS ET AUTRES COMPAGNIE DU NORD*.

– Macht der Dritte die *Verletzung vertraglicher Verpflichtungen* geltend, so hat er wie die Vertragsparteien den Klageweg zu beschreiten.[534] Hier ist die direkte Klage an jenes Gericht angemessen, welches die Vertragsstreitigkeiten beurteilt, da es um vertragliche Vereinbarungen und ihre legitimen und nicht legitimen Auswirkungen auf Drittparteien geht.[535] Dieser Abgrenzung folgte das Bundesgericht im oben erläuterten Fall *S. AG GEGEN EIDG. VOLKSWIRTSCHAFTSDEPARTEMENT – PFLICHTLAGERVERTRAG FUTTERMITTEL* aus dem Jahr 1977.[536]

3. Legitimationsdefizite und die Forderung nach legitimierenden Verfahren

1. Aufgrund des erwähnten evolutorischen Charakters von privatrechtlichen und öffentlichrechtlichen Verwaltungsverträgen, die sich in flexibler Weise stets den wechselnden Ansprüchen von Kooperationen zwischen Staat und Privaten anpassen, bietet es sich an, ein ebenso *flexibles dogmatisches System* zu suchen. In der Tat gibt es erstens neben dem klassischen Rechtsschutzverfahren auch andere Möglichkeiten, Verwaltungshandeln gegenüber Dritten zu legitimieren – von demokratieähnlichen Beteiligungsverfahren[537] bis hin zur direkten Einbeziehung von Drit-

---

[534] In diese Richtung geht auch FRANK KLEIN, Rechtsfolgen des fehlerhaften verwaltungsrechtlichen Vertrags (2003): 171.

[535] Dafür spricht Art. 35 VGG, nach welchem das Bundesverwaltungsgericht auf Klage als erste Instanz insbesondere Streitigkeiten aus öffentlichrechtlichen Verträgen des Bundes, seiner Anstalten und Betriebe und der Organisationen im Sinn von Artikel 33 Buchstabe h entscheidet. Ähnlich bereits für das Subventionswesen SERGIO GIACOMINI, Verwaltungsrechtlicher Vertrag und Verfügung im Subventionsverhältnis "Staat-Privater" (1992): N 239.

[536] BGE 103 Ib 335 1977 – *S. AG GEGEN EIDG. VOLKSWIRTSCHAFTSDEPARTEMENT (PFLICHTLAGERVERTRAG FUTTERMITTEL)*: 338. Siehe oben bei Fn. 399: 99. Zur Erinnerung: Das Eidgenössische Volkswirtschaftsdepartement hatte mit der C. AG einen Pflichtlagervertrag über Futtermittel abgeschlossen. Die C. AG übertrug in der Folge der S. AG einen Teil der Lagerung. Der Delegierte des Volkswirtschaftsdepartementes wies die C. AG an, die Lagerung anderweitig sicherzustellen, da die S. AG ihren Lagerpflichten nicht vollumfänglich nachgekommen sei. Das Bundesgericht hatte nun zu beurteilen, ob diese Weisung der Verwaltungsbeschwerde und sodann der Verwaltungsgerichtsbeschwerde unterliege. Es kam zum Schluss, dass zwar öffentlichrechtliche Vertragspflichten lediglich zwischen dem Departement und der C. AG vorlägen und die S. AG lediglich durch einen privatrechtlichen Vertrag mit der C. AG verbunden sei, die Weisung des Delegierten jedoch gleichwohl eine anfechtbare Verfügung darstelle, denn «... der Delegierte [macht] nicht einen vertraglichen Anspruch geltend, sondern tritt als staatlicher Hoheitsträger auf.»

[537] Eine Vorstufe eines solchen Verfahrens stellt die Publikation der Ausschreibung im Sinn von Art. 2 Abs. 7 BGBM dar.

ten in den Vertrag.[538] Und zweitens vermögen in der Regel die Vertragsparteien selbst am besten ein legitimierendes Verfahren zu erschaffen, das zugleich den spezifischen Eigenheiten ihrer Kooperation Rechnung trägt. Das politische und vom Recht entsprechend gespiegelte Bedürfnis nach Legitimation ist folglich mit den kreativen Kräften des Vertrags zu kombinieren, der von den Parteien in aller Regel ja gerade wegen dieser kreativen Kräfte als Rechtsform angestrebt wird.

Das bedeutet im Wesentlichen, dass bei einem bestehenden Legitimationsdefizit insbesondere gegenüber Dritten von den Vertragsparteien eine entsprechende Kompensation einzufordern ist,[539] wenn die Vertragsparteien weder den legitimierenden Kräften des Wettbewerb unterliegen (und dies auch nicht etwa durch das Wettbewerbsrecht oder ein vorgeschaltetes Verfahren kompensiert wird)[540] noch durch Gesetze und Verordnungen oder durch entsprechende Vertragsgestaltung ein spezifisches Legitimationsverfahren vorgesehen wurde.[541] Dies gilt für privatrechtliche Verwaltungsverträge ebenso wie für öffentlichrechtliche Verwaltungsverträge.

2. Die Frage der Legitimation beschränkt sich nicht allein auf das Rechtsschutzverfahren, sondern es bezieht sich insbesondere auch auf die *Bereiche der Zuständigkeit, der Form und des Vertragsinhalts*. Und eine fehlende Legitimation an einem Ort kann unter Umständen durch eine legitimatorische Kompensation an einem anderen Ort ausgeglichen werden. Ebenso wie in der Schweiz traditionellerweise ein ausgebautes demokratisches Beteiligungsverfahren an der Gesetzgebung einen mangelhaften Rechtsschutz ausgleicht, könnte zum Beispiel auch eine direkte Einbeziehung von Dritten in die Vertragsgestaltung einen Mangel im Rechtsschutz dieser Dritten ausgleichen. Folglich ist ein reflexives Verfahren zu suchen, das die Rechtsfolgegestaltung für alle diese erwähnten Rechtsfragen steuert. Auf die Ausgestaltung eines derartigen Verfahrens wird daher im Anschluss an die entsprechenden Rechtsfragen einzugehen sein.[542]

---

[538] Hierzu FRANZ REIMER, Mehrseitige Verwaltungsverträge (2003). Vgl. auch die Zustimmung Dritter im Sinn von § 58 Abs. 1 D–VwVfG.

[539] So denn auch BGE 128 I 113 2002 – *VEREIN DES BÜNDNER STAATSPERSONALS (PSYCHIATRISCHE DIENSTE GRAUBÜNDEN)*.

[540] Paradebeispiel ist BGE 109 Ib 146 1983 – *SCHWEIZERISCHER TREUHÄNDER-VERBAND C. SCHWEIZERISCHE NATIONALBANK*, wobei das Bundesgericht gerade anders entschied.

[541] Um ein vertraglich strukturiertes Legitimationssystem ging es in BGE 131 II 162 2005 – *REISEN.CH AG GEGEN SWITCH*. Um ein traditionell mit Rechtsschutz strukturiertes Legitimationssystem ging es in Bundesgericht 1A.266/2005 13. März 2006 – *COMMERCIALIS SA GEGEN STADT BIEL*: Erw. 3.

[542] Unten Kap. IV.B.3: 199.

IV. Der Abschluss des Verwaltungsvertrags

A. Zuständigkeit und Vertretungsmacht

1. Rechtsfrage, Abgrenzungen und weiteres Vorgehen

1. Um dem Willen einer anderen Person Ausdruck geben zu können, braucht es – neben dem Handeln in fremdem Namen – *Vertretungsmacht*. Eine derartige Fähigkeit ergibt sich im Zivilrecht entweder aus Rechtsgeschäft (Art. 32 ff. OR), aus Gesetz (zum Beispiel Vormund: Art. 368 ff. ZGB und Eltern: Art. 304 Abs. 1 ZGB) oder, als Organ einer juristischen Person, aus einem Organisationsstatut (Art. 55 ZGB).[543] Fehlt diese Fähigkeit zur Vertretung oder fehlt es an der Rechtsfähigkeit der vertretenen Person (Art. 52 f. ZGB), so kommt grundsätzlich kein Vertrag mit der anderen Person zustande.

Tritt nun die *Verwaltung als Vertragspartei* auf, so steht entsprechend zur Diskussion, unter welchen Voraussetzungen eine Person respektive eine Behörde durch den Austausch gegenseitiger übereinstimmender Willensäusserungen mit einem Privaten Rechte und Pflichten für den Staat begründen kann. Dieser Themenkreis wird üblicherweise unter dem Begriff der *Zuständigkeit* der Verwaltung zum Vertragsschluss abgehandelt.[544]

2. Bei der Frage, ob eine Person für sich selbst oder durch Vertretung einen Vertrag begründen kann, geht es um den Abschluss des Vertrags und damit um sein Zustandekommen.[545] Dies ist deshalb *von folgenden Fragen zu unterscheiden:*

– Die Vertretung ist *vom Thema der Willensmängel abzugrenzen*. Während es beim ersten Thema darum geht, ob der Vertrag einer bestimmten Person zuge-

---

[543] Dass es sich beim Organ einer juristischen Person um eine Art der Vertretung handelt, erschliesst sich zum Beispiel aus Art. 35 Abs. 2 OR zum Erlöschen der Ermächtigung infolge der Auflösung einer juristischen Person. Ebenso PETER GAUCH/WALTER R. SCHLUEP/JÖRG SCHMID, OR AT I (2003): 1324. Anderer Meinung EUGEN BUCHER, OR AT (1988): 627 ff. Zur Debatte steht dabei, ob Art. 32 ff. OR zur Anwendung gelangen – zumindest soweit sie passen.

[544] Anstelle vieler: ULRICH HÄFELIN/GEORG MÜLLER/FELIX UHLMANN, Allgemeines Verwaltungsrecht (2006): N 1114 ff.

[545] PIERRE MOOR, Droit administrativ II (2002): 388 f.; ähnlich bereits MAX IMBODEN, Der verwaltungsrechtliche Vertrag (1958): 95a ff. Ebenso für Deutschland ELKE GURLIT, Verwaltungsvertrag und Gesetz (2000): 414. Anders für das französische Recht CHRISTOPHE GUETTIER, Droit des contrats administratifs (2004): N 444.

rechnet werden kann, geht es bei den Willensmängeln um allfällige Divergenzen von Willen und Willensäusserung (Art. 23 ff. OR).[546]

- Die Rechtsfragen der Vertretung sind des Weiteren von der *Verletzung von Formvorschriften und von der Frage der Rechtswidrigkeit zu unterscheiden.* Hier steht zur Debatte, ob ein zwischen zwei Parteien zustande gekommener Vertrag *gültig* ist.[547] Diese wichtige, weil für die Rechtsfolgen relevante Unterscheidung wird durch die gebräuchliche Terminologie erschwert: Während es bei der Frage, ob die Verwaltung einen Vertrag abschliessen kann und darf, um die Zulässigkeit des Vertragsschlusses und damit um einen Aspekt ihrer Zuständigkeit geht, wird der Verstoss des vereinbarten Vertragsinhaltes gegen gesetzliche Vorgaben als Zulässigkeit des Vertragsinhaltes thematisiert.[548] Darüber hinaus wird im öffentlichen Recht auch die Doktrin des Gesetzesvorrangs mit der Frage der Zulässigkeit zum Vertragsabschluss vermischt: Der Verwaltungsvertrag dürfe nicht gegen bestehendes Gesetzesrecht verstossen. Auch hier geht es zwar nicht immer, aber oft um die Zulässigkeit eines vereinbarten Vertragsinhalts und darum, ob eine zwingende Gesetzesnorm analog zu Art. 19 Abs. 2 OR von Beginn weg den Vertragsinhalt beeinflusst und anderslautende Parteiabsprachen unwirksam bleiben lässt.[549] Ob dagegen die Rechtsordnung einen Rechtsbereich derart abschliessend regelt, dass kein Raum für Vertrag bleibt, erscheint aus dieser Perspektive als eine Frage der Zuständigkeit der Verwaltung zum Vertragsschluss und eine Frage des Gesetzesvorbehalts.[550]

3. Bis heute hat sich zum Thema der Zuständigkeit der Verwaltung zum Abschluss eines Verwaltungsvertrags *keine konzise und einheitliche Lehre* zu entwickeln vermocht: Typisch ist zum Beispiel die Feststellung von KNAPP, dass die Verwaltung mangels Zuständigkeit keinen Verwaltungsvertrag begründen *kann*, er

---

[546] Zu den Willensmängeln siehe unten Kap. IV.B.2.a): 187.

[547] MAX IMBODEN, Der verwaltungsrechtliche Vertrag (1958): 96a f. Jüngst BVGE A-1535/2007 26. September 2007 – *A GEGEN OBERZOLLDIREKTION – ZOLLKONTINGENTVERTRAG*: Erw. 3.

[548] Auf diese Unterscheidung verweist jüngst GEORG MÜLLER, Zulässigkeit des Vertrages und zulässige Vertragsinhalte (2007): 30 f.

[549] Aus dieser Perspektive erscheint etwa ein Vertrag über den Erlass einer rechtswidrigen Verfügung nicht als unzulässiger Abschluss, sondern als rechtswidriger Inhalt: so auch HARTMUT MAURER, Allgemeines Verwaltungsrecht (2004) § 14 N 49.

[550] In diesem Sinn auch BGE 78 II 21 1952 – *EGLI GEGEN KANTON ZÜRICH*.

dann aber als Rechtsfolge dieser fehlenden Zuständigkeit die Nichtigkeit annimmt, die nach einer Abwägung ex nunc wirkt.[551]

Richtigerweise müssen die Verbindungen und die Unterschiede zwischen dem *Konzept der Zuständigkeit einerseits und dem zivilrechtlichen Konzept der Vertretungsmacht andererseits* als Ausgangspunkt dienen:[552]

– Auch wenn bei der zivilrechtlichen Frage, ob jemand zur Willenskundgabe für eine juristische Person berufen ist (Art. 55 Abs. 1 ZGB), auf die öffentlichrechtliche Zuständigkeit verwiesen wird (Art. 59 Abs. 1 ZGB und Art. 33 Abs. 1 OR), so ist doch dem Vertragsrecht der *Begriff der Zuständigkeit* weitgehend fremd. Bei der Zuständigkeit geht es um die Frage der inneren Organisation des Gemeinwesens. Diese richtet sich im demokratischen Rechtsstaat weitgehend am Legalitätsprinzip aus. Dem freiheitlich-demokratischen Gesellschaftssystem entsprechend hat die Verwaltung ihre Tätigkeiten immer auf eine Kompetenz zurückzuführen, die erstens von jenen ausgeht, auf welche die Verwaltung mit ihrer Tätigkeit einwirkt, und zweitens von Gerichten auf diese Legitimation überprüft wird. Übersetzt ins System des öffentlichen Rechts geht es damit um die getreue Verwirklichung des – in der Form des Gesetzes geronnenen – Willens des Volkssouveräns. Das öffentlichrechtliche Konzept der Zuständigkeit bezeichnet in diesem Sinn die demokratisch legitimierte und rechtsstaatlich kontrollierbare Kompetenz zur Willens*bildung* im Rahmen der gesetzlichen Vorgaben (Gesetzesvorbehalt).[553] Dabei rückt allerdings die Kommunikation dieses Willens gegen Aussen (Willens*äusserung*) in den Hintergrund.[554] Im Zentrum der Zuständigkeit zum Abschluss eines Ver-

---

[551] BLAISE KNAPP, Grundlagen des Verwaltungsrechts (1992): 1521 und 1528. Vgl. auch ULRICH HÄFELIN/GEORG MÜLLER/FELIX UHLMANN, Allgemeines Verwaltungsrecht (2006): N 1114 ff.: «Lässt das Gesetz für den Abschluss eines Verwaltungsvertrags keinen Raum, so ist dieser unzulässig.» In die richtige Richtung argumentieren dagegen HENRI ZWAHLEN, Le contrat de droit administratif (1958): 620a; MINH SON NGUYEN, Le contrat de collaboration en droit administratif (Diss.) (1998): 86.

[552] Diese Unterscheidung legt auch Nguyen seinen Ausführungen zugrunde: MINH SON NGUYEN, Le contrat de collaboration en droit administratif (Diss.) (1998): 86.

[553] Vgl. BGE 89 I 253 1963 – *ALLGÖWER GEGEN FRIGO ST. JOHANN AG*: 259 f. Zu diesem Zusammenhang zwischen gesetzlichem Vorbehalt und Zuständigkeit siehe unter vielen THOMAS P. MÜLLER, Verwaltungsverträge im Spannungsfeld von Recht, Politik und Wirtschaft (1997): 132 ff., vor allem 142 f.; EBERHARD SCHMIDT-ASSMANN, Verwaltungsrecht in der Informationsgesellschaft (2000): 415 f.

[554] Die mangelhafte Eröffnung einer Verfügung zum Beispiel kann, aber muss nicht die Nichtigkeit einer Verfügung nach sich ziehen: ULRICH HÄFELIN/GEORG MÜLLER/FELIX UHLMANN, Allgemeines Verwaltungsrecht (2006): N 972.

waltungsvertrags steht somit der Vergleich zwischen dem in Gesetzesform repräsentierten Willen des Souveräns einerseits und der Willensbildung der Verwaltung im Hinblick auf einen Vertragsabschlus andererseits.[555]

- Im klassischen Vertragsrecht kommt mit dem Konzept der *Vertretungsmacht* es dagegen primär darauf an, wie gegenüber einem potenziellen Vertragspartner der Wille *geäussert* wird.[556] Grundsätzlich unbeachtet bleiben dabei die Motivationen der Parteien zum Vertragsabschluss, respektive das interne Willensbildungsprozedere.[557] Im Zentrum steht folglich die Kompetenz zur Willensäusserung, was dem System einer Vielzahl gleichgerichteter (weil am Preismechanismus ausgerichteter), aber sich zugleich fremder (weil in wirtschaftlicher Konkurrenz stehender) Marktteilnehmer entspricht.[558] Rechtlich zu beurteilen ist dementsprechend vor allem, ob die bindende Willensäusserung einer Person zuzurechnen ist – und zwar aus der Sicht des verständigen Empfängers. In den Hintergrund tritt dagegen die Frage, wie der Marktteilnehmer zur Entscheidung gelangte.[559]

Zu suchen sind folglich die wechselseitigen Anschlüsse zwischen dem öffentlichrechtlichen Konzept der Zuständigkeit gemäss Legalitätsprinzip und der vertragsrechtlichen Ausrichtung auf die äusserliche Form der Willenskundgabe als vertragsbegründendem Element. An diesem im heutigen Vertragsbegriff dominanten Bezug zur Willensäusserung, der im 18. Jahrhundert den Fokus auf das gemeinsame Projekt und die (aus einem gesellschaftlichen und nicht einem wirtschaftli-

---

[555] Besonders deutlich wird dies in BGE 129 I 410 2003 – *TUJETSCH*. Hier ging es um die Willensbildung einer Gemeinde im Hinblick auf die Beschaffung eines Pistenfahrzeuges und den gesetzlichen Rahmen des Beschaffungswesens. Unter vielen zum Thema Gesetz und Vertrag siehe vor allem ELKE GURLIT, Verwaltungsvertrag und Gesetz (2000): vor allem 245 ff.

[556] Art. 55 Abs. 1 ZGB lautet: «Die Organe sind berufen, dem Willen der juristischen Person *Ausdruck zu geben.*» Siehe auch Art. 32 Abs. 2 und 33 Abs. 3 OR. Gerade falsch in der Argumentation dagegen BGE 124 III 418 1998 – *COMMUNE DE LAUSANNE C. INGENIEURBÜRO DR. LUDWIG SILBERRING AG*: 420

[557] Oben bei Fn. 420: 103.

[558] MAX IMBODEN, Der verwaltungsrechtliche Vertrag (1958): 96a: «Zuständigkeit ist die Befugnis, sich im Verhältnis zu einer anderen Instanz mit einer Sache zu befassen.»; Zwahlen dagegen fokussiert auf die Zuständigkeit zum Abschluss des Vertrags: HENRI ZWAHLEN, Le contrat de droit administratif (1958): 620a ff.

[559] PETER GAUCH/WALTER R. SCHLUEP/JÖRG SCHMID, OR AT I (2003): N 308 ff.

chen Fokus) ausgewogenen Leistungen ersetzt hat, kommt auch das Verwaltungsvertragsrecht nicht vorbei.[560]

4. Mit Blick auf diese Problemstellung sind *im Weiteren* folgende Punkte zu klären:

- In einem ersten Schritt ist der *Begriff der Zuständigkeit* zu untersuchen (unmittelbar nachfolgend).

- Und zweitens ist zu klären, wie sich das öffentlichrechtliche Konzept der Zuständigkeit zum vertragsrechtlichen Konzept der *Vertretungsmacht* verhält und insbesondere welche *konkreten Rechtsfolgen bei fehlender Zuständigkeit* resultieren (unten Kap. IV.A.3: 165).

2. Zuständigkeit der Verwaltung zum Vertragsabschluss

a) Begriffe der Zuständigkeit und Zulässigkeit

1. Auf die *zentrale Bedeutung des Legitimationsbegriffs* für die Theorie des Verwaltungsvertrags und die Schwierigkeiten dieses Legitimationsbegriffs wurde bereits einlässlich hingewiesen.[561] Im Mittelpunkt steht beim heute verwendeten Legitimationsbegriff die Erkenntnis, dass jegliche Herrschaftsausübung einer Legitimation bedarf, um sich auf Dauer stabilisieren zu können. Die Legitimation steht dabei für ein Element des Unverfügbaren in der Ordnung obrigkeitlicher Gewalt, das – unter anderem – durch Recht erbracht werden kann.[562] Im Konzept des demokratischen Rechtsstaats bezieht die Verwaltung ihre Legitimation, mit Hilfe des Einsatzes staatlicher Ressourcen tätig zu werden, grundsätzlich aus dem Gesetz. Dieser Argumentationskette entsprechend bedarf die Verwaltung einer gesetzlichen Grundlage, um mit einer spezifischen Kombination von staatlicher Macht und Kooperation – unter anderem auch mit der Rechtsform des Vertrags – auf die Gesellschaft einzuwirken.[563] Ob die Verwaltung in einem bestimmten Breich tätig werden

---

[560] Vgl. oben Kap. I.B.3.b): 24. Explizit in diesem Sinn unter anderen BGE 106 Ia 65 1980 – DUMAS CONTRE CONSEIL D'ETAT DU CANTON DU VALAIS: 69; BGE 110 II 196 1984 – SAIOD C. COMMUNES DU LANDERON: 198; RENÉ RHINOW, Wohlerworbene und vertragliche Rechte im öffentlichen Recht (1979): 13: «Konstituierend sind (auch) beim verwaltungsrechtlichen Vertrag allein die übereinstimmenden Willenserklärungen der Parteien ...»

[561] Oben Kap. III.C: 102.

[562] Grundlegend JÜRGEN HABERMAS, Faktizität und Geltung (1992).

[563] Diesen Konnex von Zuständigkeit/Zulässigkeit und Legitimation der Verwaltung betont auch THOMAS P. MÜLLER, Verwaltungsverträge im Spannungsfeld von Recht, Politik und Wirtschaft (1997): 142 f.

darf (Zuständigkeit) und ob sie hierzu Verträge abschliessen darf (in der Regel als Zulässigkeit der Handlungsform thematisiert), erweist sich somit unter der Optik der Gesetzeslegitimation lediglich als Variation des gleichen Themas.[564]

Die Zuständigkeit der Verwaltung zum Abschluss eines Verwaltungsvertrags lässt sich in diesem Sinn in folgende Themen aufgliedern:

– Erstens benötigt das Gemeinwesen eine *grundsätzliche Zuständigkeit,* in einem bestimmten Bereich, der die Rechte und Pflichten von Privaten berührt, tätig zu werden.

– Zweitens braucht es eine *Behördenzuständigkeit,* mit welcher einer bestimmten Behörde die sachliche und örtliche Kompetenz gegeben wird, für den Staat tätig zu werden.[565]

– Und drittens setzt der Verwaltungsvertrag die *Zuständigkeit der Verwaltung zum Abschluss eines Vertrags (auch Zulässigkeit des Vertragsschlusses)* voraus. Diese Zuständigkeit zum Vertragsabschluss kann weiter präzisiert werden – etwa durch eine zeitliche Beschränkung der Zuständigkeit zum Vertragsabschluss,[566] durch die Beschränkung auf gewisse Vertragsarten oder durch eine Beschränkung durch bestimmte Prozedere, die der Kompetenz zum Vertragsabschluss vorausgesetzt werden können.[567]

---

[564] Dies zeigt sich besonders deutlich in Bundesgericht 2C_522/2007 28. April 2008 – WOHN-BAUGENOSSENSCHAFT *X* - GRUNDSTÜCKGEWINNSTEUER, wo es um die Zuständigkeit zum Abschluss eines Vertrags in Steuersachen ging. Ähnlich auch MINH SON NGUYEN, Le contrat de collaboration en droit administratif (Diss.) (1998): 88 sowie ULRICH HÄFELIN/GEORG MÜLLER/FELIX UHLMANN, Allgemeines Verwaltungsrecht (2006): N 1115. Vgl. auch jüngst GEORG MÜLLER, Zulässigkeit des Vertrages und zulässige Vertragsinhalte (2007): 25.

[565] Von dieser Behördenzuständigkeit ist die Zuständigkeit zur Unterschrift eines Staatsangestellten für die Behörde zu unterscheiden, die reglementarisch bestimmt wird und somit keine Auswirkung auf die Frage der Zuständigkeit hat; grundsätzlich gibt es also keine Unzuständigkeit von Personen, sondern nur von Behörden: RUDOLF SCHWAGER, Die Vertretung des Gemeinwesens (1974): 231 f.; PATRIK STADLER, Der Vertrauensschutz bei Verträgen des Gemeinwesens mit Privaten (2005): 110.

[566] So zum Beispiel, wenn die Verwaltung den Ablauf einer Rechtsmittelfrist abwarten muss: PETER GAUCH, Der verfrüht abgeschlossene Beschaffungsvertrag (2003); MINH SON NGUYEN, Le contrat de collaboration en droit administratif (Diss.) (1998): 87.

[567] Zum Beispiel, wenn die explizite Zustimmung einer bestimmten Behörde vorausgesetzt ist: hierzu im Detail MINH SON NGUYEN, Le contrat de collaboration en droit administratif (Diss.) (1998): 74 ff.

b) Evolution des Zuständigkeits- und Zulässigkeitsbegriffs

Die Zuständigkeit der Verwaltung zum Abschluss eines Verwaltungsvertrags ist einem *enormen zeitlichen Wandel* unterworfen, der bis heute andauert: Während noch für OTTO MAYER und FRITZ FLEINER der Verwaltungsvertrag grundsätzlich unzulässig war,[568] wurden diese Zulässigkeitsschranken seit dem Zweiten Weltkrieg stetig abgebaut.[569] Und heute steht zur Diskussion, ob eine generelle Zulässigkeitsschranke überhaupt noch sinnvoll ist.[570] Eine zukunftsgerichtete Dogmatik der Zuständigkeit muss sich deshalb zunächst ihrer Pfadabhängigkeiten und insbesondere den zugrunde liegenden leitenden Prinzipien versichern.

Für das moderne Verwaltungsrecht lassen sich *drei Stufen* in der Evolution der Zuständigkeit zum Verwaltungsvertrag unterscheiden: eine erste Phase um die Jahrhundertwende vom 19. zum 20. Jahrhundert, als sich das junge Verwaltungsrecht auf die Überwindung des Polizeistaates ausrichtete (nachfolgend i), eine zweite Phase des Interventionsstaates (nachfolgend ii) und die Radikalisierung der interventionsstaatlichen Phase heute (nachfolgend iii). Unter Beachtung dieser historischen Kontingenz wird sich schliesslich ein aktueller Begriff der Zuständigkeit ermitteln lassen (nachfolgend c).

i) Überwindung des Polizeistaats

1. OTTO MAYER konstruierte das deutsche Verwaltungsrecht (im Gefolge des französischen Verwaltungsrechts[571] und in prägender Weise für das schweizerische Verwaltungsrecht[572]) unter enger Anlehnung an die politische Rationalität des *Polizeistaates,* den er mit Recht aufzuheben suchte – und dies sozusagen im Hegelschen dreifachen Sinn: Der Polizeistaat wurde erstens auf die höhere Stufe des Rechtsstaats gehoben, zweitens vor allem jedoch in seiner Ausrichtung auf absolute Souveränität einerseits und auf hoheitliche Handlungen andererseits bewahrt und drittens zugleich in der alten Form beseitigt.[573] Dieser Kontext ist noch heute für die Zuständigkeit der Verwaltung in zweifacher Hinsicht von Bedeutung:

---

[568] Sogleich Kap. IV.A.2.b)i): 139.
[569] Zum Ganzen sogleich unten Kap. IV.A.2.b)ii): 142.
[570] Unten Kap. IV.A.2.b)iii): 145.
[571] OTTO MAYER, Theorie des französischen Verwaltungsrechts (1886).
[572] Hierzu sei auf die Ausführungen zur Evolution des Verwaltungsvertrags verwiesen, die in Kürze publiziert werden.
[573] Opus magnum des emergierenden Verwaltungsrechts ist OTTO MAYER, Deutsches Verwaltungsrecht (1895/96).

– Da sich *erstens* das junge deutsche und in dessen Folge auch das schweizerische Verwaltungsrecht auf die Überwindung des Polizeistaates ausrichtete, befasste es sich primär mit dem souverän und damit hoheitlich handelnden Staat. Dass dieser *allmächtige Staat mit seinen Untergebenen kooperieren könnte, musste als ein unauflösbarer Widerspruch und damit per definitionem unzulässig erscheinen.*[574] Diese Systeminkompatibilität wirkt sich in der Schweiz bis heute als grundsätzliches Misstrauen gegenüber dem verwaltungsrechtlichen Vertrag aus, wie es insbesondere im Zulässigkeitserfordernis, dass die Vertragsform zur Erreichung des Gesetzeszwecks besser als die Verfügung geeignet sein müsse, zum Ausdruck kommt.[575]

– Zweitens sollte zwar mit dem Gedanken des Rechtsstaats die Verwaltung ihre hoheitlichen Kommunikationen gegen Aussen in die Rechtsform kleiden und damit auf Einhaltung der demokratisch ermittelten und in Gesetz gegossenen Vorgaben überprüft werden. Die traditionellen Freiräume des Polizeistaates gegenüber dem Einfluss des Rechts blieben jedoch solange erhalten, als nicht eine *verwaltungsunabhängige gerichtliche Instanz* das Verwaltungshandeln nach ausschliesslich rechtlichen Kriterien prüfte.[576] Die in Deutschland und in der Schweiz gegen Ende des 19. Jahrhunderts spärlich einsetzende Verwaltungsgerichtsbarkeit wurde zunächst auf das typisch hoheitlich-polizeistaatliche Handeln der Verwaltung ausgerichtet, und sie verfügte in aller Regel nicht über die Kompetenzen, kooperatives Handeln zwischen Verwaltung und Privaten zu beurteilen. Diese Kompetenz erlangten die Verwaltungsgerichte erst in der zweiten Hälfte des 20. Jahrhunderts.[577] Kooperatives Handeln zwischen Staat und Privaten gelangte aus diesem Grund zunächst gar nicht erst in das Blickfeld des Rechts. Dass noch heute ein grundsätzliches

---

[574] Davon handelt im Kern die ganze Schrift von OTTO MAYER, Zur Lehre vom öffentlichrechtlichen Vertrage (1888). Diese aus dem Absolutismus und der französischen Revolution ererbte Allmacht des Staates kommt im besonderen Masse in der Form des schweizerischen demokratischen Rechtsstaats zum Ausdruck. Repräsentativ für diese Meinung sind vor allem WALTHER BURCKHARDT, Der Vertrag im Privatrecht und im öffentlichen Recht (1924) und ZACCARIA GIACOMETTI, Grenzziehung zwischen Zivilrechts- und Verwaltungsrechtsinstituten (1924).

[575] Jüngst zum Beispiel Bundesgericht 1A.266/2005 13. März 2006 – COMMERCIALIS SA GEGEN STADT BIEL: Erw. 2.4. Siehe unten Fn. 623: 150.

[576] Von zentraler Bedeutung für die Idee des Rechtsstaats ist das Manifest von OTTO BÄHR, Rechtsstaat (1864): zum Beispiel 52.

[577] Angesprochen ist vor allem die Ausweitung der Verwaltungsgerichtsbarkeit im Zuge der Mirage-Affäre: siehe oben bei Fn. 127: 32. Ein weiterer Ausbau folgte jüngst mit der Totalrevision der Bundesrechtspflege von 2001: siehe Botschaft vom 28. Februar 2001, BBl. 2001 4202, 4434.

Problem besteht, den verwaltungsrechtlichen Vertrag auf den Bildschirm des Rechts zu bringen, zeigt jüngst das Hin und Her zwischen verwaltungsinternem Beschwerdeweg und Klage ans Verwaltungsgericht.[578]

2. Diese im Grundsatz ablehnende Haltung des frühen Verwaltungsrechts wurde allerdings relativiert durch das Konzept des demokratischen Rechtstaats, und zwar in dem Sinn, als die Politik innerhalb der verfassungsmässig vorgegebenen Prozesse und Formen über das Recht verfügte und letztlich alles Recht vom Staat stammte. Denn wenn das Gesetz – im demokratischen Rechtsstaat verstanden als Form der jederzeit notwendigen demokratischen Legitimation hoheitlichen Verwaltungshandelns – die Kompetenz der Verwaltung zu vertraglichem Handeln explizit vorsah, dann konnte dem insbesondere aus der Sicht eines demokratischen Rechtsstaats nichts entgegengehalten werden. Repräsentativ für diese Sicht war FRITZ FLEINER, der zwar weiterhin in der Tradition von OTTO MAYER den verwaltungsrechtlichen Vertrag zwischen Verwaltung und Privaten als *unzulässig* betrachtete,[579] darüber hinaus aber zugestand, dass es ein öffentlichrechtliches Institut des Vertrags gebe, wenn der Gesetzgeber mit einer *expliziten gesetzlichen Grundlage* auf das einseitige Vorgehen verzichtet und damit die Verwaltung zum Abschluss eines Verwaltungsvertrags zuständig erklärt habe.[580] Dieser Position folgten für das schweizerische Recht das Bundesgericht im Jahr 1915 mit dem Fall *KRAFTWERK LAUFENBURG GEGEN STAAT AARGAU*[581] und in der Lehre JEDLICKA sowie RUCK.[582]

---

[578] Hierzu jüngst ISABELLE HÄNER, Verfahrensfragen (2007).

[579] FRITZ FLEINER, Institutionen des deutschen Verwaltungsrechts (1913): 182 f.; ebenso GEORG JEDLICKA, Der öffentlich-rechtliche Vertrag (1928): 111 (Diss. bei Fleiner).

[580] FRITZ FLEINER, Institutionen des deutschen Verwaltungsrechts (1913): 201 ff., vgl. auch 121 ff. zur Stellung des Gesetzes. FLEINER befürchtet vor allem, dass die Rechtsgleichheit und die Durchsetzung öffentlicher Interessen gefährdet seien: FRITZ FLEINER, Einzelrecht und öffentliches Interesse (1908): 210 ff.

[581] BGE 41 II 299 1915 – *KRAFTWERK LAUFENBURG GEGEN STAAT AARGAU*: 314: «Es ist ein feststehender Satz des modernen öffentlichen Rechtes, dass im Bereiche der öffentlichen Verwaltung, wo es sich um die Anwendung staatshoheitlicher Macht handelt, die Behörde den Weg des Vertrags mit Privaten nicht beschreiten darf, sondern die Form für die Regelung der rechtlichen Beziehungen zwischen Staat und Bürger hier die einseitige Verfügung ist. … Zum Vertrag darf die Behörde nur greifen in den Fällen, in denen das Gesetz die Vertragsform ausdrücklich zugelassen und dadurch auf die einseitige Regelung eines Rechtsverhältnisses verzichtet hat.»

[582] GEORG JEDLICKA, Der öffentlich-rechtliche Vertrag (1928): 111; ERWIN RUCK, Schweizerisches Verwaltungsrecht (1939), I: 84 ff., vor allem 85 f. Ähnlich für das österreichische Recht MAX LAYER, Zur Lehre vom öffentlich-rechtlichen Vertrag (1916): 21.

ii) Interventionistischer Wohlfahrtsstaat

1. Hinter der Suche nach der gesetzlichen Zustimmung zu verwaltungsvertraglichem Handeln stand, wie beim soeben angeführten Votum von FRITZ FLEINER, die herrschende Meinung, Recht müsse – im besonderen Mass im Verwaltungsrecht – als ausschliessliches Erzeugnis des Rechtsstaates verstanden werden. In Anbetracht der stets vorausplanenden und stets nachsteuernden Verwaltung des zu Beginn des 20. Jahrhunderts bahnbrechenden *Interventionsstaates* wurden allerdings die Schwierigkeiten, die derart freigesetzte Verwaltung unter der expliziten Zustimmungen des Gesetzgebers zu halten, offensichtlich. Diese Schwierigkeit wurde zudem dadurch verschärft, dass der Steuerungsanspruch und die Steuerungsmittel der Verwaltung im Interventionsstaat von Beginn weg auseinanderdrifteten und die Verwaltung diesen Graben unter Einbezug freiwilliger, privater Leistungen zu überbrücken suchte.[583] Die Notwendigkeit stetigen Nachsteuerns und Korrigierens der Verwaltung lag insbesondere im Paradox der interventionistischen Idee begründet, dass nämlich die Selbstorganisation der bürgerlichen Gesellschaft weitgehend aufrechterhalten werden sollte und zugleich doch ihre Voraussetzungen und Versprechungen von der Verwaltung zu garantieren und aktiv zu gestalten waren – wenn nötig auch mittels Eingriffen in diese Selbstorganisation.[584]

2. Neben den im Voraus gesetzlich festgelegten hoheitlichen Einzeleingriffen vermochten sich also im Interventionsstaat insbesondere im Zuge der kriegswirtschaftlichen Erfahrungen im Ersten Weltkrieg[585] *indirekte Steuerungsmittel* der An-

---

[583] Deutlich wurden diese Wesensmerkmale des Interventionsstaates bereits Ende des 19. Jahrhunderts anlässlich des Baus neuer Verkehrs- und Sanitätsinfrastrukturen: siehe hierzu die erhellende Lokalstudie mit Hinweis auf die jeweils eingesetzten Vertragsformen von MATTHIAS HEIDER, Konzessionsverträge der Stadt Lüdenscheid (2005); zudem LORENZ JELLINGHAUS, Daseinsvorsorge und Infrastruktur (2006).

[584] Unter vielen hierzu RUDOLF MORSEY, Die Aufgaben des Norddeutschen Bundes und des Reiches (1984): 148; MICHAEL STOLLEIS, Die Entstehung des Interventionsstaates und das öffentliche Recht (1989): 136; MICHAEL STOLLEIS, Geschichte des öffentlichen Rechts in Deutschland, Bd. 2 (1992): 237 ff.; LORENZ JELLINGHAUS, Daseinsvorsorge und Infrastruktur (2006): 161 f. Kritisch zum Interventionsstaat bereits MAX WEBER, Parlament und Regierung im neugeordneten Deutschland (1918): 320. Zur Technik des staatlichen Eingriffes in die Selbstorganisation der Gesellschaft mittels Recht siehe bereits EUGEN EHRLICH, Das zwingende und nichtzwingende Recht (1899).

[585] Die selbstorganisierte Gesellschaft und dabei insbesondere die Wirtschaft vermochten sich, so auch das Fazit von Forsthoff, nach 1918 nicht mehr vom – durch die Staatsverwaltung dominierten – Kriegswirtschaftssystem zu lösen. In dieser Situation einer labilen Begründung rechtsstaatlicher Souveränität und zunehmender Verflechtung von staatlicher Lenkung einerseits und Selbstorganisation der Gesellschaft durch entsprechende Anspruchsgruppen andererseits, da in der Folge von Wirtschaftssteuerung durch Subventionen und Privilegien

reize und Abschreckungen durchzusetzen. Diese breiteten und breiten sich noch heute gerade da aus, wo imperative Steuerung faktisch und/oder rechtlich nicht möglich ist oder sich zumindest nachteilig auswirkt. Gleichzeitig besteht in diesem Bereich – der Natur indirekter Steuerungsmittel entsprechend – keine umfassende Gehorsamspflicht wie noch im Polizeistaat. Unter anderem kooperiert der Staat mit den Privaten, was im Recht mit der zunehmenden rechtlichen Institutionalisierung des Verwaltungsvertrags nachvollzogen wird.[586]

3. Es kann geradezu als eine wesentliche Eigenschaft des Verwaltungsvertrags bezeichnet werden, dass *nicht primär befehlsförmig* mit den Privaten verfahren wird. Vielmehr wird mit der Vertragsform in flexibler Weise die Kooperation des Privaten gesucht, mithin bis zu einem bestimmten Grad gemeinsam die Bandbreite von Mitteln und Wegen ausgelotet, welche die unterschiedlichen Interessen beider Parteien auf einem gemeinsamen Nenner stabilisieren. Das Ergebnis solcher Verhandlungen kann freilich mit einer gesetzlichen Grundlage nicht oder zumindest nicht vollständig vorweggenommen werden, ohne den Vertrag seiner Eigenheiten und Vorteile zu berauben. Es ist somit dem Verwaltungsvertrag eigen, sich im Rahmen des Interventionsstaats von der konkreten gesetzlichen Grundlage zu lösen. Lehre und Rechtsprechung in Deutschland und der Schweiz reagierten vor allem nach dem Zweiten Weltkrieg auf diese – von der Verwaltung faktisch erzwungene[587] – Evolution entsprechend mit einer Lockerung des Zulässig- und des Zuständigkeitsbegriffs,[588] wobei bis heute die Schweiz infolge der stark ausgeprägten demokratischen Tradition näher am Erfordernis des Gesetzesvorbehalts verblieb.[589]

Verbände als Vertretungen partikularer Interessen aller Gesellschaftsbereiche auftraten, stellte sich die Frage nach Kooperationen zwischen Staat und Privaten in einer neuen Form und Dringlichkeit: ERNST FORSTHOFF, Der Staat der Industriegesellschaft (1971): v. a. 16 ff. und 119 ff.; jüngst KARL-HEINZ LADEUR, The changing role of the private in public governance (2002).

[586] Hierzu sei auf die Ausführungen zur Evolution des Verwaltungsvertrags verwiesen, die in Kürze publiziert werden.

[587] Mit zahlreichen Beispielen belegte Peters bereits 1949 die *faktische Existenz* des verwaltungsrechtlichen Vertrags und schloss daraus, dass sich damit auch im öffentlichen Recht eine derartige Institution des Vertrags bilden sollte: HANS PETERS, Lehrbuch der Verwaltung (1949): 153 ff., vor allem 154 f.

[588] Erste Ansätze finden sich bereits bei WALTER BAECHI, Verwaltungsakt auf Unterwerfung, zweiseitiger Verwaltungsakt oder Vertrag (1934). Sodann HANS PETERS, Lehrbuch der Verwaltung (1949): 154 f.; ERNST FORSTHOFF, Lehrbuch des Verwaltungsrechts: erster Band (1958): 249 ff. Für die Schweiz insbesondere HENRI ZWAHLEN, Le contrat de droit administratif (1958): 623a ff.; zurückhaltender dagegen MAX IMBODEN, Der verwaltungsrechtliche Vertrag (1958): 69a ff. Die Lockerung der Zulässigkeitsschranken anerkannte etwa das schweizerische Bundesgericht explizit in BGE 78 II 21 1952 – *EGLI GEGEN KAN-*

4. Das damit eintretende *Legitimationsdefizit* der kooperierenden Verwaltung wurde durch eine Verstärkung der Verwaltungsgerichtsbarkeit kompensiert, was in Ansätzen bereits von ZWAHLEN und STERN in ihren jeweiligen Publikationen aus dem Jahr 1958 erkannt wurde.[590] Die *Gleichzeitigkeit der Emergenz des verwaltungsrechtlichen Vertrags mit der Verwaltungsgerichtsbarkeit* gilt in bemerkenswerter Weise ebenso für Frankreich, das den verwaltungsrechtlichen Vertrag bereits um die Jahrhundertwende zum 20. Jahrhundert entwickelt hatte,[591] wie auch für Deutschland und die Schweiz, wo sich der verwaltungsrechtliche Vertrag zwischen Staat und Privaten erst nach dem Zweiten Weltkrieg durchsetzte.[592]

TON ZÜRICH: 27 f. und sodann in BGE 105 Ia 207 1979 – *ZEHNDER GEGEN GEMEINDE BIRMENSTORF*: 209: Verwaltungsrechtliche Verträge seien auch stillschweigend zugelassen, soweit sie vom Gesetz nicht ausdrücklich ausgeschlossen werden. Zweck solcher Verträge sei es, «eine Tatbestandsungewissheit zu beseitigen, ‹die, könnte sie nicht durch eine gütliche Verständigung geregelt werden, durch die zuständigen Instanzen in freier Würdigung und Überzeugung behoben werden müsste› (Imboden/Rhinow). ... Eine Verständigung zwischen dem Gemeinwesen und dem Privaten erlaubt es in derartigen Fällen [von möglichen Mehrkosten], ohne unverhältnismässigen Aufwand die Mehrkostenfrage einvernehmlich zu lösen.» Desgleichen zum Beispiel auch Verwaltungsgericht Zürich ZR 72 Nr. 89 1973 – *DENKMALPFLEGE AN BÜRGERHÄUSER IN DER STADT ZÜRICH*. Bezüglich Zulässigkeit einer Schiedsvereinbarung im Rahmen einer Konzession bereits BGE 41 II 299 1915 – *KRAFTWERK LAUFENBURG GEGEN STAAT AARGAU*: 310 f.

[589] Typisch und prägend ist Imboden. In seiner Schrift aus dem Jahr 1958 begegnet er dem Verwaltungsvertrag mit Zurückhaltung. Eine zulässige Anwendung sieht Imboden da, wo die «rechtssatzmässige Bestimmung der Verwaltung ... in einzelnen klar begrenzbaren Bereichen eingeschränkt oder aufgehoben [ist]», so etwa bei der administrativen Hilfstätigkeit, der staatlichen Organisationsgewalt und im Bereich des Wirtschaftsrechts. Im Ausgleich für die grundsätzliche Zulässigkeit in diesen Rechtsgebieten verlangt er jedoch vom Gesetzgeber, dass er vor allem da, wo typisierte Vertragsinhalte zur Anwendung kommen, diese Inhalte gesetzlich vorgebe: MAX IMBODEN, Der verwaltungsrechtliche Vertrag (1958): 213a.

[590] Zwahlen und Stern tönen hier die legitimierende Wirkung von stabilen Rechtsprinzipien als funktionales Äquivalent von Gesetzesbindung an: HENRI ZWAHLEN, Le contrat de droit administratif (1958): 658a f.; KLAUS STERN, Lehre des öffentlich-rechtlichen Vertrags (1958): unter anderem 123.

[591] Prägend sind einerseits die wissenschaftlichen Vorleitungen von RODOLPHE DARESTE, La justice administrative en France (1862) und EUGÉNE PERRIQUET, Les Contrats de l'Etat (1884) und anderseits die Loslösungstendenzen der Verwaltungsgerichtsbarkeit von der Politik, die insbesondere im Fall Conseil d'Etat 19 février 1875 (rec. 155) – *PRINCE NAPOLÉON* kondensierten.

[592] Prägend für eine permissivere Lehre waren für Deutschland ERNST FORSTHOFF, Lehrbuch des Verwaltungsrechts: erster Band (1958): 249 ff.; JÜRGEN SALZWEDEL, Die Grenzen der Zulässigkeit des öffentlich-rechtlichen Vertrages (1958): 1 f.; KLAUS STERN, Lehre des öffentlich-rechtlichen Vertrags (1958): 147 ff. Für die Schweiz dagegen mit einiger Zurück-

iii) Aktuelle Verschiebungen im Zuständigkeits- und Zulässigkeitsbegriff

1. Ob der heute vielfach beschriebene Sicherheits-, Vorsorge- oder Gewährleistungsstaat den Interventionsstaat des 20. Jahrhunderts ablöst oder aber lediglich in gewisser Weise radikalisiert, kann dahingestellt bleiben.[593] Von Bedeutung für die Frage der Zulässigkeit des Verwaltungsvertrags ist in diesem neueren Kontext eine paradoxe Gleichzeitigkeit der Ausweitung wie auch der Einschränkung der Staatlichkeit:

- Einerseits ist heute eine *Ausweitung der staatlichen Aufgaben* festzustellen, an welcher auch Tendenzen wie jener der Privatisierung oder Staatsaufgabenverwesentlichung nichts ändern. Im Gegenteil sucht der Staat heute die Voraussetzungen der gesamten Gesellschaft zu garantieren, wobei er seine entsprechenden Bemühungen auch verstärkt auf die Zukunft ausrichtet:[594] Diese Tendenz reicht von der Gewährleistung von Sicherheit als zentraler Prämisse bürgerlicher Gesellschaft[595] über die Herstellung sozialer und materieller Voraussetzungen zur aktiven Teilnahme an der Gesellschaft als zentralem Element einer substanziell verstandenen Demokratie[596] bis hin zur Befähigung der Gesellschaft zur eigenen Selbstorganisation.[597]

---

haltung HENRI ZWAHLEN, Le contrat de droit administratif (1958): 492a f. und 658a f. und MAX IMBODEN, Der verwaltungsrechtliche Vertrag (1958): 213a.

[593] Siehe anstelle vieler die gute Übersicht über die Debatte bei UWE VOLKMANN, Sicherheit und Risiko als Probleme des Rechtsstaats (2004).

[594] Dass die Verwaltung dabei auf die Informationstechnik zurückgreift, ist – nicht als einseitige Kausalität, sondern als Wechselwirkung – eng mit dieser neuen Ausrichtung auf die Zukunft verknüpft: EBERHARD SCHMIDT-ASSMANN, Verwaltungsrecht in der Informationsgesellschaft (2000): 416.

[595] Prägnant, aber nicht grundlegend neu ist hierbei die Debatte um die Prävention von Terrorismus. UWE VOLKMANN, Sicherheit und Risiko als Probleme des Rechtsstaats (2004): 698 ff.

[596] Von Bedeutung ist insbesondere die Tendenz des sogenannt aktivierenden Staates, sein ‹Menschenmaterial› (Otto Mayer) zunehmend derart aktiv zu formen, dass es in Zukunft zur Teilnahme an einer (vom Staat vorgegebenen) Gesellschaft befähigt wird. Siehe hierzu NIELS ÅKERSTRØM ANDERSEN, The Contractualisation of the Citizen (2004); ANDREAS ABEGG, Vom Contrat Social zum Gesellschaftsvertragsrecht (2008). Eine Leitfunktion für den kooperierenden Staat nahm in den USA und Kanada vor allem der Umweltschutz ein. Hier wurden Vertragsregime im Umweltbereich eingeführt, um Planungsprozesse besser zu legitimieren und mit Hilfe der Beteilung Privater zu überwachen: vgl. MICHAEL HOWLETT, Beyond Legalism? (2000): 316; JODY FREEMAN, The Contracting State (2000); SARA SINGLETON, Collaborative environmental planning (2002). Es entbehrt freilich nicht einer gewissen Ironie, dass gerade Vertragsregime ihrerseits wieder eine spezifische Art von Vollzugsdefiziten generieren: vgl. hierzu jüngst die Studien auf empirischer Grundlage von MUHITTIN ACAR/PETER J. ROBERTSON, Accountability Challenges (2004); ebenso CARY

– Andererseits driften der staatliche Regelungsanspruch und dessen Regelungsmittel immer mehr auseinander. Nicht nur infolge politisch-ideologisch motivierter Versuche, den Staat zu begrenzen,[598] sondern viel grundsätzlicher infolge der zunehmenden Komplexität der Gesellschaft wird es heute immer offensichtlicher, dass die *Verwaltung nicht über die Ressourcen im Allgemeinen und über das Wissen im Besonderen verfügt,* um ihren umfassenden Auftrag der Gesellschaftseinigung und Gesellschaftsgestaltung bis in die Zukunft hinein zu erfüllen.[599] Dabei delegiert der kooperierende Staat nicht nur den Vollzug seiner politischen Programme, sondern er bezieht die Privaten in die Konstituierung dieser Programme (und damit letzlich in die Konstituierung des Staats selbst) ein und nimmt die Privaten auch für die Vollzugsüberwachung in Anspruch, indem er ihnen mit der Vertragsform entsprechende Rechte überträgt.[600]

2. Auf diese paradoxe Situation der Aufgabenausweitung bei gleichzeitiger Überforderung der Verwaltung reagiert die Verwaltung unter anderem vor allem mit der zunehmenden Kooperation,[601] und das heutige Verwaltungsrecht folgt dem mit einer Kohärenzsenkung in dem Sinn, als es die Ausdifferenzierung neuer Teilbereiche des Verwaltungsrechts, wie etwa des Verwaltungsvertragsrechts, weiter vorantreibt.[602] In diesem Rahmen erscheint denn auch der *Verwaltungsvertrag gerade dort, wo die Ansprüche der Verwaltung, die Gesellschaft zu gestalten, auch dann noch anwachsen,* wenn diese Aufgaben nicht mehr allein mit den traditionel-

---

COGLIANESE, Does Consensus Work? A Pragmatic Approach to Public Participation in the Regulatory Process (2003): 181 ff.

[597] Besonders erhellend mit Blick auf die Möglichkeiten und Grenzen des Staates MARKUS PÖCKER, Dual System (2007).

[598] Unter vielen vgl. paradigmatisch GEORG MÜLLER, Wege zu einem schlanken Staat (NZZ, 16. März 2005). Angesichts des vielfach verbleibenden Gewährleistungsvorbehalts zielt der Begriff der Privatisierung in die falsche Richtung, indem er eine gänzliche Verschiebung vom politischen in den wirtschaftlichen Verantwortungsbereich insinuiert.

[599] Grundlegend aus theoretischer Sicht HELMUT WILLKE, Ironie des Staates (1992).

[600] In aller Deutlichkeit zeigt sich dies anhand des Umweltschutzes: MICHAEL HOWLETT, Beyond Legalism? (2000): 316.

[601] Hierzu ANDREAS ABEGG, Vom Contrat Social zum Gesellschaftsvertragsrecht (2008).

[602] Besonders deutlich zeigt sich dies bei jener verwaltungsrechtlichen Theorie, nach welcher öffentliches Recht und Privatrechts wechselseitige Auffangordnungen bilden, womit das Privatrecht zu einem staatlichen Erfüllungsgehilfen der Verwaltung wird. Siehe hierzu EBERHARD SCHMIDT-ASSMANN, Öffentliches Recht und Privatrecht: Ihre Funktionen als wechselseitige Auffangordnungen (1996): 8; für die Schweiz SUSAN EMMENEGGER, Bankorganisationsrecht (2004): 31 ff.

len Mitteln der befehlsförmigen Verfügung und der Subventionierung erfüllt werden können.[603]

a. In Ansätzen wurde diese Funktion des Verwaltungsvertrags und infolge dessen seine ausgeweitete Zulässigkeit *bereits im Interventionsstaat sichtbar:* So sollen insbesondere Erschliessungsverträge[604] oder Enteignungsverträge[605] die Verwaltung von übermässiger Ressourcenbelastung und der damit zusammenhängenden strikten Beschränkung auf das Gesetz befreien.[606] Gleiches gilt auch für den Vertrag in Steuersachen, der zwar dem Gebot rechtsgleicher Behandlung und dem Gebot der Besteuerung nach wirtschaftlicher Leistungsfähigkeit zuwiderläuft,[607] ohne den gleichzeitig aber zahllose Fälle mit den vorhandenen verwaltungsinternen Ressourcen kaum zu lösen wären.[608] In diesem Sinn machte zum Beispiel bereits RHINOW in Aufsätzen aus den Jahren 1979 und 1985 auf diesen zunehmenden Kooperationsbedarf der Verwaltung aufmerksam, der insbesondere bei fehlenden Unterordnungsverhältnissen bestehe,[609] wobei die Lehre allerdings weiterhin einem eng gefassten Legalitätsprinzip verpflichtet blieb.[610]

---

[603] Dass damit zur Rettung wohlfahrtsstaatlicher Versprechen die Grenzen des Rechtsstaats neu definiert werden, erkannte bereits Max Weber. Siehe oben bei Fn. 5: 2.

[604] Zum Beispiel BGE 105 Ia 207 1979 – ZEHNDER GEGEN GEMEINDE BIRMENSTORF: 209.

[605] Vgl. zum Beispiel BGE 102 Ia 553 1976 – KURY-KILCHHERR GEGEN EINWOHNERGEMEINDE REINACH.

[606] Dies anerkennt das Bundesgericht explizit: Bundesgericht 1A.266/2005 13. März 2006 – COMMERCIALIS SA GEGEN STADT BIEL: Erw. 2.5.

[607] Unter Berufung auf diese zentralen Prinzipien erklärte das schweizerische Bundesgericht jüngst einen degressiven Steuertarif als verfassungswidrig: BGE 133 I 206 2007 – HALTER-DURRER GEGEN KANTON OBWALDEN.

[608] Vgl. zum Beispiel BGE 119 Ib 431 1993 – FIFTY-FIFTY-STEUERRECHTSPRAXIS. Zur analogen Situation in Deutschland JÜRGEN SONTHEIMER, Der verwaltungsrechtliche Vertrag im Steuerrecht (1987).

[609] RENÉ RHINOW, Wohlerworbene und vertragliche Rechte im öffentlichen Recht (1979): 1 ff.; RENÉ RHINOW, Verfügung, Verwaltungsvertrag und privatrechtlicher Vertrag (1985): 295 ff.

[610] In typischer Weise kritisierte zum Beispiel Huguenin in einem Aufsatz von 1982, dass das Bundesgericht dem Gesetzgeber eine Stellungnahme zur – zugegebenermassen stillschweigenden – Zulässigkeit des Verwaltungsvertrags unterschiebt. Dagegen spreche das weitgehende Fehlen von prozessualem öffentlichem Recht zu Verwaltungsverträgen. Es sei vielmehr auf eine Lücke zu schliessen und zu fragen, ob für Verträge gemäss objektiver Gesetzesergänzung im konkreten Rechtsbereich Raum bestehe. Verträge seien dann unzulässig, wenn sie für den Inhalt nicht *geeignet* sind, zum Beispiel wenn es auf (formale) Gleichbehandlung ankomme, oder wenn abschiessend konzipierte Regelungen eine vertragliche Kooperation ausschlössen (Frage des Gesetzesvorranges): CLAIRE HUGUENIN, Die bundesgerichtliche Praxis zum öffentlichrechtlichen Vertrag (1982): 507 f.

b. Neu ist heute, dass der Verwaltungsvertrag und insbesondere der verwaltungsrechtliche Vertrag nicht mehr auf einzelne Bereiche der interventionistischen Wohlfahrtsverwaltung beschränkt bleibt, sondern zunehmend auch Bereiche erfasst, die traditionell als vertragsfeindlich eingestuft wurden, so zum Beispiel den Bereich polizeilicher Sicherheit[611] oder den Bereich von Sozialhilfe und Integration.[612]

3. Wie ist diese paradoxe Ausdehnung des Staatlichen in die Gesellschaft, die hierzu zugleich auf die Kooperation ebendieser Gesellschaft angewiesen ist, zu deuten? Der von WILLKE prognostizierte *Supervisionsstaat,* in welchem zwar die Politik nicht mehr im Alleingang die Kollektivgüter der Gesellschaft produziert, aber immerhin noch eine Art Oberhoheit über diese Produktion hält,[613] führt zwar in die richtige Richtung, aber doch an der Radikalität des *emergierenden Kooperationsstaates* vorbei: Die Verwaltung allein vermag heute – infolge der fehlenden Zugänge zu den verschiedenen selbstbezüglichen Sozialbereiche – weder eine gesellschaftliche Einheit noch allgemeine gesellschaftliche Wohlfahrt zu bewirken, womit überhaupt der vom Staat her gedachte Begriff der Gesellschaft[614] und damit letztlich auch der Begriff des Staats in Frage gestellt ist. Möglich scheinen heute al-

---

[611] Dass dies auch für die Schweiz gilt, ergibt sich deutlich aus dem Bericht des Bundesrats zu den privaten Sicherheits- und Militärfirmen vom 2. Dezember 2005, BBl. 2006 II 623, vor allem 632 f. Zum Beispiel der Bewirtschaftung von Gefängnissen durch Private siehe THOMAS VESTING, Der Staat als Serviceunternehmen (1998): 28; JODY FREEMAN, Private Parties, Public Functions and the New Administrativ Law (1999): 10 f. Aus Schweizer Sicht hierzu ISABELLE HÄNER, Grundrechtsgeltung (2002); WALTER KÄLIN/ANDREAS LIENHARD/JUDITH WYTTENBACH/MIRJAM BALDEGGER, Auslagerung von sicherheitspolizeilichen Aufgaben (2007): 80 ff.

[612] Pärli kommt das Verdienst zu, bereits früh auf diese Problematik hingewiesen zu haben: KURT PÄRLI, Sozialhilfeunterstützung als Anreiz für Gegenleistungen (2001). Siehe auch NEVILLE HARRIS, Empowerment and State Education: Rights of Choice and Participation (2005). Grundlegend ist die Studie von NIELS ÅKERSTRØM ANDERSEN, The Contractualisation of the Citizen (2004). Zum Ganzen siehe auch ANDREAS ABEGG, Vom Contrat Social zum Gesellschaftsvertragsrecht (2008): Kap. III.B.

[613] HELMUT WILLKE, Ironie des Staates (1992): 335 ff.

[614] Der Begriff Gesellschaft impliziert per definitionem ein Element der Gemeinsamkeit. Zu diesem Begriff und seinem Vorläufer, der ‹civitas› siehe MAURIZIO BORGHI, Rewarding Creativity in Law, Economics and Literature (2006): 57. Massgeblich für die moderne Wendung des Begriffes der Gesellschaft ist Hegel, nach dem im Wesentlichen der Staat als Endzweck der Gesellschaft gilt. Die Gesellschaft ist also dem Staat untergeordnet und wird durch diesen geeint – ja sie wird (dem Begriff der Gesellschaft gemäss) durch den Staat erst konstituiert erhält durch diesen ihre Form: GEORG WILHELM FRIEDRICH HEGEL, Die "Rechtsphilosophie" von 1820 (1820/1973): § 258.

lenfalls noch punktuelle, momenthafte und wechselnde ‹Einheiten› verschiedener Sozialbereiche.[615]

c) *Zwischenfazit: Organisatorische und legitimatorische Funktion des Zuständigkeitsbegriffs*

1. Der Überblick über die Evolution des Zuständigkeits- und Zulässigkeitsbegriffs zeigt deutlich, dass diese Begriffe als Rechtskonzepte eine *zweifache Funktion* ausüben:

– Da die Staatsverwaltung im demokratischen Rechtsstaat ihre Struktur mit der Hilfe von Recht stabilisiert, geht es bei den Konzepten der Zuständigkeit und der Zulässigkeit erstens um *Organisations- und Zuständigkeitsrecht,* konkret also darum, welche Verwaltungseinheit unter welchen Umständen für vertragliches Handeln zuständig ist.[616] Während das junge Verwaltungsrecht an der Schwelle zum 20. Jahrhundert das vertragliche Handeln der Verwaltung weitgehend ausblendete und zumindest im Bereich des Verwaltungsrechts als unzulässig bezeichnete,[617] liess sich der verwaltungsrechtliche Vertrag als Rechtsform der Verwaltung im Interventionsstaat nicht mehr unterdrücken. Die Zuständigkeit zum Vertragsschluss wurde im Folgenden weitgehend funktionalisiert und aus der Zuständigkeit zur Umsetzung eines politischen Programms hergeleitet.[618] Angesichts der vermehrten präventiven und zukunftsgerichteten Ausrichtung der Verwaltung wird heute allerdings selbst diese funktionale Anknüpfung an bestehende politische Programme in Frage gestellt; die Verwaltung wird immer mehr zur treibenden Kraft neuer politischer Programme.[619]

– Zweitens geht es um die *Legitimation* hoheitlichen Handelns der Verwaltung. Denn die Verwaltung vermag in verschiedenster Weise ihre Nähe zur

---

[615] Hierzu im Detail ANDREAS ABEGG, Vom Contrat Social zum Gesellschaftsvertragsrecht (2008).

[616] Verwaltungsrecht ist in diesem Sinn als Amtsrecht und Sonderrecht des Staates vor allem Organisations- und Zuständigkeitsrecht: EBERHARD SCHMIDT-ASSMANN, Öffentliches Recht und Privatrecht: Ihre Funktionen als wechselseitige Auffangordnungen (1996): 21.

[617] Prägend war OTTO MAYER, Zur Lehre vom öffentlichrechtlichen Vertrage (1888). Siehe oben Kap. IV.A.2.b)i): 139.

[618] Für die Schweiz von zentraler Bedeutung für diesen Wechsel sind WALTER BAECHI, Verwaltungsakt auf Unterwerfung, zweiseitiger Verwaltungsakt oder Vertrag (1934): vor allem 111 und sodann HENRI ZWAHLEN, Le contrat de droit administratif (1958): 623a ff.

[619] In den Ansätzen erkannte dies bereits MAX WEBER, Parlament und Regierung im neugeordneten Deutschland (1918): 320.

Rechtsmacht des Staates in ihre Position als Vertragspartei zu übertragen, was bereits von KELSEN vehement kritisiert wurde.[620] Es zeigt sich allerdings, dass entgegen KELSENS Kritik diese Verknüpfung von Kooperation und Rechtsmacht zu einem zentralen Handlungsmuster der Verwaltung im Interventionsstaat wurde. Die interventionistische Verwaltung entfernte sich dabei auch wesensbedingt von der Legitimation durch eine – unter anderem von FRITZ FLEINER geforderten[621] – direkten, expliziten gesetzlichen Grundlage. Die Abwertung der demokratischen Legitimation durch die Emergenz des verwaltungsrechtlichen Vertrags ging allerdings einher mit einer Stärkung der rechtlichen Legitimation durch den Ausbau und die verstärkte Unabhängigkeit der Verwaltungsgerichtsbarkeit: Nach dem Bundesgericht war unter der Frage der Zuständigkeit und Zulässigkeit zu überprüfen, ob die Verwaltung mit vertraglichem Handeln in geeigneter Weise ihre amtlichen Aufgaben erfülle.[622] Die herrschende Lehre forderte allerdings eine engere Anbindung an das Gesetz und tut dies noch heute: Der verwaltungsrechtliche Vertrag soll nur dort zulässig sein, wo er sich als besser geeignet als die Verfügung erweist, den konkreten Gesetzeszweck zu erfüllen.[623] Mit der Ausweitung verwaltungsvertraglichen Handelns und vor allem infolge der vermehrten Ausrichtung der Verwaltung auf die Zukunft (Stichwort Vorsorge) wird heute allerdings selbst diese funktionale Anknüpfung an die Gesetzeslegitimation in Frage gestellt. Neben den materiellen stehen nun auch die formellen Bindungselemente des demokratischen Rechtsstaats zur Debatte.[624]

---

[620] HANS KELSEN, Zur Lehre vom öffentlichen Rechtsgeschäft (1913). Siehe auch oben Kap. III.E.3: 131.

[621] FRITZ FLEINER, Institutionen des deutschen Verwaltungsrechts (1913): 201 ff.

[622] BGE 78 II 21 1952 – *EGLI GEGEN KANTON ZÜRICH*. In casu hatte das Bundesgericht notabene eine zivilgerichtliche Streitigkeit zu beurteilen. Die Ausweitung der Verwaltungsgerichtsbarkeit auf Verträge folgte erst 1968: siehe oben bei Fn. 163: 40.

[623] Unter anderen CLAIRE HUGUENIN, Die bundesgerichtliche Praxis zum öffentlichrechtlichen Vertrag (1982): 507 f.; ULRICH HÄFELIN/GEORG MÜLLER/FELIX UHLMANN, Allgemeines Verwaltungsrecht (2006); GEORG MÜLLER, Zulässigkeit des Vertrages und zulässige Vertragsinhalte (2007): 27; Bundesgericht 1A.266/2005 13. März 2006 – *COMMERCIALIS SA GEGEN STADT BIEL*: Erw. 2.4. Eine Fortsetzung ohne substanziellen Richtungswechsel findet diese Theorie bei Müller, der die Geeignetheit anhand verschiedener ‹Topoi› ermitteln will: THOMAS P. MÜLLER, Verwaltungsverträge im Spannungsfeld von Recht, Politik und Wirtschaft (1997): 132 ff. Dagegen mit einem Fokus auf die Ausübung pflichtgemässen Ermessens in der Wahl der Rechtsform RENÉ RHINOW, Verfügung, Verwaltungsvertrag und privatrechtlicher Vertrag (1985): 320 ff.

[624] Zum Ganzen oben Kap. IV.A.2.b)iii): 145.

2. Ob heute infolge dieses weiteren Legitimationsverlustes ein weiteres Mal mit einer verbesserten gerichtlichen Überprüfung der Verwaltungsvertrag noch auf die gesetzliche Grundlage zurückgeführt werden kann, ist allerdings, wie erwähnt, zu bezweifeln. Der Blick muss sich auch auf *alternative Lösungen* richten, wobei das zentrale Prinzip nicht ausser Acht gelassen werden darf, dass es um die innere und vom öffentlichen Recht verfasste Zuständigkeitsordnung der Verwaltung[625] und um die Legitimation von Verwaltungshandeln geht, das selbst in einer Kooperation an die politischen Machtressourcen anzuschliessen und diese für die eigene Position als Vertragspartei auszunutzen weiss. Für ein rechtliches System der Zuständigkeit ist damit von Bedeutung, dass diese Fragen, ob eine Verwaltungseinheit für ein bestimmtes vertragliches Handeln zuständig ist respektive ob ein bestimmter Vertragsabschluss durch die Verwaltung zulässig sei, sich grundsätzlich nicht an die Privaten richten.[626]

d) Reaktionen auf die neueren Entwicklungen

1. Wie wird heute darauf reagiert, dass in dieser soeben beschriebenen aktuellen Situation der Damm der eingeschränkten Zulässigkeit des Verwaltungsvertrags gebrochen ist und damit zugleich auch das Legalitätsprinzip als Legitimation des traditionellen Verwaltungsrechts in Frage gestellt wird?

2. Die Antwort der *schweizerischen Lehre und Rechtsprechung* fällt ambivalent aus: Der radikale Bedeutungsverlust des Gesetzesvorbehalts wird zwar im Grossen und Ganzen anerkannt, zugleich aber wird die gesetzliche Grundlage als Voraussetzung zur Kompetenz der Verwaltung zum Vertragshandeln argumentativ weiterhin mitgetragen.[627] Typisch ist etwa, wenn GEORG MÜLLER einerseits darauf besteht, dass der Verwaltungsvertrag nur zulässig sei, wenn er auf einer ausreichenden gesetzlichen Grundlage beruhe, er andererseits aber einschränkt, dass das Ge-

---

[625] Art. 59 Abs. 1 ZGB und Art. 33 OR.

[626] MINH SON NGUYEN, Le contrat de collaboration en droit administratif (Diss.) (1998): 88. Aus diesem wichtigen Grundsatz folgt etwa, dass eine Pflicht des Privaten, Nachforschungen bezüglich der Zuständigkeitsordnung des Gemeinwesens zu unternehmen, nicht leichthin anzunehmen ist: Bundesgericht 4C.20/2005 21. Februar 2006 – *ANLEIHENSEMISSION LEUKERBAD*: Erw. 4.2.5.4. Hierzu unten bei Fn. 717: 171.

[627] Vor allem BGE 105 Ia 207 1979 – *ZEHNDER GEGEN GEMEINDE BIRMENSTORF*: 209. Für den Fall eines privatrechtlichen Verwaltungsvertrags siehe BGE 109 Ib 146 1983 – *SCHWEIZERISCHER TREUHÄNDER-VERBAND C. SCHWEIZERISCHE NATIONALBANK*. Jüngst zum Beispiel GEORG MÜLLER, Zulässigkeit des Vertrages und zulässige Vertragsinhalte (2007): 26 f. Anders GIOVANNI BIAGGINI, Theorie und Praxis des Verwaltungsrechts (1996): 288 und 291 f., mit Bezug auf den öffentlichrechtlichen und privatrechtlichen Verwaltungsvertrag.

setz lediglich Raum für vertragliche Regelungen lassen müsse.[628] Den Balanceakt zwischen der für die Schweiz zentralen demokratischen Legitimation durch Gesetz und einer zunehmend funktionalen und vom Gesetz gelösten Verwendung des Verwaltungsvertrags sucht die schweizerische Lehre, wie erwähnt, zudem durch das *Zulässigkeitserfordernis der besseren Geeignetheit* zu bewältigen: Ein verwaltungsrechtlicher Vertrag muss – notabene zur Erreichung des zur Disposition stehenden Gesetzeszwecks – als besser geeignet erscheinen als die Verfügung (oder die Gesetzgebung).[629]

Ob diese Doktrin allerdings heute noch einerseits den Bedürfnissen der Verwaltung Rechnung tragen kann und andererseits die im Interventionsstaat eröffnete und im Vorsorgestaat radikalisierte Entfesselung der Verwaltung von der Gesetzesbindung zu kompensieren vermag, muss bezweifelt werden, wenn als Referenzpunkt einer Rechtsprüfung gleichwohl weiterhin primär das Gesetz gilt.[630]

3. Insbesondere unter Eindruck aktueller Bedürfnisse der Verwaltung sehen in der Tat die *französische und die deutsche Doktrin* von einem derart engen Bezug zum Gesetz ab:

a. Die Zuständigkeit zum Vertragsschluss ergibt sich in *Frankreich* in funktionaler Weise aus dem gesetzlich zugewiesenen allgemeinen Aufgabenbereich eines Ministeriums und dabei insbesondere aus der Aufgabe, die Behörde im Hinblick auf ihre Ziele zweckmässig zu organisieren.[631] Die gesetzliche Kompetenzzuweisung muss sich dabei nicht auf den Verwaltungsvertrag beziehen. Innerhalb dieser weitgezogenen Zuständigkeitsgrenze – vom Ministerium an abwärts vermittelt durch Delegation – besteht somit ein Ermessen der Verwaltung in der ‹Wahl›[632] der Rechtsform.[633]

---

[628] GEORG MÜLLER, Zulässigkeit des Vertrages und zulässige Vertragsinhalte (2007): 26 f. Des Weiteren zum Beispiel THOMAS P. MÜLLER, Verwaltungsverträge im Spannungsfeld von Recht, Politik und Wirtschaft (1997): 142: «Die wichtigste Entscheidungsprämisse für die Eingrenzung der Entscheidungskompetenz der Verwaltung im Rechtssystem bildet anerkanntermassen das Legalitätsprinzip.»

[629] Oben Fn. 623: 150.

[630] Oben Kap. IV.A.2.b)iii): 145.

[631] Besteht diese allgemeine Kompetenz des Gemeinwesens nicht, kann ein Beamter keine Rechte und Pflichten für den Staat begründen. Dies wurde für verwaltungsrechtliche Verträge bereits festgestellt mit dem Fall Conseil d'Etat 17 mai 1877 (rec. 472) – *BANQUE DE FRANCE*.

[632] Zu diesem problematischen Begriff siehe oben Kap. I.A.4: 14.

[633] Davon ist die Budgetkompetenz zu unterscheiden. Diese beinhaltet keine Ermächtigung zum Vertrag, wie eine fehlende Budgetkompetenz zugleich auch keinen Hinderungsgrund zum Vertragsabschluss darstellt, etwa wenn das Budget im Laufe der Rechnungsperiode

b. In *Deutschland* wird zwischen einer generellen Kompetenz des Staates, in einem bestimmten Bereich tätig zu werden, und der Zuständigkeit einer bestimmten Behördeneinheit zum Vertragsschluss unterschieden. Die grundsätzliche Kompetenz des Staates ist eine Frage der Rechtsfähigkeit gemäss gesetzlicher Kompetenzordnung. Es können nur dann Rechte und Pflichten für den Staat begründet werden, wenn dieser über die Grundkompetenz zum Handeln und damit über Rechtsfähigkeit verfügt. Verträge, die nicht in diese Grundkompetenz fallen, sind nicht genehmigungsfähig. Sodann ergibt sich die Zuständigkeit zum Vertragsabschluss in funktionaler Weise aus der Zuständigkeit der Behörde für einen bestimmten Aufgabenkreis.[634] Auch hier besteht ein weitgehendes Ermessen der Verwaltung in der Wahl der Vertragsform (§ 54 D–VwVfG),[635] das sich allerdings auf pflichtgemässes Ermessen respektive sachliche Gründe stützen muss.[636]

Kritisch gegen diese in Deutschland herrschende Lehre hat sich insbesondere MAURER geäussert: Der Verwaltungsvertrag sei bereits dann als unzulässig zu betrachten, wenn das Gesetz zumindest implizit die Verfügung als Kommunikationsform vorsehe. Zudem müsse der Vertrag ins anwendbare gesetzliche Gerüst passen. Werde etwa vom Gesetz vorgesehen, dass die Genehmigung zurückgenommen werden kann, müsse dies auch im Vertrag möglich sein.[637] Letzterer Einwand erweist sich meines Erachtens allerdings als Frage des zulässigen und des mit Gesetzesrecht zwingend vorgegebenen Vertragsinhalts, wenn man mit der moderneren Lehre die Gesetzesbeständigkeit des Vertrags relativiert.[638]

überschritten wurde: CHRISTOPHE GUETTIER, Droit des contrats administratifs (2004): N 442 ff.; LAURENT RICHER, Droit des contrats administratifs (2006): N 186 ff.; dies übernimmt Nguyen für die Schweiz: MINH SON NGUYEN, Le contrat de collaboration en droit administratif (Diss.) (1998): 68.

[634] Zum Ganzen vgl. die Übersicht bei ELKE GURLIT, Verwaltungsvertrag und Gesetz (2000): 248 f.

[635] § 54 D–VwVfG lautet folgendermassen. «Ein Rechtsverhältnis auf dem Gebiet des öffentlichen Rechts kann durch Vertrag begründet, geändert oder aufgehoben werden (öffentlichrechtlicher Vertrag), soweit Rechtsvorschriften nicht entgegenstehen. Insbesondere kann die Behörde, anstatt einen Verwaltungsakt zu erlassen, einen öffentlichrechtlichen Vertrag mit demjenigen schließen, an den sie sonst den Verwaltungsakt richten würde.»

[636] HEINZ JOACHIM BONK, § 54-62 VwVG (2001): N 14; ELKE GURLIT, Verwaltungsvertrag und Gesetz (2000): 245 f.

[637] HARTMUT MAURER, Allgemeines Verwaltungsrecht (2004), N 27.

[638] Hierzu BEATRICE WEBER-DÜRLER, Neuere Entwicklung des Vertrauensschutzes (2002): 299 ff.

e) *Synthese: Abbau der Zuständigkeits- und Zulässigkeitsschranke*

i) Ausgangspunkt

1. Will man heute den aktuellen Bedürfnissen der Verwaltung nach vermehrten und flexiblen Kooperationen mit Privaten Rechnung tragen, so bietet sich *eine Ausrichtung an der soeben erläuterten deutschen Zuständigkeitslehre* an. Diese unterscheidet die relativ rigiden Regeln zur Grundkompetenz des Gemeinwesens, in einem gewissen Bereich tätig zu werden, von einer permissiven Zuständigkeit der einzelnen Behörden zum Vertragsabschluss.[639]

2. Für die Schweiz ist somit davon auszugehen, dass der Verwaltung im Bereich ihrer Grundkompetenzen zwar nicht eine ‹Freiheit› in der ‹Wahl› der rechtlichen Handlungsformen zukommt, aber doch ein Ermessen in der Kommunikationsform und der Inhaltsgestaltung der angestrebten Rechtsverhältnisse. Diese Aussage ist in mehreren Punkten zu erläutern und zu begründen.

ii) Keine freie Wahl der Rechtsform

1. Die Meinung, dass die Verwaltung die Rechtsform ihrer Handlungen ‹wählen› könne sowie im Resultat das anwendbare Recht (Verfügungsrecht, Vertragsrecht) und damit bis zu einem gewissen Grad auch den Rechtsweg (Beschwerdeweg, Klage) präjudizieren würde, ist im Wesentlichen eine Reminiszenz aus dem Polizeistaat und *heute abzulehnen*.[640]

2. Noch weit bis ins 19. Jahrhundert hinein standen sich lediglich auf der einen Seite die Verfügungsform, die (wenn überhaupt) in einem verwaltungsinternen Beschwerdeverfahren auf die richtige Umsetzung des souveränen Willens überprüft wurde, und auf der anderen Seite die übrigen, den unabhängigen Zivilgerichten unterstehenden Rechtsverhältnisse gegenüber. Die Verwaltung konnte sich der ungeliebten unabhängigen Zivilgerichtsbarkeit im Wesentlichen dadurch entziehen, dass sie ihre Handlungen als Verfügung bezeichnete und damit ihre Zuständigkeit unter Abgrenzung von der Zivilgerichtsbarkeit selbst festlegte.[641]

---

[639] Soeben bei Fn. 634 ff.: 153.

[640] Zum Ganzen oben, vor allem Kap. II.B.3.c): 67; desgleichen FRANK KLEIN, Rechtsfolgen des fehlerhaften verwaltungsrechtlichen Vertrags (2003): 70 f.

[641] Ausgangspunkt hierfür war das französische Verwaltungsrecht: siehe zum Beispiel ADOLPHE CHAUVEAU, Principes de compétence et de juridictions administratives (1841-44): Anm. zu N 408. Der Verwaltung kam somit die sogenannte Kompetenz-Kompetenz zu: LOUIS-MARIE DE LAHAYE VICOMTE DE CORMENIN, Droit administratif (1840), I: XXX f. und 440 ff. Dies ergab sich aus folgendem traditionellen Prinzip: «Si les deux autorités administrative et judiciaire viennent à se choquer dans les luttes du conflit, la puissance royale les

Mit der Durchsetzung des Rechtsstaates und der Ausdifferenzierung des Verwaltungsrechts gegenüber einer sich ‹cäsaristisch›[642] gebärdenden und rechtlich weitgehend ungebundenen Verwaltung wurde dagegen, wie bereits erwähnt,[643] die Frage der Zuständigkeit zu einer Rechtsfrage. Es ging nun darum, ob die im konkreten Fall vorliegenden Kommunikationen unter rechtlichen Gesichtspunkten mit Blick auf das angestrebte gemeinsame Projekt einen Vertrag konstituieren.[644]

3. Dieser Zusammenhang ist für die vorliegende Frage deshalb von Bedeutung, weil damit sichtbar wird, dass die *Verwaltung* insofern *von einem Legitimationsbedarf entlastet* ist, als sie nicht für die freie Wahl der Rechtsform und des dahinter liegenden Rechts verantwortlich zeichnet, sondern diese Frage auch von den korrespondierenden Kommunikationen des privaten Vertragspartners abhängt und darüber hinaus letztlich unter einem rechtlichen und nicht machtgeleiteten Blickwinkel beurteilt wird.

iii) Pflichtgemässes Ermessen in der Wahl der Kommunikationsform

1. Es wurde ebenfalls bereits erwähnt, dass die Verwaltung von der Privatautonomie nicht in einem umfassenden Sinn profitiert. Aus der Sicht des Souveräns besteht im Hinblick auf die Wahl bestimmter Kommunikationsformen oder im Hinblick auf den zu gestaltenden Inhalt lediglich *ein Ermessen, nicht aber eine Freiheit*.[645] Während die Freiheitsausübung, traditionell verstanden als grundrechtliche

---

départage.»: LOUIS-MARIE DE LAHAYE VICOMTE DE CORMENIN, Droit administratif (1840): vol. I, VIII. Jüngst zur Kompetenz-Kompetenz aus legitimatorischer Sicht: ULRICH HUFELD, Die Vertretung der Behörde (2003): 152 ff.

[642] ALFRED KÖLZ, Verfassungsgeschichte seit 1848 (2004): 810 f.

[643] Oben Kap. II: 45.

[644] Darauf wies mit Nachdruck auch Kelsen hin: HANS KELSEN, Zur Lehre vom öffentlichen Rechtsgeschäft (1913). Ansätze dazu erschienen bereits in der Zeit der Regeneration: Vgl. hierzu bereits PAUL SPEISER, Die Kompetenz der Gerichte in Verwaltungssachen im Kanton Baselstadt (1889): 121 f. Jüngst m. w. H. HANSJÖRG SEILER, Gewaltenteilung – Allgemeine Grundlagen und schweizerische Ausgestaltung (1994): 415 ff. Mit Regeneration wird hier ganz allgemein ein Zeitgeist bezeichnet, der sich in der Schweiz nach 1831 zuweilen durchzusetzen vermochte und die politischen, wirtschaftlichen und juristischen Verhältnisse wieder – wie bereits in der Helvetik unter jedoch schwierigen Verhältnissen – nach den Ideen der Aufklärung und der Französischen Revolution gestalten wollte.

[645] Differenzierter sieht dies aus der Sicht des Privaten aus: siehe hierzu oben Kap. I.B.3.b)24, vor allem 27. In dieser Weise wich bereits Rhinow zwar vom strikten Erfordernis einer engen gesetzlichen Grundlage ab, verlangte aber gleichzeitig, dass der Kooperationsbedarf von der Verwaltung begründet werden müsse und unter die verwaltungsrechtlichen Prinzipien Rechtsschutzgebot oder Zweckmässigkeit zu stellen sei. Die Verwaltung habe keine Wahlfreiheit zwischen Verfügung und Verwaltungsvertrag oder gar Privatrecht, denn es

Freiheit des Privaten gegenüber dem Staat, keinerlei Rechtfertigung (respektive Recht-Fertigung, verstanden als Produktion von Recht)[646] bedarf, sind Freiräume für Verwaltungshandeln gerade nicht ohne Bedarf an rechtlicher Begründung: Das der Verwaltung hierbei zustehende Ermessen muss nicht nur rechtmässig, sondern auch angemessen sein, was bis zu einem gewissen Grad in einem Rechtsverfahren überprüft werden kann und damit die fehlende demokratische Legitimation mittels Gesetz kompensiert. Zentrales Element hierzu ist der mit dem pflichtgemässen Ermessen verknüpfte Begründungszwang, mit welchem die Verwaltungsbehörden erstens darlegen müssen, welchem Programm zur Umsetzung öffentlicher Interessen die Ermessenausübung folgt, und wieso zweitens die Umsetzung des verfolgten Programms das konkret gewählte rechtliche Arrangement zum Beispiel eines bestimmten verwaltungsrechtlichen Vertrags benötigt.[647]

2. Dieser Begründungszwang folgt exakt der von COVER aufgezeigten *Alternative zur demokratisch-rechtsstaatlichen Rechtsmacht*, indem aus einem Text Rechtssinn im Wesentlichen dadurch generiert wird, dass erstens die Selbstbindung einer Gemeinschaft an ein konkretes Programm argumentativ auf die gemeinsam geltenden Werte zurückgeführt wird und zweitens die Erläuterung dieser Selbstbindung der Gemeinschaft verständlich macht, welche konkreten rechtlichen Bindungen die gemeinsamen Werte erfordern.[648] Es ist die Stärke einer diesbezüglichen Recht-Fertigung, dass sie zugleich ihre Legitimation in dem Sinn in sich trägt, als die Programmverantwortlichen als gebunden gegenüber jenen Gemeinschaftsangehörigen erscheinen, die von den angestrebten und ausgeführten Programmen direkt oder auch indirekt betroffen sind.[649]

3. Für die vorliegende Frage der Zulässigkeit von Verwaltungsverträgen lässt sich daraus Folgendes schliessen: Wenn durch eine derartige Verrechtlichung des Verwaltungsermessens eine *alternative Legitimation* freigesetzt wird, fällt somit die legitimatorische Funktion der Zuständigkeitsschranke mit deren Ausweitung nicht einfach ersatzlos dahin, sondern sie verschiebt sich zu einer Art Legitimation,

---

stehe ihr keine Privatautonomie zu. Vielmehr bewege sie sich immer im rechtsstaatlichen Korsett und handle grundsätzlich öffentlichrechtlich: RENÉ RHINOW, Verfügung, Verwaltungsvertrag und privatrechtlicher Vertrag (1985): 320 ff.

[646] Vgl. RUDOLF WIETHÖLTER, Recht-Fertigungen eines Gesellschafts-Rechts (2003).

[647] Ähnlich FRANK KLEIN, Rechtsfolgen des fehlerhaften verwaltungsrechtlichen Vertrags (2003): 70 ff.; Vgl. die Übersicht bei ULRICH HÄFELIN/GEORG MÜLLER/FELIX UHLMANN, Allgemeines Verwaltungsrecht (2006): N 441 ff. Vgl. jüngst auch Bundesgericht 1C_341/2007 6. Februar 2008 – *GEMEINDE GENF - ENTLASSUNG WÄHREND DER PROBEZEIT*: Erw. 2.

[648] ROBERT M. COVER, Nomos and Narrative (1983): 11 ff.

[649] Zum Legitimationsbegriff siehe oben Kap. III.C: 102.

die bisher unter der Dominanz demokratisch-rechtsstaatlicher Rechtsmacht verdeckt war. Dabei ist unvermeidbar, dass der Verwaltung grosse Autonomie bei Mitteln und Wegen der Zielerreichung eingeräumt wird, da die Verwaltung mehr denn je nicht einfach vollziehende, sondern politisch entscheidende Instanz ist. Die gesetzgeberische Steuerung erweist sich hier häufig als Scheinsteuerung, denn die Verwaltung steuert sich im «verdünnten» normativen Raum des Vertrags weitgehend selbst – vor allem nach selbstbestimmten politischen Gesichtspunkten. Will das Gericht in dieser Konstellation nicht selbst Politik betreiben, d. h. seine politischen Wertungen an die Stelle der Verwaltung setzen, muss es seine gerichtliche Überprüfung darauf beschränken, ob alle normativen Vorgaben berücksichtigt wurden (vor allem Gesetzesvorrang[650]) sowie dass alle zur Zielerreichung wesentlichen Punkte nachvollziehbar abgewogen wurden (Begründungszwang des pflichtgemäss ausgeübten Ermessens).[651]

iv) Von der Zulässigkeits- zur Inhaltskontrolle

1. Mit Blick auf die aktuellen Bedürfnisse der Verwaltung[652] und in Analogie zur Lösung Deutschlands[653] ist des Weiteren eine weitere Verschiebung des legitimatorischen Elements vom Zuständigkeitserfordernis auf die rechtliche Inhaltskontrolle zu fordern.[654] Auch hier findet die Legitimationsfunktion der Zuständigkeitsbeschränkung ein *funktionales Äquivalent*.

2. Eine diesbezügliche Legitimationsverschiebung und eine entsprechende Lockerung der Zulässigkeitsbedingungen sind in der Tat bereits aus dem *Grund* zu begrüssen, dass die Verwaltung de facto dann mehr Gebrauch von der Vertragsform macht, wenn die Frage der Zulässigkeit in der Lehre noch gar nicht geklärt

---

[650] An der *expliziten* gesetzlichen Ablehnung der vertraglichen Form scheitern denn auch oft Verträge in Steuersachen: Bundesgericht 2C_522/2007 28. April 2008 – WOHNBAUGENOSSENSCHAFT X - GRUNDSTÜCKGEWINNSTEUER: Erw. 3.

[651] DIETER GRIMM, Der Wandel der Staatsaufgaben und die Krise des Rechtsstaats (1990): 291 ff.

[652] Oben Kap. IV.A.2.b)iii): 145.

[653] Oben Kap. IV.A.2.d): 151.

[654] In ähnlicher Weise trat jüngst KLEIN mit Blick auf Deutschland dafür ein, «der Verwaltung im Rahmen des gesetzlich eingeräumten Ermessens eine Freiheit bei der Wahl der öffentlich-rechtlichen Handlungsformen zu gewähren ...» Vorausgesetzt solle lediglich sein, dass die Vertragsform nicht durch Gesetz ausgeschlossen sei und ein öffentliches Interesse an der Regelung durch Vertrag bestehe. Eine Kompensation der dadurch entstehenden legitimatorischen Defizite will KLEIN durch eine strenge Prüfung des Vertragsinhalts erreichen: FRANK KLEIN, Rechtsfolgen des fehlerhaften verwaltungsrechtlichen Vertrags (2003): 62 ff. und 72 f.; ähnlich bereits THOMAS P. MÜLLER, Verwaltungsverträge im Spannungsfeld von Recht, Politik und Wirtschaft (1997): 194 ff.

ist.[655] Die Ausweitung des Verwaltungsvertrags vor allem über die Zuständigkeits- und Zulässigkeitsschranken im Zaum halten zu wollen, würde erstens die Parteien allzu lange im Ungewissen über den rechtlichen Bestand ihrer Projekte lassen. Die zusehends an Komplexität gewinnende Organisation eines immer mehr gegen Innen und gegen Aussen arbeitsteiligen und kooperierenden Gemeinwesens ist denn heute für Aussenstehende auch nicht mehr bewältigbar, aller Prävisibilitätsfunktion der in Gesetzen einsehbaren Staatsorganisation zum Trotz.[656] Zweitens drohen überschiessende Zuständigkeits- und Zulässigkeitsschranken auch die Anpassung der Verwaltung an die neuen gesellschaftlichen Kontexte zu behindern.[657] Eine restriktive gesetzliche Kompetenznorm, die – wie im Kanton Bern[658] – jeweils eine explizite gesetzliche Grundlage für Verwaltungsverträge verlangt, würde zwar das Problem der Vorhersehbarkeit, nicht aber jenes des Anpassungsbedarfs der Verwaltung lösen.

Ein besonderes prägnantes Beispiel für diesen Kontext sind die sogenannten *Netzverträge* im Allgemeinen und der Bundesgerichtsentscheid in Sachen SCHWEIZERISCHER TREUHÄNDER-VERBAND C. SCHWEIZERISCHE NATIONALBANK im Konkreten. In diesem Fall kooperierten auf Drängen des Bundesrates, aber weitgehend ohne gesetzliche Grundlage, die privaten Banken mit der als spezialrechtliche Aktiengesellschaft konstituierten und von der Politik weitgehend unabhängigen Nationalbank, um eine neue Rahmenordnung für den Finanzplatz Schweiz zu errichten.[659] Wird der Verwaltungsvertrag nun als verwaltungsrechtliche Regelung eines Einzelfalls definiert,[660] so stellt sich die Frage, ob ein Verwaltungsvertrag mit Netzwerkeffekt überhaupt zulässig ist. Eine derartige Reduktion würde allerdings weder der Rechtsform des Vertrags noch den aktuellen gesellschaftlichen Bedürf-

---

[655] Davon zeugen heute die allerorts emergierenden Verwaltungsverträge im Sozialbereich: hierzu kritisch bereits KURT PÄRLI, Sozialhilfeunterstützung als Anreiz für Gegenleistungen (2001). Siehe m. w. H. ANDREAS ABEGG, Vom Contrat Social zum Gesellschaftsvertragsrecht (2008).

[656] So auch ELKE GURLIT, Verwaltungsvertrag und Gesetz (2000): 414 f.; ähnlich THOMAS P. MÜLLER, Verwaltungsverträge im Spannungsfeld von Recht, Politik und Wirtschaft (1997), 200. Zur rechtlichen Konsequenz siehe unten bei Fn. 727: 173.

[657] THOMAS P. MÜLLER, Verwaltungsverträge im Spannungsfeld von Recht, Politik und Wirtschaft (1997): 194 ff.

[658] Nach Art. 49 des Berner Gesetzes über die Verwaltungsrechtspflege darf die zuständige Behörde die Verfügungsform nur bei einer ausdrücklichen gesetzlichen Grundlage verlassen. Siehe hierzu zum Beispiel Verwaltungsgericht Bern 12. November 1999 (BVR 2000 454) – *RECHTSNATUR DES DIENSTVERHÄLTNISSES EINES CHEFARZTES*.

[659] Hierzu im Detail ANDREAS ABEGG, Regulierung hybrider Netzwerke (2006).

[660] So zum Beispiel HARTMUT MAURER, Allgemeines Verwaltungsrecht (2004), § 14 N 18.

nissen gerecht, wie sich im genannten Fall besonders deutlich zeigt. Aus praktischer Sicht zeigt sich somit auch hier, dass die Zuständigkeitsfrage durch eine inhaltliche Legitimation zu kompensieren ist.[661]

3. Die eingeschränkte Zulässigkeit erweist sich somit weniger als aktuelle Notwendigkeit denn als Überbleibsel des an der Schwelle zum 20. Jahrhundert konstruierten Verwaltungsrechts. Dies lässt sich vor allem mit folgenden zwei Kontexten belegen:

a. Wie oben erläutert, suchten das junge deutsche und infolge dessen auch das emergierende schweizerische Verwaltungsrecht zu Beginn des 20. Jahrhunderts den Polizeistaat in Recht zu fassen, akzeptierten aber zugleich auch dessen zentrale Eigenschaften: dessen unteilbare und absolute Souveränität sowie dessen Aufgabe, die gesamte Gesellschaft zu einen und zu allgemeinem Wohlstand zu führen. Infolge dieser Konzeption mussten Kooperationen zwischen Staat und Privaten als grundsätzlich systemfremd und damit rechtlich unzulässig erscheinen. Unvermeintliche Ausnahmen waren allein der Staatsdienst, der als einzige Kontaktstelle des allmächtigen Staates zur Gesellschaft verblieben war, sowie jene Ausnahmen, die der allmächtige Staat sich selbst ins Recht geschrieben hatte.[662]

Mit der Ausweitung des staatlichen Steuerungsanspruchs im 20. Jahrhundert drifteten dieser Anspruch einerseits und die Steuerungsmittel der Verwaltung andererseits allerdings auseinander. Die in diesem Kontext von der Verwaltung vermehrt angestrebten Kooperationen mit Privaten sprengten die bisherige, theoretisch begründete Unzulässigkeit, womit sich der Fokus von der grundsätzlichen Unzulässigkeit zur Zulässigkeit und konkreten Ausgestaltung der einzelnen Verwaltungsvertragstypen verschieben konnte.[663]

b. Der zweite Aspekt liegt darin, dass die Verfügung im System des Verwaltungsrechts als *Abbild des Gerichtsurteils* ausgestaltet worden war, womit die Verfügung per definitionem bereits die hoheitliche Gewalt in sich trägt.[664] Das System des demokratischen Rechtsstaats baut entsprechend darauf auf, dass die potenziellen Verfügungsadressaten im Voraus, im demokratischen Prozess, an der Ausges-

---

[661] ANDREAS ABEGG, Regulierung hybrider Netzwerke (2006): vor allem 285 ff.
[662] Zum Ganzen oben Kap. IV.A.2.b)i): 139.
[663] Zum Ganzen oben Kap. IV.A.2.b)ii): 142.
[664] Diese Struktur der Verfügung und ihre konzeptionelle Gleichsetzung zum Gerichtsurteil zeigt sich besonders deutlich im Schuldbetreibungsrecht: Nach Art. 80 Abs. 2 Ziff. 2 und 3 SchKG stellen Verfügungen auf Geldzahlung und Sicherheitsleistung Rechtsöffnungstitel dar, die einem gerichtlichen Urteil gleichgestellt sind.

taltung der Machtverhältnisse Anteil nehmen können und sich im Voraus auf die möglichen Konsequenzen der drohenden Machtanwendung einstellen können.

Diese *Gleichsetzung mit dem Gerichtsurteil gilt für den Verwaltungsvertrag nicht,* der denn auch – wesensbedingt – mit der Zustimmung des Vertragspartners zum gemeinsamen Projekt bereits eine Legitimation enthält und damit – soweit die Zustimmung trägt – nicht notwendigerweise einer vorgängigen Legitimation durch demokratische Verfahren bedarf. Hier kommt es nun in erster Linie darauf an, in welcher Weise die Verwaltung ihre Rechtsmacht in den Vertragsinhalt einfliessen lässt und gegenüber dem Vertragspartner und vor allem gegenüber Dritten ausspielt. Dass hierbei eine rechtsstaatliche Bindung nicht überflüssig wird, zeigt sich an der interventionistischen Natur des verwaltungsrechtlichen Vertrags, mit welchem die Verwaltung den Privaten zwar punktuelle Wahlmöglichkeiten zu eröffnen vermag, paradoxerweise aber zugleich Freiheitsbereiche der Privaten massgeblich einschränkt: Oft sind die Privaten davon abhängig, dass der Staat gewisse Vorentscheidungen fällt sowie Vorleistungen und Rahmenbedingungen erbringt, welche dem Privaten erst Wahlmöglichkeiten schaffen. Oder der Staat droht dem Privaten mit dem Entzug von Leistungen oder der Eröffnung eines befehlsförmigen Verfahrens, wenn sie sich nicht zu Vertragsverhandlungen einlassen, deren Rahmen von der Verwaltung abgesteckt wird.[665] Das ist freilich nicht jene voraussetzungslose Freiheit, an welcher im Sinn einer Prämisse sich das Privatrecht ausrichtet. Vielmehr handelt es sich um eine Freiheit, die erst durch die staatliche Handlung gewährt wird.

v) Dogmatische Konsequenzen

1. Wie gesehen, sind mit der im interventionistischen Wohlfahrtsstaat geläufigen und heute radikalisierten Ausweitung verwaltungsvertraglichen Handelns zunächst vor allem die rechtlichen Konzepte der Zuständigkeit und der Zulässigkeit betroffen. Das Recht reagiert hierauf mit einer *vielseitigen Verschiebung der Legitimationsfunktion,* was heute weiter zu unterstützen ist.

2. Aus diesem Kontext lassen sich für das rechtliche Konzept der Zuständigkeit *folgende Konsequenzen* ableiten:

a. Die Funktion der *Zuständigkeit ist heute weitgehend auf das Element der inneren Organisation der Staatsverwaltung zu reduzieren.* Daraus folgt, dass der Verwaltung im Rahmen ihrer grundsätzlichen Handlungskompetenz das pflichtgemässe Ermessen in der Wahl ihrer Kommunikationsformen zukommt (die sodann

---

[665] DIETER GRIMM, Der Wandel der Staatsaufgaben und die Krise des Rechtsstaats (1990): 291 ff. Zum Ganzen siehe auch unten Kap. IV.B.2.b): 193.

nach rechtlichen Kriterien einer Rechtsform zuzuteilen sind).[666] Diese Ausübung pflichtgemässen Ermessens ist unter den üblichen Voraussetzungen gerichtlich überprüfbar und ersetzt somit die Funktion des Erfordernisses der besseren Geeignetheit.

b. Die *Legitimation des Verwaltungsvertrags* kann zwar weiterhin, aber muss nicht durch die explizite oder implizite Anbindung an eine *gesetzliche Norm* erfolgen, die das vertragliche Handeln der Verwaltung für zulässig erklärt.[667]

Wird die Zuständigkeit auf ihre Organisationsfunktion zurückgestuft, bedeutet dies allerdings eine Abwertung des Legalitätsprinzips. Und da das Legalitätsprinzip eine traditionell wichtige Entscheidungsprämisse für die Eingrenzung der Entscheidungskompetenz der Verwaltung im Rechtssystem bildet[668] und auf diese Weise demokratische Legitimation vermittelt,[669] *erfordert die Abwertung des Legalitätsprinzips eine entsprechende Kompensation:*

– Dem Vorliegen der *grundsätzlichen Handlungskompetenz* ist mehr Gewicht beizumessen.[670] Auf die Rechtsfolgen bei fehlender grundsätzlicher Handlungskompetenz des Gemeinwesens ist sogleich zurückzukommen.[671] Ob sich diese Handlungskompetenz der Verwaltung in einem in die Gesellschaft hineindiffundierenden Staat noch allein wie in Frankreich aus der generellen verfassungs- und gesetzesmässigen Zuständigkeitsordnung ableiten lässt, ist zu bezweifeln. Die Grundzuständigkeit insbesondere aus den Erfordernissen der Gesetzesdelegation an die Exekutive ableiten zu wollen, zeugt denn auch von einem strikt hierarchischen Staatsmodell des vergangenen Jahrhun-

---

[666] Hierzu oben Kap. II: 45. Dies entspricht im Übrigen der Lösung des Privatrechts für den Prokuristen: Nach Art. 459 OR gilt dieser gutgläubigen Dritten gegenüber als ermächtigt, im Namen des Geschäftsherrn alle Arten von Rechtshandlungen vorzunehmen, die der Zweck des Gewerbes oder Geschäftes des Geschäftsherrn mit sich bringen kann.

[667] Dazu gehört auch, dass infolge des Prinzips des Vorrangs des Gesetzes die Kompetenz zum Vertragsabschluss durch ein Gesetz explizit ausgeschlossen werden kann. Siehe hierzu das Beispiel des Berner Verwaltungsrechts: oben bei Fn. 658: 158. Vgl. auch Bundesgericht 2C_522/2007 28. April 2008 – WOHNBAUGENOSSENSCHAFT X - GRUNDSTÜCKGEWINNSTEUER: Erw. 3.

[668] THOMAS P. MÜLLER, Verwaltungsverträge im Spannungsfeld von Recht, Politik und Wirtschaft (1997): 142.

[669] EBERHARD SCHMIDT-ASSMANN, Öffentliches Recht und Privatrecht: Ihre Funktionen als wechselseitige Auffangordnungen (1996): 21.

[670] So auch THOMAS P. MÜLLER, Verwaltungsverträge im Spannungsfeld von Recht, Politik und Wirtschaft (1997): 211.

[671] Unten Kap. IV.A.3 f.: 165.

derts.⁶⁷² Zu erwarten ist vielmehr eine weitere Legitimationsverschiebung von einer strikten Gesetzesbindung in Richtung der rechtlich überprüfbaren Ausübung pflichtgemässen Ermessens.⁶⁷³

- Sodann deuten die jüngsten Entwicklungen darauf hin, dass eine erweiterte Zulässigkeit mit einer *Ausweitung des Rechtschutzes* einhergeht – zumindest indem das Rechtsschutzsystem besser den Eigenheiten öffentlichrechtlicher und privatrechtlicher Verwaltungsverträge angepasst wird, wie sich jüngst in der Revision der Bundesrechtspflege im Allgemeinen⁶⁷⁴ sowie an den ausgefeilten Regelungen im Beschaffungsrecht des Bundes⁶⁷⁵ und im Subventionsrecht des Bundes⁶⁷⁶ im Besonderen zeigt.

- Eine weitere Kompensation des Legitimationselementes erfolgt sodann über eine *verstärkte rechtliche Inhaltskontrolle* vor allem jener Rechtsgeschäfte, die von der Auflösung der Zuständigkeitsschranken profitiert haben.⁶⁷⁷

3. Wie die Legitimation der Verwaltung zu vertraglichem Handeln ganz konkret vermittelt werden soll, kann nicht ein für alle Mal für alle verschiedenen Arten von Verwaltungsverträgen festgelegt werden. Wie etwa das deutsche Recht eine generelle Zustimmung aller vom Vertrag Betroffenen zu verlangen, schiesst über das Ziel hinaus.⁶⁷⁸ Zu suchen ist vielmehr, wie bereits am Gegenstand des Rechtsschutzes erläutert,⁶⁷⁹ eine *reflexive Dogmatik,* die der Verwaltung aufträgt, ihr verwaltungsvertragliches Handeln dem konkreten Gegenstand entsprechend gegenüber

---

⁶⁷² Zu Frankreich siehe oben Kap. IV.A.2.d): 151. Erforderlich ist dann eine grundsätzliche Handlungskompetenz, die nicht durch die Verfassung ausgeschlossen wurde, auf Gesetzesstufe festgelegt ist und darin eine bestimmte Materie sowie zentrale Grundsätze aufführt: BGE 128 I 113 2002 – *Verein des Bündner Staatspersonals (Psychiatrische Dienste Graubünden)*: 122, bestätigt in BGE 132 I 7: 9. Notabene wird dagegen für die stark hierarchisierte und bürokratisierte Bundesverwaltung der USA ein Ansatz über die Delegationsregeln propagiert: Kenneth A. Bamberger, Regulation as Delegation (2006).

⁶⁷³ Oben bei Fn. 648: 156.

⁶⁷⁴ Mit der Totalrevision der Bundesrechtspflege von 2001 wurde der Klageweg bei verwaltungsrechtlichen Verträgen wieder eingeführt: Vgl. Botschaft zur Totalrevision der Bundesrechtspflege vom 28. Februar 2001, BBl. 2001 4202, vor allem 4434.

⁶⁷⁵ Oben Kap. III.D.2: 120.

⁶⁷⁶ Oben Kap. III.D.3: 123.

⁶⁷⁷ So auch Eberhard Schmidt-Assmann, Verwaltungsrecht in der Informationsgesellschaft (2000): 416. Zur Inhaltskontrolle siehe unten Kap. IV.B:181.

⁶⁷⁸ Vgl. hierzu Fn. 380: 95. Grundsätzlich gegen eine allgemeine Vorschrift der Schriftform jüngst BVGE A-1535/2007 26. September 2007 – *A gegen Oberzolldirektion – Zollkontingentvertrag*: Erw. 3.

⁶⁷⁹ Oben Kap. III.C: 102.

den Bürgern im Allgemeinen und gegenüber den betroffenen Personen im Besonderen ausreichend zu legitimieren. Aus theoretischer Perspektive ist damit ein Re-Entry der demokratischen Legitimation in die durch Verwaltungsrecht verfasste Verwaltung zu fordern.[680]

Materiell kann sich dabei eine Prozeduralisierung und Reflexierung der Legitimationserfordernisse an der Topoi-Theorie, wie sie unter anderem von THOMAS MÜLLER vorgeschlagen wurde, orientieren. Als zentrale Punkte, gemäss welchen die jeweiligen Rechtsgebiete der Rechtsform des Vertrags in der Tendenz feindlich gegenüberstehen, werden dabei insbesondere das – in den entsprechenden politischen Programmen enthaltene – Bedürfnis nach einer politisch definierten Gleichheit und nach Voraussehbarkeit staatlichen Handelns genannt.[681] Dem politischen Programm des Steuerrechts entspricht es zum Beispiel, die konfiskatorische Natur der Steuer durch einen hohen Grad an Voraussehbarkeit und Rechtsgleichheit zu mildern. Vereinbarungen im Steuerrecht müssten also diese Punkte im Sinn von legitimatorischen Erfordernissen berücksichtigen können.[682] Demgegenüber nehmen

---

[680] Ein erster Schritt in diese Richtung einer reflexiven Dogmatik ist mit dem Erfordernis der besseren Geeignetheit bereits gemacht worden: oben Fn. 623: 150. In dieser Hinsicht ist das Erfordernis der besseren Geeignetheit eine notwendige Leerformel, welche einerseits der Verwaltung erlaubt, sich den rasch wandelnden Erfordernissen, ‹wo geeignet›, mit Hilfe von vertraglichem Handeln anzupassen und andererseits der Verwaltung eine Begründungspflicht auferlegt. Damit wird das Erfordernis des Gesetzesvorbehalts zu einer formellen Voraussetzung der Kompetenz der Verwaltung, einen Verwaltungsvertrag abzuschliessen. Es findet somit eine eigentliche Formalisierung des Rechts statt – von der inhaltlichen Überprüfung der Kompetenz zum Erlass der befehlsförmigen Verfügung hin zur formellen Erfassung des verwaltungsvertraglichen Handelns. In einer vollständig reflexiven Dogmatik ist nun die formelle Anbindung an das Gesetz aufzugeben und durch eine prozeduralisierte, aber zugleich materiell ausgerichtete Legitimierung zu ersetzen.

[681] In der Konsequenz verlangt MÜLLER etwas nüchtern, dass keine «wichtigen» Regelungen in Verwaltungsverträgen geregelt sein dürften und sich diese vor allem bei Technizität, Innovation und Flexibilität als «tauglich», als «untauglich» jedoch bei der Notwendigkeit schematischer Gleichbehandlung erweisen. THOMAS P. MÜLLER, Verwaltungsverträge im Spannungsfeld von Recht, Politik und Wirtschaft (1997): 206 ff., vgl. auch 112 ff., v. a. 142 ff.; ähnlich auch ULRICH HÄFELIN/GEORG MÜLLER/FELIX UHLMANN, Allgemeines Verwaltungsrecht (2006): N 1074 ff.

[682] Solche Verträge sind nach der Praxis des Bundesgerichts klar «unzulässig und unwirksam»: BGE 121 II 273 1995 – *B. GEGEN VERWALTUNG FÜR DIE DIREKTE BUNDESSTEUER DES KANTONS WALLIS*: 279. Differenzierter, nämlich durch ein Zusammenspiel von steuerrechtlicher Veranlagung und schuldrechtlichen Verträgen, mit welchen Private eine Steuerschuld übernehmen, wird die Sache angegangen in Bundesgericht 2C_522/2007 28. April 2008 – *WOHNBAUGENOSSENSCHAFT X - GRUNDSTÜCKGEWINNSTEUER*. Differenzierter wird auch in Deutschland verfahren: Der Vertrag ist dem Abgaberecht nicht fremd, ausgeschlossen ist er lediglich, wo er direkt durch das Gesetz untersagt ist, so etwa beim Steuerbescheid, wobei

Anforderungen an die Zulässigkeit und an die Inhaltskontrolle in dem Grade ab, als sich die Verwaltung ihrem Zugang zur Rechtsmacht des Staates enthält[683] und der Marktmechanismus die Handlungen der Verwaltung diszipliniert.[684]

Da die Legitimation der Verwaltung zu vertraglichem Handeln nicht allein die Frage der Zuständigkeit zum Vertragsabschluss betrifft, sondern auch das Rechtschutzsystem[685] und insbesondere den Inhalt des Vertrags berührt,[686] ist auf die

---

die Einigung über steuerrelevante Tatsachen möglich bleibt. Zulässig ist der Vertrag demgegenüber im übrigen Steuerrecht, allerdings ist die Vertragsinhaltsgestaltung durch die materiellen Vorgaben der Gesetze stark eingeschränkt. Jüngst mehren sich in Deutschland die Stimmen, die für eine Zulässigkeit solcher Vereinbarungen plädieren. So zum Beispiel HARTMUT MAURER, Allgemeines Verwaltungsrecht (2004), § 14 N 3–3c. Siehe zum Ganzen auch JÜRGEN SONTHEIMER, Der verwaltungsrechtliche Vertrag im Steuerrecht (1987). De facto zeigen sich auch im schweizerischen Steuerrecht bereits Risse in der Zulässigkeitsschranke. Nach dem Bundesgericht ist es den Steuerbehörden zwar ohne gesetzliche Grundlage versagt, mit Steuerpflichtigen eine vertragliche Vereinbarung zu schliessen. Innerhalb des gesetzlichen Zwecks können die Steuerbehörden dem Steuerpflichtigen dann aber doch vereinfachende Vorschläge zur Besteuerung unterbreiten, soweit die Grundlagen nur mit grosser Schwierigkeit und mit grossem Aufwand zu bestimmen sind. BGE 119 Ib 431 1993 – *FIFTY-FIFTY-STEUERRECHTSPRAXIS*: 437 ff.

[683] Herauszuheben ist dabei, dass die freiwillige Zustimmung des Privaten zum Verwaltungsvertrag zwar unter Umständen den rechtsstaatlichen Schutzaspekt der gesetzlichen Grundlage aufwiegen kann (zumindest wenn nicht absolut geschützte Grundrechte betroffen sind), jedoch zwei Einschränkungen gemacht werden müssen: Die Zustimmung des Vertragspartners vermag nicht die demokratische Legitimation gegenüber Dritten zu ersetzen. Vgl. BGE 129 I 161 2003 – *KINDERGARTENSTELLVERTRETUNG CHUR*: 163. Und zweitens handelt es sich bei der «freien» Zustimmung des Privaten zu einem Vertrag, der vor dem Hintergrund einer drohenden Verfügung oder der angedrohten Kürzung von staatlichen Leistungen zustande kommt, um eine massgeblich andere Form von Freiheit als im Privatrecht. Hierzu unten Kap. IV.B.1.a): 181.

[684] Dies erläuterte das Bundesgericht in aller Klarheit im Fall BGE 103 Ib 324 1977 – *SCHAD + FREY AG* aus dem Jahr 1977: Das Bundesgericht stellte fest, dass es sich – trotz des militärischen Ursprungs der Landeskarten – bei deren Nutzung und Verkauf nicht um eine eigenständige hoheitliche staatliche Aufgabe handle. Die wirtschaftliche Nutzung sei vielmehr ein Nebenprodukt. Der Bund erfülle mit dem Überlassen der Landeskarten an Private auch keine öffentliche Aufgabe. Vielmehr wolle der Bund damit Einnahmen erzielen. Folglich könnte die Materie grundsätzlich durch privatrechtliche Verträge abgewickelt werden. Desgleichen auch Zürcher Obergericht ZBl 1986 416-421 16. November 1984 – *RECHTSNATUR EINES WASSERLIEFERUNGSVERTRAGS*: 418 f. In diesem Sinn auch THOMAS P. MÜLLER, Verwaltungsverträge im Spannungsfeld von Recht, Politik und Wirtschaft (1997): 190 ff.

[685] Oben Kap. III: 89.
[686] Unten Kap. IV.B: 181.

Frage, wie eine entsprechend reflexive Dogmatik konkret auszugestalten ist, zurückzukommen.[687]

3. Rechtsfolgen fehlender Zuständigkeit

a) Privatrechtliche Verwaltungsverträge

i) Wechselseitige Bezüge der beiden Konzepte Zulässigkeit und Vertretungsmacht

1. Wie gesehen, befasst sich das Konzept der Zuständigkeit mit der öffentlichrechtlichen Frage der inneren Organisation des Gemeinwesens,[688] während unter dem weit verstandenen Begriff der Vertretungsmacht[689] die nach aussen gerichtete Fähigkeit, für sich selbst oder für eine andere Person Rechte und Pflichten und im Speziellen einen Vertrag zu begründen, thematisiert wird.[690]

2. Trotz der unterschiedlichen Ausrichtung der beiden *Konzepte* stehen sich diese nicht diametral gegenüber, sondern sie lassen sich *in folgender Weise aneinander anschliessen*:

a. Mit dem Konzept der *Vertretungsmacht (Ermächtigung)* richtet sich das Vertragsrecht strukturell primär auf die Selbstorganisationsprozesse der Gesellschaft aus. Die Frage, welche Kommunikationen als vertragsrelevante Kommunikationen erkannt und als Rechtskommunikationen stabilisiert werden sollen, wird an die Selbstorganisationskräfte der Gesellschaft zurückgewiesen[691] – mit der Einschränkung allerdings, dass es für das Privatrecht sodann primär auf den äusseren Schein der Kommunikation ankommt.[692]

b. Ebenso wie das Privatrecht die Fragen der Organschaft und der Ermächtigung an die Selbstorganisation der Gesellschaft im Allgemeinen delegiert, überlässt es diese Frage auch der Politik im Speziellen (Art. 59 ZGB; Art. 33 Abs. 1 OR). Das Verwaltungsrecht als Organisationsrecht und Sonderrecht des Staates regelt diese

---

[687] Unten Kap. IV.B.3: 199.
[688] Oben Kap. IV.A.2: 137.
[689] Oben Fn. 543: 133.
[690] Vgl. oben Kap. IV.A.1: 133.
[691] Art. 54 ZGB für die Vertretung juristischer Personen durch Organe und Art. 33 Abs. 2 OR für die durch Rechtsgeschäft begründete Vertretung.
[692] Vgl. Art. 33 Abs. 3, 34 Abs. 3, 37 OR. Diese Gewichtung zeigt sich auch deutlich in Art. 55 Abs. 1 ZGB, nach welchem die Organe berufen sind, dem Willen der juristischen Person *Ausdruck* zu geben. Vgl. auch oben Fn. 556: 136.

Frage sodann mit dem *Konzept der Zuständigkeit*.[693] Das Konzept der Zuständigkeit spiegelt als öffentlichrechtliches Konzept die für die Politik zentrale Frage der Organisation des Staatsapparates, welcher um die Umsetzung politisch gesetzter Programme besorgt ist.[694] Das Ergebnis dieser durch das öffentliche Recht verfassten Zuständigkeitsordnung wird sodann vom Vertragsrecht inhaltlich übernommen, ohne allerdings damit das privatrechtliche Konzept der Vertretungsmacht vollständig aufzugeben.

Dieser Zusammenhang wurde in der Lehre vor allem von RUDOLF SCHWAGER vorbildlich ausgeführt[695] und vom *Bundesgericht* verschiedentlich explizit anerkannt. Im Fall *ALLGÖWER GEGEN FRIGO ST. JOHANN AG* aus dem Jahr 1963 betonte das Bundesgericht bereits, dass die Kompetenzzuweisung zum Vertragsabschluss an eine Verwaltungseinheit ein hoheitlicher Akt und damit eine öffentlichrechtliche Angelegenheit sei, auch wenn es um die Kompetenz zum Abschluss eines privatrechtlichen Vertrags gehe.[696] Des Weiteren führte das Bundesgericht im Fall *SAIOD C. COMMUNES DU LANDERON ET AL.* aus dem Jahr 1984 aus, dass die Zuständigkeit der Behörde, in einem Generalversammlungsbeschluss einer Aktiengesellschaft mitzuwirken, sich gemäss den Verweisen in Art. 59 Abs. 1 ZGB und Art. 33 Abs. 1 OR nach öffentlichem Recht bestimme. Mangels diesbezüglicher Zuständigkeit fehle es an Vertretungsmacht, womit der Generalversammlungsbeschluss aufgehoben werden könne.[697] Jüngst im Fall *COMMUNE DE LAUSANNE C. INGENIEURBÜRO DR. LUDWIG SILBERRING AG* führte das Bundesgericht das Verhältnis zwischen öffentlichrechtlicher Zuständigkeit und zivilrechtlicher Vertretungsmacht weiter aus. Abgesehen von einer durch öffentliches Zuständigkeitsrecht vermittel-

---

[693] In diesem Sinn auch EBERHARD SCHMIDT-ASSMANN, Öffentliches Recht und Privatrecht: Ihre Funktionen als wechselseitige Auffangordnungen (1996): 21.

[694] Das Recht hat dabei die grundlegende und paradoxe Anforderung der Politik zu bewältigen, nämlich die steten politischen Revolutionen zu institutionalisieren, zu legitimieren und auf Dauer zu stellen: Stetig wechselnde politische Programme werden in eine mit Recht stabilisierte Organisation eingespiest und mit Hilfe des Rechtscodes auf ihre Umsetzung gemäss demokratischer und rechtsstaatlicher Legitimation geprüft. Hierzu koppelt sich das Recht in struktureller Weise eng mit der politischen Rationalität, indem es bestimmte Kommunikationen von Verwaltungseinheiten nach dem Schema Recht – Nichtrecht auf die Einhaltung politischer und rechtsstaatlicher Vorgaben zur Verwaltungsorganisation überprüft.

[695] RUDOLF SCHWAGER, Die Vertretung des Gemeinwesens (1974): 94 ff.; desgleichen HANS MICHAEL RIEMER, Berner Kommentar Art. 52-59 ZGB (1993): ad Art. 59 ZGB; ähnlich PATRIK STADLER, Der Vertrauensschutz bei Verträgen des Gemeinwesens mit Privaten (2005): 111 f.

[696] In casu ging es darum, ob die Stimmrechtsbeschwerde nach Art. 85 lit. a aOG zulässig war: BGE 89 I 253 1963 – *ALLGÖWER GEGEN FRIGO ST. JOHANN AG* : 259 f.

[697] BGE 110 II 196 1984 – *SAIOD C. COMMUNES DU LANDERON*: 198.

ten Vertretungsmacht (gemäss den Verweisen in Art. 59 Abs. 1 ZGB und Art. 33 Abs. 1 OR) könne sich eine solche Vertretungsmacht auch ohne öffentlichrechtliche Zuständigkeit aus Zivilrecht ergeben. Denn ob zum Beispiel einer Person die Organqualität im Sinn von Art. 55 Abs. 2 ZGB zukomme oder ob sie einer sogenannten Anscheinsvollmacht (Art. 33 Abs. 3)[698] unterliege, bestimme sich trotz der Verweise von Art. 59 Abs. 1 ZGB und Art. 33 Abs. 1 OR nach Zivilrecht.[699]

c. In der Folge ist auf die verschiedenen *Konsequenzen* einzugehen, die sich aus diesem System ableiten lassen.

ii) Grenzen der privatrechtlichen Verweise auf das öffentliche Recht

1. Während die Zuständigkeit nach dem öffentlichrechtlichen Organisationsrecht bestimmt wird (Art. 59 Abs. 1 ZGB), ist die Vertretungsmacht ein obligationenrechtliches Konzept. Das privatrechtliche Obligationenrecht inkorporiert zwar die entsprechende öffentlichrechtliche Sichtweise mit den erwähten Verweisen[700] – dies allerdings, wie sich aus der Marginalie von Art. 33 OR erschliesst, nur insoweit, als es um die *Bestimmung der vertretungsbefugten Person und die Bestimmung des Vertretungsumfangs* geht. Die weiteren Rechtsfragen zur Vertretung, wie vor allem der Vertretung ohne Vertretungsmacht, verbleiben im Bereich der Privatrechts.[701]

2. Entsprechend vermag aufgrund der verbleibenden privatrechtlichen Regelungen ausnahmsweise, trotz fehlender Zuständigkeit einer Verwaltungseinheit, ein privatrechtlicher Vertrag zustande zu kommen. Denn ob zum Beispiel einer Person die Organqualität im Sinn von Art. 55 Abs. 2 ZGB zukommt[702] oder ob sie einer

---

[698] Zum Beispiel bei der Anscheinsvollmacht stellt sich die Frage, ob trotz fehlender Vertretungsmacht ein Vertrag zustande kommen soll. Somit geht es nicht um die Innenorganisation des Gemeinwesens (vgl. den entsprechenden Verweis auf das öffentliche Recht in Art. 33 Abs. 1 OR), sondern um eine Frage des Privatrechts. Im Detail hierzu RUDOLF SCHWAGER, Die Vertretung des Gemeinwesens (1974): 94 ff. und 357 ff.; PETER GAUCH/WALTER R. SCHLUEP/JÖRG SCHMID, OR AT I (2003): 1395 ff.

[699] So explizit BGE 124 III 418 1998 – *COMMUNE DE LAUSANNE C. INGENIEURBÜRO DR. LUDWIG SILBERRING AG*: 420; bestätigt in Bundesgericht 4C.362/2001 7. Mai 2003. 2001 – *X. AG GEGEN STADT ZÜRICH*.

[700] BGE 110 II 196 1984 – *SAIOD C. COMMUNES DU LANDERON*: 198; PETER GAUCH/WALTER R. SCHLUEP/JÖRG SCHMID, OR AT I (2003), N 1321.

[701] BGE 124 III 418 1998 – *COMMUNE DE LAUSANNE C. INGENIEURBÜRO DR. LUDWIG SILBERRING AG*: 420. RUDOLF SCHWAGER, Die Vertretung des Gemeinwesens (1974): 94 ff.; RAINER SCHUMACHER, Vertragsgestaltung (2004): N 1832.

[702] BGE 124 III 418 1998 – *COMMUNE DE LAUSANNE C. INGENIEURBÜRO DR. LUDWIG SILBERRING AG*: 420 f., in Beziehung auf das Gemeinwesen: «La qualité d'organe, au sens de l'art. 55

sogenannten Anscheins- und Duldungsvollmacht (Art. 33 Abs. 3)[703] unterliegt, bestimmt sich trotz den Verweisen von Art. 59 Abs. 1 ZGB und Art. 33 Abs. 1 OR nach Privatrecht.[704] Weitere privatrechtliche Regelungen, die ebenso wie auf die Organe juristischer Personen[705] auch auf das Gemeinwesen zur Anwendung gelangen können, sind insbesondere Art. 32 Abs. 2 und 3 OR zur Berechtigung des Vertretenen und einer allfälligen Abtretung oder Schuldübernahme sowie Art. 38 ff. OR zu einer nachträglichen Genehmigung oder Nichtgenehmigung samt allfälligen Schadenersatzansprüchen gegen den Vertreter.[706] Schadenersatzansprüche aus einem nicht zustande gekommenen Vertrag richten sich unter Umständen auch gegen das Gemeinwesen aus culpa in contrahendo.[707]

iii) Zuständigkeit und Zustandekommen des Vertrags

1. Bezeichnet das öffentliche Recht eine bestimmte Behörde in einem bestimmten Handlungsbereich als grundsätzlich *zuständig*, so besteht nach der hier vertrete-

---

CC, appartient à toute personne physique qui, d'après la loi, les statuts ou l'organisation effective de la personne morale, prend part à l'élaboration de sa volonté et jouit en droit ou en fait du pouvoir de décision correspondant (ATF 122 III 225 consid. 4b p. 227; 117 II 570 consid. 3 p. 571); elle ne dépend pas du pouvoir de représentation (ATF 105 II 289 consid. 5a p. 292).»

[703] Bei der Anscheinsvollmacht stellt sich die Frage, ob trotz fehlender Vertretungsmacht ein Vertrag zustande kommen soll. Somit geht es nicht um die Innenorganisation des Gemeinwesens (vgl. der entsprechende Verweis auf das öffentliche Recht in Art. 33 Abs. 1 OR), sondern um eine Frage des Privatrechts. Im Detail hierzu RUDOLF SCHWAGER, Die Vertretung des Gemeinwesens (1974): 94 ff. und 357 ff.; PETER GAUCH/WALTER R. SCHLUEP/JÖRG SCHMID, OR AT I (2003): 1395 ff.

[704] So explizit BGE 124 III 418 1998 – *COMMUNE DE LAUSANNE C. INGENIEURBÜRO DR. LUDWIG SILBERRING AG*: 420. Für eine Abwägung öffentlichrechtlicher Art bleibt hier kein Raum: anders PATRIK STADLER, Der Vertrauensschutz bei Verträgen des Gemeinwesens mit Privaten (2005): 112.

[705] BGE 128 III 129 2002 – *KÜNDIGUNG EINES VIZEDIREKTORS*: 136.

[706] Wurde der vertragsschliessenden Verwaltungseinheit keine generelle Zuständigkeit erteilt oder wurde sie durch Gesetz zeitweise ausgesetzt, gilt nach Art. 38 Abs. 1 OR, dass das Gemeinwesen nur dann verpflichtet wird, wenn eine gesetzlich zuständige Verwaltungseinheit den Vertrag nachträglich genehmigt oder wenn eine gesetzliche Grundlage für die Verwaltungseinheit, die den Vertrag ursprünglich abgeschlossen hatte, nachgeschoben wird. Der Private kann inzwischen vom Vertretenen, also der tatsächlich zuständigen Verwaltungsbehörde, die nachträgliche Genehmigung innerhalb einer vom Privaten festgesetzten Frist verlangen. Hierzu RUDOLF SCHWAGER, Die Vertretung des Gemeinwesens (1974): 335 ff. und 357 ff. Vgl. des Weiteren vor allem Art. 61 OR zur Verantwortlichkeit von Beamten und Angestellten des Staates.

[707] Im Detail RUDOLF SCHWAGER, Die Vertretung des Gemeinwesens (1974): 372 ff.; jüngst PIERRE MOOR, Droit administrativ II (2002): 389.

nen Meinung[708] kein diesbezügliches Hindernis, dass diese Behörde mit einer entsprechenden Willenserklärung vertragliche Rechte und Pflichten für den Staat begründet. Liegt also die grundsätzliche Zuständigkeit einer Behörde vor, so ist gleichzeitig auch die Vertretungsmacht zum Vertragsabschluss gegeben.[709] Umgekehrt bedeutet dies, dass infolge *mangelnder Zuständigkeit* eine Behörde im Prinzip nicht dazu ermächtigt ist, das Gemeinwesen zu verpflichten. Ein entsprechend angestrebter Vertragsabschluss kommt also mit dem Gemeinwesen nicht zustande.[710]

Diese privatrechtliche Rechtsfolge des Nichtzustandekommens lässt sich nun nicht aus Art. 20 Abs. 1 OR gewinnen, da sich diese Norm mit dem Inhalt des Vertrags auseinandersetzt.[711]

2. Selbst wenn mit der hier vertretenen Meinung eine generelle Zuständigkeit zum Vertragsschluss im Rahmen der grundsätzlichen Handlungskompetenz einer Verwaltungseinheit angenommen wird, kann sich eine diesbezügliche Einschränkung durch Gesetz ergeben *(Prinzip des Gesetzesvorrangs)*. So sieht zum Beispiel das öffentliche Recht zuweilen ein verwaltungsinternes (Willenbildungs-) Prozedere vor, von welchem die Zuständigkeit zum Vertragsabschluss abhängt.[712] Wird das gesetzlich vorgeschriebene Prozedere durchlaufen, resultiert daraus die zeitliche Zuständigkeit der Verwaltungsbehörde zum Vertragsabschluss.[713]

a. Im Überblick stellt sich die Situation *zum Beispiel im Vergaberecht* folgendermassen dar: Das Bundesgesetz über das Beschaffungswesen (BoeB) regelt das öffentlichrechtliche Vergabeverfahren, an dessen Ende der Zuschlag steht. Wurde der Zuschlag erteilt und gleichzeitig keine Beschwerde eingereicht oder der Beschwerde die aufschiebende Wirkung entzogen, so ist ab diesem Zeitpunkt die Verwaltung zum Vertragsabschluss berechtigt,[714] und mit dem Vertragsabschluss berechtigt und verpflichtet die Verwaltung das entsprechende Gemeinwesen. Wird

---

[708] Oben Kap. IV.A.2.e): 154.

[709] Von der grundsätzlichen Handlungskompetenz ist die für die vorliegende Frage nicht relevante budgetäre Kompetenz zu unterscheiden: oben Fn. 633: 152.

[710] In diesem Sinn auch PIERRE MOOR, Droit administrativ II (2002): 388 f.; für das Beschaffungsrecht bereits PETER GAUCH, Zur Nichtigkeit eines verfrüht abgeschlossenen Beschaffungsvertrages (1998): 123 und jüngst bestätigend PETER GAUCH, Der verfrüht abgeschlossene Beschaffungsvertrag (2003): 9.

[711] Die Marginalie lautet: «E. Inhalt des Vertrags. II. Nichtigkeit.»

[712] So insbesondere im Beschaffungswesen: vgl. Art. 13 ff. BoeB.

[713] So legt etwa Art. 22 BoeB fest, dass der Vertragsabschluss im Beschaffungswesen erst nach dem Zuschlag erfolgen darf: hierzu im Detail PETER GAUCH, Zur Nichtigkeit eines verfrüht abgeschlossenen Beschaffungsvertrages (1998).

[714] PETER GAUCH, Der verfrüht abgeschlossene Beschaffungsvertrag (2003).

der Vertrag jedoch verfrüht abgeschlossen, fehlt es der Verwaltungsbehörde nach der hier vertretenen Meinung an Vertretungsmacht für das Gemeinwesen, denn diese wird durch Gesetz eingeschränkt.[715] Das Gemeinwesen wird in diesem Fall aus dem Vertragsabschluss nicht berechtigt und (der Fall des Schadenersatzes nach culpa in contrahendo vorbehalten) nicht verpflichtet. Wird das Vergabeverfahren allerdings zu einem späteren Zeitpunkt mit einem entsprechenden Zuschlag abgeschlossen oder eine Beschwerde abgewiesen, kann dies als nachträgliche Genehmigung gelten (Art. 38 Abs. 1 OR). Aus der Anwendung der Stellvertretungsregeln resultiert somit ein ähnliches Resultat wie beim jüngsten Vorschlag, den verfrüht abgeschlossenen Verwaltungsvertrag als schwebend unwirksam zu bezeichnen und dessen Heilung durch nachträglichen Zuschlag zuzulassen.[716]

b. Vom verfrühten Abschluss des Vertrags ist die *Fehlerhaftigkeit des verwaltungsinternen Willensbildungsprozesses* zu unterscheiden. Aus der Trennung von verwaltungsinterner Willensbildung und privatrechtlichem Vertragsabschluss folgt, dass trotz fehlerhafter Willensbildung ein gültiger Vertrag zustande kommen kann: Wird etwa einer Beschwerde, die sich immer gegen das Vergabeverfahren und nicht gegen den Vertrag richtet, die aufschiebende Wirkung entzogen, so ist die Verwaltung zum Vertragsabschluss berechtigt, womit ein gültiger Vertrag zustande kommen kann. Wird nun die Beschwerde gegen das Vergabeverfahren trotzdem gutgeheissen, beschlägt dieses verwaltungsrechtliche Urteil nicht den privatrechtlichen Vertrag, sondern kann allenfalls öffentlichrechtliche Schadenersatzansprüche auslösen (Art. 32 Abs. 2 und 34 BoeB).

c. Wird der Vertrag durch die tatsächlich zuständige Behörde für den Staat nachträglich nicht genehmigt, stellt sich die Frage des *Schadenersatzes* – nach Art. 39 OR gegen den als Stellvertreter handelnden und allenfalls nach culpa in contrahendo gegen den Staat. Nach Art. 39 Abs. 1 fällt der Schadenersatzanspruch nur dann dahin, wenn der Mangel bekannt war oder hätte bekannt sein sollen. Da sich das

---

[715] Nach Art. 33 Abs. 1 OR bestimmt sich der Umfang der Vertretungsmacht aus öffentlichem Recht. Diese Lösung entspricht aber dem Privatrecht, das im Sinn des Vertrauensschutzes die Einschränkung sachlich und gegenüber gutgläubigen Dritten begrenzt: siehe Art. 34 OR (Einschränkung der Vertretungsmacht durch Rechtsgeschäft), Art. 359 f. OR (Prokura) und Art. 718a OR (Vertretung der Aktiengesellschaft). Derartige Einschränkungen sind nun aber gemäss Art. 33 Abs. 1 OR gerade Sache des öffentlichen Rechts. Zu ähnlichen Ansätzen im deutschen Recht ELKE GURLIT, Verwaltungsvertrag und Gesetz (2000): 416 ff.

[716] PETER GAUCH, Der verfrüht abgeschlossene Beschaffungsvertrag (2003). Weitgehend übernommen in BGE 129 I 410 2003 – *TUJETSCH*: 416 f. Dies bedeutet allerdings nicht, dass überhaupt keine Rechtsfolgen begründet werden: vgl. insbeosndere Art. 38 OR zur Vertretung ohne Ermächtigung. Vgl. auch BGE 125 II 86 1999 – *G2IR2 GEGEN LA CHAUX-DE-FONDS ET AL.*: 96 f.

Zuständigkeitserfordernis gegen den Staat richtet, der seine Verwaltungseinheiten mit Hilfe von Recht zu organisieren hat und damit zugleich legitimiert, ist – so das Bundesgericht – nicht leichthin anzunehmen, dass der Private zu Nachforschungen bezüglich der Zuständigkeitsordnung des Gemeinwesens verpflichtet war.[717] Vielmehr ist zu vermuten, dass der Private diesbezüglich auf die Zuständigkeit der Behörde vertrauen durfte.

iv) Öffentlichrechtliche Rechtskontrolle der Zuständigkeit und ihre Auswirkungen auf das Privatrecht

1. Aus den jeweils unterschiedlichen Fragestellungen der beiden Konzepte Zuständigkeit und Vertretungsmacht ergibt sich sodann, dass einer *öffentlichrechtlichen Rechtskontrolle der Zuständigkeit*[718] auch dann nichts im Wege steht, wenn die Zuständigkeit auf den Abschluss eines privatrechtlichen Vertrags gerichtet ist.

Wie sich im Zusammenspiel von öffentlichrechtlichem Submissionsverfahren und privatrechtlichem Beschaffungsvertrag jüngst deutlich gezeigt hat, ist das öffentlichrechtliche Submissionsverfahren aber in erster Linie auf die Festlegung der öffentlichrechtlichen Zuständigkeit zu Vertragsabschluss einerseits[719] und auf eine Haftung aus öffentlichem Recht bei Mängeln im Submissionsverfahren andererseits ausgerichtet.[720] Es vermag aber – mangels zwingender Privatrechtsnormen – von sich aus keine *Kontrahierungspflicht* im Privatrecht hervorzubringen.[721]

---

[717] Bundesgericht 4C.20/2005 21. Februar 2006 – *ANLEIHENSEMISSION LEUKERBAD*: Erw. 4.2.5.4. Ähnlich Bundesgericht 4C.362/2001 7. Mai 2003. 2001 – *X. AG GEGEN STADT ZÜRICH*: Erw. 3.2: «Angesichts einer finanziellen Ausgabe von mindestens 1,6 Millionen Franken ist nach den Erwägungen der Vorinstanz im angefochtenen Urteil, unbesehen einer unsicheren Abgrenzung zwischen freien und gebundenen Ausgaben und einer von der gesetzlichen Kompetenzordnung abweichenden Praxis, *selbst für einen juristischen Laien* Gutgläubigkeit ausgeschlossen.» In diesem Sinn auch bereits BGE 65 I 290 1939 – *KRAFTWERK WÄGGITAL*: 301. Die dabei involvierten Risiken für die private Partei betont jüngst RAINER SCHUMACHER, Vertragsgestaltung (2004): N 1825 ff.

[718] Zu dieser Frage siehe oben Kap. III.E.2: 128.

[719] Art. 22 Abs. 1 BoeB lautet: «Der Vertrag mit dem Anbieter oder der Anbieterin darf nach dem Zuschlag abgeschlossen werden …» Vgl. auch Art. 1 lit. a BoeB.

[720] Art. 34 BoeB.

[721] BGE 129 I 410 2003 – *TUJETSCH*: 414 ff.; so bereits PETER GAUCH, Zuschlag und Verfügung (2003): 606 f. vgl. auch BGE 125 II 86 1999 – *G2IR2 GEGEN LA CHAUX-DE-FONDS ET AL.*: 96 f. Ein Gleiches erschliesst sich auch aus BGE 129 III 35 2003 – *POST GEGEN VEREIN GEGEN TIERFABRIKEN*. Hier konstruierte und begründete das Bundesgericht eine Kontrahierungspflicht allein aus Privatrecht. Zu den Hintergründen hierzu MARC AMSTUTZ/ANDREAS ABEGG/VAIOS KARAVAS, Soziales Vertragsrecht (2006).

2. Da im Rahmen eines privatrechtlichen Vertrags auch die *Phase vor Vertragsabschluss* dem Privatrecht folgt, stellen die entsprechenden Willensäusserungen der Verwaltung grundsätzlich keine Verfügungen dar und können daher, wenn kein öffentlichrechtliches Verfahren dem privatrechtlichen Vertragsschluss vorgeschaltet wurde, im Grundsatz nicht von einem Verwaltungsgericht überprüft werden.⁷²²

In welcher Weise ein Zivilgericht in einem zivilrechtlichen Verfahren eruieren kann, ob die Behörden über die Kompetenz zum Vertragsabschluss verfügten, ergibt sich aus (kantonalem) Zivilprozessrecht aus dem Konzept der *Vorfrage und dem öffentlichrechtlichen Grundsatz der Gewaltenteilung.*⁷²³

b)   Rechtsfolgen unzulässiger öffentlichrechtlicher Verwaltungsverträge

i)   Anfechtungstheorie und Vertragstheorie

1. Welche Rechtsfolgen resultieren aus mangelnder Zuständigkeit zum Abschluss eines öffentlichrechtlichen Verwaltungsvertrags? Bisher stellte sich diese Frage dem *Bundesgericht* vor allem im Abgabe- und Steuerrecht:

a.   Eine grundsätzlich *restriktive Haltung* nahm das Bundesgericht im Fall B. GEGEN VERWALTUNG FÜR DIE DIREKTE BUNDESSTEUER DES KANTONS WALLIS ein. Solche Verträge im Abgabe- und Steuerrecht seien grundsätzlich klar unzulässig und damit unwirksam.⁷²⁴

b.   *Relativiert* wurde dieser Grundsatz allerdings bereits im Bundesgerichtsentscheid zur FIFTY-FIFTY-STEUERRECHTSPRAXIS in zweifacher Hinsicht: Erstens vermag eine *gesetzliche Grundlage* die entsprechende Zulässigkeit zum Vertragsabschluss zu begründen, und zweitens können die Steuerbehörden dem Steuerpflichtigen innerhalb des gesetzlichen Zwecks vereinfachende Vorschläge zur Besteue-

---

⁷²²   Hierzu im Detail oben Kap. III.E.2: 128. Ausgenommen ist freilich die Anfechtung infolge einer Verletzung der Rechte der Stimmberechtigten: BGE 89 I 253 1963 – ALLGÖWER GEGEN FRIGO ST. JOHANN AG: 259 f.

⁷²³   Hierzu RUDOLF SCHWAGER, Die Vertretung des Gemeinwesens (1974): 375 ff.; RICHARD FRANK/HANS STRÄULI/GEORG MESSMER, Kommentar zur zürcherischen Zivilprozessordnung (1997), § 57 N 8a. Siehe auch ULRICH HÄFELIN/GEORG MÜLLER/FELIX UHLMANN, Allgemeines Verwaltungsrecht (2006), N 35 ff.; BGE 98 Ia 112 1972 – IMMOGRUND AG UND NÄFELS GEGEN FRITZ LANDOLT AG: 120 und Bundesgericht 5C.148/2000 14. September 2000 – RECHTSSCHUTZVERSICHERUNGS-GESELLSCHAFT X. GEGEN E.H.: Erw. 3a, zur vorfrageweisen Überprüfung der Rechtmässigkeit einer Verordnung.

⁷²⁴   BGE 121 II 273 1995 – B. GEGEN VERWALTUNG FÜR DIE DIREKTE BUNDESSTEUER DES KANTONS WALLIS: 279. Differenzierter nun Bundesgericht 2C_522/2007 28. April 2008 – WOHNBAUGENOSSENSCHAFT X - GRUNDSTÜCKGEWINNSTEUER.

rung unterbreiten, soweit die Grundlagen mit grosser Schwierigkeit und nur mit grossem Aufwand zu bestimmen sind.[725]

Im Fall HOFMANN AG GEGEN EINWOHNERGEMEINDE THUN aus dem Jahr 1977 nahm das Bundesgericht nun eine weit differenziertere Haltung gegenüber einem möglicherweise unzulässigen Vertrag ein. In casu ging es darum, den angedrohten Wegzug des Unternehmens durch den Abschluss eines Vertrags zu verhindern, mit welchem die Behörde Bauland unter dem wirtschaftlichen Wert abzugeben hatte und die Erschliessungskosten nach dem geltenden Gesetz von 1942 bestimmt werden sollten. Der entsprechende Gesetzeswortlaut wurde wortwörtlich in den Vertrag übertragen. Kurz nach Vertragsschluss wurde jedoch die Bauordnung geändert, womit sich die Kosten der Erschliessung erhöht hätten. Ob in casu ein unzulässiger Vertrag vorgelegen habe, könne – so das Bundesgericht – offen bleiben, da sich der Vertrag nicht über eine längere Zeit erstrecke und eine Gesetzesänderung im Zeitpunkt des Vertragsschlusses nicht in Aussicht gestanden habe. Da es sich somit nicht um einen klar unzulässigen Abgabevertrag handle, sei eine *Interessenabwägung* vorzunehmen, wobei das Bundesgericht in casu das Vertrauensschutzinteresse am Bestand des Vertrags höher gewichtete als das Interesse an der richtigen Durchführung des objektiven Rechts.[726]

Im Fall KRAFTWERK WÄGGITAL aus dem Jahr 1965 stellte das Bundesgericht zudem fest, dass sich die Frage der Zuständigkeit zum Vertragsschluss an die Behörden richte und folglich keine hohen Anforderungen an den Privaten gestellt werden könnten, die Unzuständigkeit zu erkennen.[727]

Und schliesslich im jungen Fall WOHNBAUGENOSSENSCHAFT X – GRUNDSTÜCKGEWINNSTEUER stellte das Bundesgericht zwar zurecht fest, dass ein von der Verwaltung festgestelltes konkuldentes Verhalten, mit welchem eine durch die Veranlagungsverfügung offerierte Steuerschuld übenommen werde, infolge mehr aufgezwungendem als frei gewähltem Verhalten nicht zu einer Steuerschuld führe. Das Versprechen der Verwaltung oder Dritter, eine Steuerschuld würde von einer bestimmten Partei getragen, könne aber ein neues Schuldverhältnis nach Obligationenrecht oder analog zum Obligationenrecht schaffen, wobei etwa an einen Vertrag zulasten eines Dritten zu denken ist (Art. 111 OR).[728]

---

[725] BGE 119 Ib 431 1993 – FIFTY-FIFTY-STEUERRECHTSPRAXIS: 437 ff.
[726] BGE 103 Ia 505 1977 – HOFMANN AG GEGEN EINWOHNERGEMEINDE THUN: vor allem 513 ff.
[727] BGE 65 I 290 1939 – KRAFTWERK WÄGGITAL: 301; vgl. oben Fn. 717: 171.
[728] Bundesgericht 2C_522/2007 28. April 2008 – WOHNBAUGENOSSENSCHAFT X - GRUNDSTÜCKGEWINNSTEUER.

2. Verschiedene Autoren versuchen diese Praxis des Bundesgerichts mit der *Anfechtungstheorie* zu erfassen, wobei die Rechtsfolgen fehlender Zuständigkeit bei öffentlichrechtlichen Verwaltungsverträgen unter dem Konzept des fehlerhaften Vertrags zusammengefasst werden: Bei fehlender Zuständigkeit respektive bei Unzulässigkeit zum Vertragsschluss sei der Vertrag anfechtbar, wenn das Interesse an der Durchsetzung des richtigen Rechts das Interesse des Vertrauensschutzes überwiege. Die Nichtigkeit komme nur bei besonders gravierenden Zuständigkeitsmängeln und ebenfalls nach einer Interessenabwägung zur Anwendung.[729]

3. Folgt man der in dieser Untersuchung vertretenen Meinung, dass die Zuständigkeit der Verwaltung zum vertraglichen Handeln (vorbehältlich des gesetzlichen Vorrangs) im Wesentlichen in der grundsätzlichen Handlungszuständigkeit enthalten ist, dann vermag die soeben erläuterte *Lehrmeinung der Anfechtbarkeit aus verschiedenen Gründen nicht zu überzeugen:*[730]

– Zum Ersten ist ZWAHLEN, IMBODEN und jüngst HUGUENIN darin zuzustimmen, dass eine unzuständige Person nicht das Gemeinwesen verpflichten und sich somit *über den demokratischen Gesetzgeber einerseits und die rechtsstaatlich verfasste Staatsordnung andererseits hinwegsetzen* kann.[731] Dies entspricht denn auch der *Lösung des Privatrechts,* nach welchem eine Person nur dann für eine andere Person einen Vertrag abschliessen kann, wenn sie über entsprechende Vertretungsmacht verfügt.[732]

---

[729] THOMAS P. MÜLLER, Verwaltungsverträge im Spannungsfeld von Recht, Politik und Wirtschaft (1997): 225 ff.; MINH SON NGUYEN, Le contrat de collaboration en droit administratif (Diss.) (1998): 130 ff.; ULRICH HÄFELIN/GEORG MÜLLER/FELIX UHLMANN, Allgemeines Verwaltungsrecht (2006): N 1109 ff., vor allem 1114 f.; FRANK KLEIN, Rechtsfolgen des fehlerhaften verwaltungsrechtlichen Vertrags (2003): 176 f.; PATRIK STADLER, Der Vertrauensschutz bei Verträgen des Gemeinwesens mit Privaten (2005): 112.

[730] In diesem Sinn erweist sich die Anfechtungstheorie vielmehr als Folge einer anachronistischen Zuständigkeitslehre, die es in ihren Wirkungen einzuschränken gilt. Zudem soll auf diese Weise wohl auch das Problem der höchst restriktiven Staats- und Beamtenhaftung umgangen werden: vgl. zum Ganzen m. w. H. ULRICH HÄFELIN/GEORG MÜLLER/FELIX UHLMANN, Allgemeines Verwaltungsrecht (2006): N 2248 ff. Eine Lösung läge entweder in einer culpa in contrahendo (so PIERRE MOOR, Droit administrativ II (2002): 390) oder darin, den Vertrauensschutz als allgemeines Gebot der Rechtsordnung zu betrachten, womit die Widerrechtlichkeit einer Vermögensschädigung vorläge.

[731] HENRI ZWAHLEN, Le contrat de droit administratif (1958): 622a; MAX IMBODEN, Der verwaltungsrechtliche Vertrag (1958): 96a; CLAIRE HUGUENIN, Die bundesgerichtliche Praxis zum öffentlichrechtlichen Vertrag (1982): 512 ff.

[732] Zur Erinnerung: Eine derartige Fähigkeit zur Vertretung (Vertretungsmacht) ergibt sich dabei entweder aus Rechtsgeschäft (Art. 32 ff. OR), aus Gesetz (zum Beispiel Vormund: Art. 368 ff. ZGB und Eltern: Art. 304 Abs. 1 ZGB), aus einem Organisationsstatut als Organ ei-

- Zum Zweiten ist zu bemerken, dass die verwaltungsrechtliche Lehre sich zumeist an der *analog aus Art. 20 OR hinzugezogenen Rechtsfolge der Nichtigkeit* abarbeitet und dabei dessen überschiessende Folgen zu bewältigen sucht.[733] Dabei wird in aller Regel übersehen, dass es bei der Nichtigkeit, wie sie in Art. 20 OR im Jahr 1912 ins OR Eingang fand, um den *Inhalt* des Vertrags geht. Dies erschliesst sich aus der Marginalie, unter welcher Art. 20 OR steht.[734] Die Nichtigkeit wurde also gerade nicht als Rechtsfolge für die Frage eingeführt, ob überhaupt ein Vertrag zwischen den Parteien zustande gekommen ist, ob er also überhaupt existiert.[735]

- Sodann ist zum Dritten zu berücksichtigen, dass mit einer Zusammenfassung aller fehlerhaften Verträge unter *einem* Rechtsfolgekonzept und einer damit involvierten generellen Abwägung zwischen Legalitätsprinzip und Vertrauensschutz zwar den wechselhaften Interessen der Verwaltung Rechnung getragen werden kann, andererseits aber das Interesse der selbstorganisierten Gesellschaft und insbesondere der Wirtschaft nach *Planungssicherheit* behindert wird, indem derart die dringend nötige *rechtsdogmatische Verfeinerung des Verwaltungsvertragsrechts* nicht erfolgen kann. Angesichts der zahlreichen Gründe für die Fehlerhaftigkeit des Vertrags bleiben denn auch die in der Lehre vorgeschlagenen Lösungen zwangläufig wage und unterkomplex. Zu suchen sind vielmehr Rechtsfolgen, die auf die jeweiligen Gründe der Fehlerhaftigkeit einzeln abgestimmt sind und damit gleichzeitig die Verfeinerung der Rechtsdogmatik erlauben.

- Und schliesslich ist viertens an der Anfechtungstheorie zu kritisieren, dass sie der vertragsrechtlichen Eigenheit der Willensübereinstimmung nicht in spezifischer Weise Rechnung tragen kann. Da sich nämlich im Prozess des Vertragsabschlusses zwei Willensäusserungen kreuzen und damit den Vertrag konstituieren, muss das Vertragsrecht, wie oben erwähnt, notwendigerweise

---

ner juristischen Person (Art. 55 ZGB) oder aus öffentlichem Recht für staatliche Körperschaft und Anstalt (Art. 59 ZGB) sowie für andere Verhältnisse des öffentlichen Rechts (Art. 33 Abs. 1 OR). Zum Ganzen siehe oben Kap. IV.A.1: 133.

[733] So jüngst noch ISABELLE HÄNER, Grundrechtsgeltung (2002): 72; bereits relativierend BLAISE KNAPP, Grundlagen des Verwaltungsrechts (1992): N 1528. Übersehen wird dabei ebenfalls, dass die Rechtsfolge der Nichtigkeit im Privatrecht sich in den letzten hundert Jahren stark verfeinert hat: ANDREAS ABEGG, Die zwingenden Inhaltsnormen des Schuldvertragsrechts (2004): 183 ff.

[734] Oben bei Fn. 711.

[735] Richtig PIERRE MOOR, Droit administrativ II (2002): 388 f. Für Deutschland ELKE GURLIT, Verwaltungsvertrag und Gesetz (2000): 414. Siehe bereits oben Kap. IV.A.1: 133.

zwischen der inneren Willensbildung und einem äusseren Element, das den Vertrag konstituiert, unterscheiden.[736]

4. Eine Doktrin, die sowohl dem Bedürfnis nach Planungssicherheit der Privaten wie auch den Interessen des Staates Rechnung trägt, kann sich an den oben erläuterten *vertragsrechtlichen Grundsätzen* und insbesondere an Art. 32 ff. OR orientieren. Bereits IMBODEN wies darauf hin, dass das Privatrecht als über lange Zeit sich bewährender Fundus von Regeln für die Gestaltung des öffentlichrechtlichen Vertrags unentbehrlich sei. Die Frage der Kompetenz der Behörde sei mit der Handlungsfähigkeit der natürlichen Person vergleichbar. Fehle es einer Behörde an der Kompetenz zur Eingehung einer Verpflichtung, so fehle es an einer vertragswirksamen Willenserklärung.[737] An diesen Befund schliesst jüngst MOOR an: Es gehe bei der Zuständigkeit der Verwaltung nicht um die Gültigkeit des Vertrags, sondern um sein Zustandekommen.[738]

Ein *vertragsrechtliches Konzept der Rechtsfolgen* bei fehlender Handlungskompetenz der Verwaltung kann nun allerdings nicht ohne weitere Prüfung ins öffentliche Recht übertragen werden, sondern es muss in der Folge auf die Berücksichtigung verschiedener spezifischer Bedürfnisse geprüft werden: auf die Einhaltung der demokratisch-rechtsstaatlichen Legitimationsfunktion, auf die Berücksichtigung der steten Wechsel politischer Programme sowie auf den Schutz privater Planungssicherheit.

ii) Zuständigkeit und Zustandekommen des Vertrags

1. Bei der Frage der Zuständigkeit der Behörde zum Vertragsabschluss geht es darum, ob in dem Sinn *eine wirksame Willenserklärung vorliegt,* als damit der Vertrag für das Gemeinwesen begründet wird. Denn ebenso wie für den privatrechtlichen Verwaltungsvertrag ausgeführt, bestimmt sich mit der Zuständigkeit die Vertretungsmacht (Art. 55 ZGB und Art. 32 f. OR analog), wobei es allerdings bei grundsätzlich fehlender Zuständigkeit am öffentlichen Recht liegt, der Behörde ausnahmsweise dennoch die Vertretungsmacht zuzusprechen. Darauf wird zurückzukommen sein.

---

[736] Oben Kap. IV.A.3.a)i): 165.
[737] MAX IMBODEN, Der verwaltungsrechtliche Vertrag (1958): 95a ff.
[738] PIERRE MOOR, Droit administrativ II (2002): 388 f.

2. Handelt somit eine Person oder eine Behörde für das Gemeinwesen *ausserhalb der grundsätzlichen Handlungskompetenz,* so fehlt es am rechtlichen Können zum Vertragsabschluss. Der Vertrag kommt nicht zustande.[739]

Gleiches gilt nach der hier vertretenen Meinung auch dann, wenn der Umfang der Vertretungsmacht der Verwaltung *gesetzlich eingeschränkt* wurde. Dass sich dies auf das rechtliche Können auswirkt, stimmt mit den privatrechtlichen Regeln zur Stellvertretung, zur Prokura und zur Organvertretung einer juristischen Person überein.[740]

3. Diese Rechtsfolge des Nichtzustandekommens entspricht – unter der Voraussetzung einer auf den Kerngehalt reduzierten Zuständigkeitsdoktrin[741] – dem zentralen Anliegen des Rechtsstaats, dass die Verwaltung grundsätzlich nur dann Rechte und Pflichten für den Staat begründen kann, wenn sie für einen bestimmten Handlungsbereich entsprechend rechtlich legitimiert wurde.[742]

iii) Rechtsfolgen im Einzelnen

1. Da es im öffentlichrechtlichen Vertragsrecht nicht allein um die Vermittlung zwischen zwei Parteien geht, sondern darüber hinaus auch der Interessensbereich der Bürger im Allgemeinen und potenziell betroffener Dritter im Speziellen zur Debatte steht, kann es nicht wie im Privatrecht allein auf den guten Glauben des

---

[739] Oben Kap. IV.A.2.e)v): 160. De facto deckt sich dies weitgehend mit der im Verwaltungsrecht zumeist angeführten Nichtigkeit des Vertrags: vgl. Bundesgericht 2C_522/2007 28. April 2008 – *WOHNBAUGENOSSENSCHAFT X - GRUNDSTÜCKGEWINNSTEUER*. Zur Nichtigkeit siehe oben bei Fn. 733: 175.

[740] Art. 38 Abs. 1 OR für den Stellvertreter, Art. 459 OR für den Prokuristen und Art. 55 ZGB i. V. m. 718a OR für das Organ einer juristischen Person. Diese privatrechtlichen Regeln unterscheiden sich allerdings von den öffentlichrechtlichen Regeln dadurch, dass sie auf den Vertrauensschutz und teilweise auf die Publizitätswirkung des Handelsregisters bauen.

[741] Oben Kap. IV.A.2.e): 154.

[742] Ähnlich, aber mit Blick auf den demokratischen Gesetzgeber: CLAIRE HUGUENIN, Die bundesgerichtliche Praxis zum öffentlichrechtlichen Vertrag (1982): 512 ff.; MAX IMBODEN, Der verwaltungsrechtliche Vertrag (1958), 95a ff. Dies entspricht somit der französischen Lehre, die bereits in den Anfängen der Verwaltungsvertragslehre festgelegt wurde: Conseil d'Etat 17 mai 1877 (rec. 472) – *BANQUE DE FRANCE*. Diese rigide Regel wird notabene in Frankreich dadurch entschärft, dass infolge der traditionell hohen Akzeptanz des Verwaltungsvertrags die generelle Zuständigkeit zum Vertragsabschluss kaum je bestritten wird. Zum Ganzen jüngst LAURENT RICHER, Droit des contrats administratifs (2006): N 186 ff. Für das deutsche Recht jüngst ULRICHT HUFELD, Die Vertretung der Behörde (2003): 324 ff.

Privaten ankommen, um den Grundsatz des Nichtzustandekommens bei fehlender Vertretungsmacht umzustossen.[743]

2. Bei *fehlender Vertretungsmacht* kann nun dem enttäuschten Vertrauen der Privatperson in den Bestand des Vertrags und gleichzeitig den Interessen des Gemeinwesens in die richtige Umsetzung der Rechtsordnung – entsprechend dem vertragsrechtlichen Konzept der Vertretungsmacht respektive in Analogie dazu – in folgender Weise Rechnung getragen werden:

a. Die ursprünglich fehlende Vertretungsmacht kann mit einer *nachträglichen Genehmigung* durch die zuständige Behörde beigebracht werden.[744] Ein derartiges Vorgehen bietet sich insbesondere bei örtlicher Unzuständigkeit, bei fehlender Zustimmung einer Zweitbehörde oder bei einer durch Gesetz eingeschränkten temporären Unzuständigkeit an.[745]

Eine analoge Anwendung von Art. 38 OR bietet in diesem Fall, da eine nachträgliche Genehmigung offen steht, Gelegenheit, die Interessen des Privaten zu wahren. Insbesondere soll der Privatpartei die Möglichkeit gegeben werden, eine *angemessene Frist für eine Genehmigung* festzusetzen, nach deren ungenutztem Ablauf sie nicht mehr gebunden ist.

b. Hat eine unzuständige Behörde einen Vertrag abgeschlossen, der auch nachträglich nicht genehmigt wird, so kann es in *Ausnahmefällen* trotzdem erforderlich sein, Rechtsfolgen entstehen zu lassen. Dabei ist zunächst zu berücksichtigen, dass das OR der Gefahr, dass eine Vertragspartei durch eine mangels Vertretungsmacht unwirksame Vereinbarung enttäuscht wird, mit der Möglichkeit begegnet, der enttäuschten Partei *Schadenersatz* zuzusprechen. Dieser Anspruch richtet sich entweder unter analoger Anwendung von Art. 39 OR gegen den unzuständigen Beamten oder gegen die zuständige Behörde aus culpa in contrahendo.[746]

---

[743] Anderer Meinung offenbar BLAISE KNAPP, Grundlagen des Verwaltungsrechts (1992): N 1552bis; BEATRICE WEBER-DÜRLER, Neuere Entwicklung des Vertrauensschutzes (2002): 291.

[744] HENRI ZWAHLEN, Le contrat de droit administratif (1958): 622a; MINH SON NGUYEN, Le contrat de collaboration en droit administratif (Diss.) (1998): 92.

[745] Letzteres ist zum Beispiel denkbar, wenn eine Verwaltung den öffentlichrechtlichen Vertrag abgeschlossen hat, bevor sie den gesetzlich vorgesehenen internen Willenbildungsprozess durchlaufen hat oder der Erlass einer Verfügung als Voraussetzung des Vertragsschlusses vorgesehen ist (vgl. Art. 57 WEG).

[746] MINH SON NGUYEN, Le contrat de collaboration en droit administratif (Diss.) (1998): 91 f.; PIERRE MOOR, Droit administrativ II (2002): 390. Zum Verhältnis von Willensmängeln und Schadenersatz siehe auch BGE 122 I 328 1996 – *VON TASCHARNER*: 340 ff.

Dieser sogenannte Switching-Mechanismus des Schadenersatzes, der die enttäuschte Partei entschädigen, aber gleichzeitig auch ein opportunistisches Handeln der Gegenparteien vorbeugend verhindern soll,[747] greift allerdings dann ins Lehre, wenn sich die Interessen der enttäuschten Partei am Bestand des Vertrags nicht in eine Geldsumme umrechnen lassen, wenn zum Beispiel familiäre, wissenschaftliche oder umweltschutzrelevante Interessen involviert sind. In diesen Fällen vermögen die Regelungen des OR, das sich bekanntlich vor allem auf wirtschaftliche Sachverhalte ausrichtet, jenen öffentlichrechtlichen Problemstellungen, die sich auch ausserhalb der ökonomischen Rationalität finden, nicht zu genügen. Mangelt es also an der Zuständigkeit, die auch nicht durch nachträgliche Genehmigung beigebracht werden kann, und vermag gleichzeitig die Möglichkeit des Schadenersatzes die Interessen der Privatpartei am Vertrag nicht zu kompensieren, so ist zu prüfen, ob der Behörde trotz Unzuständigkeit *ausnahmsweise doch Vertretungsmacht* zugesprochen werden muss. Die in diesem Fall mangels Alternative des Schadenersatzes verstärkt zu berücksichtigenden Interessen am Bestand des Vertrags sind gegen das Interesse an der Verwirklichung der Rechtsordnung abzuwägen. Der Vertrauensschutz wird insbesondere dann obsiegen, wenn erstens die demokratische Beteiligungsfunktion zu vernachlässigen ist oder bereits anderweitig kompensiert ist und damit die rechtsstaatliche Schutzfunktion der gesetzlichen Grundlage im Vordergrund steht und wenn zweitens mit der konkret vorliegenden Vertragsform nicht Dritte ihres Rechtsschutzes beraubt werden. Diese Abwägung weiter anzuleiten vermögen die vertragsrechtlichen Konzepte der *Duldungs- und Anscheinsvollmacht*. So werden die Interessen des Vertrauensschutzes dann Gewicht erhalten, wenn insbesondere die Verwaltung bereits mit der Erfüllung begonnen hat[748] oder wenn der falsche Schein einer Zuständigkeit von der tatsächlich zuständigen Verwaltungseinheit ausging.[749] Wie bereits erwähnt, sind dabei keine allzu hohen Anforderungen an den guten Glauben des Privaten zu richten, denn die Zuständigkeitsschranke richtet sich an die Behörden und ist von diesen auf ihre Einhaltung zu überprüfen.[750]

---

[747] Zum Switching-Mechanismus siehe AMITAI AVIRAM, Regulation by Networks (2003): 1209 ff.
[748] Ähnlich auch BLAISE KNAPP, Grundlagen des Verwaltungsrechts (1992): 1528.
[749] Hierzu aus privatrechtlicher Sicht RUDOLF SCHWAGER, Die Vertretung des Gemeinwesens (1974): 357 ff.
[750] Oben bei Fn. 656: 158 und 727: 173.

3. Erweist sich ein Vertragsschluss als unzulässig,[751] so stellt sich die Frage, ob sich die vertragsbezogenen Kommunikationen, die mangels Vertretungsmacht ohne Rechte und Pflichten für das Gemeinwesen bleiben, *in eine gültige Rechtsform umdeuten* lassen (auch Konversion genannt),[752] etwa wenn die Parteien einen Anstellungsvertrag angestrebt haben, das Gesetz hierfür aber explizit die Verfügungsform vorsieht.[753]

Während beim Vertrag die freiwillige Zustimmung der Privatperson eine Schutzfunktion ausübt und darum grundsätzlich keine Formvorschriften existieren,[754] kommt der *Form bei der Verfügung* eine zentrale Schutzfunktion zu. So sieht etwa Art. 34 f. VwVG für das Bundesverwaltungsrecht vor, dass die Verfügung unter anderem als solche bezeichnet, begründet und mit einer Rechtsmittelbelehrung versehen werden muss. Diese Formvorschriften, an deren Einhaltung es bei einer Konversion eines unzulässigen Vertrags wohl zumeist mangeln wird, sind jedoch aufgrund ihres Schutzcharakters zu vernachlässigen, wenn das Interesse der Privatperson am Projekt im Vordergrund steht, nicht aber wenn das Gemeinwesen in die Sphäre der Privatperson eingreifen will (vgl. Art. 38 VwVG).

---

[751] Nach der hier vertretenen Zuständigkeitstheorie wird dies nur dann der Fall sein, wenn das Gesetz den Vertragsabschluss ausschliesst (Gesetzesvorrang): oben Kap. IV.A.2.e): 154.

[752] Zum Begriff der Konversion im öffentlichen Recht siehe ZACCARIA GIACOMETTI, Allgemeine Lehren des rechtsstaatlichen Verwaltungsrechts (1960): 434. Im Bezug auf den Verwaltungsvertrag vgl. FRANK KLEIN, Rechtsfolgen des fehlerhaften verwaltungsrechtlichen Vertrags (2003): 248; THOMAS P. MÜLLER, Verwaltungsverträge im Spannungsfeld von Recht, Politik und Wirtschaft (1997): 297.

[753] So etwa § 12 ZH–Personalgesetz. Ein besonders interessanter Fall der Konversion, konkrete von einer nichtigen Steuerpflicht in einen Vertrag zulasten Dritter, findet sich in Bundesgericht 2C_522/2007 28. April 2008 – *WOHNBAUGENOSSENSCHAFT X - GRUNDSTÜCKGEWINNSTEUER*: Erw. 3.

[754] In diesem Sinne führte jüngst das Bundesverwaltungsgericht richtigerweise Art. 11 Abs. 1 OR analog an: BVGE A-1535/2007 26. September 2007 – *A GEGEN OBERZOLLDIREKTION – ZOLLKONTINGENTVERTRAG*: Erw. 3. Anders dagegen § 57 D–VwVfG.

B. Willensfreiheit, Vertragsfreiheit und deren Absicherung gegenüber der Verwaltung

1. Nuancen von Freiheit im Rahmen von Verwaltungsverträgen

a) Vertragsfreiheit des Privaten im Rahmen der Verwaltungsverträge

1. Es liegt, wie gesehen, im Wesen des Vertrags, dass die Parteien diesen mit übereinstimmenden Willensäusserungen zustande bringen.[755] Dass dabei traditionell die *Freiheit der Willensbildung und -äusserung* im Zentrum steht, geht auf das liberale, wirtschaftsbezogene Modell des heutigen Vertragsrechts zurück: Im liberalen, wirtschaftsorientierten Modell ergibt sich die Reziprozität der Leistungen aus der freien komplementären Willensbeziehung und der gegenseitigen Leistungsbeziehung, unter Ausschluss von Staats- und Gesellschaftsinteressen. Vorausgesetzt und rechtlich zu sichern sind somit lediglich die Freiheit des Wirtschaftssubjektes und die Freiheit dessen Willens.[756] Die wirtschaftliche Selbstständigkeit, als weitere Vorbedingung vorausgesetzt, ergibt sich in diesem Konzept aus der staatlich zu sichernden (aber nicht staatlich herzustellenden) Eigentumsposition, mit welcher der Wirtschaftsteilnehmer seinen Einsatz am Markt tätigen kann.[757]

2. Für eine private Partei gilt dieser Grundsatz, als Teilbereich der Vertragsinhaltsfreiheit in Art. 19. Abs. 1 OR kodifiziert, selbstverständlich dann, wenn sich die Verwaltung als Vertragspartei – zwecks Bedarfsdeckung unter Ausnutzung marktwirtschaftlicher Mechanismen – in die Strukturen des *Privatrechts* begibt.[758]

---

[755] Oben Kap. I.B.3.b): 24.

[756] Zu den philosophischen Grundlagen vgl. IMMANUEL KANT, Kritik der praktischen Vernunft (1788/1993): 58. Zu den Hintergründen dieses klassisch-liberalen Konzepts des 19. Jahrhunderts vgl. MAX WEBER, Wirtschaft und Gesellschaft (1921–1925/1980): 382 f.

[757] Kant sprach in seiner Schrift «Über den Gemeinspruch: Das mag in der Theorie richtig sein, taugt aber nicht für die Praxis» nur jenem die Bürgerqualität (und damit unter anderem das Stimmrecht) zu, der weder Kind noch Weib ist und «mithin irgend ein Eigentum habe ..., welches ihn ernährt ...»: IMMANUEL KANT, Über den Gemeinspruch (1793/1992): S. 245 f.

[758] Für das Vergaberecht MARTIN BEYELER, Öffentliche Beschaffung, Vergaberecht und Schadenersatz (2004): 70 f. und 87. Entsprechend erhält das Kriterium der Subordination immer auch dann wieder Bedeutung zur Abgrenzung der Rechtsnatur, wenn die Reduktion des Staates auf zentrale Ordnungsfunktionen ansteht. Des Weiteren zur Abgrenzung von Submission und Subvention m. w. H. PETER GALLI/ANDRÉ MOSER/ELISABETH LANG, Praxis des öffentlichen Beschaffungsrechts (2003): N 123 und 577 und GEORGE M. GANZ, Ausschreibung von Verkehrsdienstleistungen (2001): 980 f.

Mit Blick auf die neueren Entwicklungen im Allgemeinen und den Verwaltungsvertrag im Besonderen sind allerdings *zwei Einwendungen zu berücksichtigen*:

- Erstens wird in neuerer Zeit zunehmend das *wirtschaftsliberale Menschenbild* hinterfragt. Die wissenschaftlichen Theorien gehen vermehrt vom freien Rechtssubjekt, das jederzeit aufgrund seines freien Willens Verpflichtungen eingehen kann, zum ‹defizitären› Rechtssubjekt, dessen freier Wille massgeblich durch soziale und biologische Faktoren eingeschränkt wird, die auch vom Recht nicht völlig ignoriert werden können.[759]

- Zweitens baut die liberale Vertragslehre auf dem *Typus des Schuldvertrags* auf, mit welchem zwei unabhängige Wirtschaftssubjekte im Hinblick auf ökonomische Chancen gegenseitig einklagbare Leistungen begründen.[760] Der Verwaltungsvertrag vermag aber Elemente in sich zu tragen, die weder auf die Wirtschaft noch auf die Begründung von einklagbaren Leistungen gerichtet sind.[761]

3. Wenn die Zustimmung zum Abschluss und zum Inhalt ein Wesensmerkmal des Vertrags darstellt,[762] dann muss dies im Grundsatz auch für *verwaltungsrechtliche Verträge* gelten. Das bedeutet, dass zumindest eine *minimale Willensfreiheit* bestehen muss, um überhaupt von Zustimmung und damit von Vertrag sprechen zu können. Die Frage ist aber, worin diese minimale Willensfreiheit besteht.

Es kann als eine wesentliche Eigenschaft des verwaltungsrechtlichen Vertrags bezeichnet werden, dass dieser *die freie Zustimmung durch ein Element von Zwang zu vermitteln* vermag. Diese Partikularität hängt eng mit dem Programm und den Mitteln der Verwaltung des interventionistischen Wohlfahrtsstaats zusammen: Mit der Emergenz des einerseits auf soziale Sicherheit und Stabilität und andererseits auf politisch definierte und umgesetzte Gleichheit ausgerichteten Wohlfahrtsstaats

---

[759] OWEN FLANAGAN, The Problem of the Soul (2002), 145; vgl. auch SAUL SMILANSKY, Free will and illusion (2000), der die Fiktion des freien Willens als notwendig erachtet, um Moral und (Lebens-) Sinn der Menschen zu erhalten. Zu den ökonomischen Untersuchungen des homo oeconomicus, der Präferenzautonomie und den Verbindungen zum Menschenbild des Rechts sowie seinen Auswirkungen: DIETER SCHMIDTCHEN, Homo Oeconomicus und das Recht (2000), 2 ff. m. w. H. sowie DIETER SCHMIDTCHEN, Prävention und Menschenwürde (2002), 5; zu den bestehenden und möglichen Auswirkungen auf das heutige Recht siehe m. w. H. HANS-PETER MÜLLER, Kann es einen freien Willen geben? – Was sonst (2005).

[760] Siehe oben bei Fn. 109: 27.

[761] Oben Kap. I.B.3.c): 30.

[762] Oben Kap. I.B.3.b): 24.

zum Ende des 19. und zum Beginn des 20. Jahrhunderts äusserte sich die Ausdehnung des Staatlichen nicht nur in der Zunahme von Aufgaben,[763] sondern auch in der Tendenz der Politik, direkt gestaltend, also interventionistisch, in die Gesellschaft einzugreifen.[764]

Was dies *konkret bedeutet,* wurde bereits bei verschiedenen paradigmatischen Fällen des interventionistischen Wohlfahrtsstaates zur Denkmalpflege dargelegt: Auf das Auseinanderdriften von Verwaltungsanspruch und Verwaltungsmittel wird mit einer Kombination von polizeirechtlichen und vertragsrechtlichen Mitteln derart reagiert, dass die Verwaltung direkt die Handlungsmöglichkeiten der Privaten fernab jeder gesetzlichen Verbote und Gebote beeinflussen kann; das Feld des potenziellen Vertragsschlusses wird strukturiert durch die drohende Enteignung,[765] und erst vor diesem Hintergrund ist der Private ‹frei›, sich auf Vertragsverhandlungen einzulassen und damit eine Regelung anzustreben, die auf seine Bedürfnisse allenfalls Rücksicht nehmen würde. Zugleich würde er aber mit diesem Vertrag zur Verwirklichung jener Verwaltungsaufgaben beitragen müssen, die die Verwaltung allein mit polizeirechtlichem Instrumentarium nicht erfüllen könnte.[766] Einer analogen Struktur folgen insbesondere auch die Verwaltungsverträge im Bereich der Erschliessung.[767] Ähnlich wird jüngst auch in Verwaltungsverträgen verfahren, die man als aktivierende Verträge oder – unter Anlehnung an das besondere Rechtsverhältnis – als besondere Vertragsverhältnisse bezeichnen könnte: Ein sogenannt aktivierender Staat[768] schliesst mit bestimmten ihm unterworfenen «Klientengrup-

---

[763] Prägnant ist vor allem die rechtswissenschaftliche Debatte um die Verstaatlichung der Eisenbahn: Interessant ist vor allem Seiler, der mit rechtlichen Argumenten für eine Verstaatlichung der Eisenbahn und gegen vertragliche Lösungen plädierte: OSCAR SEILER, Über die rechtliche Natur der Eisenbahn-Konzessionen nach schweizerischem Recht (1888).

[764] Dies gilt sowohl für das Privatrecht wie auch für das öffentliche Recht. Paradigmatisch sind die jeweiligen, notabene im gleichen Jahr erschienenen Untersuchungen von Nipperdey und Appelt: HANS CARL NIPPERDEY, Kontrahierungszwang und diktierter Vertrag (1920); WILLIBALT APELT, Der verwaltungsrechtliche Vertrag (1920).

[765] Vgl. auch BGE 102 Ia 553 1976 – *KURY-KILCHHERR GEGEN EINWOHNERGEMEINDE REINACH*; BGE 114 Ib 142 1988 – *INTERCHEMIE GEGEN KANTON ZUG (NATIONALSTRASSENBAU)*.

[766] Verwaltungsgericht Zürich ZR 72 Nr. 89 1973 – *DENKMALPFLEGE AN BÜRGERHÄUSER IN DER STADT ZÜRICH*: 215; BGE 126 I 219 2000 – *DENKMALSCHUTZ KINOSAAL VIEUX-CARROUGE*: vor allem 226. Hierzu oben Kap. II.B.3.e)iii): 79.

[767] Zum Beispiel BGE 105 Ia 207 1979 – *ZEHNDER GEGEN GEMEINDE BIRMENSTORF*.

[768] Insbesondere Bernhard Blanke prägte diesen Begriff für ein durch Wissenschaft begründetes politisches Programm, dass vom Bürger Mitwirkung fordert und diese auch fördert: STEPHAN VON BANDEMER/BERNHARD BLANKE/JOSEF HILBERT/JOSEF SCHMID, Staatsaufgaben (1995). Prägnant formuliert es das Handbuch zum verwaltungsmässigen Programm der Interinstitutionellen Zusammenarbeit: «Den Übergang vom Bedürfnisprinzip hin zum Ge-

pen» wie Sozialhilfeempfängern, renitenten Jugendlichen und Asylanten Verträge über die gesellschaftliche Integration.[769] Lehnt die zu aktivierende Person das vorgeschlagene Projekt ab, wird ihr eine in Aussicht gestellte staatliche Leistung verwehrt, oder es wird ein befehlsförmiges Verfahren gegen die Person eröffnet.[770]

Diese Art von Vertrag hat allerdings nicht mehr viel mit der kantisch geprägten Vertragsfreiheit zu tun, wie sie hinter Art. 19 Abs. 1 OR betreffend Vertragsinhaltsfreiheit steht: Die Freiheit erweist sich hier nicht mehr als vorausgesetzte Freiheit des Willens, die jedem Individuum kraft seines Menschseins zukommt,[771] sondern als *durch die Verwaltung vermittelte oder gar aufgezwungene (Verhandlungs-) Freiheit.*[772] Der Vertrag kommt unter Androhung der Leistungsverweigerung oder im Schatten eines (angedrohten oder bereits eröffneten) befehlsförmigen Verfahrens zustande.[773] Die Privatpartei hat nur noch die Wahl, sich in das befehls-

---

genleistungsprinzip zeigt sich daran, dass zwischen KlientIn und Institution ein Vertrag (s. Tool 18) abgeschlossen wird, mit dem sich die KlientInnen verpflichten, sich aktiv um Eingliederung zu kümmern.»: MITGLIEDER DER NATIONALEN IIZ-KOORDINATIONSGRUPPE, Interinstitutionellen Zusammenarbeit (2003): 142.

[769] Zum Beispiel nach dem Sozialhilfegesetz des Kantons Freiburg kann die Sozialhilfe in der Form eines Vertrags zur sozialen Eingliederung erfolgen: Art. 4 Abs. 4 FR–Sozialhilfegesetz. Diese Bestimmung ist seit dem 1.1.2000 in Kraft. Pärli kommt das Verdienst zu, bereits früh auf diese Problematik hingewiesen zu haben: KURT PÄRLI, Sozialhilfeunterstützung als Anreiz für Gegenleistungen (2001). Zahlreiche analoge Erscheinungsformen in anderen Rechtsgebieten und anderen Orten deuten darauf hin, dass dieser neuartige aktivierende und zugleich sozialgestaltende Vertrag zwischen Staat und Privaten eng mit grösseren gesellschaftlichen Problemstellungen verknüpft sein muss. So kennen auch weitere Kantone den Sozialhilfevertrag, so unter anderem die Kantone Wallis (Art. 11 des Gesetzes über die Eingliederung und die Sozialhilfe vom 29. März 1996, 850.1) und Baselland (§ 18 des Gesetzes über die Sozial-, die Jugend- und die Behindertenhilfe vom 21. Juni 2001, 850). Und etwa Harris weist am Beispiel Grossbritanniens darauf hin, dass Schulleitungen zunehmend Verträge mit problematischen Schülern abschliessen, bevor sie befehlsförmige Verfahren einleiten: NEVILLE HARRIS, Empowerment and State Education: Rights of Choice and Participation (2005): 952.

[770] Art. 4a Abs. 2 FR–Sozialhilfegesetz lautet: «Die bedürftige Person muss den Eingliederungsvertrag annehmen, sofern er auf ihre Fähigkeiten und Möglichkeiten abgestellt ist. Lehnt sie das vorgeschlagene Eingliederungsprojekt ab, kann die materielle Hilfe bis zum Minimum gekürzt werden ...»

[771] IMMANUEL KANT, Kritik der praktischen Vernunft (1788/1993): 112 [173 der 1. A.].

[772] Siehe hierzu bereits die Kritik von HANS KELSEN, Zur Lehre vom öffentlichen Rechtsgeschäft (1913). Jüngst hierzu NIELS ÅKERSTRØM ANDERSEN, The Contractualisation of the Citizen (2004); vgl. auch PETER VINCENT-JONES, Citizen Redress in Public Contracting for Human Services (2005).

[773] Die Wortwahl in Art. 4a Abs. 1 FR–Sozialhilfegesetz zeigt denn auch, dass sich die Freiburger Legislative über die rechtliche Qualität eines solchen Eingliederungsvertrags nicht

förmige Verfahren zu begeben oder eine dem Verfahren entsprechende Einigung zu schliessen. Daraus folgt, dass dem mutmasslichen Ergebnis des befehlsförmigen Verfahrens bei der Vertragsverhandlung Leitfunktion zukommt, d. h. eine Verhandlungslösung muss sich im Ergebnis am potenziellen Verfügungsergebnis messen lassen.[774]

b)   Vertragsfreiheit der Verwaltung?

1. Es wurde bereits verschiedentlich darauf hingewiesen, dass der Verwaltung im Bezug auf den Abschluss von Verwaltungsverträgen keine Vertragsfreiheit zukommt – zumindest nicht im herkömmlichen Sinn.[775] Dasselbe gilt auch für die Inhaltsgestaltung des privatrechtlichen und öffentlichrechtlichen Verwaltungsvertrags: Die Frage, welcher Spielraum der Verwaltung bei vertraglichem Handeln zukommt, ist allerdings aus der Sicht des Souveräns anders zu beantworten als aus der Sicht von anderen Rechtssubjekten:

– *Aus der Sicht des Souveräns* kommt nach traditioneller Meinung der Verwaltung im Hinblick auf den Vertragsabschluss und den zu gestaltenden Vertragsinhalt keine Freiheit zu, denn sie kann die ihr mit Gesetz vorgegebenen politischen Programme grundsätzlich nicht selbst wählen. Es kommt ihr lediglich das *pflichtgemässe (und damit rechtsgemässe) Ermessen* zu, innerhalb dieser politischen Programme zu bestimmen, wie diese politischen Programme ‹am Besten› umgesetzt werden.[776] Dies ist insbesondere die Folge der demokratisch-rechtsstaatlichen Legitimation der Verwaltung – einer Kombination von Legitimation durch demokratische Beteiligungsprozesse, zusammengefasst in der Gesetzesform, und der Legitimation durch gerichtliche Überprüfung auf Einhaltung der Rechtsform. Es ist aber bereits darauf hingewiesen worden, dass heute die Gebundenheit der Verwaltung in zweifacher Hinsicht relativiert wird: Erstens entspricht es dem Wesen des Vertrags, dass der Verwaltung ein gewisser Verhandlungsspielraum zukommen muss. Mit der Zunahme kooperativen Handelns durch die Verwaltung treten die entsprechenden Spannungen

---

ganz sicher ist: «[Der Eingliederungsvertrag] ist einem verwaltungsrechtlichen Vertrag gleichgestellt.»

[774] Vgl. die damit angesprochene Analogie mit ROBERT N. MNOOKIN/LEWIS KORNHAUSER, Bargaining in the Shadow of the Law: The Case of Divorce (1979). Hierzu bereits oben bei Fn. 354: 86.

[775] Siehe oben bei Fn. 108: 27 und bei Fn. 647: 156.

[776] Hierzu unter vielen RENÉ RHINOW, Verfügung, Verwaltungsvertrag und privatrechtlicher Vertrag (1985): 320 ff.; AUGUST MÄCHLER, Vertrag und Verwaltungsrechtspflege (2005): 167 ff., m. w. H.; STEFAN VOGEL, Clausula rebus sic stantibus (2008): 300.

zum Konzept der Gesetzesbindung vermehrt zu Tage.[777] Und zweitens löst sich die Verwaltung im Rahmen des sogenannten Vorsorgestaates immer mehr von gesetzlichen Vorgaben und gibt sich – innerhalb ihres generellen, weit gefassten Kompetenzbereichs – ihre politischen Ziele selbst vor.[778]

– Während der Verwaltung aus Sicht des Souveräns keine Vertragsfreiheit zukommt, fällt *aus der Sicht der privaten Vertragspartei oder aus Sicht einer Drittpartei* die Antwort anders aus: Soweit die Verwaltung von Privaten nicht mittels Rechtsverfahren zu einer bestimmten vertragsbezogenen Handlung im Allgemeinen oder zu einem Vertragsabschluss im Besonderen gezwungen werden kann, kommt der Verwaltung durchaus ein mit der Privatautonomie vergleichbarer Gestaltungsspielraum gegenüber den Privaten zu.[779] Im Privatrecht bildet dieser Gestaltungsspielraum der Verwaltung – selbstverständlich im Rahmen der Rechtsordnung – sogar eine systemnotwendige Voraussetzung, denn die Verwaltung und der Private begegnen sich als gleichgeordnete Marktteilnehmer.[780] Das Bundesgericht hat diese Sicht bereits im Fall SCHWEIZERISCHER TREUHÄNDER-VERBAND C. SCHWEIZERISCHE NATIONALBANK und jüngst im Fall TUJETSCH bestätigt: Ohne anders lautende gesetzliche Grundlage[781] besteht keine Kontrahierungspflicht der Verwaltung im Privatrecht,[782] und es besteht auch keinerlei Anspruch auf eine bestimmte Ausgestaltung des Vertragsinhalts.[783] Anders dagegen hat das öffentliche Recht dafür zu sorgen, dass der privaten Partei ein Rechtsmittel gegenüber verwaltungsvertraglichem Handeln eingeräumt wird, wo dieses ihre Rechte im Sinn von Art. 5 VwVG tangiert.[784]

---

[777] Oben Kap. III.C: 102.

[778] Oben Kap. IV.A.2.b)iii): 145.

[779] MAX IMBODEN, Der verwaltungsrechtliche Vertrag (1958): 52a; jüngst auch ELKE GURLIT, Verwaltungsvertrag und Gesetz (2000): 245.

[780] Dies anerkennt jüngst auch MARKUS HEER, Ausserordentliche Nutzung des Verwaltungsvermögens (2006): 134.

[781] Das Erfordernis der gesetzlichen Grundlage zwingenden Privatrechts erlaubt es allen Privatrechtssubjekten, ihre ökonomischen Chancen mit einiger Sicherheit (d. h. vor allem ohne weitere staatliche Intervention) einschätzen zu können.

[782] So in BGE 129 I 410 2003 – TUJETSCH.

[783] BGE 109 Ib 146 1983 – SCHWEIZERISCHER TREUHÄNDER-VERBAND C. SCHWEIZERISCHE NATIONALBANK: 152 ff. Siehe hierzu meine Erwägungen in ANDREAS ABEGG, Regulierung hybrider Netzwerke (2006).

[784] Oben Kap. III.E.2: 128.

2. Rechtliche Absicherungen gegenüber der Verwaltung

a) Absicherung der Willens- und Vertragsinhaltsfreiheit im Rahmen privatrechtlicher Verwaltungsverträge

i) Vereinigung zweier Bedrohungslagen und die Reaktionen des Privatrechts

1. Die spezifische Situation beim Verwaltungsvertrag zwischen Staatsverwaltung und Privaten liegt, wie bereits KELSEN betonte,[785] darin, dass sich zwei ‹Bedrohungslagen› *gegenüber der Privatautonomie vereinen:* Die Verwaltung hat als Vertragspartner das Interesse, den Vertragsinhalt möglichst zu ihren Gunsten auszuformen, und sie verfügt über die Nähe zur Rechtsmacht des Staates, die sie zu ihren Gunsten einsetzen könnte.

Unbestrittener *Ausgangspunkt* privatrechtlicher Verwaltungsverträge ist die Freiheit des Privatrechtssubjektes, Verträge nach eigenem Willen abzuschliessen und zu gestalten. Diese Willensfreiheit sichert das Recht im Grundsatz dadurch ab, dass eine unerwünschte Beeinflussung des Willens die Gültigkeit des Vertrags beschlägt. Welche Beeinflussungen nun unerwünscht sind und welche konkreten Rechtsfolgen sie nach sich tragen, wird durch das oben erläuterte System der Gleichordnung der Privatrechtssubjekte innerhalb der gesellschaftlichen Selbstorganisation, d. h. vor allem der Marktwirtschaft, angeleitet und durch das Gesetz ausgeführt.[786]

2. Konkret sichert das *Privatrecht* die Willensfreiheit einerseits gegenüber dem Vertragspartner und andererseits gegenüber dem Staat in folgender Weise ab:

a. *Gegenüber dem Vertragspartner* wird die Freiheit der Willensbildung und Willensäusserung in dreifacher Hinsicht gegen ungebührliche Einflussnahme abgesichert:

− Die Freiheit der Willensbildung und Willensäusserung wird durch Art. 28 ff. OR vor absichtlicher Täuschung und vor Furchterregung abgesichert.

− Zudem sorgt das Wettbewerbsrecht dafür, dass faktische Hindernisse der Willensfreiheit, die aus einer *fehlenden Wettbewerbssituation* resultieren, unterbunden (Art. 5 KG) oder zumindest durch eine verstärkte Inhaltskontrolle kompensiert werden (Art. 7 KG).

− Und schliesslich wird mit Art. 21 OR eine Übervorteilung sanktioniert.

---

[785] HANS KELSEN, Zur Lehre vom öffentlichen Rechtsgeschäft (1913): 225.
[786] Oben Kap. IV.B.1.b): 185.

b. *Gegen den Staat* richtet sich sodann Art. 19 Abs. 1 OR, der ausdrücklich festlegt, dass der Inhalt des Vertrags innerhalb der Schranken des Gesetzes beliebig festgestellt werden kann. Frei ist somit die Willensbildung im Rahmen des Privatrechts insofern, als sie sich primär von der gesellschaftlichen Selbstorganisation leiten lassen kann, insbesondere ohne Beeinflussung durch Staat und Stand.[787] Will allerdings der Staat den Vertragsinhalt direkt beeinflussen, bedarf es hierzu einer unabänderlichen privatrechtlichen Gesetzesvorschrift (Art. 19 Abs. 2 OR).

3. Auf die angesprochene *Vereinigung der beiden ‹Bedrohungslagen›* reagiert nun das Privatrecht in folgender Weise:

a. Der potenziellen Vermischung von Rechtsmacht mit der Position als Vertragspartei trägt das Recht bereits im Rahmen der *Zuordnung der Rechtsnatur* Rechnung: Das Abgrenzungselement der Subordination sorgt dafür, dass sich die Verwaltung nur dann in die Regeln des Privatrechts und damit in der Regel auch in die Selbstorganisation der Wirtschaft einordnen kann, wenn sie ohne staatliche Hoheitsrechte und in diesem Sinn gleichgeordnet zu den anderen Marktteilnehmern auftritt. Damit werden die Selbstorganisationsformen der Gesellschaft vor den expansiven Tendenzen des Staates geschützt.[788]

b. Wird der Verwaltungsvertrag dem Privatrecht zugeordnet, so kommen die erwähnten *konkreten privatrechtlichen Absicherungen des freien Willens* voll zum Zug, welche die Rechtsmacht des Staates und die Position der Verwaltung als Vertragspartei strikte trennen:

– Selbstverständlich finden *Art. 28 ff. OR* gegenüber der Verwaltung Anwendung. Bei *absichtlicher Täuschung und bei Furchterregung* ist der Vertrag unverbindlich.[789] Relevant könnte etwa die Vorspiegelung einer – de iure nicht bestehenden – Verfügungsgewalt im Hinblick auf den Vertragsabschluss oder die Ausgestaltung eines privatrechtlichen Vertrags sein. Auch wenn die Verwaltung den Privaten bezüglich einer irrtümlich angenommenen Verfügungsgewalt nicht aufklären würde, wäre wohl eine Täuschung im Sinn von Art. 28 OR anzunehmen, denn einerseits richtet sich die interne Zuständigkeitsordnung primär an die Verwaltung[790] und andererseits ist eine erhöhte Aufklärungspflicht der Verwaltung bezüglich hoheitlichen Befugnissen aus rechtsstaatlichen Gründen und aus Gründen des erhöhten Vertrauensschutzes

---

[787] Hierzu unter vielen WALTER SCHLUEP, Wettbewerbsfreiheit (1991): 53 ff.
[788] Oben Kap. II.B.3.e)iii): 79.
[789] Dieser Mangel kann aber durch Genehmigung geheilt werden (Art. 31 OR).
[790] Siehe Bundesgericht 4C.20/2005 21. Februar 2006 – *ANLEIHENSEMISSION LEUKERBAD*: Erw. 4.2.5.4; oben Fn. 717: 171.

im Rahmen vertraglichen Handelns anzunehmen.[791] Eine Furchterregung nach Art. 29 OR kann sich sodann aus der im Privatrecht grundsätzlich unterbundenen Verknüpfung von Rechtsmacht und der Position der Verwaltung als Vertragspartei ergeben. So etwa, wenn die Verwaltung die Ausübung von Hoheitsbefugnissen, etwa eine Ermittlung in Steuerfragen, androht, um die private Partei zu einem gewünschten vertragsbezogenen Handeln zu veranlassen.[792]

– Zum Zweiten richtet sich das in *Art. 19 OR* verfasste Konzept der *Vertragsinhaltsfreiheit* ganz direkt gegen die potenzielle Rechtsmacht der Verwaltung. Art. 19 OR ist denn auch eine unmittelbare Reaktion auf den zu Beginn des 20. Jahrhunderts emergierenden Interventionsstaat, der nun auch unter Anleitung von konkreten politischen Programmen vermehrt den Inhalt von Verträgen zu beeinflussen suchte.[793] Art. 19 Abs. 1 und 2 OR setzen dieser interventionistischen Bestrebung und insbesondere der interventionistischen Verwaltung insofern eine Grenze, als sich eine staatliche Einflussnahme, die den Vertragsinhalt konkret und dabei allenfalls gegen den Willen der Parteien gestalten will, auf eine unabänderliche Gesetzesnorm des Privatrechts stützen muss.[794] Kontrahiert also die Verwaltung im Rahmen des Privatrechts, kann sie grundsätzlich von ihren hoheitlichen Befugnissen keinen Gebrauch machen, um den Vertragsinhalt zu beeinflussen. Und noch allgemeiner: Kein hoheitliches Handeln des Staates vermag einen Vertragsabschluss zu begründen oder den Inhalt des Vertrags zu beeinflussen – es sei denn, es könne sich auf eine *zwingende Norm*[795] *des Privatrechts* stützen.[796]

---

[791] Vgl. ULRICH HÄFELIN/GEORG MÜLLER/FELIX UHLMANN, Allgemeines Verwaltungsrecht (2006): N 635 ff.; BEATRICE WEBER-DÜRLER, Neuere Entwicklung des Vertrauensschutzes (2002): 299 ff.; siehe zum Vertrauensschutz der Verwaltung gegenüber dem Privaten auch Bundesgericht 4C.20/2005 21. Februar 2006 – *ANLEIHENSEMISSION LEUKERBAD*: Erw. 4.2.5.4

[792] Vgl. die Analogie zur Drohung mit einer Konkursbetreibung in BGE 84 II 621 1958 – *BURZI GEGEN SUTTER*: 624 f.

[793] Art. 19 Abs. 1 OR wurde im Zuge der Revision von 1911 parallel zu zahlreichen interventionistischen Normen eingeführt. Zum Ganzen ANDREAS ABEGG, Vertragsfreiheit (2004); im Rechtsvergleich siehe JOACHIM RÜCKERT, Verfassungen und Vertragsfreiheit (1999).

[794] Damit ist diese positiv-gestaltende Beeinflussung des Vertragsinhalts durch Gesetz von sogenannten öffentlichrechtlichen und privatrechtlichen Verbotsnormen zu unterscheiden, die nach Art. 20 Abs. 1 OR die Nichtigkeit nach sich ziehen. Zu dieser Unterscheidung siehe ANDREAS ABEGG, Die zwingenden Inhaltsnormen des Schuldvertragsrechts (2004): 176 ff.

[795] Nach dem Text von Art. 19 Abs. 2 OR als unabänderliche Vorschrift bezeichnet.

[796] Zur Methode der zwingenden Inhaltsnorm vgl. bereits EUGEN EHRLICH, Das zwingende und nichtzwingende Recht (1899); zur Anwendung auf den Verwaltungsvertrag MARTIN BERTSCHI, Auf der Suche nach dem einschlägigen Recht im öffentlichen Personalrecht (2004): 628.

– Und zum Dritten ist darauf hinzuweisen, dass seit der Revision des *Kartellgesetzes* von 1995 die Regelungen insbesondere zu unzulässigen Verhaltensweisen bei Marktmacht (Art. 7 KG) grundsätzlich auch auf den Staat und dessen Unternehmungen Anwendung finden.[797]

ii) Anwendung der Grundrechte gegenüber der Verwaltung als privatrechtlichem Vertragspartner?

1. Ob über dieses gewachsene System des Privatrechts hinaus auch die Grundrechte die privatrechtsbezogenen Handlungen der Verwaltung einschränken, ist *seit langem umstritten.*[798] Jüngst hat das Bundesgericht im bekannten Fall POST GEGEN VEREIN GEGEN TIERFABRIKEN die Frage ein weiteres Mal offen gelassen und eine Kontrahierungspflicht aus privatrechtlichen Prinzipien und Normen hergeleitet.[799]

Die Scheu des Bundesgerichts (es hielt im Fall POST GEGEN VEREIN GEGEN TIERFABRIKEN die Grundrechtsanwendung für «entbehrlich»)[800] hat einen guten Grund: In der Tat wäre eine *Übertragung der Grundrechtslehre auf das Privatrecht deshalb schwierig und problematisch,* weil damit politische Selbstbeschränkungsmechanismen, die als politische Rechte in einem langen Entstehungsprozess dem Staat abgerungen wurden,[801] auf die zivilgesellschaftliche Selbstorganisation übertragen würden. Diese Problematik, dass die Grundrechtsanwendung nicht auf die Selbstorganisationsmechanismen der Gesellschaft passt, ist im Fall POST GEGEN VEREIN GEGEN TIERFABRIKEN besonders offensichtlich, denn während die staatliche Post sich gerade auf Privatrecht und auf eine wirtschaftliche Handlungslogik berief,

---

[797] Art. 2 KG. Eingeführt mit der Revision von 1995, in Kraft seit 1.2.1996. Siehe hierzu Botschaft zu einem Bundesgesetz über Kartelle und andere Wettbewerbsbeschränkungen (Karteilgesetz, KG) vom 23. November 1994, BBl. 1995 I 468 vor allem 534. Vgl. jüngst zu den noch bestehenden Schranken des Wettbewerbsrechts den Fall weko Schlussbericht vom 7. August 2007 in Sachen Vorabklärung gemäss Art. 26 KG betreffend 32-0202: Beschaffung von leichten Transport- und Schulungshelikoptern (LTSH) durch armasuisse wegen allenfalls unzulässiger Verhaltensweise gemäss Art. 7 KG. 2007 – *ARMA-SUISSE*.

[798] Vgl. die Übersicht bei PATRICIA EGLI, Drittwirkung von Grundrechten (2002): 141 ff.; vgl. auch THOMAS P. MÜLLER, Verwaltungsverträge im Spannungsfeld von Recht, Politik und Wirtschaft (1997): 193.

[799] BGE 129 III 35 2003 – *POST GEGEN VEREIN GEGEN TIERFABRIKEN*: 41 ff. Zum Ganzen siehe die Kommentierung bei EUGEN BUCHER, BGE 129 III 35 ff. (2003); RUTH ARNET, BGE 129 III 35 (2003); MADELEINE CAMPRUBI, Kontrahierungszwang gemäss BGE 129 III 35 (2004); TARKAN GÖKSU, BGE 129 III 35 (2004); MARC AMSTUTZ/ANDREAS ABEGG/VAIOS KARAVAS, Soziales Vertragsrecht (2006).

[800] BGE 129 III 35 2003 – *POST GEGEN VEREIN GEGEN TIERFABRIKEN*: 42.

[801] Vgl. unter vielen die Übersicht bei GERT BRÜGGEMEIER, Entwicklung des Rechts im organisierten Kapitalismus (1977-1979), Band I: 44.

führte der private Verein zurecht seine wichtige politische Funktion in der Verteilung politischer Informationen ins Feld.

Aber auch im Fall SCHWEIZERISCHER TREUHÄNDER-VERBAND C. SCHWEIZERISCHE NATIONALBANK hatte das Bundesgericht eine direkte Anwendung von Grundrechten auf einen als privatrechtlich qualifizierten Sachverhalt abgelehnt, obwohl mit der Nationalbank ein politischer Akteur im Mittelpunkt des Interesses stand und ohne Zweifel der Treuhänder-Verband gegenüber seinen Konkurrenten benachteiligt wurde. Die Nationalbank sei zwar auch dort, wo sie privatrechtlich auftrete, an ihren öffentlichen Auftrag im weitesten Sinn gebunden und habe somit in ihren privatrechtlichen Aktivitäten sinngemäss die verfassungsmässigen Grundrechte zu beachten. Über die Einhaltung sei aber nicht das Bundesgericht, sondern es seien die gesetzlich vorgesehenen Aufsichtsorgane zuständig.[802]

2. Nichtsdestotrotz besteht allerdings *im privatrechtlichen Schutzdispositiv eine Lücke,* die eine gewisse Analogie zur historischen Funktion der Grundrechte aufweist. Konkret geht es darum, mit der Unterstützung von Recht jene expansiven Tendenzen eines Sozialbereichs zu begrenzen, die einen Sozialbereich in einem Bereich von existenzieller Bedeutung treffen. Das Privatrecht hat zwar über die letzten gut hundert Jahre verschiedene konkrete Schutzmechanismen gegenüber der wirtschaftlichen[803] und sodann der menschlichen und familiären Existenz entwickelt.[804] Eine Verallgemeinerung hin zu einem Privatrechtsprinzip blieb allerdings bis heute aus.

---

[802] BGE 109 Ib 146 1983 – SCHWEIZERISCHER TREUHÄNDER-VERBAND C. SCHWEIZERISCHE NATIONALBANK: 155. Notabene gilt eine Aufsichtsbeschwerde gerade darum nicht als ordentliches Rechtsmittel, weil keine Ansprüche damit verknüpft sind: ULRICH HÄFELIN/GEORG MÜLLER/FELIX UHLMANN, Allgemeines Verwaltungsrecht (2006): N 1835 ff. m. w. H. Umso weniger hätte eine Rüge der Aufsichtsbeschwerde Einfluss auf den Vertrag: vgl. dazu den erwähnten Fall BGE 129 I 410 2003 – TUJETSCH: oben bei Fn. 721: 171.

[803] Als Beispiele sind zu nennen: die Inhaltsnormen zur vorzeitigen Beendigung eines Vertrags mit übermässig langer Vertragsdauer (zum Beispiel Art. 334 Abs. 3 OR), zur Herabsetzung übermässiger Konventionalstrafen (Art. 163 Abs. 3 und 340 OR) und zum Zinseszinsverbot (Art. 105 Abs. 3 OR).

[804] Zahlreiche zwingende Inhaltsnormen wie jene zur Tauglichkeit der Mietwohnung (Art. 256b OR), zum Schutz vor existenzbedrohender Kündigung (Art. 271 ff. OR), zum Schutz des Lohns als existenzieller Grundlage (unter vielen Art. 323 Abs. 4, 323b Abs. 3 und 324a OR) zeugen heute von diesem Funktionalprogramm. Ein Anwendungsbeispiel auf den Staatsangestellten bietet BGE 124 II 53 1998 – *X. GEGEN SBB*, wobei das Bundesgericht in diesem Fall die Existenzsicherung, die beim Staatsdienst ein zentrales Leitprinzip darstellt, zu wenig gewichtete.

In POST GEGEN VEREIN GEGEN TIERFABRIKEN hat das Bundesgericht nun wiederum genau an einer Stelle interveniert, wo sich ein Gesellschaftsbereich, in casu die Politik, strukturell auf Leistungen der Wirtschaft verlässt und auf diese existenziell angewiesen ist. In diesem Punkt besteht denn auch die angesprochene Analogie zur historischen Funktion der Grundrechte als Abwehrmechanismus der verschiedenen gesellschaftlichen Sozialbereiche gegenüber einem expansiven Sozialsystem. Allerdings waren die Rollen in diesem Fall vertauscht: Nicht die Wirtschaft musste gegenüber einer expansiven Politik abgeschirmt werden, sondern es galt, zentrale Strukturen der politischen Meinungsbildung gegenüber der wirtschaftlichen Rationalität abzusichern.[805]

In SCHWEIZERISCHER TREUHÄNDER-VERBAND C. SCHWEIZERISCHE NATIONALBANK unterblieb dagegen ein Eingriff, obwohl erstens die wirtschaftliche Rationalität in einem zentralen Grundsatz, der Gleichbehandlung der Marktteilnehmer, betroffen war, und zweitens mit Blick auf die Funktion der politischen Selbstbeschränkungsmechanismen grundsätzlich eine Anwendung geboten war, weil die Nationalbank ohne genügende Legitimationsgrundlage handelte. Denn weder verfügte die Nationalbank über einen auch nur einigermassen konkreten gesetzlichen Auftrag, noch wurde der Vertrag unter Wettbewerbsbedingungen ausgehandelt, noch sorgte die Nationalbank oder das Bankennetzwerk für eine andersartige Legitimation. Gerade diese Legitimation wäre aber vom Bundesgericht einzufordern gewesen. Zum gleichen Resultat gelangt man auch, wenn die aus dem Fall POST GEGEN VEREIN GEGEN TIERFABRIKEN gewonnenen Kriterien anwendet:[806] Der Vertrag im Allgemeinen und der allgemein zugängliche, d. h. allein nach wirtschaftlichen Kriterien abgeschlossene Vertrag zur Anlegung von Geldern gehört ohne Zweifel zum Normalbedarf der heutigen Wirtschaft in dem Sinn, als damit die mit Recht stabilisierten Vorbedingungen des freien Marktes betroffen sind. Zudem besteht über den Vertrag zur Anlage von Geldern eine strukturelle Kopplung zur Geldpolitik. Da der Grossteil der schweizerischen Banken mit der Nationalbank kontrahierte, bestand in casu nun für den Treuhänder-Verband keine wettbewerbsneutrale Alternative. Damit konzentriert sich der Fall vor allem auf die Frage, ob eine sachliche Begründung für den Ausschluss des Treuhänder-Verbandes bestanden habe: Eine rein wirtschaftliche Begründung, dass also der Treuhänder-Verband aufgrund von reinen Markt- und Wettbewerbskriterien ausgeschlossen worden wäre, fällt angesichts der Tatsache, dass das Vertragsnetzwerk fast alle schweizerischen Banken umfasste, dahin. Sodann bestand, wie erwähnt, keine genügende de-

---

[805] Im Detail MARC AMSTUTZ/ANDREAS ABEGG/VAIOS KARAVAS, Soziales Vertragsrecht (2006): vor allem 55 ff.

[806] BGE 129 III 35 2003 – POST GEGEN VEREIN GEGEN TIERFABRIKEN: 46.

mokratische Legitimation, mit welcher eine Begründung über den Gesetzgebungsweg hätte vorweggenommen werden können. Und das Netzwerk unterliess es denn auch, ein funktionales Äquivalent zu einer derartigen demokratischen Beteiligung der Betroffenen, zum Beispiel in Form von geordneten Anhörungen und begründeten Entscheiden, ins Vertragsnetzwerk einzusetzen.

3. Mit welchen konkreten Regelungen kann reagiert werden, wenn derartige expansive Tendenzen festgestellt wurden? In POST GEGEN VEREIN GEGEN TIERFABRIKEN argumentierte das Bundesgericht bezüglich eines privatrechtlichen Sachverhalts mit privatrechtlichen Mitteln,[807] verfügte eine privatrechtliche (wenn auch umstrittene)[808] Rechtsfolge und blieb zugleich in der Begründung und der Rechtsfolge genug vage, um für die Zukunft einen Prozess der sozialen Rechtsfindung in Gang zu bringen. Auf diesen Prozess sozialer Rechtsfindung, welcher insbesondere der grossen Spannweite sozial-grundrechtlicher Probleme Rechnung tragen kann, ist zurückzukommen.[809]

b) Rolle der Willens- und Vertragsfreiheit im Rahmen öffentlichrechtlicher Verwaltungsverträge

1. Der Willensfreiheit und der Vertragsfreiheit kommen im wirtschaftsorientierten System des *Privatrechts* konstitutive Bedeutung zu; ohne entsprechende rechtliche Garantien, welche die autonomen Handlungen des individuellen Wirtschaftsteilnehmer absichern, wäre eine Marktwirtschaft nicht denkbar. Entsprechend umfassend sichert das Privatrecht, wie soeben dargestellt, diese Vorbedingungen einer gesellschaftlichen Selbstorganisation ab.

Demgegenüber kommen der *Willensfreiheit des Privaten und der Vertragsfreiheit im Rahmen des Verwaltungsrechts* eine ganz andere Stellung zu: Die Zustimmung ist lediglich eine Möglichkeit unter anderen, staatliches Handeln im Allgemeinen und die Ausübung hoheitlicher Befugnisse im Besonderen zu legitimieren. Der Abschluss eines öffentlichrechtlichen Vertrags zwischen einem Privaten und der Verwaltung erfolgt denn grundsätzlich im Schatten der hoheitlichen Befugnisse ebendieser Verwaltung, die somit auch den Gestaltungsspielraum zum

---

[807] Ebenso im Fall BGE 109 Ib 146 1983 – SCHWEIZERISCHER TREUHÄNDER-VERBAND C. SCHWEIZERISCHE NATIONALBANK.
[808] EUGEN BUCHER, BGE 129 III 35 ff. (2003); PETER GAUCH, Ein Vorwort zum «Sozialen Vertragsrecht» (2006): 9.
[809] Unten Kap. IV.B.3: 199.

Abschluss und zur Inhaltsgestaltung vorstrukturiert und den Privaten darin aussetzt.[810]

Damit ist diese Art der zwangsweisen Vermittlung von vorstrukturierten Freiheiten eine *interventionistische Technik,* mit welcher die Verwaltung ihre eigenen Grenzen überwindet, um politische Programme zu verfolgen. Gerade die fundamentalste Grenze der modernen Verwaltung, jene der gesetzlichen Grundlage, verspricht der Verwaltungsvertrag zu kompensieren: Mit dem Vertrag kann die Zustimmung des Privaten zu einem Verhalten eingeholt werden, das die Verwaltung mangels gesetzlicher Grundlage mit hoheitlichen Befugnissen nicht hätte erwirken können. So vermag zum Beispiel die Verwaltung – trotz fehlender gesetzlicher Grundlage – mit Hilfe dieses Ansatzes der Denkmalpflege die Pflege von denkmalgeschützten Häusern vom Eigentümer zu erwirken oder eine Nutzungsänderung zu verhindern.[811] Und angewandt auf die grundlegendsten menschlichen Bedürfnisse zum Beispiel im Rahmen der Sozialhilfe vermag die Verwaltung auf diese Weise in Bereiche vorzustossen, die vermutlich im politischen Diskurs einer freiheitlich-liberalen Gesellschaft unantastbar gewesen wären: So berichtet etwa PÄRLI jüngst von einer ‹freiwilligen› Ermächtigung des Invalidenhilfebezügers gegenüber der Versicherung, mit welcher ein besonders umfassender Datentransfer ermöglich wird, um in paternalistischer Weise die «Chancen der Wiedereingliederung ins Berufsleben zu erhöhen».[812]

In dieser Situation stellt sich die Frage, *welche rechtlichen Schanken zum Schutz der Willensfreiheit des Privaten* im Rahmen des öffentlichrechtlichen Verwaltungsvertrags bestehen, wenn sich die angesprochene ‹Verknüpfung der Bedrohungslagen›[813], also Zugang der Verwaltung zur Rechtsmacht des Staates, die sie für ihre Position als Vertragspartei einsetzt, realisiert.

2. Es wurde bereits darauf aufmerksam gemacht, dass die *Zuweisung der Rechtsnatur* eine gewisse Schutzfunktion ausübt: Jene Sachverhalte werden dem

---

[810] Oben Kap. IV.B.1.a): 181. Eine Lösung über eine restriktive Annahme der Zustimmung zu suchen, würde zwar das gleiche Ziel verfolgen, aber das eigentliche Problem nicht thematisieren. Damit würde eine zukunftsgerichtete rechtliche Bearbeitung ausbleiben: vgl. Bundesgericht 2C_522/2007 28. April 2008 – WOHNBAUGENOSSENSCHAFT X - GRUNDSTÜCKGEWINNSTEUER.

[811] Verwaltungsgericht Zürich ZR 72 Nr. 89 1973 – DENKMALPFLEGE AN BÜRGERHÄUSERN IN DER STADT ZÜRICH: 215; BGE 126 I 219 2000 – DENKMALSCHUTZ KINOSAAL VIEUX-CARROUGE: vor allem 226. Hierzu oben Kap. II.B.3.e)iii): 79.

[812] KURT PÄRLI, IIZ (2007): N 29; ähnlich auch NEVILLE HARRIS, Empowerment and State Education: Rights of Choice and Participation (2005).

[813] Oben Fn. 785: 187.

Privatrecht zugeteilt, in welchen sich die Verwaltung in die Selbstorganisation der Gesellschaft einfügt, um damit optimal von dieser Selbstorganisation zu profitieren. Auf der anderen Seite werden insbesondere jene Sachverhalte dem Verwaltungsrecht zugeordnet, in welchen die Verwaltung ihre hoheitlichen Befugnisse zur Geltung bringt oder zumindest ihre Nähe zur Rechtsmacht des Staates einsetzt.[814]

3. Als Absicherung der Willensfreiheit gegenüber dem Vertragspartner wird allgemein die analoge Anwendung von Art. 28 ff. OR betreffend *absichtliche Täuschung und Furchterregung* befürwortet.[815] Das Bundesgericht bestätigte diese Sicht jüngst im Fall OBERZOLLDIREKTION, als eine Angestellte des Bundes in den Bewerbungsgesprächen ein hängiges Strafverfahren verschwiegen und ausweichend geantwortet hatte und demzufolge, so das Bundesgericht, der Arbeitgeber zu Recht das Arbeitsverhältnis für unverbindlich erklärt hatte (vgl. Art. 28 OR, letzter Teilgehalt).[816]

Im Gegensatz zur Anwendung auf privatrechtliche Verwaltungsverträge wird allerdings beim verwaltungsrechtlichen Vertrag eine Einflussnahme der Verwaltung mittels hoheitlicher Befugnisse oder ihrer Nähe zur Rechtsmacht dann nicht zu einer *Furchterregung gemäss Art. 29 f. OR* führen, wenn ein sachlicher Konnex zum Vertragsgegenstand besteht und ein mit dem befehlsförmigen Verfahren äquivalentes Resultat erzielt wird. Ginge es also, um auf das Beispiel der Denkmalpflege zurückzukommen, um Vertragsverhandlungen zur Erhaltung und Pflege eines Gebäudes, so bestünde bei einer durch die Verwaltung eingebrachten Drohung mit der Enteignung für den Fall, dass ein bestimmtes, zum befehlsförmigen Weg äquivalentes Ergebnis nicht erreicht würde, keine Furchterregung im Sinn von Art. 29 f. OR.

4. Im Rahmen des Verwaltungsrechts gilt die Vertragsinhaltsfreiheit nach Art. 19 Abs. 1 OR nicht. Das Verwaltungsrecht konstituiert sich durch seine Abgren-

---

[814] Siehe soeben Kap. IV.B.2.a): 187.

[815] MAX IMBODEN, Der verwaltungsrechtliche Vertrag (1958): 97a; SERGIO GIACOMINI, Verwaltungsrechtlicher Vertrag und Verfügung im Subventionsverhältnis "Staat-Privater" (1992): N 286 f.; ULRICH HÄFELIN/GEORG MÜLLER/FELIX UHLMANN, Allgemeines Verwaltungsrecht (2006): N 1118 ff. Generell bejahte jüngst das Bundesverwaltungsgericht die analoge Anwendung der obligationsrechtlichen Regeln zu Willensmängeln (Art. 23 ff. OR): BVGE A-2583/2007 17. Dezember 2007 – *X. GEGEN EDI - VORZEITIGE PENSIONIERUNG*: Erw. 5.5.1.; BVGE A-7749/2006 12. November 2007 – *SBB GEGEN BUNDESAMT FÜR VERKEHR*: Erw. 7.1; BVGE B-2224/2006 5. September 2007 – *G GEGEN DIENSTSTELLE LANDWIRTSCHAFT UND WALD DES KANTONS LUZERN - NATURSCHUTZVERTRÄGE NHG*: Erw. 3.3.3. Ebenso Zürcher Verwaltungsgericht, PB.2006.00045 13. Juni 2004 – *A. GEGEN STAAT ZÜRICH - ENTLASSUNG ALTERSHALBER*.

[816] BGE 132 II 161 2006 – *OBERZOLLDIREKTION*: vor allem 165 ff.

zung vom Privatrecht und definiert sich somit als Sonderrecht der Staatsverwaltung,[817] mit welchem diese – ihrer politischen Programme entsprechend – einseitig und mit Zwang auf die Gesellschaft einwirkt. Gerade durch diese Abgrenzung vom Privatrecht als Recht der autonomen Selbstorganisation ergeben sich allerdings verschiedene Absicherungen der Privaten und funktionale Äquivalente der freien Willensbetätigung: die Abgrenzung der Rechtsformen (nachfolgend a) sowie das Grundrecht auf Gewissensfreiheit im Besonderen (nachfolgend b) und die Grundrechte im Allgemeinen (nachfolgend c).

a. Dadurch, dass der Vertrag in das Verwaltungsrecht wieder eingeführt wurde, kommt ein sogenannter Re-Entry zustande, d. h. die grundsätzliche Abgrenzung des Verwaltungsrechts von Zwang versus Freiwilligkeit findet in dieses wieder Eingang. Ein Restgehalt von Freiwilligkeit besteht allein aufgrund des Wesens der *Rechtsform* des verwaltungsrechtlichen Vertrags, der durch die Zustimmung der Parteien begründet wird. Ohne eine minimal freie Zustimmung könnte als gar nicht von Vertrag gesprochen werden, respektive es läge kein Vertrag vor.[818] In diesem Sinn kommt neben der erwähnten Zuweisung der Rechtsnatur auch der Eruierung der *Rechtsform* ein gewisser Schutzcharakter zu: Besteht keinerlei freie Zustimmung und damit kein Vertrag, so kommt das Verfügungsrecht samt seinem ausgebauten materiellen und formellen Rechtsschutz zur Anwendung, und insbesondere kann keine gesetzeskompensierende Zustimmung des Privaten angenommen werden.[819]

b. ÅKERSTRØM ANDERSEN hat in überzeugender Weise ausgeführt, worin der *Restgehalt der freien Zustimmung* bei verwaltungsrechtlichen Verträgen im Kern noch besteht: Die Freiheit des Privaten wird nicht im Sinn von KANT als a priori vorausgesetzt,[820] sondern erst dadurch, dass der Private vor die Wahl zwischen Vertrag und Verfügung gestellt wird, gelangt er durch die von der Verwaltung verlangte Entscheidung in die ‹Freiheit›. Die traditionell apriorische Freiheit ist hier von der Verwaltung verliehen; die Verleihung von Freiheit steht in der Macht der Verwaltung. Vor dieser verliehenen Freiheit steht als Prämisse lediglich die *Gewissensfreiheit* – als Freiheit, sein Gewissen in autonomer Weise bilden und sich daran ausrichten zu können. Wer nicht Vertrag wählt, wählt – in Ausübung seiner Gewissensfreiheit als verfassungsmässiges Recht – ‹Manövriermasse› zu sein.[821]

---

[817] Oben Kap. II.B.3.b): 66.
[818] Zur Frage der Rechtsform siehe oben Kap. I: 7.
[819] Hierzu sogleich nachfolgend c).
[820] Hierzu oben bei Fn. 771: 184.
[821] Siehe zur Gewissensfreiheit insbesondere die Problematik zur Dienstverweigerung: hierzu m. w. H. FERNAND CHAPPUIS, Le refus de servir (1994): 383. Jüngst ausführlich in BVGE

c. Im System des Verwaltungsrechts üben die *Grundrechte* eine doppelte Funktion aus, indem sie einerseits für den Schutz des Einzelnen gegenüber der Verwaltung sorgen und andererseits diese umfassende Macht der Verwaltung in demokratisch-rechtsstaatlicher Weise legitimieren.

Im Grundsatz bedarf jeglicher Eingriff in die Grundrechte der Privaten einer *Rechtfertigung,* d. h. es besteht ein Recht auf Überprüfung der Gesetzmässigkeit und der Verhältnismässigkeit des Grundrechtseingriffs. Einer solchen legitimierenden Rechtfertigung bedarf offensichtlich auch jener Verwaltungsvertrag, der einen sogenannten ‹bargain in the shadow of the state› enthält, also die Verhandlungsmöglichkeiten des Privaten aufgrund hoheitlicher Befugnisse vorstrukturiert und damit – mit dem Abschluss oder dem Inhalt des Vertrags – in die Grundrechte eingreift.

Ein Problem beim Grundrechtsschutz im Rahmen der Verwaltungsverträge besteht allerdings in der *Prüfung auf Gesetzmässigkeit.* Erstens löst sich der Verwaltungsvertrag, wie gesehen, naturgemäss von einer strikten gesetzlichen Grundlage.[822] Und zweitens wird das Einverständnis des Privaten oft – zwar nicht ohne Grund, aber in der Regel ohne ausreichende Begründung – als Grundrechtsverzicht gedeutet.[823] Richtigerweise ist bei der Frage, ob das Einverständnis die gesetzliche Grundlage ersetzt, zu differenzieren:

– Zunächst ist zu prüfen, ob die Art und Weise, wie die Verwaltung den Privaten zu Vertragsverhandlungen bringen will, also die *Situation vor der Zustimmung* des Privaten, bereits einen Grundrechtseingriff beinhaltet und ob dieser gerechtfertigt ist. Die – in diesem Sinn: nachträgliche – Zustimmung für sich allein vermag einen derartigen Grundrechtseingriff nicht zu rechtfertigen.

– Entsteht durch den Vertrag eine *existenzielle Abhängigkeit* von der Verwaltung respektive von der Politik, so ist die Zustimmung nicht als entsprechender Grundrechtsverzicht zu deuten.[824]

B-2125/2006 vom 26. April 2007 – S. V. GEGEN ZULASSUNGSKOMMISSION FÜR DEN ZIVILDIENST.

[822] Oben Kap. IV.A.2.b)ii): 142.

[823] BGE 123 I 296 1997 – *X. CONTRE CONSEIL D'ETAT DU CANTON DE GENÈVE (KOPFTUCH)*: 303 f. Zum Verhältnis von Zustimmung und den Anforderungen an die gesetzliche Grundlage vgl. BGE 129 I 161 2003 – *KINDERGARTENSTELLVERTRETUNG CHUR*: 163.

[824] UDO DI FABIO, Verwaltung und Verwaltungsrecht zwischen gesellschaftlicher Selbstregulierung und staatlicher Steuerung (1997): 256 f. Siehe auch soeben Kap. IV.B.2.a)ii): 190. Vgl. in diesem Punkt die Kopftuchfrage in BGE 123 I 296 1997 – *X. CONTRE CONSEIL D'ETAT DU CANTON DE GENÈVE (KOPFTUCH)*: 303 f.

- Eine Zustimmung des Vertragspartners vermag selbstverständlich den Eingriff in die *Rechtssphäre Dritter* nicht zu rechtfertigen.[825] Selbst wenn der Staat wie im Fall SCHWEIZERISCHER TREUHÄNDER-VERBAND C. SCHWEIZERISCHE NATIONALBANK mit Rahmenbedingungen (oder auch mit Finanzzuweisungen) öffentliche Zwecke in eine Selbstregulierung trägt, richteten sich entsprechende Ansprüche gegen den Staat, die diesen zur Einwirkung auf die Selbstregulative oder auf die Kooperationen verpflichten.[826] Dies bedeutet, wie oben erläutert, allerdings nicht, dass zu Recht geltend gemachte Ansprüche Dritter immer auf den Vertrag durchschlagen. Während derartige Ansprüche einen gültig abgeschlossenen privatrechtlichen Vertrag grundsätzlich nicht direkt in Bestand und Inhalt tangieren,[827] vermögen eine Beschwerde gegen reglementarische Gesetzesnormen indirekt, eben durch Veränderung der Rahmennormen, und eine Klage gestützt auf verwaltungsvertragliche Regelungen direkt auf die Vertragsparteien durchzuschlagen.[828]

- *Konkrete Regeln und Pflichten,* die dem Privaten durch staatliche Verwaltungseinheiten einseitig oder mit zumindest indirekter Hilfe von staatlicher Rechtsmacht indirekt aufgedrängt werden, stellen potenziell einen Grundrechtsverstoss dar, der sich entsprechend zu rechtfertigen hat.[829] Dabei gilt es auch die graduelle Evolution jener Kooperationen und Selbstregulierungen im Auge zu behalten, die durchaus zu Beginn im Rahmen der Grundrechte bleiben, später jedoch die Schwelle zur Grundrechtsverletzung überschreiten kann. Oder anders gesagt: Eine graduelle Steigerung von Kooperations- und Selbstregulierungspflichten rechtfertigt eine Grundrechtsrechtverletzung nicht ohne weiteres.

- Schliesslich ist darauf hinzuweisen, dass der *Wegfall gesetzlicher Legitimation nicht ohne Kompensation bleiben muss und kann.* Da durch die Verminderung gesetzlicher Bindungswirkung die Verwaltung eine Erweiterung ihrer Handlungsmöglichkeiten erfährt, ist diese Erweiterung ins Recht zu fassen. Dabei handelt es sich bei derartigen Freiräumen der Verwaltung nicht um

---

[825] Bundesgericht 2C_522/2007 28. April 2008 – WOHNBAUGENOSSENSCHAFT X - GRUNDSTÜCKGEWINNSTEUER: Erw. 3.

[826] UDO DI FABIO, Verwaltung und Verwaltungsrecht zwischen gesellschaftlicher Selbstregulierung und staatlicher Steuerung (1997): 262 ff., vor allem 270 f.

[827] Oben bei Fn. 782: 186.

[828] Hierzu oben Kap. III.E.2: 128.

[829] UDO DI FABIO, Verwaltung und Verwaltungsrecht zwischen gesellschaftlicher Selbstregulierung und staatlicher Steuerung (1997): 256 f.; vgl. auch THOMAS P. MÜLLER, Verwaltungsverträge im Spannungsfeld von Recht, Politik und Wirtschaft (1997): 217 f.

Freiheiten im grundrechtlichen Sinn, sondern um Handlungsräume, welche die Verwaltung – wie oben ausgeführt – nach den Grundsätzen der Legitimation[830] und des pflichtgemässen Ermessens[831] auszuüben und zu begründen hat. Während das Erfordernis der Legitimation primär darauf abzielt, die Beteiligungsmechanismen des Gesetzes zu kompensieren, damit die Machtausübung der Verwaltung nicht primär als willkürlich, sondern letztlich als gemeinschaftlich erscheint,[832] läuft das Erfordernis des pflichtgemässen Ermessens letztlich auf eine Inhaltskontrolle von verwaltungsrechtlichen Verträgen hinaus, was angesichts der Tatsache, dass die Disziplinierung des Vertragsinhaltes sowohl durch den Marktmechanismus fehlt wie auch jene durch die Gesetzesbindung nur vermindert zum Zuge kommt, durchaus angebracht ist. Das deutsche Verwaltungsverfahrensgesetz sieht denn auch in § 56 vor, dass die Gegenleistung eines verwaltungsrechtlichen Austauschvertrags den gesamten Umständen angemessen sein muss und im sachlichen Zusammenhang mit der vertraglichen Leistung der Behörde stehen muss.[833] Dabei ist zu beachten, dass jene vereinbarten Leistungen, auf welche bereits ausserhalb des Vertrags ein Rechtsanspruch besteht, zum Schutz des Leistungsempfängers nicht in die Eruierung des Leistungsgleichgewichts einzubeziehen sind.[834]

3. Reflexive Legitimationskompensation

1. Wann nun konkret ein inhaltliches Gleichgewicht und eine genügende Legitimation besteht, lässt sich infolge der grossen Diversität der Verwaltungsverträge und den stetig wechselnden Interessen insbesondere des Staates oft weder vom Gesetzgeber noch von den Gerichten ein für allemal festlegen. Insofern verkennt die Forderung nach einem ‹Besonderen Teil›, d. h. nach detaillierten Inhaltsregelungen für die einzelnen Typen von Verwaltungsverträgen, deren evolutorische Eigenschaft.[835]

---

[830] Zur Legitimation vgl. oben Kap. III.C: 102.
[831] Zum pflichtgemässen Ermessen siehe oben Kap. IV.A.2.e)iii): 155.
[832] Siehe die Parallelität zur Legitimationstheorie von Cover, oben bei Fn. 648: 156.
[833] Dies entspricht im Übrigen auch der rechtlichen Situation bis zum 18. Jahrhundert, bevor der Vertragsinhalt im Zuge der Emergenz der Marktwirtschaft freigegeben wurde. Hierzu sei auf die Ausführungen zur Evolution des Verwaltungsvertrags verwiesen, die in Kürze publiziert werden.
[834] Maurer schliesst für das deutsche Recht aus dem Rechtsanspruch auf die Unzulässigkeit eines derartigen Vertragsinhalts: HARTMUT MAURER, Allgemeines Verwaltungsrecht (2004), S. 358 mit Verweis auf § 53 Abs. 2 des deutschen Sozialgesetzbuchs.
[835] Vgl. EBERHARD SCHMIDT-ASSMANN, Das Recht der Verwaltungsverträge (2001): 67.

Bestehen keine durch Gesetz oder Rechtsprechung vorgeformte konkrete Vorgaben, so lässt sich eine adäquate Lösung für den Gegenstand verwaltungsrechtlicher Verträge immerhin mit einer reflexiven Legitimationskompensation erreichen. Denn aufgrund des erwähnten evolutorischen Charakters von privatrechtlichen und öffentlichrechtlichen Verwaltungsverträgen, die sich in flexibler Weise stets den wechselnden Ansprüchen von Kooperationen zwischen Staat und Privaten anpassen, bietet es sich an, ein ebenso *flexibles dogmatisches System* zu suchen. In der Tat gibt es erstens zahlreiche Möglichkeiten, Verwaltungshandeln gegenüber Dritten zu legitimieren – von demokratieähnlichen Beteiligungsverfahren[836] bis hin zur direkten Einbeziehung Dritter in den Vertrag.[837] Und zweitens vermögen in der Regel die Vertragsparteien selbst am besten ein legitimierendes Verfahren zu erschaffen, das zugleich den spezifischen Eigenheiten ihrer Kooperation Rechnung trägt. Das politische und vom Recht entsprechend gespiegelte Bedürfnis nach Legitimation ist folglich mit den kreativen Kräften des Vertrags zu kombinieren, der von den Parteien in aller Regel ja gerade wegen dieser kreativen Kräften als Rechtsform angestrebt wird.

Das bedeutet im Wesentlichen, dass bei einem bestehenden Legitimationsdefizit insbesondere gegenüber Dritten von den Vertragsparteien eine entsprechende Kompensation einzufordern ist, wenn die Vertragsparteien weder den legitimierenden Kräften des Wettbewerb unterliegen (und dies auch nicht etwa durch das Wettbewerbsrecht oder ein vorgeschaltetes Verfahren kompensiert wird)[838] noch durch Gesetze und Verordnungen oder durch entsprechende Vertragsgestaltung für Legitimation gegenüber dem Vertragspartner und gegenüber Dritten gesorgt wurde.[839] Dies gilt für privatrechtliche Verwaltungsverträge (nachfolgend 2.) ebenso wie für öffentlichrechtliche Verwaltungsverträge (nachfolgend 3.).

2. Wie sich im Rahmen *privatrechtlicher Verwaltungsverträge* ein Legitimationsdefizit ergeben kann und wie ein solches kompensiert werden könnte, kann anhand verschiedener Bundesgerichtsentscheide gezeigt werden.

a. Im wichtigen Bundesgerichtsentscheid SCHWEIZERISCHER TREUHÄNDER-VERBAND C. SCHWEIZERISCHE NATIONALBANK aus dem Jahr 1983 ging es darum,

---

[836] Eine Vorstufe eines solchen Verfahrens stellt die Publikation der Ausschreibung im Sinn von Art. 2 Abs. 7 BGBM dar.

[837] Hierzu FRANZ REIMER, Mehrseitige Verwaltungsverträge (2003). Vgl. auch die Zustimmung Dritter im Sinn von § 58 Abs. 1 D–VwVfG.

[838] Paradebeispiel ist BGE 109 Ib 146 1983 – SCHWEIZERISCHER TREUHÄNDER-VERBAND C. SCHWEIZERISCHE NATIONALBANK, wobei das Bundesgericht gerade anders entschied.

[839] So etwa in BGE 128 I 113 2002 – VEREIN DES BÜNDNER STAATSPERSONALS (PSYCHIATRISCHE DIENSTE GRAUBÜNDEN).

dass die Schweizerische Nationalbank mit der überwiegenden Mehrheit der schweizerischen Banken eine Vereinbarung über die Sorgfaltspflichten bei Entgegennahme von Geldern abgeschlossen hatte. Der Treuhänder-Verband verlangte von der Nationalbank, dass seine Mitglieder ebenso wie die Rechtsanwälte und die Mitglieder der Treuhand- und Revisionskammer von der Offenlegung der Identität ihrer Kunden zu befreien seien. Dies wies die SNB mit einem Schreiben an die Gesuchstellerin ab. Das Bundesgericht verneinte, dass diese ablehnende Haltung der Nationalbank mit einer Verwaltungsbeschwerde angefochten werden könne, da es sich um einen privatrechtlichen Vertrag handle.[840] In der Lehre wurde ausführlich darüber debattiert, ob in casu tatsächlich ein privatrechtlicher Vertrag vorgelegen habe.[841] Doch auch wenn man von einer privatvertraglichen Rechtsnatur ausgeht – gegenüber dem Treuhänderverband bestand ein markantes Legitimationsdefizit, denn dieser war weder in die Strukturbildung der Bankenvereinbarung einbezogen worden noch konnte er infolge eines funktionierenden Marktes auf zahlreiche andere Banken ausweichen.[842]

Wie wäre nun eine solche Legitimation gegenüber Dritten auf dem rechtlichen Weg – *dogmatisch* – derart einzufordern, dass zugleich auf die Selbstorganisationskräfte der Parteien Rücksicht genommen würde? Traditionell übernehmen im Vertragsrecht Generalklauseln wie jene der guten Sitten (Art. 19 f. OR, Art. 27 f. ZGB), zu Treu und Glauben (Art. 2 ZGB) sowie zur Anwendung des Rechts (Art. 1 ZGB) die Funktion, einen *Prozess der «sozialen» Rechtssetzung* im Zusammenspiel von Recht, Politik, Wissenschaft und den am Konflikt beteiligten Parteien und Rationalitäten freizusetzen. In einem derartigen Prozess weist das Gericht mit einem Entscheid unter Anrufung einer Generalklausel den Fall unter Angabe einer allgemein gehaltenen Begründung zurück auf die Teilnehmer der sozialen Rechtssetzung, mit dem impliziten Auftrag, eine detaillierte Lösung zu suchen. In der Folge werden unter Anleitung der gerichtlichen Erwägungen (die von der Rechtswissenschaft auf ihre dogmatische Konsistenz überprüft werden) von den Betroffenen neue Variationen generiert, sodann allenfalls den Gerichten zur Selektion vorgelegt, möglicherweise wiederum zurückgewiesen, allenfalls mit gesetzlichen Vorgaben ergänzt, usw. – bis eine stabilisierungsfähige Selektion gefunden wird.

---

[840] BGE 109 Ib 146 1983 – *Schweizerischer Treuhänder-Verband c. Schweizerische Nationalbank*.

[841] Hierzu vor allem Christian Schmid, Die neue Vereinbarung über die Sorgfaltspflichten der Banken (1983); Georg Müller, Zur Rechtsnatur der VSB (1984); René Rhinow, Verfügung, Verwaltungsvertrag und privatrechtlicher Vertrag (1985); René Rhinow, Verwaltungsrechtlicher oder privatrechtlicher Vertrag (1985).

[842] Zum Fall und seinen Hintergründen siehe Andreas Abegg, Regulierung hybrider Netzwerke (2006): 266 ff.

In casu hätte mangels Legitimation das VSB-Netzwerk zur diskriminierungsfreien Kontrahierung mit betroffenen Dritten gezwungen werden sollen[843] – bis das Netzwerk seine neu erstellte Marktordnung mit einer genügenden Legitimationsquelle erschlossen hätte. Mit einem einfachen «so nicht» und relativ vagen Anforderungen an die Dogmatik im Sinn der oben festgehaltenen normativen Anforderungen könnte somit ein Prozess freigesetzt werden, mit welchem in prozeduraler Weise unter Ausnützung evolutorischer Strukturen empirisch abgestützte Lösungen gesucht werden, die den strengen normativen Anforderungen des Rechts gehorchen und gleichzeitig in jenen Rationalitäten, die den Konflikt an das Recht herangetragen haben, Beachtung finden.[844]

b. Dass dies keine praxisfremde Forderung ist, zeigt sich am jungen Entscheid des Bundesgerichts *REISEN.CH AG GEGEN SWITCH*. Das Bundesgericht stellte fest, dass in casu die Übertragung von Domain-Namen des Internets durch die Switch (welche ihrerseits einen verwaltungsrechtlichen Vertrag mit dem Bundesamt abgeschlossen hatte) mit privatrechtlichem Vertrag erfolge. Unter anderem mit Hinweis auf die vorgesehenen Streitbeilegungsmechanismen kam das Bundesgericht zum Schluss, dass keine Gründe vorlägen, weshalb das historisch gewachsene System nicht mehr zu befriedigen vermöge, folglich die Domainvergabe privatrechtlich erfolge und der Switch keine Verfügungskompetenz zukomme. Die verwaltungsrechtliche Beschwerde wurde folglich abgewiesen.[845]

c. Auf eine reine Marktlegitimation beschränkte sich das Bundesgerichts dagegen in *P. GEGEN STADTRAT LUZERN (GANZWERBEBUS)* aus dem Jahr 2001.[846] Hier hatte die Stadt Luzern die werbetechnische Gestaltung ihrer öffentlichen Busse einer privaten Plakatgesellschaft übertragen, behielt sich jedoch ein Vetorecht vor. Ein Privater wollte das ganze Äussere eines Busses mit dem Satz gestalten: «Im Kanton Luzern leben mehr Schweine als Menschen – wieso sehen wir sie nie?» Die städtischen Busbetriebe legten dagegen ihr Veto ein. Das Bundesgericht verneinte zu Recht, dass sich der Private auf verwaltungsrechtlichem Weg gegen das Veto der Verwaltung zur Wehr setzen könne, denn die Verwaltung hatte sich dem Markt

---

[843] Dogmatisch hätte an die guten Sitten oder an die Boykottdoktrin angeschlossen werden können. Hierzu m. w. H. MARC AMSTUTZ/ANDREAS ABEGG/VAIOS KARAVAS, Soziales Vertragsrecht (2006); EUGEN BUCHER, BGE 129 III 35 ff. (2003): 107 ff.

[844] Zum theoretischen Design im Detail siehe ANDREAS ABEGG, Regulierung hybrider Netzwerke (2006): 277 ff.

[845] BGE 131 II 162 2005 – *REISEN.CH AG GEGEN SWITCH*: 166, siehe auch 164.

[846] BGE 127 I 84 2001 – *P. GEGEN STADTRAT LUZERN (GANZWERBEBUS)*.

für Werbung unterzuordnen,[847] und es standen dem Privaten auf dem Werbemarkt zweifellos zahlreiche Alternativen offen, um seine Botschaft zu verbreiten.[848]

3. Wie kann nun ein Legitimitätsdefizit bei *verwaltungsrechtlichen Verträgen* mit Hilfe einer Rechtsprechung kompensiert werden, die zugleich einen Prozess der sozialen Normgebung auslöst?

Am Fall S. AG GEGEN EIDG. VOLKSWIRTSCHAFTSDEPARTEMENT (PFLICHTLAGERVERTRAG FUTTERMITTEL) lässt sich zeigen, wann eine Verfügung der Verwaltung anzunehmen ist. In casu hatte ein verwaltungsrechtlicher Vertrag zur Pflichtlagerhaltung zwischen dem Eidgenössischen Volkswirtschaftsdepartement und der C. AG bestanden. Letztere hatte einen Teil der Lagerhaltung mit privatrechtlichem Vertrag an die S. AG übertragen. Gestützt auf die erstere verwaltungsrechtliche Vertragsbeziehung[849] opponierte nun die Verwaltung gegenüber dem zweiten, privatrechtlichen Vertrag und hielt die C. AG an, innert einer bestimmten Frist die Pflichtlagerhaltung von der S. AG umzulagern. Diese Kommunikation der Verwaltung an die C. AG qualifizierte das Bundesgericht als Verfügung, die von der Drittpartei, der S. AG, auf dem Beschwerdeweg angefochten werden könne.[850] In der Tat war die Drittpartei nicht in die legitimatorischen Wirkungen des Verwaltungs-

---

[847] Nicht relevant war in diesem Sinn, dass zwar grundsätzlich die Werbevergabe wirtschaftlichen Kriterien folgte, gerade in diesem Fall aber politischen. Denn soweit die Verwaltung sich im Marktumfeld bewegt und sich den entsprechenden privatrechtlichen Formen bedient, geniesst sie in diesem Sinn die Privatautonomie gemäss Art. 19 Abs. 1 OR – selbstverständlich immer im Rahmen der Gesetze. In diese Richtung geht auch die Begründung des Bundesgerichts: BGE 127 I 84 2001 – *P. GEGEN STADTRAT LUZERN (GANZWERBEBUS)*: 90 f.

[848] Hier unterschied sich dieser Fall denn auch deutlich von BGE 129 III 35 2003 – *POST GEGEN VEREIN GEGEN TIERFABRIKEN*: 45. Vgl. mit BGE 127 I 84 2001 – *P. GEGEN STADTRAT LUZERN (GANZWERBEBUS)*: 90 f.

[849] Konkret kritisierte die Verwaltung, dass die im Verwaltungsvertrag festgelegte Pflichtlagermenge nicht eingehalten wurde: BGE 103 Ib 335 1977 – *S. AG GEGEN EIDG. VOLKSWIRTSCHAFTSDEPARTEMENT (PFLICHTLAGERVERTRAG FUTTERMITTEL)*: 336.

[850] BGE 103 Ib 335 1977 – *S. AG GEGEN EIDG. VOLKSWIRTSCHAFTSDEPARTEMENT (PFLICHTLAGERVERTRAG FUTTERMITTEL)*: vor allem 337 ff. Als Begründung für den Beschwerdeweg anstelle einer Klage an das Schiedsgericht führte das Bundesgericht an, dass sich in casu die Verwaltung nicht auf ein vertragliches Recht berufen könne, sondern sie trete als staatlicher Hoheitsträger auf. Dem kann allerdings nicht zugestimmt werden, denn in casu ging es darum, dass die S. AG die vertraglich vereinbarte Menge nicht eingehalten hatte. Die Verwaltung berief sich somit auf die Einhaltung einer vertraglichen Verpflichtung. Dies ändert nach der hier vertretenen Meinung aber nichts am Resultat, dass diese Kommunikation von der S. AG als Verfügung angefochten werden kann.

vertrags eingeschlossen, zugleich aber in hohem Masse von der vertragsbezogenen Kommunikation der Verwaltung betroffen.[851]

Wie nun die *Freisetzung einer sozialen Rechtsetzung im Verwaltungsrecht* materiellrechtlich aussehen kann, lässt sich am Beispiel des Bundesgerichtsentscheides in Sachen VEREIN DES BÜNDNER STAATSPERSONALS (PSYCHIATRISCHE DIENSTE GRAUBÜNDEN) aus dem Jahr 2002 zeigen. Der kantonale Gesetzgeber hatte einer selbstständigen öffentlichen Anstalt «grösstmögliche unternehmerische Freiheit» dadurch verschaffen wollen, dass er einerseits durch Zuweisung zum öffentlichrechtlichen Dienstrecht die zwingenden Privatrechtsnormen weitgehend ausschloss und dass andererseits mittels einer Blankettnorm der Erlass von Dienstvorschriften an die Anstalt delegiert wurde und sich diese somit von allen unliebsamen öffentlichrechtlichen Vorgaben befreien konnte.[852] Das Bundesgericht erklärte, dass erstens eine derartige Blankettnorm nicht mit den Grundsätzen der Gewaltenteilung und der Gesetzmässigkeit vereinbar und somit aufzuheben sei, zweitens aber die vorgesehene Verweisung auf das öffentliche Personalrecht in Kraft bliebe.[853] Damit blieb es freilich dem kantonalen Gesetzgeber unbenommen, eine neue Regelung auszuarbeiten, die zwar vom öffentlichen Dienstrecht abweichen, aber dennoch die zentralen legitimationsspendenden Verfassungsgrundsätze respektieren würde.

In ähnlicher Weise entschied sodann das Bundesgericht im Fall COMUNE DI BIOGGIO aus dem Jahr 2006, dass es willkürlich sei und insbesondere gegen Art. 9 BV verstosse, wenn eine Vertragspartei verbindlich über die Tragweite des Vertrags befinden könne, ohne dass der anderen Vertragspartei ein Rechtsmittel an ein Gericht zur Verfügung stehe, das über die staatsrechtliche Beschwerde hinausgehe. Das Bundesgericht wies den Fall an die kantonalen Behörden zur Schliessung der Legitimationslücke zurück.[854]

4. Zum Schluss ist zu bemerken, dass mit dem beschriebenen reflexiven Suchprozess einer sozialen Rechtsprechung die verschiedenen am Konflikt beteiligten Systeme zusammen mit Recht *in evolutorischer Weise am Ort struktureller Kopp-*

---

[851] Zur Abgrenzung von Verfügung und vertragsbezogener Willenserklärung siehe im Detail oben Kap. III: 89.

[852] Das Bundesgericht hob diese Regelung aufgrund des Verstosses der Delegation gegen die Grundsätze der Gewaltenteilung und der Gesetzmässigkeit gemäss Bündner Verfassung auf: BGE 128 I 113 2002 – VEREIN DES BÜNDNER STAATSPERSONALS (PSYCHIATRISCHE DIENSTE GRAUBÜNDEN): vor allem 120 ff., Erw. 2e und 3.

[853] BGE 128 I 113 2002 – VEREIN DES BÜNDNER STAATSPERSONALS (PSYCHIATRISCHE DIENSTE GRAUBÜNDEN): 127.

[854] BGE 132 I 140 2006 – COMUNE DI BIOGGIO: vor allem 144 ff.

lungen in einem morphogenen Prozess[855] aufeinander abgeglichen werden und damit eine Ko-Evolution verschiedener sozialer Bereiche sichergestellt wird, die ein funktionales, aber auf die gesamte Gesellschaft ausgeweitetes Äquivalent zu den Grundrechten darstellt, freilich ohne damit die politischen Grundrechte zu ersetzen. Eine derart durch die Gerichte ausgelöste prozedurale Rechtsfindung beteiligt – wie es die Legitimationstheorie fordert – die Gesellschaft an der Rechtsfindung und ist den neuartigen Problemstellungen des Verwaltungsvertrags angemessen: Mit dem Verwaltungsvertrag sucht die Politik die Kooperation mit verschiedenen anderen Gesellschaftsbereichen, um trotz der eigenen Begrenzung ihren umfassenden Auftrag, die Gesellschaft zu einen und zu allgemeiner Wohlfahrt zu führen, noch erfüllen zu können. Dabei hat das Recht die hohe Flexibilität und Dynamik der am Verwaltungsvertrag beteiligten Gesellschaftsbereiche zu spiegeln, zugleich aber den Vertrag als strukturelle Kopplung zwischen Sozialbereichen, die zunehmend auf die wechselseitige Kooperation angewiesen sind, auf Dauer zu stabilisieren. Denn auf diese Weise, gerade auch im Verwaltungsvertrag, bringen einerseits die Gesellschaft ihr Recht und andererseits das Recht seine Gesellschaft in prozeduraler Weise immer wieder neu zur Geltung.[856]

---

[855] Zu dieser Metapher am Beispiel von BGE 109 Ib 146 1983 – SCHWEIZERISCHER TREUHÄNDER-VERBAND C. SCHWEIZERISCHE NATIONALBANK siehe ANDREAS ABEGG, Regulierung hybrider Netzwerke (2006): 270 ff.

[856] RUDOLF WIETHÖLTER, Recht-Fertigungen eines Gesellschafts-Rechts (2003).

V. Themenübersicht

A. Perspektive eines Gesellschaftsvertragsrechts

Die vorliegenden Untersuchungen behandeln die Grundzüge einer Dogmatik des öffentlichrechtlichen und privatrechtlichen Verwaltungsvertrags. Sie basieren auf Vorarbeiten zu einem historischen und theoretischen Modell der Evolution des Verwaltungsvertrags, die andernorts unter dem Obertitel «Die Evolution des kontrahierenden Staates» publiziert werden.

Ausgangsposition für eine zukunftsgerichtete Dogmatik des Verwaltungsvertrags kann das Eingeständnis bilden, dass der heutige Staat zur Erfüllung seiner Aufgaben in einem Mass auf die Kooperation der Privaten angewiesen ist, dass damit letztlich selbst die Begriffe des Staates und der Gesellschaft in Frage gestellt werden. So kontrahiert heute die Staatsverwaltung – ohne eine gesetzgeberische Klärung abzuwarten – in Gebieten, die ehemals als absolut vertragsfeindlich galten, wie etwa im Bereich von Sicherheit und Ordnung oder im Sozialwesen. Mit diesem Ausgangspunkt und unter Berücksichtigung der historischen und theoretischen Erfahrung, dass die Verwaltung des modernen Staates trotz aller ihr verfügbaren Macht auf die Kooperation mit der Gesellschaft angewiesen ist, muss sich eine aktuelle und zukunftsgerichtete Dogmatik von einem der Verwaltung auf den Leib geschneiderten Vertragsrecht lösen und die Perspektive eines *Gesellschaftsvertragsrechts* ins Auge fassen. Mit einem derartigen Gesellschaftsvertragsrecht kann die bisher in der Politik zentrierte Grossaufgabe, Sicherheit und allgemeine Wohlfahrt herzustellen, mit Recht an die Gesellschaft vermittelt werden (vgl. Einleitung und Annäherung an die Begriffe: 1).

Die vorliegende Arbeit untersucht hierzu zunächst die Abgrenzung von Verfügung und Vertrag (Rechtsform) sowie die Unterscheidung von privatrechtlichem und öffentlichrechtlichem Verwaltungsvertrag (Rechtsnatur), wendet sich sodann der Frage zu, ob vertragsbezogene Willenserklärungen der Verwaltung als Verfügungen anfechtbar sind, und befasst sich schliesslich mit ausgewählten Aspekten zu Zustandekommen und Gültigkeit des Vertrags.

B. Abgrenzung nach Rechtsform (Vertrag und Verfügung) und nach Rechtsnatur (privatrechtlicher und öffentlichrechtlicher Verwaltungsvertrag)

Im soeben erwähnten Kontext und mit Blick auf die historischen und theoretischen Erkenntnisse wird zunächst für eine *objektivierte Unterscheidung von Vertrag von der Verfügung* plädiert. Diese Unterscheidung gründet erstens auf der Frage, ob eine konstitutiv wirkende Willensübereinstimmung vorliegt und sodann zweitens darauf, ob beide Parteien auf die Kooperation angewiesen sind (vgl. Kap. I: 7).

Als *Abgrenzung zwischen dem privatrechtlichen und dem verwaltungsrechtlichen Vertrag* wird sodann eine Kombination von Funktions- und Subordinationstheorie vorgeschlagen: Mit Blick auf die Funktion des Rechtsverhältnisses sind dabei weniger die Interessen der Verwaltung zu ergründen, sondern vielmehr die Frage, mit welchem Recht die notwendige Stabilisierung des gemeinsamen Projektes besser erreicht werden kann. Die Subordinationstheorie dient sodann als Ausgleichsmechanismus insofern, als damit erstens die Verwaltung auf die Ebene des Zivilrechts gebracht werden soll, wo sie sich zum eigenen Vorteil mit der Rationalität der Privaten ‹gleichordnet›. Zweitens wird unter Anleitung der Subordinationstheorie ein Vertrag dann dem Verwaltungsrecht zugeordnet, wenn die Verwaltung ihre Position als Vertragspartnerin durch ihre Nähe zur Rechtsmacht des Staates zu verbessern vermag (vgl. Kap. II: 45).

C. Willensäusserung und Verfügung als prozessuale Anknüpfungspunkte im materiellen Recht

Können *vertragsbezogene Willensäusserungen der Verwaltung im Klage- oder Beschwerdeverfahren angefochten werden* und dergestalt Einfluss auf die verwaltungsinterne Willensbildung und -äusserung genommen werden? Diese Frage ist im Grundsatz dahingehend zu beantworten, dass eine Willensäusserung der Verwaltung dann einer Rechtskontrolle unterliegt, wenn sie nicht dem disziplinierenden Marktmechanismus und dem Privatrecht als Recht der gesellschaftlichen Selbstorganisation unterworfen ist. In Anbetracht eines derartigen Legitimationsdefizites, das auch nicht anderweitig kompensiert ist, gilt eine Willenserklärung der Verwaltung als Verfügung und unterliegt in der vorvertraglichen Phase einem öffentlichrechtlichen Beschwerdeverfahren, während in der vertraglichen Phase bei vertragsbezogenen Ansprüchen grundsätzlich das für den Vertrag zuständige Gericht anzurufen ist. Darüber hinaus wird vorgeschlagen, mittels reflexiver Rechtsprechung ein genügendes Mass an Legitimation von den am Konflikt beteiligten Parteien einzufordern (vgl. Kap. III: 89).

D. Ausgewählte Themen zum Abschluss des Verwaltungsvertrags

Im Rahmen des *Abschlusses des Verwaltungsvertrags* befasst sich die vorliegende Arbeit mit den Themen der Zuständigkeit zum Vertragsabschluss sowie mit dem Status der Willens- und Vertragsfreiheit. Diese ausgewählten Aspekte sind für den Verwaltungsvertrag von besonders herausragender Wichtigkeit.

Unter dem Blickwinkel der Legitimation erscheint die Frage der *Zulässigkeit eines Verwaltungsvertragsabschlusses* als Frage, ob die Verwaltung zu diesem Vertragsabschluss zuständig ist. In Anbetracht der allerorts bahnbrechenden Kooperationen zwischen Staat und Privaten und mit Blick auf die historischen Pfadabhängigkeiten plädiert die vorliegende Untersuchung für einen weitgehenden Abbau der Zulässigkeitsschranken, wobei allerdings auf eine Kompensation der damit verloren gegangenen Gesetzeslegitimation grossen Wert zu legen ist – vor allem durch die Ausübung pflichtgemässen Ermessens und durch eine verstärkte Inhaltskontrolle. Die Rechtsfolgen bei Unzuständigkeit sind mit einem System zu erfassen, das die Zuständigkeit der Verwaltung als verwaltungsinterne Fragestellung von der Vertretungsmacht als vertragsrechtliche Fragestellung unterscheidet (vgl. Kap. IV.A: 133).

Schliesslich widmet sich die vorliegende Arbeit der Frage, wie im Rahmen von Verwaltungsverträgen auf die Gefahr zu reagieren ist, dass die Verwaltung unter Ausnützung staatlicher Rechtsmacht nicht nur die Vertragsinhaltsfreiheit, sondern auch die Willensfreiheit des Privaten gefährdet. Es werden die bestehenden Sicherungsmechanismen für privatrechtliche und öffentlichrechtliche Verträge evaluiert, und unter Berücksichtigung historischer Pfadabhängigkeiten einerseits und mit Blick auf aktuelle Fälle andererseits wird wiederum für eine offene prozeduralisierte Legitimationskompensation plädiert, die Konflikte letztlich – unter rechtlicher Anleitung – auf die beteiligten Gesellschaftsbereiche zurückspiegelt (vgl. Kap. IV.B: 181).

Sachregister

Fettgedruckte Zahlen verweisen auf Hauptfundstellen. Kursivgedruckte Zahlen weisen darauf hin, dass sich die Fundstelle auch auf die nachfolgenden Seiten erstreckt.

A

Abgaberecht *172*
Abschlussfreiheit 173
Abtretung 168
acte détachable *93*, *100*
Agreements (Gentlemen's) 40
analoge Anwendung 16, 42, 63, 178, 195
Änderung verwaltungsrechtlicher Rechte und Pflichten *Siehe* Vertrag: Anpassung
Anfechtbarkeit von Verfügungen **89**
Anfechtungstheorie ***174***
Anpassung des Vertrags *Siehe* Vertrag: Anpassung
Anscheinsvollmacht *Siehe* Vollmacht
Anspruch auf Beschäftigung *115*
Anstalt *Siehe* öffentlichrechtliche Anstalt
Äquivalenzprinzip *Siehe* Vertrag: Inhaltskontrolle
Asylrecht 79, *Siehe* Integrationsvertrag
Aufsichtsbeschwerde 107
Auslegung des Gesetzes *Siehe* Gesetz: Auslegung
Auslegung des Vertrags *Siehe* Vertrag: Auslegung
Aussenwirkung *Siehe* Drittparteien

B

Bankenregulierung 64, 86
Beamtenrecht *Siehe* Personalrecht
Beendigung *Siehe* Kündigung
Begründung von Rechte und Pflichten *Siehe* Vertrag: Zustandekommen
Begründung/Erläuterung *115*, **129**, ***156***, *199*
Beschaffungsrecht 15, 27, ***120***, 171
  Ausschreibung **120**
  freihändige Vergabe 100
  Zuschlag 99, ***120***, ***169***
Beschwerde – verwaltungsinterne *19*, *59*, *90*, **128**, *Siehe auch* Verwaltungsgerichtsbarkeit
besonderes Rechtsverhältnis 79, ***111***, **116**
Bestandeskraft 22, *Siehe auch* Vertrag: Anpassung
Besteuerung *Siehe* Steuerrecht
Beurteilung durch ein Gericht *Siehe* Verwaltungsgerichtsbarkeit
Bewerbung *Siehe* Stellenbewerbung
Bewilligung *Siehe* Konzession
Bilateralität *Siehe* Zweiseitigkeit
Bundesverfassung *Siehe Gesetzesregister*

C

clausula rebus sic stantibus *Siehe* Anpassung des Vertrags
culpa in contrahendo 43, 120, 129, 168, *170*, 178

D

déclassement de matières 14, 16, 47, 54
Delegation 48, ***52***, 152, 161, 204
Demokratieprinzip ***133***, *Siehe auch* Gesetz
Denkmalpflege 84, *183*
Deutschland 3, ***93***, 153
Dienstanweisung **120**
Dienstverhältnis *Siehe* Personalrecht

Diskriminierungsverbot *Siehe* Gleichbehandlung
Disziplinarrecht 112, *Siehe* besonderes Rechtsverhältnis
doppeltrelevante Tatsache *19*, 59
Drittparteien 20, *89*, 160, 162, 179, 186, 192, 198, *200*
Drittwirkung *Siehe* Grundrechte
Duldungsvollmacht *Siehe* Vollmacht

E

Eignung *Siehe* Geeignetheit
Eingliederungsvertrag *Siehe* Integrationsvertrag
Enteignung 83, 85, 183
Entscheidungsspielraum *Siehe* Ermessen
Erläuterung *Siehe* Begründung
Ermächtigung *Siehe* Vertretungsmacht
Ermessen 27, 50, 79, *152*, *155*, 162, *185*, *199*
Erschliessung 2, 147, 183
Europäische Menschenrechtskonvention *Siehe Gesetzesregister*
excès de pouvoir *92*
Expropriation *Siehe* Enteignung

F

Fiskustheorie 7, 8, *22*, 38, 66, *68*
Form 94, 134, 180
Frankreich 3, *92*, 152
Freiheitsrechte **160**
　Gewissensfreiheit *196*
　Vertragsfreiheit *26*, *82*, 111, *181*
　Willensfreiheit 25, 60, *181*
funktionales Recht 58, *70*, *104*, *149*
Funktionstheorie *Siehe* Interessenstheorie
Furchterregung *187*, *195*

G

Geeignetheit 140, 152, 161
Gehör, rechtliches *Siehe* Legitimation; Begründung
Genehmigung *Siehe* Vertretung: nachträgliche Genehmigung
Generalversammlungsbeschluss der Aktiengesellschaft **166**
Gesetz
　Auslegung 15, 17, 47, 51, 54
　Delegation *Siehe* Delegation
　Gesetzesvorbehalt 2, 32, 48, *102*, *111*, 116, 130, *137*, 156, *161*, 179, 186, 188, *194*, *197*
　Gesetzesvorrang 52, 134, *152*, *169*
Gestaltungsrechte 89, 110
Gewaltverhältnis *Siehe* besonderes Rechtsverhältnis
Gleichbehandlung 53, 93, 103, *113*, 163
Gleichordnung *Siehe* Subordination und Subordinationstheorie
Grundeigentum 83, 84
Grundlage, gesetzliche *Siehe* Gesetz: Gesetzesvorbehalt
Grundrechte 63, *190*, *196*, *Siehe auch Freiheitsrechte*
　Drittwirkung 190
　Grundrechtsverzicht *197*
Gültigkeit 12, 46, 94, 134, 176, 187

H

Handlungsfähigkeit 12, 60, 176

I

informale Behördenakte 40
Inhalt des Vertrags *Siehe* Vertrag: Inhalt des Vertrags
Integrationsvertrag 28, 148
Interessenstheorie 39, *75*

K

Kartellrecht *Siehe* Wettbewerbsrecht
Klage, verwaltungsrechtliche *Siehe* Verwaltungsgerichtsbarkeit
Kontrahierungszwang 103, *171*, **186**
Konversion 180
Konzession 12, *39*, *125*
Kündigung 89, 109

L

Legalität *Siehe* Gesetz
Legitimation 74, 82, *102*, 137, *155*, *185*, 199
Leistungsgleichgewicht *Siehe* Vertrag: Inhaltskontrolle

M

Marktmechanismus 69, 73, *80*, *104*, *128*, 132
Mehrzahl von Verträgen und Verfügungen *89*, **101**
Methodenpluralismus *64*, *73*
Monopol *Siehe* Konzession; Wettbewerbsrecht
Motivation *Siehe* Willensmängel

N

Netzwerk 158, 192
Nichtigkeit 93, *135*, *174*

O

öffentliches Recht – Abgrenzung vom Privatrecht *Siehe* Rechtsnatur
öffentlichrechtliche Anstalt 48, 119
örtliche Zuständigkeit 178

P

Personalrecht 46, 68, 82, *110*
Pflichtlagervertrag 99, 203

Planauflage 84
Polizei 38, 73, *85*, 148, 183
Post *190*
Privatisierung 64, *145*, *146*
Privatrecht – Abgrenzung vom öffentlichen Recht *Siehe* Rechtsnatur
Prozess *Siehe* Rechtsweg
Publizität *115*, **129**, *199*

R

Rechtsfähigkeit 133
Rechtsfolgenwirkungen *18*, **58**
Rechtsform – Abgrenzung von Verfügung und Vertrag *17*, *89*, *103*, 196
Rechtsgleichheit *Siehe* Gleichbehandlung
Rechtsmacht *48*, *80*, 130, 150, **160**, 195
Rechtsmissbrauch 103
Rechtsnatur – öffentliches Recht und Privatrecht 5, 7, *30*, *45*, 101, *194*
Rechtsweg *19*, 53, *59*, *89*, 154
reflexives Recht *132*, *162*, *199*
Reglemente 63, 125

S

Schiedsgerichtsbarkeit 60, 124, 203
Schriftform *Siehe* Form
Schuldbetreibung *Siehe* Gesetzesregister
Schuldübernahme 168
Schülervertrag 28
Selbstregulierung 86, *131*, 158, *198*
service public 61, 72, **73**, 92
Sonderrecht – Verwaltungsrecht als ... 27, 65, **66**, *74*, 115, **119**, 165, 196
Sonderstatusverhältnis *Siehe* besonderes Rechtsverhältnis
Sozialhilfe 16, *28*, 37, *79*, 148, **184**, 194
Sozialstaat *Siehe* Staat: Interventionsstaat
Staat
    aktivierender Staat *183*

Gewährleistungsstaat *145*
Interventionsstaat 1, 37, 49, *70*, 105, *142*, *182*, 189, *194*
Polizeistaat 3, 7, 58, 61, *67*, *139*, 159
Rechtsstaat 2, 8, *47*, *105*
Sicherheitsstaat *145*
Staatshaftung 129
Staatspersonal *Siehe* Personalrecht
Supervisionsstaat 148
Vorsorgestaat *145*, 186
Wohlfahrtsstaat *Siehe* Staat: Interventionsstaat
Stellenbewerbung 112, 113, 116, 195
Steuerrecht 2, 147, **163**, *172*, 189
Submissionsrecht *Siehe* Beschaffungsrecht
Subordinationstheorie *8*, 26, 61, 63, 65, 72, *73*, *80*, *81*, 188, *194*
Subvention 93, *100*, *123*

T

Täuschung, absichtliche *187*, *195*
Theorienpluralismus *Siehe* Methodenpluralismus
Treu und Glauben *Siehe* Vertrauensschutz
typenfremde Regeln *Siehe* déclassement de matières

U

Übervorteilung 187
unerlaubte Handlung 129
Unterschutzstellung *Siehe* Denkmalpflege

V

Vereinbarung (Begriff) 29
Verfassung *Siehe Gesetzesregister*
Verfügung
    Abgrenzung vom Vertrag *Siehe* Rechtsnatur

zustimmungsbedürftige Verfügung 23, 32
Vergaberecht *Siehe* Beschaffungsrecht
Verhältnismässigkeit *197*
Verhandlungen 33, *35*, *89*, *103*, *129*, **185**
Verordnung 63
Vertrag
    Abgrenzung von der Verfügung *Siehe* Rechtsform
    aktivierender Vertrag *183*
    Anpassung des Vertrags 23, 38, 61, *105*, 158
    Auslegung 14, 17, 42, 47, *55*
    Inhalt des Vertrags 55, 154, *157*, 169
    Inhaltskontrolle 25, 109, *157*, **162**, 164, 187, 199
    Vertrag zulasten eines Dritten 173
    Vertragstypenqualifikation 13
    Vertragsverhandlungen *Siehe* Verhandlungen
    Zustandekommen *133*, *137*, **165**
Vertrauensprinzip 42
Vertrauensschutz *41*, 129, 171, *173*, *177*, 188
Vertretung *133*
    nachträgliche Genehmigung *170*, **178**
Vertretungsmacht *133*, **165**
Verwaltungsakt *Siehe* Verfügung
Verwaltungsgerichtsbarkeit **3**, 8, 32, 36, 70, *90*, *110*, *131*, *140*
verwaltungsinterne Beschwerde *Siehe* Beschwerde – verwaltungsinterne
Verwaltungsorganisation *133*
Vollmacht
    Anscheinsvollmacht 42, *167*, 179
    Duldungsvollmacht 42, **168**, 179
    nachträgliche Genehmigung 168
Vorfrage, prozessuale 172
Vorrang von Bundesrecht 53

W

wechselseitige Auffangordnungen *76*
Wettbewerbsrecht 109, 123, **128**, **132**, 187, 190, *Siehe auch* Marktmechanismus
Willensmängel 103, 115, 133, *187*, *195*
Willensübereinkunft *24*, *30*, *54*, *133*, 175, *181*
wohlerworbenes Recht *Siehe* Fiskustheorie
Wohlfahrtsstaat *Siehe* Staat: Interventionsstaat

Z

Zulässigkeit 2, *11*, 23, 46, *133*
Zuschlag *Siehe* Beschaffungsrecht
Zuständigkeit 122, *133*, *165*, *169*
Zustimmung Dritter *Siehe* Drittparteien
Zustimmung einer Zweitbehörde 178
Zweiseitigkeit *31*, *89*
Zweistufentheorie *94*, *100*, *123*
zwingende öffentlichrechtliche Normen 101
zwingendes Recht 12, 14, 32, 47, 52, 125, **189**

Gesetzesregister

Die Vollzitate der aufgeführten Gesetze finden sich im Gesetzesverzeichnis auf den Seiten XVII ff.

Bundesgesetze der schweizerischen Eidgenossenschaft

AuG Art. 54	28
BG über Arzneimittel und Medizinprodukte Art. 75	48
BGBM Art. 2	126, 131
BGBM Art. 7	200
BGBM Art. 9	121, 126
BGG Art. 72 ff.	53, 59
BGG Art. 82 ff.	53, 59, 107
BGG Art. 83	112
BGG Art. 86	60
BoeB Art. 1	171
BoeB Art. 13 ff.	169
BoeB Art. 22	101, 169
BoeB Art. 27	121
BoeB Art. 29	15, 99, 101, 107, 114, 121
BoeB Art. 32	170
BoeB Art. 34	122, 170
BPG Art. 6	48, 112, 117
BPG Art. 34	112, 117
BPG Art. 35	120
BPG Art. 36a	112
BV Art. 5	42, 52
BV Art. 8	53
BV Art. 9	114, 116, 119, 204
BV Art. 51	52
BV Art. 122	122
BV Art. 164	52
BV Art. 190	49
EMRK Art. 6	113, 114, 119
EMRK Art. 13	20, 60
E-ZPO Art. 57	91
E-ZPO Art. 352	61
GlG Art. 5	113, 115, 116
GlG Art. 13	113, 116
KG Art. 1	42
KG Art. 2	42, 43, 82, 109, 190
KG Art. 5	187
KG Art. 7	43, 109, 121, 187, 190
KG Art. 12	82, 109
KG Art. 26	43, 109, 121
OR Art. 1	24, 40, 42, 54, 58, 130, 133, 175, 181
OR Art. 11	180
OR Art. 18	14, 30, 42, 46, 47, 56, 57, 62
OR Art. 19	134, 181, 184, 188, 189
OR Art. 20	108, 169, 175

OR Art. 21	187
OR Art. 22 ff.	115
OR Art. 23 ff.	108, 134, 195
OR Art. 24	103
OR Art. 28	188, 195
OR Art. 28 ff.	187, 188, 195
OR Art. 29	189
OR Art. 29 f.	195
OR Art. 31	188
OR Art. 32	136, 176
OR Art. 32 f.	176
OR Art. 32 ff.	133
OR Art. 33	135, 136, 165
OR Art. 34	165, 170
OR Art. 35	133
OR Art. 37	165
OR Art. 38	168, 170, 178
OR Art. 39	170, 178
OR Art. 41 ff.	120, 129
OR Art. 61	168
OR Art. 105	191
OR Art. 111	173
OR Art. 164	34, 191
OR Art. 239	34
OR Art. 256b	191
OR Art. 271 ff.	191
OR Art. 323 ff.	191
OR Art. 328	117
OR Art. 334	191
OR Art. 336 ff.	103
OR Art. 336c	110
OR Art. 340	191
OR Art. 359 f.	170
OR Art. 459	161
OR Art. 718a	170
SchKG Art. 80	61, 159
SuG Art. 16	100, 109, 123
SuG Art. 19	100, 123
SuG Art. 35	123
Transportgesetz Art. 15	15
VGG Art. 31	112, 124
VGG Art. 32	112, 124
VGG Art. 35	19, 59, 60, 130, 131
VoeB Art. 32	121
VwVG Art. 5	16, 99, 103, 130, 186
VwVG Art. 34 f.	180
VwVG Art. 38	180
VwVG Art. 44	16, 104, 124
VwVG Art. 48	91, 104
WEG Art. 57	109, 124, 178
ZGB Art. 1	201
ZGB Art. 2	201
ZGB Art. 27 f.	201
ZGB Art. 52 f.	133

ZGB Art. 54...165
ZGB Art. 55...133, 135, 136, 167, 176
ZGB Art. 59...135, 151, 165
ZGB Art. 159...34
ZGB Art. 304...133, 174
ZGB Art. 331...34
ZGB Art. 368 ff. 133, 174

Kanton Zürich

ZH–Personalgesetz § 12 ....113, 180
ZH–Personalgesetz §§ 31 ff. 113
ZH–Personalverordnung § 5 Abs. 2 40
ZH–Verwaltungsrechtspflegegesetz § 70..........60
ZH–Verwaltungsrechtspflegegesetz § 74..........113, 114
ZH–Verwaltungsrechtspflegegesetz § 81..........19

Kanton Freiburg

FR–Sozialhilfegesetz Art. 4 ....16, 184
FR–Sozialhilfegesetz Art. 4a.............26, 28, 184
FR–Verwaltungsrechtspflegegesetz Art. 121....19, 60

Kanton Aargau

AG–Verwaltungsrechtspflegegesetz § 60 ....19, 60

Kanton Bern

BE–Verwaltungsrechtspflegegesetz Art.49 158

Deutschland

D–VwVfG § 54 153
D–VwVfG § 56 199
D–VwVfG § 57 180
D–VwVfG § 58 ....94, 95, 132, 200
D–VwVfG § 60 62
Sozialgesetzbuch § 53 199

*In der gleichen Reihe
sind in den letzten zehn Jahren erschienen:*

*Publiés ces dix dernières années
dans la même collection:*

169. *Adriano Previtali:* Handicap e diritto. XXX–300 pp. (1998)

170. *Thomas Frei:* Die Integritätsentschädigung nach Art. 24 und 25 des Bundesgesetzes über die Unfallversicherung. XXVIII–240 S. (1998) vergriffen

171. *Christoph Errass:* Katastrophenschutz. Materielle Vorgaben von Art. 10 Abs. 1 und 4 USG. XXXVIII–328 S. (1998)

172. *Robert Ettlin:* Die Hilflosigkeit als versichertes Risiko in der Sozialversicherung. Unter besonderer Berücksichtigung der Rechtsprechung des Eidgenössischen Versicherungsgerichts. LXVIII– 468 S. (1998)

173. *Heiner Eiholzer:* Die Streitbeilegungsabrede. Ein Beitrag zu alternativen Formen der Streitbeilegung, namentlich zur Mediation. XXXIV–278 S. (1998)

174. *Alexandra Rumo-Jungo:* Haftpflicht und Sozialversicherung. Begriffe, Wertungen und Schadenausgleich. XC–592 S. (1998) 2. Auflage (1998)

175. *Thiemo Sturny:* Mitwirkungsrechte der Kantone an der Aussenpolitik des Bundes. LVIII–322 S. (1998)

176. *Kuno Frick:* Die Gewährleistung der Handels- und Gewerbefreiheit nach Art. 36 der Verfassung des Fürstentums Liechtenstein. LII–372 S. (1998)

177. *Susan Emmenegger:* Feministische Kritik des Vertragsrechts. Eine Untersuchung zum schweizerischen Schuldvertrags- und Eherecht. LXXVI–292 S. (1999)

178. *Michael Iten:* Der private Versicherungsvertrag: Der Antrag und das Antragsverhältnis unter Ausschluss der Anzeigepflichtverletzung. LXXVI–268 S. (1999)

179. *Bettina Hürlimann-Kaup:* Die privatrechtliche Gefälligkeit und ihre Rechtsfolgen. LIV–274 S. (1999)

180. *Pierre Izzo:* Lebensversicherungsansprüche und -anwartschaften bei der güter- und erbrechtlichen Auseinandersetzung (unter Berücksichtigung der beruflichen Vorsorge). LIV–414 S. (1999) vergriffen

181. *Benedict F. Christ:* Die Submissionsabsprache. Rechtswirklichkeit und Rechtslage. XLIV–268 S. (1999)

182. *Hubert Stöckli:* Ansprüche aus Wettbewerbsbehinderung. Ein Beitrag zum Kartellzivilrecht. XXXVI–344 S. (1999)

183. *Samantha Besson:* L'égalité horizontale: l'égalité de traitement entre particuliers. 664 pp. (1999)

184. *Niklaus Lüchinger:* Schadenersatz im Vertragsrecht. Grundlagen und Einzelfragen der Schadensberechnung und Schadenersatzbemessung. LXII–424 S. (1999)

185. *Lukas Bühler:* Schweizerisches und internationales Urheberrecht im Internet. LXVII–440 S. (1999)

186. *Ursula Abderhalden:* Möglichkeiten und Grenzen der interkantonalen Zusammenarbeit. Unter besonderer Berücksichtigung der internationalen Integration der Schweiz. XLVIII–280 S. (1999)   vergriffen

187. *Stéphane Blanc:* La procédure administrative en assurance-invalidité. La procédure administrative non contentieuse dans l'assurance-invalidité fédérale en matière d'octroi et de refus de prestations individuelles. XXXII–306 pp. (1999)

188. *Francine Defferrard:* Le transfert des actions nominatives liées non cotées. XLVI–218 pp. (1999)

189. *Gabriela Riemer-Kafka:* Die Pflicht zur Selbstverantwortung. Leistungskürzungen und Leistungsverweigerungen zufolge Verletzung der Schadensverhütungs- und Schadensminderungspflicht im schweizerischen Sozialversicherungsrecht. LIV–614 S. (1999)

190. *Patrick Krauskopf:* Der Vertrag zugunsten Dritter. LXVII–536 S. (2000)

191. *Silvia Bucher:* Soziale Sicherheit, beitragsunabhängige Sonderleistungen und soziale Vergünstigungen. Eine europarechtliche Untersuchung mit Blick auf schweizerische Ergänzungsleistungen und Arbeitslosenhilfen. XCIV–770 S. (2000)

192. *Thomas M. Mannsdorfer:* Pränatale Schädigung. Ausservertragliche Ansprüche pränatal geschädigter Personen. Unter Berücksichtigung der Rechtslage im Ausland, insbesondere in Deutschland und den Vereinigten Staaten von Amerika. LXXII–520 S. (2000)

193. *Alexandra Farine Fabbro:* L'usufruit immobilier. XL–310 pp. (2000) 2e édition (2001)

194. *Guillaume Vianin:* L'inscription au registre du commerce et ses effets. XLVIII–468 pp. (2000)

195. *Gaudenz Schwitter:* Die Privatisierung von Kantonalbanken als öffentliche Unternehmen. LVIII–342 S. (2000)

196. *Christian Roten:* Intempéries et droit privé. Etude de quelques aspects essentiels des problèmes posés par les phénomènes météorologiques et par leurs conséquences en matière de droits réels et de responsabilité civile. LIV–674 pp. (2000)

197. *Carole van de Sandt:* L'acte de disposition. Ca. 256 pp. (2000)

198. *Eva Maria Belser:* Freiheit und Gerechtigkeit im Vertragsrecht. LXXXIV–720 S. (2000)

199. *Flavia Giorgetti:* La recezione del turismo nell'ordinamento internazionale e svizzero con particolare riguardo alla tutela dei diritti culturali. LIV–410 pp. (2000)

200. *Bernhard Schnyder:* Das ZGB lehren. X–672 Seiten. (2001)

201. *Stephan Hartmann:* Die vorvertraglichen Informationspflichten und ihre Verletzung. Klassisches Vertragsrecht und modernes Konsumentenschutzrecht. LIV–254 S. (2001)

202. *Tiziano Balmelli:* Le financement des partis politiques et des campagnes électorales. Entre exigences démocratiques et corruption. XXXVI–420 pp. (2001)

203. *Alexandra Zeiter:* Die Erbstiftung (Art. 493 ZGB). LVIII–380 pp. (2001)

204. *Dominik Strub:* Wohlerworbene Rechte. Insbesondere im Bereich des Elektrizitätsrechts. XLVI–342 S. (2001)

205. *Gregor Wild:* Die künstlerische Darbietung und ihre Abgrenzung zum urheberrechtlichen Werkschaffen. VI–222 S. (2001)

206. *Antoine Eigenmann:* L'effectivité des sûretés mobilières. Etude critique en droit suisse au regard du droit américain et propositions législatives. LXXX–576 pp. (2001)

207. *Lukas Cotti:* Das vertragliche Konkurrenzverbot. Voraussetzungen, Wirkungen, Schranken. LXIV–436 S. (2001)

208. *Pascal Pichonnaz:* La compensation. Analyse historique et comparative des modes de compenser non conventionnels. LXXX–736 pp. (2001)

209. *Patrick Middendorf:* Nachwirkende Vertragspflichten. 248 S. (2002)

210. *Isabelle Chabloz:* L'autorisation exceptionnelle en droit de la concurrence. Etude de droit suisse et comparé. LIV–334 pp. (2002)

211. *Nicolas Schmitt:* L'émergence du régionalisme coopératif en Europe. Identité régionale et construction européenne. LX–512 pp. (2002)

212. *Jacques Fournier:* Vers un nouveau droit des concessions hydroélectriques. Ouverture – Marchés publics – Protection de l'environnement. LXIV–452 pp. (2002)

213. *Stefan Bilger:* Das Verwaltungsverfahren zur Untersuchung von Wettbewerbsbeschränkungen. Unter besonderer Berücksichtigung des Verhältnisses zwischen kartellrechtlichem Sonderverfahrensrecht und allgemeinem Verwaltungsverfahrensrecht. XLVIII–444 S. (2002)

214. *Olivier Schaller:* Les ententes à l'importation en droit de la concurrence. Etude de droit cartellaire suisse et de droit comparé. 584 pp. (2002)

215. *Felix B. J. Wubbe:* Ius vigilantibus scriptum. Ausgewählte Schriften/Œuvres choisies. Herausgegeben von/Edité par Pascal Pichonnaz. XXIV–568 S./pp. (2002)

216. *Alain Prêtre:* Eisenbahnverkehr als Ordnungs- und Gestaltungsaufgabe des jungen Bundesstaates. Zugleich eine historisch-kritische Analyse der Rechtsentstehung im Bereich technischer Innovation. XXXVI–322 S. (2002)

217. *Urs Müller:* Die materiellen Voraussetzungen der Rentenrevision in der Invalidenversicherung. Mit der Berücksichtigung von Abgrenzungsfragen gegenüber anderen Rückkommenstiteln und Tatbeständen. LIV–274 S. (2003)

218. *Urban Hulliger:* Die Haftungsverhältnisse nach Art. 60 und 61 SVG. XXXIV–254 S. (2003)

219. *Kaspar Sollberger:* Konvergenzen und Divergenzen im Landverkehrsrecht der Europäischen Gemeinschaft und der Schweiz. Unter besonderer Berücksichtigung des bilateralen Landverkehrsabkommens. 512 S. (2003)

220. *Andrea Taormina:* Innenansprüche in der einfachen Gesellschaft und deren Durchsetzung. LVIII–194 S. (2003)

221. *Tarkan Göksu:* Rassendiskriminierung beim Vertragsabschluss als Persönlichkeitsverletzung. XLVI–318 S. (2003)

222. *Frédéric Krauskopf:* Die Schuldanerkennung im schweizerischen Obligationenrecht. LIV–254 S. (2003)

223. *Sidney Kamerzin:* Le contrat constitutif de cédule hypothécaire. XLVI–395 pp. (2003)

224. *Markus Krapf:* Die Koordination von Unterhalts- und Sozialversicherungsleistungen für Kinder (Art. 285 Abs. 2 und 2bis ZGB). XXX–186 S. (2004)

225. *Andreas Abegg:* Die zwingenden Inhaltsnormen des Schuldvertragsrechts. Ein Beitrag zu Geschichte und Funktion der Vertragsfreiheit. XXXIII–350 S. (2004)

226. *Brigitte Hürlimann:* Prostitution – ihre Regelung im schweizerischen Recht und die Frage der Sittenwidrigkeit. XXXVIII–288 S. (2004)

227. *Anna Ulvsbäck:* Standardizing individual environmental protection as a human right. XLIV–318 pp. (2004)

228. *Michel Heinzmann:* Die Herabsetzung des Aktienkapitals. XLII–322 S. (2004)

229. *Thomas Meyer:* Der Gewinnanspruch der Miterben im bäuerlichen Bodenrecht (Art. 28 ff. BGBB) XXXVI–576 S. (2004)

230. *Blaise Carron:* Les transactions couplées en droit de la concurrence: analyse économique et juridique comparée – Droit américain (tying arrangements: sct. 1 Sherman Act), droit communautaire (ventes liées: art. 81 et 82 TCE) et droit suisse (affaires liées: art. 7 LCart). LXX–470 pp. (2004)

231. *Thomas Rebsamen:* Die Gleichbehandlung der Gläubiger durch die Aktiengesellschaft. XLIII–391 S. (2004)

232. *Bianca Pauli:* Le droit au contrôle spécial dans la société anonyme – Portée et limites après la première décennie. XXXVIII–302 pp. (2004)

233. *Martin Beyeler:* Öffentliche Beschaffung, Vergaberecht und Schadenersatz – Ein Beitrag zur Dogmatik der Marktteilnahme des Gemeinwesens. LXXV–692 S. (2004)

234. *Maria Consuelo Argul Grossrieder:* Les causes d'extinction des servitudes foncières – En particulier la perte d'utilité et ses conséquences sur l'existence formelle du droit. XXXVIII–370 pp. (2005)

235. *Benno Henggeler:* Die Beendigung der Baurechtsdienstbarkeit infolge Zeitablaufs und der vorzeitige Heimfall. (Art. 779c ff. ZGB) XXXV–212 S. (2005)

236. *Matthias Tschudi:* Mietrechtliche Probleme bei Immissionen als Folge von Umgebungsveränderungen. XXIV–189 S. (2005)

237. *Caroline Gauch:* Rechtsprechung und Kodifikation – ein Gegensatz? Die Anwendung des Scheidungsrechts durch den Richter. Eine empirische Untersuchung an drei erstinstanzlichen Gerichten des Kantons Freiburg (1908–1920). XX–204 S. (2005)

238. *Jacques Dubey:* Le concours en droit des marchés publics – La passation des marchés de conception, en particulier d'architecture et d'ingénierie. LXX–416 pp. (2005)

239. *Olivia van Caillie:* La protection du partenaire survivant dans le cadre des lois européennes sur la cohabitation non-maritale – Etude de droit comparé et de droit international privé. LXI–346 pp. (2005)

240. *Rodrigo Rodriguez:* Beklagtenwohnsitz und Erfüllungsort im europäischen IZPR – Aus schweizerischer Sicht unter Berücksichtigung der EuGV-VO. XL–249 S. (2005)

241. *Erdem Büyüksagis:* La notion de défaut dans la responsabilité du fait des produits – Analyse économique et comparative. LVIII–402 pp. (2005)

242. *Muriel Vautier Eigenmann:* La responsabilité civile pour la certification de produits et d'entreprises en droit suisse – Contribution à l'étude de la responsabilité des experts et autres professionnels à la lumière de droits européens et américains. L–383 pp. (2005)

243. *André Pierre Holzer:* Verjährung und Verwirkung der Leistungsansprüche im Sozialversicherungsrecht. XXVII–175 S. (2005)

244. *Tamara Nüssle:* Demokratie in der Nutzungsplanung und Grenzen für informale Absprachen. XXVI–270 S. (2005)

245. *Adrian Walpen:* Bau und Betrieb von zivilen Flughäfen – Unter besonderer Berücksichtigung der Lärmproblematik um den Flughafen Zürich. XLVII–412 S. (2005)

246. *Pascal G. Favre:* Le transfert conventionnel de contrat – Analyse théorique et pratique. LXI–704 pp. (2005)

247. *Jérôme Candrian:* L'immunité des Etats face aux Droits de l'Homme et à la protection des Biens culturels – Immunité de juridiction des Etats et Droits de l'Homme. Immunité d'exécution des Etats et de leurs Biens culturels. C–759 pp. (2005)

248. *Peter Herren:* Die Misswirtschaft gemäss Art. 165 StGB – mit rechtsvergleichender Darstellung des deutschen und österreichischen Rechts. XXI–214 S. (2006)

249. *Henk Fenners:* Der Ausschluss der staatlichen Gerichtsbarkeit im organisierten Sport. LIV–269 S. (2006)

250. *Adrian Schneider:* Der angemessene Ausgleich für erhebliche Planungsvorteile nach Art. 5 Abs. 1 RPG. XXXV–283 S. (2006)

251. *Franca Contratto:* Konzeptionelle Ansätze zur Regulierung von Derivaten im schweizerischen Recht – Analyse de lege lata und Vorschläge de lege ferenda unter besonderer Berücksichtigung der Anlegerinformation bei Warrants und strukturierten Produkten. LVIII–458 S. (2006)

252. *Daniela Ivanov:* Die Harmonisierung des Baupolizeirechts unter Einbezug der übrigen Baugesetzgebung – Aktuelle Rechtslage und Lösungsansätze. LIV–550 S. (2006)

253. *Ombline de Poret:* Le statut de l'animal en droit civil. LVI–355 pp. (2006)

254. *Sarah Theuerkauf:* Parteiverbot und die Europäische Menschenrechtskonvention – Analyse der Rechtsprechung des Europäischen Gerichtshofes für Menschenrechte unter Berücksichtigung der Rolle politischer Parteien in Europa. XXXIX–284 S. (2006)

255. *Dominique Gross:* Das gemeinschaftsrechtliche Genehmigungsverfahren bei der Freisetzung und dem Inverkehrbringen gentechnisch veränderter Organismen. LXIV–440 S. (2006)

256. *Andreas Felder:* Die Beihilfe im Recht der völkerrechtlichen Staatenverantwortlichkeit. XLV–317 S. (2007)

257. *Benoît Chappuis:* Le moment du dommage – Analyse du rôle du temps dans la détermination et la réparation du dommage. XLVIII–443 pp. (2007)

258. *Pierre-André Morand:* Le Contrat de Maintenance en droit suisse. XX–386 pp. (2007)

259. *Stéphane Bondallaz:* La protection des personnes et de leurs données dans les télécommunications. XLV–584 pp. (2007)

260. *Nicolas Kuonen:* La responsabilité précontractuelle. XCVI–622 pp. (2007)

261. *Ghislaine Frésard:* Le recours subrogatoire de l'assurance-accidents sociale contre le tiers responsable ou son assureur. LXXXV–688 pp. (2007)

262. *Annekathrin Meier:* Schutz der finanziellen Interessen der Europäischen Union. XLIII–372 S. (2007)

263. *Tetiana Bersheda Vucurovic:* Civil Liability of Company Directors and Creditor Protection in the vicinity of Insolvency. LXVII–367 pp. (2007)

264. *Marie-Noëlle Venturi–Zen-Ruffinen:* La résiliation pour justes motifs des contrats de durée. LVI–464 pp. (2007)

265. *Maryse Pradervand-Kernen*: La valeur des servitudes foncières et du droit de superficie. LIII–338 pp. (2007)

266. *Clémence Grisel*: L'obligation de collaborer des parties en procédure administrative. XXXIV–320 pp. (2008)

267. *Basile Cardinaux*: Das Personenfreizügigkeitsabkommen und die schweizerische berufliche Vorsorge – Grundlagen und ausgewählte Aspekte. XCVI–907 S. (2008)

268. *Xavier Oulevey*: L'institution de la décharge en droit de la société anonyme. LI–401 pp. (2008)

270. *Gaspard Couchepin*: La clause pénale – Etude générale de l'institution et de quelques applications pratiques en droit de la construction. LIV–396 pp. (2008)

271. *Hubert Stöckli:* Das Synallagma im Vertragsrecht – Begründung, Abwicklung, Störungen. XXXII–331 S. (2008)

272. *Stefan Keller:* Der flexible Altersrücktritt im Bauhauptgewerbe – Ein Beitrag zur Überwindung der Suche nach dem «richtigen» Rentenalter in der Schweiz. CXXI–819 S. (2008)

273. *Anne Berkemeier:* Das Opportunitätsprinzip – unter Berücksichtigung kantonaler Jugendstrafrechtspflegegesetze (BS, BE, FR, GE, GL, ZH), des Jugendstrafgesetzes und der künftigen eidgenössischen Jugendstrafprozessordnung. XXXV–263 S. (2008)

274. *Matthias Inderkum:* Schadenersatz, Genugtuung und Gewinnherausgabe aus Persönlichkeitsverletzung – Art. 28a Abs. 3 ZGB. XLII–227 S. (2008)

275. *Andri Mengiardi:* Die Besteuerung der Investition in derivative Anlageprodukte («strukturierte Produkte») nach Schweizer Recht. LIX–508 S. (2008)

276. *Marco Reichmuth:* Die Haftung des Arbeitgebers und seiner Organe nach Art. 52 AHVG. XLI–337 S. (2008)

277. *Marc Engler:* Die Vertretung des beschuldigten Unternehmens. XLIV–198 S. (2008)

278. *Daniel Pascal Wyss:* Social Insurance Law and Statutory Interpretation: The Practicability Argument – The Swiss Approach in a Comparative Perspective. XLVI–437 p. (2008)

280. *Andrea Bäder Federspiel*: Wohneigentumsförderung und Scheidung – Vorbezüge für Wohneigentum in der güterrechtlichen Auseinandersetzung und im Vorsorgeausgleich. XLVII–355 S. (2008)

281. *Annick Achtari:* Le devoir du lésé de minimiser son dommage – Etude en droit des obligations. LXVI–440 pp. (2008)

282. *Frédéric Gisler:* La coopération policière internationale de la Suisse en matière de lutte contre la criminalité organisée – Concepts, état des lieux, évaluation et perspectives. LXIX–605 pp. (2009)

283. *Alain Bieger:* Die Mängelrüge im Vertragsrecht. XXXV–184 S. (2009)

284. *Andreas Abegg:* Der Verwaltungsvertrag zwischen Staatsverwaltung und Privaten – Grundzüge einer historisch und theoretisch angeleiteten Dogmatik öffentlichrechtlicher und privatrechtlicher Verwaltungsverträge. XXXVI–219 S. (2009)